明治学院高等学校

〈収録内容〉

2024年度 ……………………一般第1回（数・英・国）

2023年度 ……………………一般第1回（数・英・国）

2022年度 ……………………一般第1回（数・英・国）

2021年度 ……………………一般第1回（数・英・国）
※国語の問題二は、問題に使用された作品の著作権者が二次使用の許可を出していないため、問題を掲載しておりません。

2020年度 ……………………一般第1回（数・英・国）

2019年度 ……………………一般第1回（数・英・国）

平成30年度 ……………………一般第1回（数・英）

平成29年度 ……………………一般第1回（数・英）

⇒

※データのダウンロードは2025年3月末日まで。
※データへのアクセスには、右記のパスワードの入力が必要となります。 ⇒ 840460

〈合格最低点〉

※学校からの合格最低点の発表はありません。

本書の特長

実戦力がつく入試過去問題集

- 問題 …………… 実際の入試問題を見やすく再編集。
- 解答用紙 …… 実戦対応仕様で収録。
- 解答解説 …… 詳しくわかりやすい解説には、難易度の目安がわかる「基本・重要・やや難」の分類マークつき（下記参照）。各科末尾には合格へと導く「ワンポイントアドバイス」を配置。採点に便利な配点つき。

入試に役立つ分類マーク

基本 確実な得点源！
受験生の90%以上が正解できるような基礎的、かつ平易な問題。
何度もくり返して学習し、ケアレスミスも防げるようにしておこう。

重要 受験生なら何としても正解したい！
入試では典型的な問題で、長年にわたり、多くの学校でよく出題される問題。
各単元の内容理解を深めるのにも役立てよう。

やや難 これが解ければ合格に近づく！
受験生にとっては、かなり手ごたえのある問題。
合格者の正解率が低い場合もあるので、あきらめずにじっくりと取り組んでみよう。

合格への対策、実力錬成のための内容が充実

- 各科目の出題傾向の分析、合否を分けた問題の確認で、入試対策を強化！
- その他、学校紹介、過去問の効果的な使い方など、学習意欲を高める要素が満載！

解答用紙ダウンロード 解答用紙はプリントアウトしてご利用いただけます。弊社ＨＰの商品詳細ページよりダウンロードしてください。トビラのＱＲコードからアクセス可。

UD FONT 見やすく読みまちがえにくいユニバーサルデザインフォントを採用しています。

明治学院 高等学校

「隣人を自分のように愛しなさい」
をモットーに、一人ひとりを大切にし、
他者を思いやる心と自主・自立を育みます

URL	http://www.meigaku.ed.jp

普通科
生徒数　936名
〒108-0071
東京都港区白金台1-2-37
☎03-5421-5011
都営浅草線高輪台駅　徒歩5分
南北線・都営三田線白金台駅　徒歩7分
JR目黒駅、品川駅より都バス
「明治学院前」下車

聖書にもとづく愛と平和の教育

幕末に来日したアメリカの宣教師・ヘボンが、1863年横浜の居留地で始めたヘボン塾が源流である。以来聖書の教えに基づく人格教育を伝統に、全学習を通じて真の自由と平和を尊び、奉仕する心と能力を伸ばす教育を目指している。校歌は島崎藤村の作詞である。

伝統とモダンが調和する神聖な空間

学院のシンボルであるチャペルと記念館の周りは、四季を通して樹木に囲まれ、心がなごむ環境だ。チャペルにはオランダ製のパイプオルガンが備えられ、おごそかな雰囲気をかもし出している。体育施設は人工芝を敷いたグランドと三層の体育館（室内プール、柔剣道場、メイン球技場）がある。2022年7月新校舎竣工。

受験に偏らないバランスのよい教育

聖書が3年間の必修である。週1時間の宗教の時間では、聖書によって生命の大切さを知り、自分自身の生活に活かしていくことを目標としている。

調和のとれた授業が特徴で、1年次は全教科必修で基礎学力を身につける。2年次は文・理系のコース分けはせず、選択科目の履修によって、また、3年次は受験系科目と教養系科目を選択科目に配置することで進路に応じた履修が可能となる。英語のグレード別授業や共通テスト対策などの大学進学に求められる授業を配置し、各種講習などのサポート体制を整えている。また、企業経済やEnglish Activities、ボランティア講座、韓国語、フランス語など多様な選択科目を配置して、幅広い視野を持ち心豊かな人間を育てる。

2年次からは、一人ひとりの個性を伸ばす教育を行う。夏休み・春休みには各教科で講習が開かれている。

また、実際に活かせる英語教育を実践しており、ヒアリング・話す・読む・書くといったバランスのとれた学習と、言葉だけではなく背景にある文化やものの考え方も学ぶことができる。

2年次の総合的な探究の時間では、沖縄、長崎、韓国、田舎暮らし（新潟）、京都、台湾の6コースから好きなコースを選択する。

右手の建物がチャペル

学校行事を通した人格形成

週2回の礼拝は自分の人生の目標と自分自身を見つめ直す時間。聖書の言葉にある「隣人を自分のように愛しなさい」を活かし、どう生きるべきかを自ら問い、また友と語り合い共に生きる心を育てる。

クラブ活動は、個性と能力を伸ばす貴重な場。運動部15、文化部11、同好会3が活動している。運動系では'23全国大会ベスト4の軟式野球部やサッカー部、アメリカンフットボール部が盛ん。文化系ではブラスバンド部やハイグリー部が活躍している。

9月の文化祭（オリーブ祭）は受験生に限り公開。クラス毎に行き先を決める校外ホームルーム、クラス対抗の体育祭、合唱コンクール、水泳大会、スピーチコンテスト、スキー教室、宿泊研修会、クリスマスツリー点灯式（学院主催）、総合的な探究の時間に伴う研修旅行、オーストラリア語学研修などの行事がある。

一人ひとりの個性を伸ばす

ほとんどが進学組 約4割が系列校へ

系列の明治学院大学へは、2023年3月卒業生302名のうち、127名が進学。在学3年間の成績が全体の上位30％以内であれば、書類審査のみで希望学部へ進学できる。その他（上位80％以内まで）の生徒は、書類審査と面接試験（小論文あり）により、ほぼ全員が志望学科に進学が認められる。2015年度から導入された特A推薦では、明治学院大学への推薦合格を保持したまま他大学を（国公立私立合わせて2学科）受けることができる制度がある。

他大学への進学状況は、東京都立大、北海道大、早稲田大、慶應義塾大、上智大、明治大、青山学院大、法政大、中央大、立教大、学習院大、国際基督教大、成蹊大、成城大、東京理科大、東京女子大などに多数の合格者を出している。

2024年度入試要項

試験日　1/26（推薦）　2/10（一般第1回）
2/17（一般第2回）

試験科目　面接（推薦）
国・数・英＋面接（一般）

2024年度	募集定員	受験者数	合格者数	競争率
推薦	60/60	73/76	73/76	1.0/1.0
一般第1回	75/75	271/357	95/94	2.9/3.8
一般第2回	30/30	231/253	37/38	6.2/6.7

※人数はすべて男子/女子

過去問の効果的な使い方

① **はじめに**　入学試験対策に的を絞った学習をする場合に効果的に活用したいのが「過去問」です。なぜならば，志望校別の出題傾向や出題構成，出題数などを知ることによって学習計画が立てやすくなるからです。入学試験に合格するという目的を達成するためには，各教科ともに「何を」「いつまでに」やるかを決めて計画的に学習することが必要です。目標を定めて効率よく学習を進めるために過去問を大いに活用してください。また，塾に通われていたり，家庭教師のもとで学習されていたりする場合は，それぞれのカリキュラムによって，どの段階で，どのように過去問を活用するのかが異なるので，その先生方の指示にしたがって「過去問」を活用してください。

② **目的**　過去問学習の目的は，言うまでもなく，志望校に合格することです。どのような分野の問題が出題されているか，どのレベルか，出題の数は多めか，といった概要をまず把握し，それを基に学習計画を立ててください。また，近年の出題傾向を把握することによって，入学試験に対する自分なりの感触をつかむこともできます。

過去問に取り組むことで，実際の試験をイメージすることもできます。制限時間内にどの程度までできるか，今の段階でどのくらいの得点を得られるかということも確かめられます。それによって必要な学習量も見えてきますし，過去問に取り組む体験は試験当日の緊張を和らげることにも役立つでしょう。

③ **開始時期**　過去問への取り組みは，全分野の学習に目安のつく時期，つまり，9月以降に始めるのが一般的です。しかし，全体的な傾向をつかみたい場合や，学習進度が早くて，夏前におおよその学習を終えている場合には，7月，8月頃から始めてもかまいません。もちろん，受験間際に模擬テストのつもりでやってみるのもよいでしょう。ただ，どの時期に行うにせよ，取り組むときには，集中的に徹底して取り組むようにしましょう。

④ **活用法**　各年度の入試問題を全問マスターしようと思う必要はありません。できる限り多くの問題にあたって自信をつけることは必要ですが，重要なのは，志望校に合格するためには，どの問題が解けなければいけないのかを知ることです。問題を制限時間内にやってみる。解答で答え合わせをしてみる。間違えたりできなかったりしたところについては，解説をじっくり読んでみる。そうすることによって，本校の入試問題に取り組むことが今の自分にとって適当かどうかが，はっきりします。出題傾向を研究し，合否のポイントとなる重要な部分を見極めて，入学試験に必要な力を効率よく身につけてください。

数学

各都道府県の公立高校の入学試験問題は，中学数学のすべての分野から幅広く出題されます。内容的にも，基本的・典型的なものから思考力・応用力を必要とするものまでバランスよく構成されています。私立・国立高校では，中学数学のすべての分野から出題されることには変わりはありませんが，出題形式，難易度などに差があり，また，年度によっての出題分野の偏りもあります。公立高校を含め，ほとんどの学校で，前半は広い範囲からの基本的な小問群，後半はあるテーマに沿っての数問の小問を集めた大問という形での出題となっています。

まずは，単年度の問題を制限時間内にやってみてください。その後で，解答の答え合わせ，解説での研究に時間をかけて取り組んでください。前半の小問群，後半の大問の一部を合わせて50%以上の正解が得られそうなら多年度のものにも順次挑戦してみるとよいでしょう。

英語

英語の志望校対策としては，まず志望校の出題形式をしっかり把握しておくことが重要です。英語の問題は，大きく分けて，リスニング，発音・アクセント，文法，読解，英作文の5種類に分けられます。リスニング問題の有無(出題されるならば，どのような形式で出題されるか)，発音・アクセント問題の形式，文法問題の形式(語句補充，語句整序，正誤問題など)，英作文の有無(出題されるならば，和文英訳か，条件作文か，自由作文か) など，細かく具体的につかみましょう。読解問題では，物語文，エッセイ，論理的な文章，会話文などのジャンルのほかに，文章の長さも知っておきましょう。また，読解問題でも，文法を問う問題が多いか，内容を問う問題が多く出題されるか，といった傾向をおさえておくことも重要です。志望校で出題される問題の形式に慣れておけば，本番ですんなり問題に対応することができますし，読解問題で出題される文章の内容や量をつかんでおけば，読解問題対策の勉強として，どのような読解問題を多くこなせばよいかの指針になります。

最後に，英語の入試問題では，なんと言っても読解問題でどれだけ得点できるかが最大のポイントとなります。初めて見る長い文章をすらすらと読み解くのはたいへんなことですが，そのような力を身につけるには，リスニングも含めて，総合的に英語に慣れていくことが必要です。「急がば回れ」ということわざの通り，志望校対策を進める一方で，英語という言語の基本的な学習を地道に続けることも忘れないでください。

国語

国語は，出題文の種類，解答形式をまず確認しましょう。論理的な文章と文学的な文章のどちらが中心となっているか，あるいは，どちらも同じ比重で出題されているか，韻文(和歌・短歌・俳句・詩・漢詩)は出題されているか，独立問題として古文の出題はあるか，といった，文章の種類を確認し，学習の方向性を決めましょう。また，解答形式は，記号選択のみか，記述解答はどの程度あるか，記述は書き抜き程度か，要約や説明はあるか，といった点を確認し，記述力重視の傾向にある場合は，文章力に磨きをかけることを意識するとよいでしょう。さらに，知識問題はどの程度出題されているか，語句(ことわざ・慣用句など)，文法，文学史など，特に出題頻度の高い分野はないか，といったことを確認しましょう。出題頻度の高い分野については，集中的に学習することが必要です。読解問題の出題傾向については，脱語補充問題が多い，書き抜きで解答する言い換えの問題が多い，自分の言葉で説明する問題が多い，選択肢がよく練られている，といった傾向を把握したうえで，これらを意識して取り組むと解答力を高めることができます。「漢字」「語句・文法」「文学史」「現代文の読解問題」「古文」「韻文」と，出題ジャンルを分類して取り組むとよいでしょう。毎年出題されているジャンルがあるとわかった場合は，必ず正解できる力をつけられるよう意識して取り組み，得点力を高めましょう。

出題傾向の分析と 合格への対策

●出題傾向と内容

本年度の出題数は，大問が5題，小問数にして20題であった。

出題内容は，①が数と式，因数分解，比例と反比例，数の性質，平面図形，データの整理などからなる10題の小問群，②以降が小問2，3題からなる大問で，②が確率，③が平面図形，④が空間図形，⑤が図形と関数・グラフの融合問題であった。

出題範囲は広く，応用力，思考力を必要とする問題も含まれるが，全体的には基本を重視した比較的取り組みやすい出題となっている。

学習のポイント

各分野の基本的な考え方を，しっかり身につけておこう。教科書や問題集の例題もていねいに学習しておくとよい。

●2025年度の予想と対策

来年度も，中学数学の全分野から，小問数にして20題程がバランスよく出題されるものと思われる。

まずは教科書を中心に，説明や例題などをノートにまとめながら，基礎事項の確認と定理や公式等の完全な理解に努めよう。その上で，教科書の練習問題や標準レベルの問題集を使って，基本的な解法を身につけていこう。

迅速・確実な計算力も要求されるので，数・式の計算，因数分解，平方根の計算，方程式などは繰り返し練習しておくとよい。

基本的な知識や考え方，そして計算力がしっかりしてはじめて応用力が活かされる。

▼年度別出題内容分類表……

出題内容			2020年	2021年	2022年	2023年	2024年
数と式	数の性質		○	○	○	○	○
	数・式の計算		○	○	○	○	○
	因数分解		○			○	○
	平方根			○	○	○	○
方程式・不等式	一次方程式			○	○		
	二次方程式			○	○	○	
	不等式						
	方程式・不等式の応用		○	○		○	
関数	一次関数		○	○	○	○	○
	二乗に比例する関数		○	○	○	○	○
	比例関数					○	○
	関数とグラフ		○	○	○	○	○
	グラフの作成						
図形	平面図形	角度	○	○	○	○	
		合同・相似	○	○	○	○	○
		三平方の定理	○	○	○	○	○
		円の性質			○		○
	空間図形	合同・相似			○		○
		三平方の定理	○		○		○
		切断					○
	計量	長さ	○	○	○	○	○
		面積	○	○	○	○	○
		体積	○				○
	証明						
	作図						
	動点		○				
統計	場合の数						
	確率		○	○	○	○	○
	統計・標本調査				○		○
融合問題	図形と関数・グラフ		○	○	○	○	○
	図形と確率			○			
	関数・グラフと確率		○				
	その他						
その他						○	

明治学院高等学校

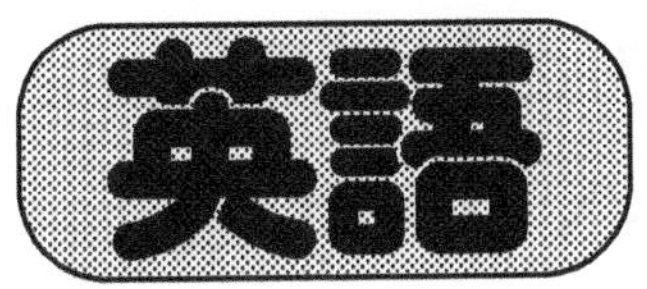

出題傾向の分析と合格への対策

●出題傾向と内容

本年度は，長文読解問題，語句選択問題，並べ替え問題，会話文問題の大問4題が出題された。例年どおりすべてマークシート方式である。

長文問題は読みやすい内容ではあるものの，問題量が多く，また，設問も紛らわしいものが多く出題された。

文法の問題は標準的なレベルのものであるが，広範囲からまんべんなく出題されている。

語句補充問題や会話文問題は，解きやすいレベルのものである。

全体として，長文読解能力を中心においた，標準よりもやや高いレベルの出題である。

✔学習のポイント

やや長めの長文を数多く読みながら，表面的な読みに終わることなく，人物の心情まで読み取れるようにしておこう。

●2025年度の予想と対策

問題数や問題構成に変化はあり得るが，長文読解を中心とした出題傾向は同じであろう。

長文読解においては，細かな部分の正確な読み取りに注意しながら，全体で表現されている内容を深く理解することが大切である。また，選択肢問題でそろえられているので，それぞれの選択肢を比較しながら，正しい解答を導き出す練習もしておきたい。紛らわしい選択肢にまどわされないようにすることに慣れておこう。

文法問題は標準的な内容のものなので，基本事項を大切にしながら，イージーミスが生まれないよう，反復して練習しよう。自分の苦手な分野を減らすことが高得点への近道である。

▼年度別出題内容分類表 ……

	出題内容	2020年	2021年	2022年	2023年	2024年
話し方・聞き方	単語の発音					
	アクセント					
	くぎり・強勢・抑揚					
	聞き取り・書き取り					
語い	単語・熟語・慣用句	○	○	○	○	○
	同意語・反意語					
	同音異義語	○				
読解	英文和訳（記述・選択）					
	内容吟味	○	○	○	○	○
	要旨把握					○
	語句解釈					
	語句補充・選択	○	○	○	○	○
	段落・文整序					
	指示語	○	○	○	○	
	会話文		○	○	○	○
文法・作文	和文英訳					
	語句補充・選択	○	○	○	○	○
	語句整序	○	○	○	○	○
	正誤問題		○	○	○	
	言い換え・書き換え					
	英問英答					
	自由・条件英作文					
文法事項	間接疑問文				○	
	進行形					○
	助動詞	○		○	○	○
	付加疑問文		○			○
	感嘆文			○		
	不定詞	○	○	○	○	○
	分詞・動名詞	○	○	○	○	○
	比較	○	○	○	○	○
	受動態	○	○	○	○	○
	現在完了	○		○		
	前置詞	○	○	○	○	○
	接続詞	○	○	○	○	○
	関係代名詞			○	○	

明治学院高等学校

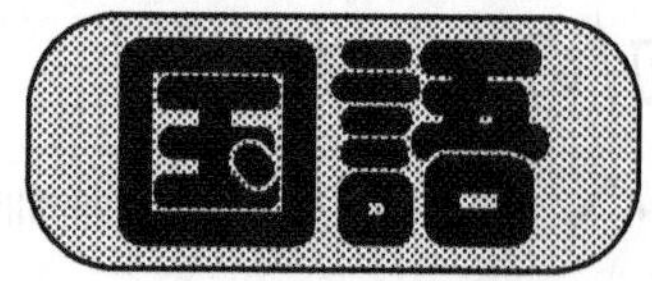

出題傾向の分析と 合格への対策

●出題傾向と内容

本年度も，例年同様，現代文の読解問題3題の出題であった。

論理的文章が採用された2題では，内容吟味，文脈把握の設問を中心に，筆者の考えや要旨を問う問題が出されている。漢字の読み書きや語句の意味もあわせて出題されている。

文学的文章は1題が採用され，比較的長文の小説からの出題となっている。登場人物の心情や人物像に関する設問・中心的なテーマをとらえる設問を中心に，漢字の読み書き，語句の意味や慣用句も組み込まれている。

解答形式は，漢字の読み書きや一部の抜き出しの問題を除き，マークシート方式となっている。

学習のポイント

難解な問題文が出題されることはないが，国語全般にわたる学習が必要だ。文脈把握を中心とした，注意深い読み取りを心がけよう。

●2025年度の予想と対策

現代文の読解問題を中心とした出題傾向は，今後も続くものと思われる。

現代文の読解問題については，いろいろな文章に慣れておくことが重要である。ジャンルにとらわれず数多くの作品を読むようにしよう。論理的文章については，接続語や指示語に注意して段落相互の関係をとらえ，論旨を把握するとよい。その上で，文脈を把握しよう。文学的文章については，情景を把握し，登場人物の言動に注目しながら心情や主題を読み取ろう。

漢字，語句の意味などの習得については，継続的な学習で基本的な知識を定着させたい。

▼年度別出題内容分類表 ……

		出題内容	2020年	2021年	2022年	2023年	2024年
内容の分類	読解	主題・表題	○	○	○		○
		大意・要旨	○	○	○	○	○
		情景・心情	○	○	○	○	○
		内容吟味	○	○	○	○	○
		文脈把握	○	○	○	○	○
		段落・文章構成			○		
		指示語の問題		○	○	○	
		接続語の問題		○	○		○
		脱文・脱語補充	○	○	○	○	
	漢字・語句	漢字の読み書き	○	○	○	○	○
		筆順・画数・部首					
		語句の意味	○	○	○		
		同義語・対義語					
		熟語	○			○	○
		ことわざ・慣用句	○	○	○	○	○
	表現	短文作成					
		作文(自由・課題)					
		その他					
	文法	文と文節	○				
		品詞・用法					
		仮名遣い					
		敬語・その他					
	古文の口語訳						
	表現技法		○	○	○		
	文学史						
問題文の種類	散文	論説文・説明文	○	○	○	○	○
		記録文・報告文					
		小説・物語・伝記	○	○	○		○
		随筆・紀行・日記		○		○	
	韻文	詩					
		和歌(短歌)					
		俳句・川柳					
	古文						
	漢文・漢詩						

明治学院高等学校

2024年度 合否の鍵はこの問題だ!!

数学 2(2), 3(3), 4(2), 5(3)

2(2)　余事象を考えることに気づきたい。

3(3)　△DBCがDB＝DCの二等辺三角形であることに気づきたい。

4(2)　台形BCLMの面積は，長方形BCFEの面積の$\frac{1}{2}$に等しいことに気づきたい。

5(3)　別解として，FB//ACより，△ABF：△ABC＝FB：AC＝$\left\{3-\left(-\frac{13}{4}\right)\right\}$：{3－(－1)}＝25：16

△ABC＝$\frac{1}{2}$×3×4＝6より，△ABF＝$\frac{25}{16}$×6＝$\frac{75}{8}$

◎特別な難問はないが，着眼点のあるなしで明暗が分かれる。いろいろな問題を数多く解いておくことも大切である。

英語 C

Cは語句整序問題である。他の問題と異なり，語句整序問題は消去法で答えを選ぶことができないため正確な文法知識が要求される。ボリュームのある長文読解問題，標準レベルではあるが問題数の多い語句選択補充問題に続くこの問題では，残りの限られた時間で正しい英文を作る必要があり，配点も高いと推測されこの問題が合否を分ける。

語句整序問題では，特別な指示がない限りすべての語句を使うのがルール。すべての語句を使ったかどうかの確認をするためにも，空きスペースに作った英文を必ず書くこと。英文を可視化することで，ミスを減らすことができる。

25は後置修飾の問題である。後置修飾の問題は語句整序問題でよく出題されるので正確に覚えておきたい。修飾される名詞と分詞が「受け身」の関係になる時には過去分詞，主語＋動詞の関係になる時には現在分詞。また分詞が他の語句を伴っている場合はひとまとまりで名詞の後ろに置かれることを確認しておこう。

ここでは named Tom「トムと名付けられた」がA catを後置修飾し，A cat named Tom がひとまとまりでこの文の主語となることに注意。動詞は is sleeping という現在進行形にする。

26 比較の問題では，何と何を比較しているのかを見極めよう。この問題のように単語1つで表せるものとは限らないので，よく考えよう。

ここではeating together with my friendsとeating aloneを比較していることに気づき，このまとまりを作ることができれば，あとは<I like A better than B>「私はBよりAの方が好きだ」の構文にあてはめていけばよい。その際，AとBの関係に気を付けよう。ここでは A ＝ eating with my friends, B ＝ eating alone。

国語 問題 三 問21

★合否を分けるポイント

前半部分に書かれている見習い時代の新太郎の様子や，満州から帰国して以来金には不自由しなくなった新太郎の生活を読み取った上で，後半部分に書かれている新太郎の心持ちの変化を読み取ろう。金に困らない生活を見せびらかしたいと思っていた新太郎であったが，旦那の生活を知ってどのように感じたのだろうか。また，その時の新太郎の気持ちと最終場面に登場する「羊羹」は，どのように結びつくのだろうか。「羊羹」は本文の題名であり，主題に通じるものでもあるので，この結びつきをとらえられるかどうかが，合否を分けるポイントとなる。

★こう答えると「合格」できない！

旦那の生活が思っていたほど困窮していないことを知って，自分を認めてもらえなかった新太郎が傷ついたと判断してしまうと，誤答のAを選んでしまう。また，「ポケットに」で始まる段落の「古い社会の古い組織は少しも破壊されていない」「楽に暮らしていた人達は今でもやっぱり困らずに楽に暮らしている」に引きずられてしまうと，「不条理な社会を見返してやりたかった」とあるCや，「富める者が幅を利かせている世の中に，一石を投じたかった」とあるDを選んでしまい，「合格」できない。「ポケットに」で始まる段落の「訳のわからない不満な心持」の正体を見抜くことに集中しよう。

★これで「合格」!

新太郎は，見習い時代の旦那に金のある事や自分の力量を見せつけてやりたいと思っていたが，旦那の生活は困窮していないことに気づき，「自分の現在がそれほど得意がるにも及ばないもののような気がして来て，自分ながら訳のわからない不満な心持」に至ったのである。「それほど得意がるにも及ばない」という表現から，新太郎は自身の虚栄心が満たされなかったことがうかがえ，その虚栄心を満たすために，人々が驚くような値段の高い店で羊羹を買い求めたのだ。わざわざ「近所の子供にやるからな」と言っていることにも注目て，「虚栄心を満たしたかった」とあるBを選ぼう。新太郎自身が羊羹を「口にする」わけではないので，Aはふさわしくない。Cの「子どもたちに施しを与える」ことが目的ではない。「近所の子供」に羊羹を買い与えてもDにあるように「世の中に，一石を投じ」ることにはならないことを確認すれば，「合格」だ！

2024年度

★★★★★★★★★★★★★★★★★★★★★★★

入　試　問　題

2024年度

明治学院高等学校入試問題

【数　学】（50分）〈満点：100点〉

1　次の各問いに答えよ。

（1）　$0.6^2\times\left(\frac{2}{3}\right)^3\div\left(\frac{3}{5}-1\right)^2$ を計算せよ。

（2）　$\frac{2x-3y}{3}-\frac{y-x}{4}-x+2y$ を計算せよ。

（3）　$(x-2)^2+3(2-x)-18$ を因数分解せよ。

（4）　$\sqrt{15}$ の小数部分を a とするとき，a^2+6a+4 の値を求めよ。

（5）　y は x に比例し，$x=2$ のとき，$y=3$ である。また，z は y に反比例し，$y=4$ のとき，$z=12$ である。$x=-4$ のとき，z の値を求めよ。

（6）　$\sqrt{\frac{168}{n}}$ が整数となるような自然数 n をすべて求めよ。

（7）　3^{2024} の一の位の数字を求めよ。

（8）　図のような△ABCの面積を求めよ。

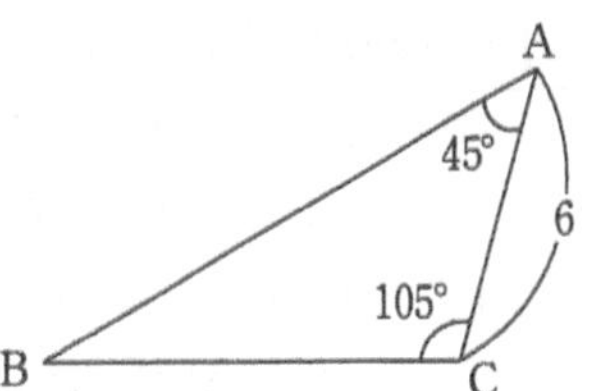

（9）　四角形ABCDは台形でAD∥EFのとき，$\frac{\mathrm{EB}}{\mathrm{AE}}$ を求めよ。

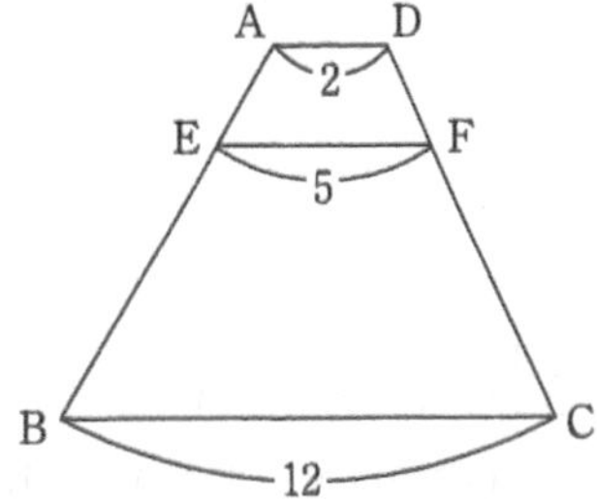

（10）　次の表は，10人にテストを行った結果である。テストは10問で1問1点，中央値が6.5点，平均値が6.4点であるとき，x，y の値を求めよ。ただし，$x\leqq y$ とする。

	A	B	C	D	E	F	G	H	I	J
点数	x	y	4	5	6	8	8	9	8	6

2 2つのさいころA，Bを同時に1回投げて，出た目をそれぞれa，bとする。a，bの最小公倍数をXとするとき，次の問いに答えよ。

（1） $X=6$となる確率を求めよ。

（2） $X>6$となる確率を求めよ。

3 図のように，円周上に3点A，B，Cがあり，AB＝3，AC＝4である。∠BACの二等分線と円の交点をDとするとき，AD＝$4\sqrt{3}$である。線分ADと線分BCの交点をEとするとき，次の問いに答えよ。

（1） △ABDと相似な三角形を，次の（ア）～（キ）の中から2つ選択せよ。

（ア） △ABC　（イ） △AEC　（ウ） △ABE

（エ） △ADC　（オ） △BED　（カ） △BDC

（キ） △EDC

（2） 線分AEの長さを求めよ。

（3） 四角形ABDCの周の長さを求めよ。

4 図のような，一辺の長さが2である正三角形を底面とし，高さが5である三角柱ABC－DEFがある。辺CF上に点L，辺BE上に点MをAL＋LM＋MDの値が最小となるようにとる。次の問いに答えよ。

（1） CL:BMをもっとも簡単な整数比で表せ。

（2） 三角柱ABC－DEFを平面ALMで切断してできる2つの立体のうち，頂点Cを含む立体の体積を求めよ。

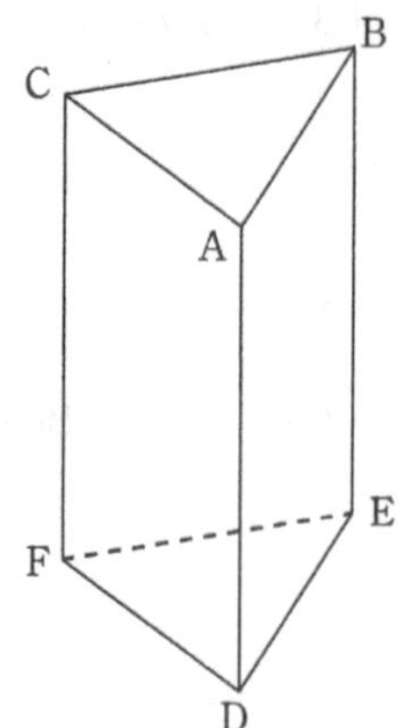

5 放物線$y=ax^2\,(a>0)$上に2点A，Bがあり，x座標はそれぞれ$x=-1$，3である。また，点Bからx軸に垂線を下ろし，x軸との交点をC，直線AB，ACとy軸の交点をそれぞれD，Eとする。点Bを通り直線ACに平行な直線と$y=ax^2$との交点をFとする。△ADEの面積が$\frac{3}{8}$であるとき，次の問いに答えよ。

（1） aの値を求めよ。

（2） 直線BFの式を求めよ。

（3） △ABFの面積を求めよ。

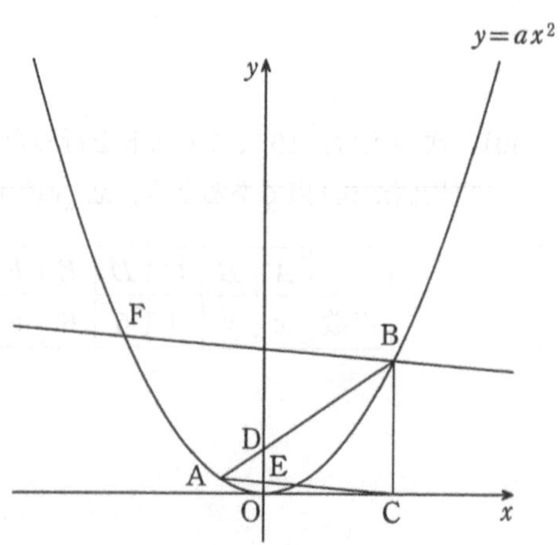

【英　語】（50分）〈満点：100点〉

A 1.～13.の設問に答えなさい。

If You Have Time

Natalie Garibian was packing her suitcases in her bedroom. She was 20 years old, and 1 she was both nervous and excited. The next day she was traveling from her home in Florida to Paris, France. She would study for six months there. She was almost finished packing when her father walked into the room. He held 2 two small black-and-white photos in his hand.

"When I was your age, I traveled, too," he said in *Armenian, his native language. "I came to the United States. On the way, I stopped in *Syria and stayed with a cousin for a few weeks. She and her husband had four children—a son and three daughters. They're the family in these photos. I heard from a family member that the daughters might live in Paris now. I know you'll be busy in Paris. But I hope at some point you'll have time to look for these girls. I want to know how they are. And I want them to meet you."

Mr. Garibian turned the photos over and showed Natalie the names written on the back. "Of course, that was (3) ago," he continued. "The girls are probably married and have different names. I'm sure they look very different, too. Maybe they don't even live in Paris. Still, I hope you have time to look for them."

Natalie took the photos from her father. 4 "If I have time. Papa," Natalie answered in Armenian. "If I have time."

Natalie knew that she would have to study hard in Paris. She wanted to travel a little, too. How would she find time to look for the girls? She didn't know what they looked like, what their names were, or where they lived. Looking for them would be like trying to find a needle in a *haystack. What was her father thinking? Natalie put the photos at the bottom of her suitcase. She did not want to spend six months in Paris looking for the little girls—grown women now—who met her father thirty years ago.

As soon as Natalie arrived in Paris, 5 she tried to experience as much as possible. During the week, she went to classes, and on long weekends she took train trips throughout Europe. The summer passed and the fall passed. The days got shorter, darker and colder. Natalie was homesick. She missed her family. She missed her mother's cooking, and she missed hearing her parents speak Armenian. She remembered seeing a small stone Armenian church on a street in Paris. 6 She decided to go there for a church *service, just to hear people speak Armenian.

When Natalie arrived at the church, she was surprised to see that it was crowded. She found a chair and sat down. A few minutes later, she saw 7 a woman about 70 years old walking up and down the *aisle on the other side of the church. She was looking for an empty chair. The woman was bent over and it seemed difficult for her to walk. Several people offered her their seats, but she shook her head, *no, no*, and kept walking to Natalie. A few minutes later, she was standing next to Natalie.

Natalie stood up and, in Armenian, offered the woman her seat. The woman sat down. Natalie looked around; the only seat left was at the end of the row, against the stone wall, so Natalie sat down there. All through the service, the woman kept turning her head and looking at her. When the service ended, the woman asked her in Armenian, 8 <u>"You're not from here, are you?"</u>

Natalie was surprised. She spent her whole life in the United States, but she always spoke Armenian with her parents. She thought her Armenian was pretty good. She wondered if she spoke Armenian with an American accent.

"No, I'm not from here," Natalie answered. "How did you know that?"

"I'm not from here, either," the woman answered. "I'm visiting my daughters. But I've noticed that the young Armenians, the ones who grow up here, don't speak Armenian. They all speak French. You speak Armenian—good Armenian—so I knew you weren't from here. Where are you from?"

"I'm from the United States, from Florida," Natalie answered.

"Ah, I have family members in the United States," the woman said. She began to say their names: "Sarkis, Dikran, Ara..."

"Ara?" Natalie asked. Ara was Natalie's father's name. "When did you last see Ara?"

"Thirty years ago, in Syria," the woman answered. "He stayed with my family for a while on his way to the United States. Such a nice young man. He was so kind to my children."

Natalie began to cry. "That's my father," she said.

The woman began to cry, too, and raised her hands. 9 <u>She said, "Asdoodzo Kordzeh."</u> It meant God's work. "I've been looking for your father for thirty years. I knew you were something special. I knew it from your face."

Natalie wanted to hear Armenian because she missed her family. She thought they were all thousands of miles away. 10 <u>Not all of them were far away.</u> One of them was sitting near her, in a small stone church in Paris.

［注］ Armenian: アルメニア語，アルメニア人　　Syria: シリア　　haystack: 干し草の山
service: 礼拝　　aisle: 通路

1．下線部1について，次の問いの答えとして最もふさわしいものを選びなさい。

Why did Natalie feel so when she was packing her suitcases?

（1） It was because her father walked into her room after she finished packing her suitcases.

（2） It was because she didn't want to go to Paris for less than six months.

（3） It was because she was going to leave for France to study for half a year.

（4） It was because she wasn't able to pack her suitcases by herself.

（5） It was because the photos which her father had in his hand were Natalie's.

2．下線部2の写真について当てはまるものとして最もふさわしいものを選びなさい。

（1） Natalie's father, his wife and four children were in the old photos.

（2） Natalie's father kept these colored photos for about six months.

（3） Natalie's father showed Natalie the photos and talked about the family in them.

（4） The names of Natalie's brother and sisters were written on the back of the photos.
（5） The photos were taken by Natalie's father when he took a trip to Paris.

3．空所3に入るものとして最もふさわしいものを選びなさい。
（1） a few years
（2） not long
（3） six months
（4） thirty years
（5） twenty years

4．下線部4について，次の問いの答えとして最もふさわしいものを選びなさい。
Why did Natalie say to her father, "If I have time"?
（1） It was because she also wanted to look for the girls while she was studying hard in Paris.
（2） It was because she didn't know how to find the girls and thought she wouldn't have time to do so.
（3） It was because she didn't understand what her father asked her to do.
（4） It was because she planned to travel around Paris with her father.
（5） It was because she realized that her father had no hope to find the family in Paris.

5．下線部5の内容を表すものとして最もふさわしいものを選びなさい。
（1） Natalie experienced many things when she was with her family.
（2） Natalie just went to school and enjoyed her school life.
（3） Natalie was doing her best to enjoy her days while she was staying in Paris.
（4） Natalie was too busy to do things that she wanted to do.
（5） Natalie was traveling all over America to have a lot of experience.

6．下線部6について，次の問いの答えとして最もふさわしいものを選びなさい。
Why did Natalie go to the Armenian church?
（1） It was because she expected that she could meet the girls her father was looking for.
（2） It was because she knew that she could have her mother's cooking there.
（3） It was because she missed her family and wanted to hear the language her parents used.
（4） It was because she thought it would be empty and she wouldn't need to talk to anyone.
（5） It was because she wanted to go into many small stone buildings in Paris.

7．下線部7の人物について当てはまるものとして最もふさわしいものを選びなさい。
（1） The woman accepted Natalie's offer and sat next to Natalie at the church.
（2） The woman asked several people for a seat, but they all refused.
（3） The woman could not stop thinking about Natalie all through the service.
（4） The woman could not walk at all so someone brought her a chair to sit on.

(5) The woman had trouble sitting so she was standing during the church service.

8. 下線部8について，次の問いの答えとして最もふさわしいものを選びなさい。

Why did the woman think so?

(1) It was because Natalie didn't look like a person living in the United States.
(2) It was because Natalie spoke Armenian unlike the young Armenians who grew up in Paris.
(3) It was because Natalie was looking for someone with photos in her hand.
(4) It was because Natalie was talking to a lot of people in the church.
(5) It was because Natalie's Armenian had an American accent.

9. 下線部9から読み取れる彼女の心情として最もふさわしいものを選びなさい。

(1) She believed that it was God's plan for them to meet.
(2) She thanked God for taking care of her children.
(3) She thought that God helped her to pray for her family.
(4) She was so surprised that she finally met Ara.
(5) She wondered who Asdoodzo Kordzeh was.

10. 下線部10の内容を表すものとして最もふさわしいものを選びなさい。

(1) Natalie found one family member at the Armenian church she visited in Paris.
(2) Natalie noticed Paris was not so far from her hometown, Florida.
(3) Natalie understood that Paris was not thousands of miles away from Syria.
(4) Natalie was not alone in Paris because there were so many Armenian people in the church.
(5) One of Natalie's family members in Florida was sitting with her in the church.

11. 本文の内容と一致するものとして最もふさわしいものを選びなさい。

(1) Natalie didn't have many opportunities to hear people speak Armenian in Paris.
(2) Natalie really enjoyed traveling throughout Europe and never thought of her parents.
(3) Natalie stopped studying in Paris and traveled to Syria because she found her family.
(4) Natalie wasn't pleased with what her father asked her to do because she finished packing.
(5) Natalie's father knew that his daughters stayed in Paris because he got letters from them.

12. 本文の内容と一致するものとして最もふさわしいものを選びなさい。

(1) Natalie tried her best to look for the girls and met one at a church.
(2) Natalie was proud of speaking Armenian with an American accent.
(3) The elderly woman always attended church with her daughters.
(4) The elderly woman had family members in the United States including Ara.
(5) When Natalie was in Florida, she usually talked with her family in English.

13. 以下の英文は，本文を読んだある高校生の感想です。以下の空所（ 13 ）～（ 15 ）に下の選択肢から適切な語をそれぞれ選び，記号で答えなさい。

I was moved by the last part of this story. Natalie and the woman began to cry because they were able to meet their family member. Natalie was asked to find her father's family members shown in the photos. The woman, who was Natalie's father's（ 13 ）, also wanted to meet Natalie's father. Natalie and the woman never imagined they would have a（ 14 ）to meet, but luckily they could. In addition, I thought there was another reason Natalie began to cry when I realized her situation in Paris. At that time, she was（ 15 ）in Paris. She wanted to hear Armenian, so she felt relaxed and happy to find Armenian people talking to each other. So, I concluded that the reason both Natalie and the woman began to cry was not exactly the same.

選択肢

（１） chance　（２） cousin　（３） daughter　（４） homesick
（５） satisfied　（６） time

B 次の16.～22.の文の空所に入る最もふさわしいものを選びなさい。21.～22.には，2つの空所に共通して入る最もふさわしいものを選びなさい。ただし，文頭の語も小文字になっている。

16. I saw a bird on the top（　　）the house roof.
（１） from　（２） in　（３） of　（４） out　（５） to

17. It's raining outside. It is announced,（　　）, the soccer game will start.
（１） although　（２） but　（３） however　（４） that　（５） while

18. I got home very late yesterday. That（　　）my mother angry.
（１） did　（２） made　（３） was　（４） went　（５） why

19. If I（　　）a lot of money, I would travel all over the world.
（１） had　（２） have　（３） was　（４） were　（５） with

20. Newton（　　）a new theory when he saw falling apples.
（１） came up with　（２） got in　（３） jumped up　（４） paid attention　（５） ran out

21. She（　　）to run fast when she was young.
（　　）books help students who don't have much money.
（１） cheap　（２） new　（３） old　（４） used　（５） was

22. We need to（　　）dogs so that they won't bark at people.
The first（　　）arrives at 6 o'clock.
（１） call　（２） car　（３） clean　（４） plane　（５） train

C 次の23.~27.の選択肢の語(句)を正しい語順に並べかえたとき,(1)及び(2)に入る語(句)の組み合わせとして最もふさわしいものを選びなさい。ただし,文頭の語(句)も小文字になっている。

23. 彼は世界で最も優れた野球選手の一人です。

He is ( )(1)( )( )(2)( ) the world.

(ア) baseball (イ) of (ウ) in (エ) greatest
(オ) one (カ) players (キ) the

	1	と	2
(1)	(ア)	と	(オ)
(2)	(イ)	と	(カ)
(3)	(エ)	と	(オ)
(4)	(オ)	と	(カ)
(5)	(キ)	と	(カ)

24. 今夜,テレビで何かおもしろいものはありますか。

( )( )(1)( )(2)( ) tonight?

(ア) there (イ) TV (ウ) anything (エ) is
(オ) on (カ) interesting

	1	と	2
(1)	(ア)	と	(ウ)
(2)	(イ)	と	(カ)
(3)	(ウ)	と	(イ)
(4)	(ウ)	と	(オ)
(5)	(カ)	と	(オ)

25. トムという名前の猫が私たちの側に寝ている。

( )( )(1)( )( )(2)( ).

(ア) beside (イ) a cat (ウ) is (エ) us
(オ) sleeping (カ) Tom (キ) named

	1	と	2
(1)	(カ)	と	(ア)
(2)	(カ)	と	(エ)
(3)	(キ)	と	(ア)
(4)	(キ)	と	(エ)
(5)	(キ)	と	(オ)

26. 一人で食べるよりも友達と食べる方が好きだ。

( )( )(1)( )( )( )( )(2).

(ア) with (イ) I (ウ) than (エ) eating alone
(オ) better (カ) my friends (キ) like (ク) eating together

	1	と	2
(1)	(エ)	と	(カ)
(2)	(オ)	と	(エ)
(3)	(オ)	と	(カ)
(4)	(カ)	と	(エ)
(5)	(ク)	と	(エ)

27. 彼女が遅刻した理由にあなたは驚くかもしれない。

You (　　)(　1　)(　　)(　　)(　　)(　2　)(　　)(　　).

(ア)	the reason	(イ)	late	(ウ)	surprised	(エ)	was
(オ)	be	(カ)	at	(キ)	she	(ク)	may

	1	と	2
(1)	(ウ)	と	(オ)
(2)	(オ)	と	(イ)
(3)	(オ)	と	(キ)
(4)	(カ)	と	(エ)
(5)	(ク)	と	(ア)

D 会話文を読み28.～30.の設問に答えなさい。

MENU

SALAD ¥350

WITH CHICKEN	+ ¥50
WITH SHRIMP	+ ¥30
WITH CHEESE	+ ¥20

PIZZA ¥400

WITH EXTRA CHEESE	+ ¥20
WITH MUSHROOMS	+ ¥30
WITH CORN	+ ¥30
WITH SAUSAGES	+ ¥60

DESSERT

ICE CREAM	¥200
PUDDING	¥280
CHOCOLATE CAKE	¥300
CHEESE CAKE	¥300
APPLE PIE	¥350

SOUP

TODAY'S	¥150
SPECIAL	¥180

PASTA

MEAT SAUCE	¥450
CREAM SAUCE	¥400
SEA FOOD	¥430

Emma and Olivia came into a restaurant after club activities at school.

Emma ：We had a long day!

Olivia ：That's true. I'm so hungry.

Emma ：What are you going to have?

Olivia ：I only have 600 yen today. What do you think I should have?

Emma ：The meat sauce pasta looks nice.

Olivia ：I agree, but I want to have some dessert, too.

Emma ：Then how about a pizza?

Olivia ：That sounds good. I wanted to have an apple pie, but I will still be able to buy a dessert with the rest of the money.

28. What will Olivia have for dessert?
    (1) Apple pie
    (2) Cheese cake
    (3) Chocolate cake
    (4) Ice cream
    (5) Pudding

29. What has the highest price on the menu?
    (1) Apple pie
    (2) Meat sauce pasta
    (3) Pizza with sausages
    (4) Salad with chicken
    (5) Today's soup

30. How much does Olivia need if she wants to have a pizza and a salad with chicken?
    (1) 650 yen
    (2) 700 yen
    (3) 750 yen
    (4) 800 yen
    (5) 850 yen

相談に乗り、また話に来るよう言ってくれたことに対する感謝の気持ちと別れの悲しさとがないまぜになっている。

B　疎開先での苦労や戦争によって没落した暮らしをどこかでイメージしていたが、その暮らしぶりと豊かな食卓を目の当たりにし、何だか割り切れないやり場のない思いになっている。

C　かつて使われる身であった自分が、戦争により立場の逆転こそないものの、主人にもてなされる身となったことを嬉しく感じつつも、どこか切ないようなやるせない気持ちになっている。

D　外は真っ暗になり酒まで勧められたので、泊まっていくよう誘われるものと心づもりしていたが、期待外れに終わり、引き留めてくれなかったことを寂しくどこか恨めしく思っている。

問21　新太郎が「羊羹（ようかん）」を買い求めたのはなぜか。もっともふさわしいものを次から選べ。

A　とびきり甘い高値の品を口にすることにより、傷ついた自分の心を慰めたかったから。

B　これ見よがしに手に入れひけらかすことにより、自らの虚栄心を満たしたかったから。

C　子どもたちに施しを与えることにより、不条理な社会を見返してやりたかったから。

D　時代が変わろうとも富める者が幅を利かせている世の中に、一石を投じたかったから。

問16 傍線部⑤「怠りなく心あたりを尋ね合していた」から読みとることのできる新太郎の心のうちとはどのようなものであるか。もっともふさわしいものを次から選べ。

A 教えを請い、何かと便宜を図ってもらった「もみじ」の人たちに恩義を感じ、いま何ひとつ不自由のない立派な生活を送っている自分の姿を見せることにより、彼らの恩に報いたい。

B 以前は景気のよかった「もみじ」で世話になった人たちも、今は日々の暮らしにも喘いでいるだろうから、闇市で手に入れた贅沢品やおいしいものでも恵んでやり、情けをかけてやろう。

C かつては見習いの身であった自分が、今では金回りもよく、いっぱしの気取った格好で羽振りのよい生活を送っているところを「もみじ」の人たちに見せつけ、得意面をしてやりたい。

D 戦後の混乱に乗じて成り上がった今の自分をどう思うだろうか、という一抹の不安を抱きつつも、懐かしい「もみじ」の人たちに会って旧交を温めたいという気持ちが勝っている。

問17 傍線部⑥「俄に」の意味としてもっともふさわしいものを次から選べ。

A 喧しく　B 激しく　C 瞬時に　D 突然に

問18 傍線部⑧「土産物を出しおくれて、手をポケットに突込んだまま」とあるが、この時の新太郎の心の動きを説明したものとしてもっとも適切なものを次から選べ。

A 闇市で手に入れた高価な品ゆえもったいないと出し惜しみをし、ここは黙ってもらっておいた方が得策だと考えている。

B 主人に勧められた煙草は、自分が持ってきた安価な品とは似て非なる高級品だとわかり、プライドを傷つけられている。

C 自分が主人に土産としてあげるには、あまりに分不相応な品であったことを悟り、身の程をわきまえ恥じている。

D 貴重な品を主人はありがたがってくれるだろうと考えていたが、当初の思惑が外れたことを察し、逡巡している。

問19 傍線部⑨「何もないんだよ。」に込められた思いとはどのようなものであると考えられるか。もっともふさわしいものを次から選べ。

A 戦争によって全てを奪われ、このような田舎で不自由な暮らしを強いられていることを恨みがましく思い、落ちぶれてしまった今の自分たちの生活をぼやき嘆く思い。

B 新太郎が毎日の食べるものにも困り、遠くから無心しに自分たちを訪ねてきたと思い込み、少し警戒しつつもせめてお腹を満たして帰って行って欲しいと心から願う思い。

C かつての弟子がめかしこんだ派手な身なりをしてきたことをどこか面白くないと感じ、自分たちの贅沢な食事や暮らしぶりをさりげなく見せ、あてつけてやろうという思い。

D 戦前の店で出していた料理には到底及ばないが、自分たちを探しわざわざ足を運んでくれた新太郎に、今ある美味しいものをふるまい、精一杯もてなしてやりたい思い。

問20 傍線部⑩「幾度も頭を下げて潜門を出た」とあるが、「もとの主人」と「おかみさん」に対するこの時の新太郎の心情を説明したものとして、もっとも適切なものを次から選べ。

A 突然の訪問にも関わらず温かく自分を迎え入れ、親身になって

＊二里―一里は約四キロメートル。
＊闇市―戦後各地にできた非合法の市場で、食料や日用品などの物の売買が行われた。配給の数十倍の値段で物資が取引されることも珍しくなかった。
＊進駐軍―第二次大戦後、日本に進駐した連合国軍（主にアメリカ軍）の俗称。
＊羅紗地―厚地の毛織物。
＊士官―将校。士官学校などにおいて士官教育を受けた軍人などを指す。
＊プロレタリヤー賃金をもらう労働者のこと。後に出てくる「ブルジョワの階級」（資産家階級）と対照的に用いられる。
＊省線―政府が運営した鉄道線。現在のJRにあたる。
＊四五町―一町は約一〇九メートル。
＊御燗番―料亭などでお酒のお燗をつける人のこと。
＊中形―染め模様で、大紋と小紋との中間の大きさの紋。
＊袂―和服の袖の下に垂れさがる袋状の部分。
＊饗応―食事や酒を出して客をもてなすこと。
＊財産封鎖―第二次大戦後の農地解放や資産封鎖など、資産家が蓄えた財を庶民に分散させる施策。

問12 傍線部①「手蔓を求め」の意味としてふさわしいものを次から選べ。

A お金を積んで
B つてを頼って
C 合格通知を手にして
D いい生活を期待して

問13 冒頭の[A]【　　】の部分から読みとることのできる「新太郎」の人物像とはどのようなものであるか。もっともふさわしいものを次から選べ。

A 先見の明があり、時代の先を見据えたうえで重大な局面では的確な判断を下し、最善の道を選びとることができるひとかどの人物。
B 置かれた状況でくすぶるよりは新たな場所で勝負をし、願わくは次なる足がかりをつかみたいという望みを抱く、ちょっとした野心家。
C 与えられた環境に甘んじることなくつねにチャンスをものにし、自らの腕一本でのしあがっていこうとする、うぬぼれの強い自信家。
D 義理堅く働き者で地道な仕事も進んで引き受け、故郷の家族に楽をさせてやりたいという純粋な志を持った、実直でどこか一本気な青年。

問14 傍線部②「けんつくを食した」の意味としてふさわしいものを次から選べ。

A けんかが絶えなかった
B 酒や食事をおごってくれた
C 荒々しくしかりつけた
D 手取り足取り教えてくれた

問丁 傍線部③「祝儀」⑦「軒下」の読みをひらがなで記せ。

問15 傍線部④「道（　X　）」について、（　X　）に入れるにふさわしい語句を次から選べ。

A ながら　　B がてら　　C なりに　　D すがら

での話をしている中、女中が飯櫃を持ち出す。おかみさんが茶ぶ台の上に並べるものを見ると、鯵の塩焼。茗荷に落し玉子の吸物。茄子の煮付に香の物は白瓜の印籠漬らしく、食器も皆揃ったもので、飯は白米であった。

飲食物の闇相場の話やら、第二封鎖の話やら、何やら彼やら、世間の誰もが寄ればきまって語り合う話が暫くつづいている中夕食がすんだ。庭はもう真暗になって、空の星が目に立ち松風の音が聞えて、時々灯取虫が座敷の灯を見付けてばたりばたりと襖にぶつかる。垣隣りの家では風呂でも沸かすと見えて、焚付の火のちらちら閃くのが植込みの間から見える。新太郎は腕時計を見ながら、

「突然伺いまして。御馳走さまでした。」

「また話においで。」

「おかみさん。いろいろありがとう御在ました。何か御用がありましたら、どうぞ葉書でも。」

新太郎は⑩幾度も頭を下げて潜門を出た。外は庭と同じく真暗であるが、人家の窓から漏れる燈影をたよりに歩いて行くと、来た時よりはわけもなく、すぐに京成電車の線路に行当った。新太郎はもとの主人の＊饗応してくれた事を何故もっと心の底から嬉しく思うことが出来なかったのだろう。無論嬉しいとは思いながら、何故、当のはずれたような、失望したような、つまらない気がしたのであろうと、自分ながらその心持ちを怪しまなければならなかった。

ポケットに出し忘れた上産物の巻烟草があったのに手が触った。新太郎は手荒く紙包をつかみ出し、抜き出す一本にライターの火をつけながら、主人は＊財産封鎖の今日になってもああして毎晩麦酒や日本酒を飲んでいるだけの余裕が在るのを見ると、思ったほど生活には窮していない。戦後の世の中は新聞や雑誌の論説や報道で見るほど窮迫してはいないのだ。ブルジョワの階級はまだ全く破滅の瀬戸際まで追込められてしまったのではない。古い社会の古い組織は少しも破壊されてはいないのだ。以前楽にくらしていた人達は今でもやっぱり困らずに楽にくらしているのだ、と思うと、新太郎は自分の現在がそれほど得意がるにも及ばないもののような気がして来て、自分ながら訳の分らない不満な心持が次第に烈しくなって来る。

国道へ出たので、あたりを見ると、来た時見覚えた薬屋の看板が目についた。新太郎は急に一杯飲み直したくなって、八幡の駅前に、まだ店をたたまずにいる露店を見回した。然し酒を売る店は一軒もない。喫茶店のような店構えの家に、明るい灯が輝いていて、窓の中に正札をつけた羊羹や菓子が並べられてあるのを、通る人が立止って、値段の高いのを見て、驚いたような顔をしている。中には馬鹿々々しいと腹立しげに言い捨てて行くものもある。新太郎はっと入って荒々しく椅子に腰をかけ、壁に貼ってある品書の中で、最も高値なものを見やり、

「林檎の一番いいやつを貰おうや。それから羊羹は甘いか。うむ。甘ければ二三本包んでくれ。近所の子供にやるからな。」

（永井荷風『羊羹』より）

＊統制後――戦時中、国の主導で行われた経済統制下で、物資が不足していた社会の状況のことを指す。

＊軍属――軍隊に所属する軍人以外の者で、戦闘に直接関与せず雑役に従事する。

＊満州――中国東北部。当時日本の「占領地」となっていた。

「お近さん。」
「あら。新ちゃん。生きていたの。」
「この通り。足は二本ちゃんとありますよ。新太郎が来たって、おかみさんにそう言って下さい。」
　声をきつけてお近の取次ぐのを待たず、台所へ出て来たのは年の頃三十前後、髪は縮らしているが、東京でも下町の女でなければ善悪のわからないような、*中形の浴衣に仕立直しの半帯をきちんと締めたおかみさんである。
「御機嫌よう。赤坂の姐さんにお目にかかって、こちらの番地を伺いました。」
「そうかい。よく来ておくれだ。旦那もいらっしゃるよ。」と奥の方へ向いて、「あなた。新太郎が来ましたよ。」
「そうか。庭の方へ回って貰え。」と云う声がする。
　女中が新太郎を庭先へ案内すると、秋草の咲き乱れた縁先に五十あまりのでっぷりした赤ら顔の旦那が腰をかけていた。
「よくわかったな。この辺は番地がとびとびだから、きいてもわかる所じゃないよ。まアお上り。」
「はい。」と新太郎は縁側に腰をかけ、「この春、帰って来たんですが、どこを御尋ねしていいのか分らなかったもんで、御無沙汰してしまいました。」
「今どこに居る。」
「小岩に居ります。トラックの仕事をしています。忙しくッて仕様がありません。」
「それア何よりだね。丁度いい時分だ。夕飯でも食って、ゆっくり話をきこう。」
「上田さんはどうしましたろう。」と新太郎は靴をぬぎながら、料理番上田のことをきく。
「上田は家が岐阜だから、便はないが、大方疎開しているだろう。疎開のおかげで、此方もまアこうして居られるわけだ。何一ツ焼きゃアしないよ。」と、旦那はおかみさんを呼び、「飯は後にして、お早くビールをお願いしたいね。」
「はい。唯今。」
　新太郎は土産にするつもりで、ポケットに亜米利加の巻烟草を二箱ばかり入れて来たのであるが、旦那は*袂から同じような紙袋を出し一本を抜取ると共に、袋のままに新太郎に勧めるので、新太郎は⑧土産物を出しおくれて、手をポケットに突込んだまま、
「もうどうぞ。」
「配給の煙草ばかりは呑めないな。くらべ物にならない。戦争に負けるのは煙草を見てもわかるよ。」
　おかみさんが茶ぶ台を座敷へ持ち出し、
「新ちゃん。さアもっと此方へおいで。⑨何もないんだよ。」
茶ぶ台には胡瓜もみとえぶし鮭、コップが二ツ、おかみさんはビールの罎を取り上げ、
「井戸の水だから冷くないかも知れません。」
「まア、旦那から。」と新太郎は主人が一口飲むのを待ってからコップを取上げた。
　ビールは二本しかないそうで、後は日本酒になったが新太郎は二三杯しか飲まなかった。問われるままに、休戦後満州から帰って来るま

あった。

夜は仲間のもの五六人と田圃の中に建てた小屋に寝る。時たま仕事の暇を見て、船橋在の親の家へ帰る時には、闇市で一串拾円の鰻の蒲焼を幾串も買って土産にしたり、一本壱円の飴を近所の子供にやったり、また現金を母親にやったりした。

新太郎は金に窮らない事、働きのある事を、親兄弟や近所のものに見せてやりたいのだ。むかし自分を叱ったり怒りつけたりした年上の者どもに、現在その身の力量を見せて驚かしてやるのが、何より嬉しく思われてならないのであった。

やがて田舎の者だけでは満足していられなくなった。新太郎は以前もみじの料理場で手つだいをさせながら、②けんつくを食した上田という料理番にも、おかみさんや旦那にも、また毎晩飲みに来たお客。煙草を買いに出させる度毎に剰銭を③祝儀にくれたお客にも会って見たくなった。*進駐軍の兵卒と同じような上等の*羅紗地の洋服に、靴は戦争中*士官がはいていたような本革の長靴をはき、鍔なしの帽子を横手にかぶり、日避けの色眼鏡をかけた若き*プロレタリヤの姿が見てもらいたくなって、仕事に行く④道（　X　）も⑤怠りなく心あたりを尋ね合していた。

ある日新太郎は、偶然出会った昔の常連客から、「もみじ」は強制疎開（空襲による被害を少なくするため、前もって住民を強制的に、比較的安全な土地に移らせること）で取払いとなり、店の主人とおかみさんは今は千葉の八幡の地にいることを聞き知る。

その日の仕事が暗くならない中に済んだ日を待ち、新太郎は所番地をたよりにもみじの疎開先を尋ねに行った。

*省線の駅から国道へ出る角の巡査派出所できくと、鳥居前を京成電車が通っている八幡神社の松林を抜けて、溝川に沿うた道を*四五町行ったあたりだと教えられた。然し行く道は平家の住宅、別荘らしい門構え、茅葺の農家、畠と松林のあいだを勝手次第に曲るたびたび又も同じような岐路へ入るので忽ち方角もわからなくなる。初秋の日はいつか暮れかけ、玉蜀黍をゆする風の音につれて道端に鳴く虫の音が⑥俄に耳立って来るので、この上いか程尋ね歩いても、門札の読み分けられる中には到底行き当りそうにも思われないような気がし出した。念の為、もう一度きいて見て、それでも分らなかったら今日は諦めてかえろうと思いながら、竿を持った蜻蛉釣りの子供が二三人遊んでいるのを見て、呼留めると、子供の一人が、

「それはすぐそこの家だよ。」

別の子供が、「そこに松の木が立ってるだろう。その家だよ。」

「そうか。ありがとう。」

新太郎は教えられた潜門の家を見て、あの家なら気がつかずに初め一度通り過ぎたような気もした。

両側ともに柾木の生垣が続いていて、同じような潜門が立っている。表札と松の木とを見定めて内へ入ると新しい二階建の家の、奥深い格子戸の前まで一面に玉蜀黍と茄子とが植えられている。

新太郎は家の⑦軒下を回って勝手口から声をかけようとすると、女中らしい洋装の女が硝子戸の外へ焜爐を持出して鍋をかけている。見れば銀座の店で*御燗番をしていたお近という女であった。

も適切なものを次から選べ。

A　家族との食事が原始時代に比べて大幅に減り、「孤食」が問題視されている現代社会において、改めて日本独自の食の歴史的な変遷を捉え直し、今の時代に合った新しい家族の共食の形を提示していく必要がある。

B　現代社会において、家族愛が社会全体の利潤のために搾取されているだけではなく、家族は既存のあり方では担いきれないほどの課題を抱えており、それらを解決するためには家族の枠を超えた血縁関係にとらわれない人間関係が重要である。

C　国家が家族愛や家族の絆を強調し、母親の愛情を重視する背景には、労働者の雇い主や企業の力だけでは労働環境の改善が難しくなってきているという実態があり、解決策の一つとして家族の社会における立ち位置を見直すことが挙げられる。

D　家族との食事は労働者が自身の労働力を回復させるだけではなく、未来の労働者を育てるという点でも重要だとされており、社会問題となっている「孤食」をなくすためにも、家族だけで純粋に食を楽しむ本来の形に戻していくべきだ。

問題 三

次の文章を読んで、あとの問いに答えよ。（読解の一助として表記を変えている箇所がある。）

[A]【新太郎はもみじという銀座裏の小料理屋に雇われて料理方の見習をしている中、徴兵にとられ二年たって帰って来た。然し*統制後の世の中一帯、銀座界隈の景況はすっかり変っていた。

仕込にする物が足りないため、東京中の飲食店で毎日滞りなく客を迎えることのできる家は一軒もない。もみじでは表向休業という札を下げ、ないないで顔馴染のお客とその紹介で来る人だけを迎えることにしていたが、それでも十日に一遍は休みにして、肴や野菜、酒や炭薪の買いあさりをしなければならない。このまま戦争が長びけば一度の休みは二度となり三度となり、やがて商売はできなくなるものと、おかみさんを初めお客様も諦めをつけているような有様になっていた。

新太郎は近所の様子や世間の噂から、ぐずぐずしていると、もう一度召集されて戦へ送られるか、そうでなければ工場の職工にされるだろう。幸いにこのままここに働いていて、一人前の料理番になったところで、日頃思っていたように行末店一軒出せそうな見込はない。いっそ今の中一か八かで、此方から進んで占領地へ踏み出したら、案外新しい生活の道を見つけることができるかも知れない。そう決心して昭和十七年の暮に①手蔓を求め*軍属になって*満州へ行き、以前入営中にならい覚えた自動車の運転手になり四年の年月を送った。

停戦になって帰って来ると、東京は見渡すかぎり、どこもかしこも焼原で、もみじの店のおかみさんや料理番の行方も其時にはさがしたいにも捜しようがなかった。生家は船橋の町から*二里あまり北の方へ行った田舎の百姓家なので、一まずそこに身を寄せ、市役所の紹介で小岩町のある運送会社に雇われた。】

一二ヶ月たつか、たたない中、新太郎は金には不自由しない身になった。いくら使い放題つかっても、ポケットにはいつも千円内外の札束が押込んであった。そこで先洋服から靴まで、日頃ほしいと思っていたものを買い揃えて身なりをつくり、毎日働きに行った先々の*闇市をあさって、食べたいものを食べ放題、酒を飲んで見ることも

D　イ　たとえば　ロ　また　ハ　したがって

問8　傍線部②とあるが、「家」の定義を説明したものとして**当てはまらないもの**を次から選べ。

A　人間はほかの動物に比べて眠りが深いため、睡眠中に敵から身を守るうえでなくてはならないものである。

B　人間は肌が体毛で覆われておらず外気の影響を受けやすいため、体力の消耗を防ぐ上で重要なものである。

C　人間は家族単位で食べものを調理し食事をとるため、火を守り食事の場所を確保するうえで大切なものである。

D　人間は生殖行為に羞恥心を抱くことが一般的であるため、他者に見られないようにするうえで必要なものである。

問9　傍線部③とは、どのようなことか。説明として最も適切なものを次から選べ。

A　原始時代においては、ひとつの鉢から大勢の人間が食べものをつかみ取ることで争いになることもあったが、皿が登場した近代以降は食で争いが生まれないように配膳されたものを食べる形に変化したということ。

B　原始時代においては、食は集まった人々が会話とともに楽しむ娯楽的な位置づけであったが、皿が登場した近代以降は食の共有が難しくなったことから、人々が食に楽しみを見いだせなくなったということ。

C　原始時代においては、鉢に盛られた食べものを各自が好きなだけ食べる形だったが、皿が登場した近代以降は自分の取り分が定められたことでそれぞれの食事量が制限されるようになったということ。

D　原始時代においては、食は火を囲い調理したものを鉢に盛り、家族以外の人間も多く集まってなされるものであったが、皿が登場した近代以降は家族のなかで営まれるものに変化していったということ。

問10　傍線部④とは、どのようなことか。説明として最も適切なものを次から選べ。

A　資本主義社会において家族との食事は、疲弊した現代人にとって合理化されえない数少ない憩いの場であり、食育にとっても重要であることから、家族との食事のみを「共食」と呼び、特別視するようになったということ。

B　資本主義社会において家族との食事は、家族の成員とコミュニケーションを取り、家庭的な温かい雰囲気を維持するために大切であることから、「共食」には家族以外を含むべきではないと考えられるようになったということ。

C　資本主義社会において家族との食事は、現代の人々が労働の合間に栄養を摂り、健康を維持するために必要であることから、母の手料理を家族全員で食べることを「共食」と表現し、その必要性が強調されるようになったということ。

D　資本主義社会において家族との食事は、外で働く労働者がリフレッシュし、労働力を回復させ英気を養ううえで必要なものであることから、「共食」が家族との食事を中心に想定されるようになったということ。

問11　本文全体を通して、筆者が中心的に述べていることは何か。最近代の発明であった。

ライデン大学のカタジーナ・チフェルトカによる詳細な日本の食の研究によると、近代社会が産み出したサラリーマン階層の核家族は、近代家族のモデルとなったが、その重要な役割を果たしたのがちゃぶ台であった（**Katarzyna J.Cwiertka, Modern Japanese Cuisine: Food, Power and National Identity, University of Chicago Press, 2006, p.94**）。家庭的な温かい雰囲気のなかで、外で働く父親がリフレッシュできること、そのなかで家族愛が育まれること、そうした家族の機能は資本主義社会にとって必須の労働力再生産装置であった。つまり、お膳を用い、家族がバラバラで食べ、家族以外の成員も入ってくる、という前近代的な形態から、狭い家でも脚をたたんで収納できるちゃぶ台を使い、核家族が全員集合し、サイドメニューを盛った皿を真ん中に置き、各々がご飯と味噌汁でそれを食べるという形態に変化したのである。ちゃぶ台は、もともと中国料理と日本料理の折衷である卓袱（しっぽく）料理の台から発展したものだ、とチフェルトカは述べている。④近代社会は、共食を、家族というパーテーションで囲んだのであった。食育基本法が家族の枠組みから「食育」を解放できないのは、こうした歴史的経緯があるからだと私は考えている。

現在、家族の構成も多様になりつつあるなかで、家族という、ひとつの人間グループに対し、いつの時代にもまして厳しく吸い取られている労働力の回復の役割だけでなく、育児・介護の担い手、税金の納入者、学校教育の補助という課題がつぎつぎに降りかかり、もはや近代家族モデルでは成り立たないほどにまでなっている。そんななか、ちゃぶ台の拡大、家族以外の人間が座ることのできるちゃぶ台の開発が、かつてなく求められている。

（藤原辰史『縁食論——孤食と共食のあいだ』より）

＊天火……オーブンのこと。

問丙 空欄［X］・［Y］に当てはまる漢字をそれぞれ一字で答えよ。

問6 傍線部①とあるが、日本の政治家たちが「家族が大事」と言い続けるのはなぜか。最も適切なものを次から選べ。

A　企業は、市場全体を活性化させることよりも自社の利益を重視しており、持続可能な市場の成立のためには家族単位の協力がなくてはならないと考えているから。

B　家族は外で働く労働者たちを癒やし、回復させる働きがあるだけでなく、将来の労働者となる子どもを産み、育てる場でもあるということを重視しているから。

C　子どもたちが孤食に苦しむのは人々が社会全体より個人を重視するようになったからであり、孤食の解決には家族内の役割を見直す必要があると認識されているから。

D　政治や経済における歪みは、労働者と家族の結びつきが弱くなったことによって生じており、家族の絆を強化すれば現代社会の問題の多くは解決できると信じているから。

問7 【　イ　】～【　ハ　】に当てはまる語の組み合わせとして最も適切なものを次から選べ

A　イ　けれども　　ロ　しかも　　ハ　もちろん
B　イ　しかし　　ロ　あるいは　　ハ　もはや
C　イ　ただし　　ロ　つまり　　ハ　だが

は、人目を避けなければならない。性の場所を囲うためには、単純に壁が必要である。

第四に、火を囲うこと。風や雨から火を守り、火をたやさないこと。こうして寒い夜や冬には暖をとり、湿気を取り、台所ではナマモノを焼いたり、炙ったり、水を沸かしたりするために、火を囲わなければならない。

ただし、人間は、食は公開する。火のまわりに人が集まる。原始時代から、おひとりさまのシステムファイヤーキッチンが存在していたのかもしれないが、それはレアケースだろう。そこには家族以外の人間が集まりやすいような吸引力が生まれる。火を使い生きものの死骸を変質させて、吸収しやすくしたうえで食べる動物が人間だけであることは、もしかすると、食の公開と関係しているのかもしれない。煙や煤が室内に充満するのを防ぐために、しばしば食は野外でなされた。もちろん、換気の装置は室内の料理を可能にした。しかし、人類が比較的高性能の換気装置を手に入れたのはつい最近であり、【　ロ　】、いまなお地域的に限定されている。欧米でさえ、農村では、*天火の使用は近代までなされているところも多かった。煙と煤が長いあいだ、地球上の台所の象徴であり、電気とガスがそれから人間を解放しつつあるとはいえ、他方で薪ストーブが人気なのは、火から離れた人間の寂しさのあらわれかもしれない。

そこで思い出すのが、ドイツ各地で訪問した野外博物館である。ここでは近世の農村の風景や建てものが民俗学の研究に基づき、復元されている。ここで驚いたのは、どこでもパン焼き小屋があったことだ。村落のなかにあり、そこを共用していた。パンは定期的に大きな窯で焼かれ、村民で分けていたのである。

煙と煤が充満しないように火を扱う場所は広くなり、また、広く暖かいので人が集まる。台所とは、考古学的にいえば、そんな場所であった。

近代家族とちゃぶ台

とすると、食の行為が家という囲いのなかでなされるためには、引きこもれるだけのキッチンとダイニングの装備の充実が必要である。

ゲオルク・ジンメル（一八五八―一九一八）というドイツの社会学者は、一九一〇年に執筆された「食の社会学 Soziologie der Mahlzeit」という論文のなかで、原始時代にはひとつの鉢に複数人の食べものが入っていて、それを各人がつかみ取りをしていたが、歴史が進むにつれて鉢に対立するものが生まれた、と述べている。それこそが、皿である。皿という食器は、個人主義の象徴である、というような言い方だ。ちなみに、日本も近世社会では配膳式が主流であり、それぞれ別々に食べものが盛られる。

この図式が実際にどれだけの文化の歴史的な変遷に符合するのか、西洋以外の文化にも当てはまるのかどうかはとりあえず置いておき、自分の皿が各自のテーブルの前に置かれるのが、近代のひとつの徴候であるというジンメルの指摘は興味深い。③皿は、本来は三次元的に囲われつつも開かれた行為であった食を、三次元的に閉ざされた空間にしていくひとつの道具となった。

【　ハ　】、大きな皿や鍋を食卓に置いて、家族でつつきあうことも少なくない。ただ、これは原始的な食のかたちの名残というよりは、保は、市場にとって生命線であり、そこに企業の収支がかかっている場合は、収奪はさらにシビアになる。

「食は教育の課題なのか――食育基本法をめぐる考察」（佐藤卓己編『岩波講座現代 第八巻 学習する社会の明日』岩波書店、二〇一六年）で、私は、孤食の問題の責任を家族に押し付ける政治や経済の仕組みを、食育基本法はあまり打破しようとしていないと論じた。「国民運動」と自己規定する食育は、その背景にある労働や福祉の仕組みの歪(ゆが)みを無視して、家庭になんとかせよと要請する。たとえば、いくら家族で食卓を囲むように啓蒙(けいもう)活動をしても、企業の労働環境の改善にノータッチのままでは意味がない。家族とは、市場にとってみれば、労働力を復活させる修理所であり、未来の労働者を産出する生物機械である。市場にとっては貨幣で購入できない魔法のような装置であり、家族の成員にとっては現実であるこのはたらきがなければ、一日たりともみずからの運動を維持することができない。だから雇い主は、賃金を払って、労働力のリフレッシュを促す。【 イ 】、賃金が健康な食を購入するのに十分ではない場合、賃金が高すぎる携帯電話の利用料によって毎月大幅に削られなければならない場合、賃金が子どもを育てるのに十分ではない場合、雇い主は、家族のモチベーション、家族のやる気、家族のがんばり、家族のふんばり、そして家族の「愛」に頼ることになる。だから、政府は人びとの心を動かすように「運動」を必要とするのである。

　家族の愛を育むことを国家が説き始めるときは細心の注意が必要である。というのも、教育勅語に端的にあらわれているように、個より公を優先するような道徳観の押し付けの合図を意味するからである。それは国や家族を愛することの強制であるばかりではない。市場の外に存在する労働力再生産装置に、つまり、人間のうちにある自然の力に過度に頼るための、内面の管理なのである。

囲うこと

　だが、そもそも、家族とは市場や国家が求めるようなものだったのだろうか。ともに住む行為は、こんなにも管理されやすいものだったのだろうか。

　そのためにも②「家」とは何か。根源的に考えてみよう。思い切って、洞窟だった頃の家に遡(さかのぼ)って定義してみたい。家とは、外の雨、雪、風、埃(ほこり)、熱などから内部を三次元的に囲ってできる空間のことである。家とは単に名詞として静態的にとらえてはならない。もっと動態的に、つまり、「囲う」という動詞から考えなくてはならない。これが家の基本である。では、何を囲っているのか。

　第一に、空気を囲うこと。進化の過程で皮膚から毛が抜け落ちた人類は、毛に覆われた動物よりも、雨、風、寒さ、暑さ、砂埃によって体が痛めつけられやすい。疲労も早い。空気を囲うことで、温度と湿度を保ち、風と雨や雪を避け、直射日光を遮り、皮膚の露(あら)わになった人類の体を消耗から守らなければならない。

　第二に、寝る場所を囲うこと。人間は、ほかの動物よりも深く寝る傾向にある。寝ているあいだ、人間はなにものかに襲われる可能性がある。敵から身を隠さなければならないことは、もはや意識されない人間の基本的なあり方である。

　第三に、生殖を囲うこと。恥じらいをもっとも強く感じるこの行為

A　月の裏側が実際に確認された。
B　月のクレーターの観察がはじめて行われた。
C　「溶岩チューブ」と呼ばれる巨大な空洞が発見された。
D　「ジャイアントインパクト説」が提唱された。

問4　筆者の主張として適切なものを次の中から一つ選べ。
A　この先も人類が地球上での生活を維持していくためには、月の誕生による地球環境の変化や生物への影響を知っておく必要がある。
B　いずれ月が地球から遠ざかり衛星でなくなった場合、人類は移住を余儀なくされてしまうため、人類は今の地球環境に感謝して生活を営んでいかなければならない。
C　巨大な天体の衝突による地球の地軸の傾きは生物にとって生存しやすい環境をもたらしたが、緑地帯である地域が砂漠化してしまうなど必ずしも良いことばかりではない。
D　月の誕生が地球に大きな影響を与えていることがわかったのは多くの先人たちの努力によるものであり、そうした先人たちの功績を知ることは非常に重要である。

問5　本文の内容に合致するものを次の中から一つ選べ。
A　月の表面に見られるクレーターは隕石の落下によって形成されたが、多くのクレーターは比較的新しい時代に噴出した溶岩上に見られる。
B　月の形成のシミュレーションによって、月の誕生は地球の誕生からおよそ一カ月から一年後であり、大きさも現在の月の大きさと変わらないことが判明した。
C　地球と月の間に働く引力による地球の自転の遅れによって、今日の生物の進化がもたらされたが、その進化には地軸の傾きも重要な役割を担っている。
D　長い年月をかけた月の観察と岩石の分析によって、地球は、巨大な天体同士が衝突して飛散した破片が集積し形成されたことが判明した。

問題 二　次の文章を読んで、あとの問いに答えよ。

「家族愛」という罠

二一世紀に入って、日本政府が「共食」に注目し始めている。たとえば二〇〇五年七月一五日、小泉純一郎政権のときに食育基本法が施行された。それを推進する食育推進会議は内閣府に設置されていて、毎年『食育白書』を出版している。食育白書では、子どもたちの孤食を憂い、学校給食を充実せよ、家族で一緒に食べよ、というテーマが［X］を変え［Y］を変え、繰り返されている。

日本のかなりの数の政治家たちは、戦前も戦中も戦後も、①家族が大事、家庭が安定すれば国も安定する、と言い続けている。孤食が生じるのは家族の絆が弱くなっているためだ、母親の愛情が足りないからだ、家族の絆を取り戻さなければならない、などという意見も相変わらず存在している。まさに家族絶対主義の宝庫だ。けれども、家族を本当に大切に思う人は、この類の言説に疑問を感じるにちがいない。なぜなら、こうした言説は、家族の愛を深めるための言葉ではなく、むしろ、家族から毎日湧いてくる力を利潤に転換するための言葉だからである。さらにいえば、労働力の定常的な品質管理と持続可能な確に閉ざされた厳冬である。いずれも季節のない単調で厳しい気候だ。

一方、地軸の傾きが二三・四度ではなく九〇度になっていたらどうなるか。この場合には極地域では六カ月の夏と六カ月の冬が交代し、他の地域でも灼熱の夏と極寒の冬が目まぐるしく変わるきわめて不安定な気候となる。

かつてアフリカのサハラ砂漠は緑地帯だったが、地軸がわずかに傾いたせいで砂漠化したという説がある。このように現在の地軸の傾きは、地上に安定した環境を生み出すため重要な要素だった。

次に、遠い未来を考えてみよう。現在の月と地球の距離は約三八万キロメートルである。月が毎年三センチずつ地球から遠ざかると、数十億年後に月が地球の衛星でなくなった時にどうなるのだろうか。

地球の自転を遅らせてきた月が完全に消滅すると、地球は超高速で自転しはじめる。一日の長さは三分の一以下になり、時速数百キロの強風と砂嵐が地表を吹き荒れる。その結果、植物と動物は生存が困難となり、人類も他の惑星へ移住しなければならない。

こうして四五億年前の月の誕生は、地球上で生命が進化するための貴重な条件を整えてくれたのである。人類が持続的社会をつくる際に、こうした大きなスケールでできた地球環境の成り立ちを知ることはとても大切ではないだろうか。

（鎌田浩毅『知っておきたい地球科学――ビッグバンから大地変動まで』より）

問甲　二重傍線Ⅰの空欄に入る漢数字を解答欄に合わせて答えよ。

問1　傍線①「月は同じ面だけを地球に向けながら回っている。」とあるが、このことの原因は何か。適当なものを次の中から一つ選べ。

A　月の片面を「玄武岩」という重い物質が覆っており、その質量によって月が傾き、一定の面だけが地球に向くようになったこと。

B　月は地球から飛び出した破片から出来た衛星であり、それゆえ月の自転周期は地球の自転周期とまったく同じになっていること。

C　地球からの強い引力によって月の自転が止まり、地球の周りを回る公転のみを行うようになったこと。

D　月の片側にたまっている物質が地球の引力によって引き寄せられることで、月の公転周期と自転周期が一致したこと。

問2　月の誕生に関連して生じた地球への影響として**当てはまらないもの**を次の中から一つ選べ。

A　巨大な天体が地球に衝突したことによって地球の地軸が傾き、その影響で四季の変化が生じた。

B　巨大な天体が地球に衝突したことによって地球の地軸が傾き、その影響で極地域における気候の変化が極端になった。

C　地球と月の間に働く引力によって地球の自転が遅くなった影響で極端な強風が抑えられ、生物の生存に適した環境となった。

D　地球と月の間に働く引力によって地球の自転が遅くなった影響で一日が長くなり、二四時間となった。

問乙　二重傍線Ⅱ・Ⅲのカタカナを漢字に改め、**終止形で記せ**。

問3　本文中で挙げられている次の出来事を古い年代順に並び替えた時に三番目に来る出来事は何か。適当なものを次の中から一つ選べ。

またなめらかな曲線を描くはずだ。ところが望遠鏡で見た影は、ガタガタと歪な姿を現していた。

こうした観察からガリレイは、月も地球と同じように山や谷があるのではないかと考えた。さらに月と地球は同じような成因を持つと思い至る。こうした洞察は現在でもほとんどが通用する。ガリレイは月の表面にある山脈の高度を望遠鏡によって測ったが、この原理は現在行われている手法と同じなのである。

月の観察は現在も続いている。日本が二〇〇七年に打ち上げた月探査機「かぐや」によって、地下に直径約五〇キロメートル、長さ約五〇キロメートルに及ぶ巨大な空洞があることが判明した。これは溶岩が流れた跡を示す天然のトンネルで「溶岩チューブ」と呼ばれ、月と同じ玄武岩で構成される富士山の周辺にもよく見られる。月にはまだ不思議な現象が詰まっており、興味が尽きない。

月は四五億年前に地球から飛び出して衛星になったが、月の周回は地球環境にも大きな影響を与えてきた。月は質量が地球の一〇〇分の一、直径が地球の四分の一、表面積は南北アメリカ大陸ほど、という巨大な衛星である。太陽系を回っている他の惑星衛星と比べても飛び抜けて大きい衛星なのだ。

その月は地球を飛び出して以来、毎年三センチメートルずつ地球から遠ざかっており、地球の自転速度を遅くする重要な働きをしている。月が誕生した当時の地球は、現在よりも速く自転しており、一日は四～六時間ほどだった。

一方、地球が太陽の周りを回る公転速度は変わっていないので、当時の一年は一五〇〇～二〇〇〇日ほどになる。すなわち、いまより四～六倍の速さで一日が終わり、四季は四～六年でやっとⅡメグッてくるというわけだ。

その後、現在まで四〇億年以上もかかって地球の自転速度を遅くしたのは、地球と月の間で働く引力である。これによって地球上の海では潮の満ち引き、すなわち「潮汐」が起きた。

海水が潮汐で大量に移動すると、海底との間で摩擦を起こし、地球の自転にブレーキをかける。その結果、地球の一日は次第に長くなり、現在の二四時間となった。

もし過去に月が地球から飛び出なければ、地球の一日は八時間だったというシミュレーションがある。この場合、地表では東西方向に絶えず強風が吹き荒れる。同じ状況は木星や土星の大気に見られるが、大型ハリケーンが何百年も連続して吹き荒れる状況だ。

こうした強風は生物の生存を大きく変える。植物は風から身を守るため地中深く根を張り、太陽エネルギーを効率的に受け取る葉が進化するだろう。また、動物は強風でも呼吸を維持し乾燥から身を守るため、特別な器官を発達させる。人類も現在とは全く異なる進化をⅢトゲていたに違いない。

月の形成時に巨大な天体が地球に衝突した影響はもう一つある。地球が自転する地軸が傾いたのだ。衝突の際、それまで太陽の周りを回る公転面に対して垂直方向であった地球の地軸に二三・四度の傾きが生じた。

この結果、地球には四季の変化が訪れた。北半球で夏が暑く、冬が寒いのは、地軸が傾いているためである。もし、地軸が公転面に垂直(〇度の傾き)であれば、赤道上はいつも灼熱の夏で、極地はつねに氷

【国　語】（五〇分）〈満点：一〇〇点〉

【注意】読解の一助とするため、表記を変えた箇所があります。

問題 一　次の文章を読んで、あとの問いに答えよ。

月は今から四五億年前に地球から飛び出して誕生した。地球は太陽系初期の四六億年前に誕生したので、わずか一億年後の事件である。ちなみに、アポロ計画で月から持ち帰られたもっとも古い岩石は、約四五億年前のものだった。

現在の火星ほどの巨大な天体が地球に衝突し、そのエネルギーによって地球の表面は非常に高温となり、破片がⅠ□方□方へ飛び散った。

宇宙に飛び出した最大の破片が、地球の引力によって周囲を回り始める。これらの破片が集まってできた最大の物質が月なのである。こうした成因は「ジャイアントインパクト説」と呼ばれ、一九八四年に提唱された。

その後、破片が集積して月を形成するシミュレーションが行われ、一カ月から一年後に現在の姿で月が地球を周回できることが分かった。また地球が衝突後に現在とほぼ同じ大きさになったことも確認された。

①月は同じ面だけを地球に向けながら回っている。月も地球も自転しているが、勝手に回ってもよさそうなものなのに正確にシンクロしている。すなわち、月が自転する周期と、月が地球の周りを一周する周期がまったく同じなのである。

そのため月は満ち欠けをしようとも、地球からは表側しか見ることができず、裏側は隠れたままである。したがって、人類は一九五九年にソ連が月探査機ルナ三号を打ち上げて初めて、月の裏側を見ることができた。

月が常に表を向けている原因は、内部を構成する物質にある。地球に見せる側には重い物質、裏側には軽い物質がたまっている。表側には「玄武岩（げんぶがん）」と呼ばれるマグマが固まった重い岩石がたくさんあり、裏側には「斜長岩（しゃちょうがん）」という軽くて白い岩石がある。玄武岩は黒い色なので、望遠鏡で月の表面を見たときに黒っぽく見える。

このように、表面の玄武岩を主体とする重い部分が地球に引き寄せられた結果、月が地球の周りを回る公転周期が月の自転周期と一致し、月はいつも表側を地球に向けるようになったのである。

さらに地球から重力を受けた表側では、地下にある高温のマグマが吸い出され月の表面に噴出する。これが黒い溶岩流となって月の表側を広く覆った。黒い溶岩は三九億～三二億年前に噴出したもので、この時期に盛んにマグマが噴出したことを示している。

また、溶岩の表面にはたくさんのクレーターができており、ガリレオ・ガリレイ（一五六四～一六四二）は一六〇九年に世界ではじめて望遠鏡でそれらを観察した。これらのクレーターは、月の表面に大量の隕石（いんせき）が落下して形成されたもので、古い時代に噴出した溶岩上ほどクレーターの数が多い。

このときのガリレイの観察には興味深いエピソードがたくさんある。彼は自力で屈折望遠鏡を組み立て、太陽の影を映し出している月の表面を観察した。意外にもその影がなめらかでないことにガリレイは気づいたのである。もし、月がなめらかな球体であるならば、その影も

MEMO

2024年度

解　答　と　解　説

《2024年度の配点は解答欄に掲載してあります。》

＜数学解答＞《学校からの正答の発表はありません。》

1 (1) $\frac{2}{3}$　(2) $\frac{-x+9y}{12}$　(3) $(x-8)(x+1)$　(4) 10　(5) -8
(6) 42，168　(7) 1　(8) $9\sqrt{3}+9$　(9) $\frac{7}{3}$　(10) $x=3$，$y=7$

2 (1) $\frac{1}{4}$　(2) $\frac{1}{3}$

3 (1) (イ)，(オ)　(2) $\sqrt{3}$　(3) 19

4 (1) 1：2　(2) $\frac{5\sqrt{3}}{3}$

5 (1) $a=\frac{1}{3}$　(2) $y=-\frac{1}{12}x+\frac{13}{4}$　(3) $\frac{75}{8}$

○推定配点○

各5点×20　　計100点

＜数学解説＞

1 (正負の数，式の計算，因数分解，式の値，比例と反比例，数の性質，平面図形，データの整理)

(1) $0.6^2\times\left(\frac{2}{3}\right)^3\div\left(\frac{3}{5}-1\right)^2=\left(\frac{3}{5}\right)^2\times\left(\frac{2}{3}\right)^3\div\left(-\frac{2}{5}\right)^2=\frac{3^2}{5^2}\times\frac{2^3}{3^3}\times\frac{5^2}{2^2}=\frac{2}{3}$

(2) $\frac{2x-3y}{3}-\frac{y-x}{4}-x+2y=\frac{4(2x-3y)-3(y-x)-12x+24y}{12}=\frac{8x-12y-3y+3x-12x+24y}{12}$
$=\frac{-x+9y}{12}$

(3) $(x-2)^2+3(2-x)-18=(x-2)^2-3(x-2)-18=\{(x-2)-6\}\{(x-2)+3\}=(x-8)(x+1)$

(4) $3<\sqrt{15}<4$より，$a=\sqrt{15}-3$　$a^2+6a+4=(a+3)^2-5=(\sqrt{15}-3+3)^2-5=15-5=10$

(5) $y=ax$に$x=2$，$y=3$を代入して，$3=2a$　$a=\frac{3}{2}$　$z=\frac{b}{y}$に$y=4$，$z=12$を代入して，$12=\frac{b}{4}$　$b=48$　よって，$z=\frac{48}{y}=48\div\frac{3}{2}x=\frac{32}{x}$　これに$x=-4$を代入して，$z=\frac{32}{-4}=-8$

(6) $168=2^3\times3\times7$より，題意を満たす自然数nは，$2\times3\times7=42$，$2^3\times3\times7=168$の2個。

重要 (7) $3^1=3$，$3^2=9$，$3^3=27$，$3^4=81$　$2024\div4=506$より，$3^{2024}=(3^4)^{506}$だから，3^{2024}の一の位の数字は1

重要 (8) Cから辺ABにひいた垂線をCHとすると，∠ACH＝45°，∠BCH＝105°－45°＝60°　よって，$AH=CH=\frac{6}{\sqrt{2}}=3\sqrt{2}$，$BH=\sqrt{3}CH=3\sqrt{6}$　したがって，$\triangle ABC=\frac{1}{2}\times(3\sqrt{6}+3\sqrt{2})\times3\sqrt{2}=9\sqrt{3}+9$

重要 (9) Aを通りDCに平行な直線と線分EF，BCとの交点をそれぞれG，Hとすると，GF＝HC＝AD＝2より，EG＝5－2＝3，BH＝12－2＝10　平行線と比の定理より，AE：AB＝EG：BH＝3：10　よって，$\frac{EB}{AE}=\frac{10-3}{3}=\frac{7}{3}$

(10) $\frac{x+y+4+5+6+8+8+9+8+6}{10}=6.4$より，$x+y+54=64$　$x+y=10$…①　A，Bを除く8人の得点を小さい順に並べると，4，5，6，6，8，8，8，9(点)で，中央値が6.5点であり，$x\leqq y$だから，$\frac{6+y}{2}=6.5$　$y=7$　よって，①より，$x=3$

2 (確率)

(1) さいころの目の出方の総数は，$6\times6=36$(通り) このうち，題意を満たすのは，$(a,\ b)=(1,\ 6),\ (2,\ 3),\ (2,\ 6),\ (3,\ 2),\ (3,\ 6),\ (6,\ 1),\ (6,\ 2),\ (6,\ 3),\ (6,\ 6)$の9通りだから，求める確率は，$\frac{9}{36}=\frac{1}{4}$

(2) X=1となるのは，$(a,\ b)=(1,\ 1)$の1通り。X=2となるのは，$(a,\ b)=(1,\ 2),\ (2,\ 1),\ (2,\ 2)$の3通り。X=3となるのは，$(a,\ b)=(1,\ 3),\ (3,\ 1),\ (3,\ 3)$の3通り。X=4となるのは，$(a,\ b)=(1,\ 4),\ (2,\ 4),\ (4,\ 1),\ (4,\ 2),\ (4,\ 4)$の5通り。X=5となるのは，$(a,\ b)=(1,\ 5),\ (5,\ 1),\ (5,\ 5)$の3通り。X=6となるのは，(1)より9通り。よって，X≦6となる確率は，$\frac{1+3\times3+5+9}{36}=\frac{24}{36}=\frac{2}{3}$より，X>6となる確率は，$1-\frac{2}{3}=\frac{1}{3}$

3 (平面図形)

基本 (1) △ABDと△AECにおいて，仮定より，∠BAD=∠EAC 弧ABの円周角だから，∠ADB=∠ACE 2組の角がそれぞれ等しいので，△ABD∽△AEC また，△AECと△BEDにおいて，対頂角だから，∠AEC=∠BED 弧ABの円周角だから，∠ACE=∠BDE 2組の角がそれぞれ等しいので，△AEC∽△BED よって，△ABD∽<u>△AEC</u>(イ)∽<u>△BED</u>(オ)

基本 (2) △ABD∽△AECより，AB：AE=AD：AC $\text{AE}=\frac{\text{AB}\times\text{AC}}{\text{AD}}=\frac{3\times4}{4\sqrt{3}}=\sqrt{3}$

重要 (3) $\text{DE}=\text{AD}-\text{AE}=4\sqrt{3}-\sqrt{3}=3\sqrt{3}$ △ABD∽△BEDより，AD：BD=BD：ED $\text{BD}^2=\text{AD}\times\text{DE}=4\sqrt{3}\times3\sqrt{3}=36$ BD>0より，BD=6 また，△DBCにおいて，弧BDの円周角だから，∠DCB=∠BAD 弧DCの円周角だから，∠DBC=∠DAC 仮定より，∠BAD=∠DAC よって，∠DCB=∠DBCとなり，DC=DB=6 したがって，四角形ABDCの周の長さは，$3+6+6+4=19$

4 (空間図形)

基本 (1) 側面の展開図において，A，L，M，Dが一直線上に並ぶとき，AL+LM+MDの値が最小となる。平行線と比の定理より，CL：BM=AC：AB=1：2

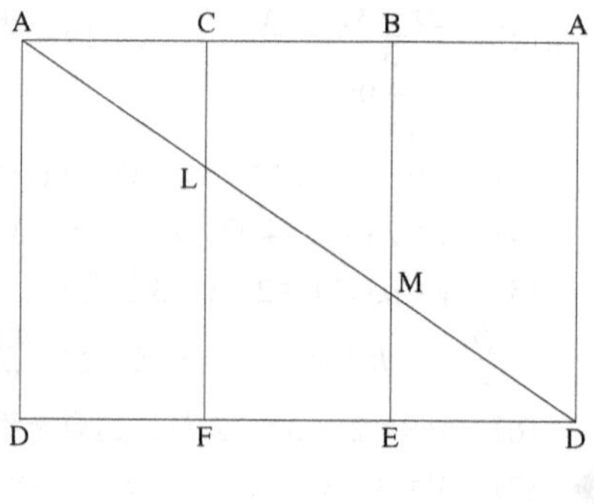

重要 (2) 求める立体は四角錐A−BCLMである。AからBCにひいた垂線をAHとすると，AHは1辺の長さが2の正三角形の高さだから，$\frac{\sqrt{3}}{2}\times2=\sqrt{3}$ 台形BCLMの面積は，長方形BCFEの面積の$\frac{1}{2}$に等しく，$2\times5\times\frac{1}{2}=5$ よって，求める体積は，$\frac{1}{3}\times5\times\sqrt{3}=\frac{5\sqrt{3}}{3}$

5 (図形と関数・グラフの融合問題)

(1) $y=ax^2$に$x=-1$，3をそれぞれ代入して，$y=a$，$9a$ よって，$\text{A}(-1,\ a)$，$\text{B}(3,\ 9a)$ 直線ABの傾きは，$\frac{9a-a}{3-(-1)}=2a$ 直線ABの式を$y=2ax+b$とすると，点Aを通るから，$a=-2a+b$ $b=3a$ よって，$\text{D}(0,\ 3a)$ また，$\text{C}(3,\ 0)$より，直線ACの傾きは，$\frac{0-a}{3-(-1)}=-\frac{1}{4}a$ 直線ACの式を$y=-\frac{1}{4}ax+c$とすると，点Aを通るから，$a=\frac{1}{4}a+c$ $c=\frac{3}{4}a$ よって，$\text{E}\left(0,\ \frac{3}{4}a\right)$ したがって，$\triangle\text{ADE}=\frac{1}{2}\times\left(3a-\frac{3}{4}a\right)\times1=\frac{9}{8}a$ $\frac{9}{8}a=\frac{3}{8}$ $a=\frac{1}{3}$

基本 (2) $a=\frac{1}{3}$のとき，直線ACの傾きは$-\frac{1}{12}$より，直線BFの式を$y=-\frac{1}{12}x+d$とすると，点$\text{B}(3,\ 3)$を通るから，$3=-\frac{1}{4}+d$ $d=\frac{13}{4}$ よって，$y=-\frac{1}{12}x+\frac{13}{4}$

重要 (3) $y=\frac{1}{3}x^2$と$y=-\frac{1}{12}x+\frac{13}{4}$から$y$を消去して，$\frac{1}{3}x^2=-\frac{1}{12}x+\frac{13}{4}$ $4x^2+x-39=0$ $(x-3)$

$(4x+13)=0$　$x=3,\ -\frac{13}{4}$　よって，点Fのx座標は$-\frac{13}{4}$　直線BF上にx座標が-1の点Gをとると，$G\left(-1,\ \frac{10}{3}\right)$　$AG=\frac{10}{3}-\frac{1}{3}=3$より，$\triangle ABF=\triangle ABG+\triangle AFG=\frac{1}{2}\times3\times\{3-(-1)\}+\frac{1}{2}\times3\times\left\{-1-\left(-\frac{13}{4}\right)\right\}=\frac{75}{8}$

★ワンポイントアドバイス★

出題構成，難易度とも大きな変化はない。あらゆる分野の基礎をしっかりと固めておこう。過去の出題例の研究もしておくこと。

＜英語解答＞《学校からの正答の発表はありません》

A　1 (3)　2 (3)　3 (4)　4 (2)　5 (3)　6 (3)　7 (3)　8 (2)
9 (1)　10 (1)　11 (1)　12 (4)　13 (2)　14 (1)　15 (4)

B　16 (3)　17 (3)　18 (2)　19 (1)　20 (1)　21 (4)　22 (5)

C　23 (2)　24 (4)　25 (1)　26 (5)　27 (3)

D　28 (4)　29 (3)　30 (4)

○推定配点○

A　1～12　各4点×12　13　各3点×3　B　各2点×7　C　各4点×5　D　各3点×3
計100点

＜英語解説＞

A　(長文読解問題・物語文：内容把握，内容正誤判断，要旨)

(全訳)「もし時間があったら」

ナタリー・ガリビアンは自分の寝室でスーツケースに荷造りをしていた。彼女は20歳で，[1]緊張と興奮の両方の気持ちだった。翌日には家のあるフロリダからフランスのパリに旅立つ予定だった。彼女はそこで6か月間勉強するのだ。彼女の父親が部屋に歩き入ってきた時，彼女はほとんど荷造りを終えていた。彼は手に[2]2枚の小さな白黒写真を持っていた。

「君の歳の時，私も旅をした」と彼は母国語であるアルメニア語で言った。「アメリカに来たんだ。その途中シリアに立ち寄って数週間いとこと過ごした。彼女と夫には4人の子どもがいた――息子が1人と娘が3人。この写真にあるのがその家族だよ。ある親族から今その娘たちがパリにいると聞いたんだ。パリで忙しいことはわかっている。でもいつかのタイミングでこの少女たちを探す時間があることを願っている。彼女たちが元気か知りたいんだ。そして彼女たちに君にも会ってもらいたいんだ。」

ガリビアン氏は写真を裏返し，裏に書いてある名前をナタリーに見せた。「もちろん，これは[3]30年前のことだ」彼は続けた。「少女たちはおそらく結婚して違う名前になっているだろう。見た目もかなり違っているのは確かだ。もしかしたらパリに住んでもいないかもしれない。それでももし時間があったら彼女たちを探す時間があることを願っている。」

ナタリーは父親から写真を取った。[4]「パパ，もし時間があったらね」ナタリーはアルメニア語で答えた。「もし時間があったら。」

パリでは一生懸命勉強しなければならないことはナタリーにはわかっていた。少しは旅行もしたかった。その少女たちを探す時間をどうやって作る？　彼女たちの見た目も，名前も，住んでいるところも知らない。彼女たちを探すのは干し草の山から針を見つけるようなものだった。父親はいったい何を考えていたのだろう？　ナタリーは写真をスーツケースの下の方に入れた。30年前に父親に会ったというこの少女たち――今では成長して女性だが――を探すことにパリでの6か月を費やしたくはなかった。

ナタリーはパリに着くとすぐに5できるだけたくさんの経験をしようと努力した。平日は授業に出て長い週末は電車でヨーロッパ中を旅した。夏が過ぎ秋も過ぎた。日も短く，暗く，寒くなってきた。ナタリーはホームシックになった。家族が恋しかった。母親の料理や両親が話すアルメニア語を聞くことが恋しくなった。彼女はパリの道沿いにある石造りの小さなアルメニア教会を見たことを思い出した。人々がアルメニア語を話すのを聞くためだけに6彼女は教会の礼拝に行くことにした。

ナタリーが教会に着くと，そこはとても混んでいるのを見て驚いた。彼女は椅子を見つけて座った。数分後，70歳くらいの7女性が教会の反対側の通路を行ったり来たりしているのを見た。彼女は空いている椅子を探していたのだ。その女性は腰が曲がっていて歩くのも難しそうだった。何人かが彼女に席を譲ろうとしたが，いいえ，いいえと首を振りナタリーの方に向かって歩き続けた。数分後彼女はナタリーの横に立っていた。

ナタリーは立ち上がりアルメニア語でその女性に席を譲った。その女性は座った。ナタリーは見回したが；石の壁を背にした列の一番後ろの席しか空いていなかったので，ナタリーはそこに座った。礼拝の最中ずっとその女性は後ろを向き彼女のことを見ていた。礼拝が終わった時，その女性は彼女にアルメニア語で聞いた。8「あなたはここの出身ではないですよね？」

ナタリーは驚いた。彼女はずっとアメリカで暮らしていたが，両親とはいつもアルメニア語で話していた。彼女は自分のアルメニア語はかなり上手だと思っていた。彼女は自分がアメリカなまりのアルメニア語で話していたのかと疑問に思った。

「いいえ，ここの出身ではないです」ナタリーは答えた。「どうしてわかったのですか？」

「私も，ここの出身ではないのですよ」とその女性は答えた。「娘たちを訪ねに来ているのです。でもここで育った若いアルメニア人たちはアルメニア語を話さないことに気づきました。彼らは皆フランス語で話します。あなたはアルメニア語を――上手なアルメニア語――を話すので，ここの出身ではないとわかりました。どこの出身ですか？」

「アメリカのフロリダです」ナタリーは答えた。

「あぁ，私にもアメリカに住んでいる親族がいるのよ」その女性が言った。彼女は彼らの名前を言い始めた：「サーキス，ディクラン，アラ…」

「アラ？」　ナタリーが尋ねた。アラはナタリーの父親の名前だった。「アラに最後に会ったのはいつ？」

「30年前にシリアで」その女性が答えた。「アメリカに行く途中にしばらくの間私の家族と過ごしたのよ。とても素敵な若者だった。私の子どもたちにもとても親切だった。」

ナタリーは泣き始めた。「それは私の父です」と彼女は言った。

その女性も泣き始め，手を挙げた。9「アズーゾ　コルチェ」彼女は言った。それは，神の仕業という意味だった。「私は30年間ずっとあなたのお父さんを探していました。あなたが何か特別な人だとわかっていました。あなたの顔からわかっていたの。」

ナタリーは家族が恋しくてアルメニア語が聞きたかったのだ。彼らは何千マイルを離れたところにいると思っていた。10全員が遠くにいたわけではなかった。その一人はパリの石造りの小さな教会で彼女の隣に座っていた。

1 「なぜナタリーはスーツケースに荷造りをしているときにそのように感じたのですか？」
(1) 「なぜなら彼女がスーツケースに荷造りを終えた後に父親が彼女の部屋に歩き入って来たから」 (2) 「なぜなら彼女は6か月より少ない期間パリに行きたくなかったから」 (3) 「なぜなら彼女は半年間勉強するためにフランスに向けて出発するつもりだったから」(○)下線部の後2文に一致。 (4) 「なぜなら彼女は自分でスーツケースに荷造りできなかったから」 (5) 「なぜなら彼女の父親が手に持っていた写真はナタリーのものだったから」

2 (1) 「ナタリーの父親，妻そして4人の子どもたちが古い写真に写っていた」第2段落第3，4文参照。写真に写っているのは父親のいとことその子供たち。 (2) 「ナタリーの父親はこれらカラー写真を6か月間保管していた」第1段落最終文，第5段落最終文参照。写真は30年前の白黒写真。 (3) 「ナタリーの父親はその写真をナタリーに見せ，そこにいる家族のことについて話した」(○)第2段落でこの写真に写っている家族の話をしているので一致。 (4) 「ナタリーの兄弟姉妹の名前が写真の裏に書いてあった」ナタリーの兄弟姉妹に関する記述はない。 (5) 「これらの写真はナタリーの父親がパリに旅行した時に撮ったものだ」第2段落第2，3文参照。パリではなくアメリカに行く途中だとある。

3 第5段落最終文参照。父親が写真の女性たちに会ったのは30年前なので，空所には(4)thirty years「30年」を入れ「30年前」という意味にする。 (1) 「数年」 (2) 「ついこの間」 (3) 「6か月」 (5) 「20年」

4 「なぜナタリーは『もし時間があったら』と彼女の父親に言ったのですか？」 (1) 「なぜならパリで一生懸命勉強している間，彼女もその少女たちを探したかったから」 (2) 「なぜなら彼女はどうやってその少女たちを見つけたらよいのかわからなかったので，そのようなことをする時間はないと思ったから」(○)第5段落第3文，最終文参照。そのような時間をどのように作る？ 6か月をそのようなことに費やしたくないとあるので，(2)が正解。 (3) 「なぜなら彼女は父親が彼女に頼んだことが理解できなかった」<ask ＋ 人 ＋to…>「人に…するように頼む」 (4) 「なぜなら彼女は父親とパリを旅行する予定だったから」 (5) 「なぜなら彼女は父親がパリで親族を見つける望みはないと理解したから」

5 (1) 「ナタリーは家族と一緒にいる時にたくさんのことを経験した」 (2) 「ナタリーはただ学校に行き学校生活を楽しんだ」 (3) 「ナタリーはパリに滞在中，その日々を楽しむために最善を尽くしていた」(○)下線部に続く文で平日は勉強し週末に旅をしていたことがわかるので，(3)が正解。 (4) 「ナタリーはやりたかったことをするのにとても忙しかった」 (5) 「ナタリーはたくさんの経験をするためにアメリカ中を旅していた」

6 「なぜナタリーはアルメニア教会に行ったのですか？」 (1) 「なぜなら彼女は父親が探していた少女たちに会えることを期待していたから」 (2) 「なぜなら彼女は母親の料理をそこで食べられることを知っていたから」 (3) 「なぜなら彼女は家族が恋しくなり両親が使っていた言葉を聞きたかったから」(○)第6段落第5，6文，最終文参照。家族や両親の話すアルメニア語が恋しくなり，アルメニア語を聞くために教会に行くことにしたことがわかる。just to hear～「ただ～を聞くためだけに」 (4) 「なぜなら彼女はそこは空っぽで誰とも話す必要がないと考えたから」 (5) 「なぜなら彼女はパリにあるたくさんの石造りの建物に入りたかったから」

7 (1) 「教会でその女性はナタリーの申し出を受け入れナタリーの隣に座った」第8段落第3文参照。隣には座っていない。 (2) 「その女性は席を譲ってくれるよう何人かの人に頼んだが全員が拒否した」第7段落最後から2文目参照。譲ってくれたが座ることを拒否したのはその女性。
(3) 「その女性は礼拝の間中ずっとナタリーのことを考えずにはいられなかった」(○)第8段落最後から2文目参照。ずっと振り返りナタリーを見ていたことがわかるので，(3)が正解。 (4) 「その女性は全く歩けなかったので，誰かが彼女が座るための椅子を持ってきた」第7段落第3，5文参照。歩くのが困難だったが歩けないわけではない。 (5) 「その女性は座るのに問題があったので，教会の礼拝中立っていた」そのような記述はない。

8 「なぜその女性はそのように思ったのですか?」 (1) 「なぜならナタリーはアメリカに住んでいる人のように見えなかったから」見た目に関する記述はない。 (2) 「なぜならナタリーはパリで育った若いアルメニア人とは異なり，アルメニア語を話したから」(○) I'm not from hereのセリフで始まる段落，女性のセリフの内容に一致。 (3) 「なぜならナタリーは彼女の手に写真を持って誰かを探していたから」そのような記述はない。 (4) 「なぜならナタリーは教会でたくさんの人たちと話していたから」そのような記述はない。 (5) 「なぜならナタリーのアルメニア語はアメリカなまりだったから」I'm not from here, eitherで始まる段落参照。ナタリーのアルメニア語は上手だと言っており，アメリカなまりがあるとは言っていない。

9 (1) 「彼女は彼女たちが会えたのは神の計画だと信じていた」(○)下線部直後の文参照。下線部の言葉は神の仕業という意味だとわかるので，(1)が正解。workはここでは「仕業」という意味。
(2) 「彼女は自分の子どもたちの世話をしてくれて神に感謝した」そのような記述はない。
(3)「彼女は自分の家族のために祈るのを神が助けてくれたと思った」そのような記述はない。
(4) 「彼女はついにアラに会えてとても驚いた」アメリカに住むアラには会えていない。
(5) 「彼女はアズーゾ　コルチェが誰なのか不思議に思った」アズーゾ　コルチェは人の名前ではない。

10 (1) 「ナタリーはパリで訪れたアルメニア教会で親族の1人を見つけた」(○)not all ~で「すべてが~というわけではない」という意味。下線部と続く文で，家族全員が遠くにいるわけでなく，そのうちの1人が隣にいるという流れ。下線部 Not all of them のthem，続く文の One of them の them は family を指す。英語の family は「親族」を含む「家族」を意味するので，(1)が正解。 (2) 「ナタリーはパリが自分の故郷フロリダからそれほど遠くないことに気づいた」そのような記述はない。 (3) 「ナタリーはシリアから何千マイルも離れていないことを理解した」シリアの位置に関する記述はない。 (4) 「ナタリーは教会にあまりにも大勢のアルメニア人がいたのでパリで孤独ではなかった」そのような記述はない。 (5) 「フロリダにいるナタリーの親族の1人が教会で彼女と一緒に座っていた」そのような記述はない。

11 (1) 「ナタリーはパリで人々がアルメニア語を話すのを聞く機会があまりなかった」(○)第6段落第7文参照。両親が話すアルメニア語が恋しいとあるので，アルメニア語を聞いたり話したりする機会はなかったのだと推測できる。 (2) 「ナタリーはヨーロッパ中を旅することを楽しみ両親のことを一度も考えなかった」第6段落第5~7文参照。ホームシックにかかり両親を恋しく思っていることがわかる。 (3) 「ナタリーは彼女の家族を見つけたのでパリで勉強することをやめてシリアに旅行に行った」そのような記述はない。 (4) 「ナタリーは荷造りを終えていたので彼女の父親からするように頼まれたことが嬉しくなかった」最初の段落第5文参照。almost finished「ほとんど終わり」とある。また第5段落最終文参照。探すことに時間を費やしたくなかったのが理由なので不一致。 (5) 「ナタリーの父親は彼の娘たちから手紙を受け取っていたので，彼女たちがパリに滞在していることを知っていた」そのような記述はない。

12 (1) 「ナタリーはその少女たちを探すことに全力を尽くしたので教会で1人に会えた」そのような記述はない。 (2) 「ナタリーはアメリカなまりのアルメニア語を話すことを誇りに思っていた」第9段落最後の2文参照。上手だと思っていたがアメリカなまりがあるのか疑問に思ったことがわかる。またI'm not from here, either.のセリフで始まる段落参照。ナタリーのアルメニア語は上手だと言われているので不一致。 (3) 「その年老いた女性はいつも自分の娘たちと教会に参列していた」娘たちと来ていたという記述はない。 (4) 「その年老いた女性はアラを含む親族がアメリカにいた」(○)本文後半，Ah, I have family member…. という女性のセリフに一致。 (5) 「ナタリーがフロリダにいた時，彼女はたいてい家族と英語で話していた」第10段落第2文参照。英語ではなくアルメニア語を話していたので不一致。

基本 13 (全訳) 「私はこの話の最後の部分に感動した。ナタリーとその女性は自分たちの親族に会うことができたので泣き始めた。ナタリーは写真で見せられた父親の親族を探すように頼まれた。その女性はナタリーの父親の13いとこで彼女もナタリーの父親に会いたいと思っていた。ナタリーとその女性は会う14機会があるとは決して思っていなかったが幸運にも会えた。更に，パリでのナタリーの状況を考えると，ナタリーが泣き始めた理由はもう1つあると思った。その時，彼女はパリで15ホームシックにかかっていた。彼女はアルメニア語が聞きたかったのでアルメニアの人たちが互いに話しているのを見つけて癒され嬉しかったのだ。したがって，結論としてナタリーとその女性の両方が泣き出した理由は正確には同じではないと思った。

13.14.15 要旨全訳参照。

13 その女性とナタリーの父親は cousin「いとこ」同士である。第2段落第3文参照。

14 have a chance to ~「~する機会がある」

15 be homesick「ホームシックにかかる」第6段落第5文参照。 (3) 「娘」 (5) 「満足した」 (6) 「時間」

重要 B (適語選択補充問題：前置詞，接続詞，仮定法，慣用句，分詞)

16 「家の屋根の上に鳥を見た」on the top of the ~「~の上[頂上]」という意味。

17 「外は雨が降っている。しかしながら，サッカーの試合が始まるという放送があった」 文中にカンマで区切って入れられるのは副詞(3)however「しかしながら」のみ。 (1) although「~にもかかわらず」Although it was raining, it is announced…. なら可。 (2) but「しかし」 It's raining outside, but it is announced…. なら可。butは接続詞なので文中で使うことはできない。 (4)that及び(5)while「~の間」は意味を成さない。

18 「昨日は遅くに家に着いた。それが母を怒らせた」 <make + A(=人) + B(=形容詞)>「AをBの状態にする」という意味になる。A = my mother B = angry

19 「もしたくさんお金を持っていたら，私は世界中を旅するだろう」現在の事実に反する仮定。仮定法過去<If + 主語 + 動詞の過去形，主語 + 助動詞の過去形 + 動詞の原形…>にあてはめ(1)hadを入れる。

20 「ニュートンはリンゴが落ちるのを見て新しい理論を思いついた」come up with ~で「~を思いつく」という意味。 (2) get in「中に入る」 (3) jump up「飛びあがる」 (4) pay attention「注意をする」 (5) run out「飛び出る」

21 「彼女は若いころは速く走っていた」used to ~「昔は[以前は]~していた」「古本はお金があまりない学生たちの役に立つ」used books「古本」このusedは「使われた」という過去分詞の形容詞用法でbooksを修飾。 (1) cheap「安い」 (2) new「新しい」 (3) old「古い」 (5) was では意味をなさない。

22 「私たちは犬が他の人たちに吠えないように訓練する必要がある」このtrainは「訓練する」という意味の動詞。「始発電車は6時に到着する」the first train「最初の電車」→「始発電車」このtrainは「電車」の意味。(1) call「呼ぶ」「電話」 (2) car「車」 (3) clean「掃除する」「清潔な」 (4) plane「飛行機」

重要 C (語句整序問題：比較，分詞，進行形，動名詞，助動詞，慣用句)

23 (He is) one of the greatest baseball players in (the world.) <one of the + 複数名詞>

で「～の1人」の意味。複数名詞の所にgreatest baseball players「最も優れた野球選手」が入る。最後にin the world「世界で」を続ける。

24 Is there anything interesting on TV (tonight?) 「～ありますか？」という疑問文なのでIs there ～? で始める。anything interesting「何かおもしろいもの」疑問文ではsomethingではなくanythingが使われる。somethingやanythingのような－thingで終わる語は形容詞interestingを直後に置く。on TV「テレビで」。

25 A cat named Tom is sleeping beside us. A cat named Tomで「トムという名前の猫」named TomはA catを後置修飾する過去分詞。nameは「名付ける」という意味の動詞で，猫は名付けられるものなので過去分詞が使われている。この部分がひとまとまりで主語の働き。is sleeping「寝ている」現在進行形がこの文の動詞。beside us「私たちの側」beside は「～の側[横に]」という意味の前置詞。

26 I like eating together with my friends better than eating alone. I like A better than B.「私はBよりもAの方が好きだ」にあてはめる。A = eating together with my friends「友達と食べる」 B = eating alone「一人で食べる」 likeの目的語となるので eating はいずれも動名詞。

27 (You) may be surprised at the reason she was late. may「～かもしれない」は助動詞なので動詞の原形 be surprised at ～「～に驚く」を続ける。the reason (why) she was late「彼女が遅刻した理由」the reason why ～「～の理由」のwhyが省略されている。be late「遅刻する」

D (読解問題・資料読解・会話文：内容把握)

(全訳) メニュー

サラダ 500円 チキン ＋50円 エビ ＋30円 チーズ ＋20円

ピザ 400円 追加チーズ ＋20円 マッシュルーム ＋30円 コーン ＋30円 ソーセージ ＋60円

デザート アイスクリーム 200円 プリン 280円 チョコレートケーキ 300円 チーズケーキ 300円 アップルパイ 350円

スープ 本日のスープ 150円 スペシャル 180円

パスタ ミートソース 450円 クリームソース 400円 シーフード 430円

エマとオリビアは学校の部活の後にレストランに入ってきた。

エマ：長い一日だったわ。

オリビア：本当に。おなかが空いたわ。

エマ：何を食べる？

オリビア：今日は600円しか持っていないの。何がいいと思う？

エマ：ミートソースパスタがおいしそうね。

オリビア：そうね，でもデザートも食べたいわ。

エマ：ピザはどう？

オリビア：いいわね。アップルパイが食べたかったけど，残りのお金でまだデザートが買えるわね。

28 「オリビアはデザートに何を食べるでしょう？」 持っているお金は600円。400円のピザを食べることに同意しているので残りのお金で食べられるものは(4) アイスクリーム。

29 「メニューで一番高いものは何ですか？」 表参照。(3) ピザ400円＋ソーセージ60円で460円。

30 「もしピザとチキン付きのサラダを食べたかったら，オリビアはいくら必要ですか？」 ピザ400円 サラダ350円にチキンを付けると＋50円。(4) 800円が正解。

★ワンポイントアドバイス★

全問選択問題なので落ち着いて取り組もう。物語文の長文読解問題では，登場人物の人間関係，場面の状況，誰が何と言っていたかというセリフにも気を付けながら話の流れを追っていこう。また代名詞が誰を指すのかにも要注意。丁寧に読み進めていこう。

＜国語解答＞《学校からの正答の発表はありません。》

問題一　問甲　四(方)八(方)　問1　D　問2　B　問乙　Ⅱ　巡っ　Ⅲ　遂げ
問3　D　問4　A　問5　C

問題二　問丙　手(を変え)品(を変え)　問6　B　問7　A　問8　C　問9　D
問10　D　問11　B

問題三　問12　B　問13　B　問14　C　問丁　③　しゅうぎ　④　のきした
問15　D　問16　C　問17　C　問18　D　問19　D　問20　B　問21　B

○推定配点○

問題一　問1～問3　各4点×3　問4・問5　各6点×2　他　各2点×3

問題二　問丙　2点(完答)　問10・問11　各6点×2　他　各4点×4

問題三　問13・問16・問18・問19　各4点×4　問20・問21　各6点×2　他　各2点×6

計100点

＜国語解説＞

問題一　(説明文―大意・要旨，内容吟味，文脈把握，漢字の読み書き，熟語)

問甲　前後の「破片が」「飛び散った」から，あらゆる方面にという意味になる漢数字が入る。

問1　「月が常に表を向けている原因は」で始まる段落と，その直後の「このように」で始まる段落に「重い物質」が「地球に引き寄せられた結果，月が地球の周りを回る公転周期が月の自転周期と一致し，月はいつも表側を地球に向けるようになった」とあり，ここからDの原因が読み取れる。Aの「質量によって月が傾」いたためではない。BとCの内容は書かれていない。

問2　「月は四五億年前に」で始まる段落に「月は四五億年前に地球から飛び出して衛星になったが，月の周回は地球環境にも大きな影響を与えてきた」とあるので，この後の内容に着目する。「この結果」で始まる段落や「一方」で始まる段落で述べている極地域の極端な気候の変化は，地球の地軸が傾いたためではなく，地軸が公転面に対して垂直(0度の傾き)や九〇度の場合について述べているので，「地球の地軸が傾き」とあるBは当てはまらない。Aは「この結果」，Cは「こうした強風」，Dは「その後」「海水が」で始まる段落の内容に当てはまる。

問乙　Ⅱ　音読みは「ジュン」で，「巡回」「巡視」などの熟語がある。　Ⅲ　音読みは「スイ」で，「遂行」「未遂」などの熟語がある。

問3　「そのため」で始まる段落からAの年代，「また」で始まる段落からBの年代，「月の観察は」で始まる段落からCの年代，「宇宙に」で始まる段落からDの年代がそれぞれ読み取れる。

重要　問4　最終段落に書かれている筆者の主張としてAが適切。Bの「感謝して生活を営」むこと，Cの「必ずしも良いことばかりではない」，Dの「先人たちの功績を知ること」を主張しているわけではない。

やや難 問5 「かつて」で始まる段落の「現在の地軸の傾きは，地上に安定した環境を生み出すための重要な要素」とあり，この「要素」によって「今日の生物の進化」がもたらされたと考えられるので，Cが合致する。「また」で始まる段落の「古い時代に噴出した溶岩上ほどクレーターの数が多い」にAが合致しない。冒頭の段落に，地球の誕生の一億年後に月が誕生したとあるので，Bも合致しない。「宇宙に」で始まる段落の内容にDは合致しない。

問題二 （論説文—大意・要旨，内容吟味，文脈把握，接続語の問題，ことわざ・慣用句）

問丙 「手を変え品を変え」で，あれこれと手段を替えて，という意味になる。

問6 「『食は教育の」で始まる段落の「だから，政府は人びとの心を動かすように『運動』を必要とする」の「運動」は，「家族が大事」と言い続ける運動なので，この段落の内容に着目する。「家族とは……労働力を復活させる修理所であり，未来の労働者を産出する生物機械である」を言い換えて説明しているBがもっとも適切。Aの「自社の利益を重視」，Cの「家庭内の役割を見直す」，Dの「現代社会の問題の多くは解決できる」ためではない。

問7 イ 「雇い主は，賃金を払って，労働力のリフレッシュを促す」という前に対して，後で「賃金が「十分でない場合」と相反する内容を述べているので，逆接の意味を表す語が当てはまる。ロ 「人類が……換気装置を手に入れたのはつい最近」という前に，後で「いまなお地域的に限定されている」と付け加えているので，添加の意味を表す語が当てはまる。　ハ 直前の段落の「自分の皿が各自のテーブルの前に置かれるのが，近代のひとつの徴候」に対して予想される反論を後に「大きな皿や鍋を前に置いて，家族でつつきあうことも少なくない」と述べているので，当然，言うまでもなく，という意味を表す語が当てはまる。

問8 直後の段落以降で，「『家』の定義」を四つ挙げて説明している。Aは「第二に」で始まる段落，Bは「第一に」で始まる段落，Dは「第三に」で始まる段落の内容に当てはまる。「第四に」以降で，火を使うことと「食」を挙げているが，「ただし」で始まる段落に「家族以外の人間が集まりやすいような吸引力が生まれる」とあるので，「家族単位で」とあるCは当てはまらない。

問9 直前の「ジンメルの指摘」について，直前の段落で「原始時代にはひとつの鉢に複数人の食べものが入っていて，それを各人がつかみ取りをしていたが」，近代になって，別々に食べものが皿に盛られるようになったと述べている。ここから，傍線部③は，別々に食べものが皿に盛られることによって「家族」という「閉ざされた空間」となったことを言っているとわかる。この内容にDの説明がもっとも適切。「閉ざされた空間」は，Aの「争いが生まれないように」する，Bの「人々が食に楽しみを見いだせなくなった」，Cの「食事量が制限される」ことではない。

重要 問10 傍線部④の「近代社会」は，同じ段落の「資本主義社会」と言い換えられる。同じ段落の「家庭的な温かい雰囲気のなかで，外で働く父親がリフレッシュできること，そのなかで家族愛が育まれること，そうした家族の機能は資本主義社会にとって必須の労働力再生装置であった」に，Dの説明がもっとも適切。Aの「数少ない憩いの場」，B「『共食』には家族以外を含むべきではない」，Cの「母の手料理を家族全員で食べること」などの部分が適切ではない。

重要 問11 本文全体で，近代において家族愛が資本主義の利潤のために搾取されていると述べ，さらに最終段落では，現在社会において家族にさまざまな課題が降りかかっていると述べている。そのために，筆者は「家族以外の人間が座ることができるちゃぶ台の開発」が必要と主張しており，これは家族を超えた人間関係が重要だということを喩えている。したがって，「家族の枠を超えた血縁関係にとらわれない人間関係が重要」とあるBがもっとも適切。他の選択肢は「家族以外の人間」という表現を踏まえていないので，適切ではない。

問題三 （小説―主題・表題，情景・心情，文脈把握，脱文・脱語補充，漢字の読み書き，語句の意味，ことわざ・慣用句）

問12 「手蔓」は，頼ることのできる人やもののこと。

問13 「新太郎は近所の」で始まる段落に，「店一軒出せそうな見込みはない」と思った新太郎が「いっそ今の中一か八かで，此方から進んで……案外新しい生活の道を見つけることができるかもしれない」と満州へ渡った様子に，Bの人物像が読み取れる。停戦後日本の生家へ戻っているので，Aの「先見の明があり」やとCの「つねにチャンスをものに」する様子は読み取れない。また，Dの「故郷の家族に楽をさせてやりたい」や「実直」さは，新太郎の行動にそぐわない。

問14 直後の「上田という料理番」が，直前の段落の「むかし自分を叱ったり怒りつけたりした年上の者ども」にあたることからも，意味を推察することができる。

問丁 ③ サービスをしてくれた人に与える小銭の意味。 ⑦ 「軒」の音読みは「ケン」。

問15 「道（ X ）」で，道を行く途中，という意味になる語句を入れる。

問16 直前の段落に「むかし自分を叱ったり怒りつけたりした年上の者どもに，現在のその身の力量を見せて驚かしてやるのが，何より嬉しく思われてならない」と，以前の知り合いを尋ね歩く気持ちを述べている。この気持ちにCがもっともふさわしい。この気持ちに，A「恩を報いたい」，D「旧交を温めたい」は合わない。Bの「恵んでやろう」という気持ちが読み取れる描写はない。

問17 物事が急変する様子を表す。「にわか雨」などの語句から，意味を推察できる。

問18 同じ文の「ポケットに亜米利加の巻烟草を二箱ばかり入れて来たのであるが，旦那は袂から同じような紙袋を出し一本を抜取ると共に袋のままに新太郎に勧める」から，旦那が「亜米利加の巻烟草」をありがたがってくれるだろうという新太郎の思惑は外れ，巻烟草を出しそびれてしまったことが読み取れる。この心の動きにDの説明が適切。「同じような紙袋」に「似て非なる高級品」とあるBは適切ではない。同様の内容について述べている「ポケットに出し忘れた土産物の巻烟草」で始まる段落の「思ったほど生活に窮していない……不満な心持ちが次第に烈しくなって来る」に，「出し惜しみ」とあるAや，「恥じている」とあるCも適切ではない。

問19 後におかみさんが準備したのは，「胡瓜もみとえぶし鮭」「ビール」「日本酒」「鯵の塩焼き。茗荷に落し玉子の吸物。茄子の煮付に……食器も皆揃ったもので，飯は白米」とあるように，「何もない」わけではない。おかみさんは，自分たちに会いに来てくれた新太郎を精一杯もてなそうとしていることが読み取れる。Aの「恨みがましく」，Bの「無心しに自分たちを訪ねてきたと思い込み」，Cの「どこか面白くない」という様子はうかがえない。

重要 問20 同じ段落で「新太郎はもとの主人の饗応してくれた事を何故もっと心の底から嬉しく思うことが出来なかったのだろう……何故，当のはずれたような，失望したような，つまらない気がしたのであろう」と考え，直後の段落で「主人は財産封鎖の今日になっても……思ったほど生活には窮していない」「以前楽に暮らしていた人達は今でもやっぱり困らずに楽に暮らしているのだ，と思うと，新太郎は自分の現在がそれほど得意がるにも及ばないもののような気がして来て，自分ながら訳の分らない不満な心持が次第に烈しくなって来る」と思い至っている。この心情を「割り切れないやり場のない思い」と表現しているBがもっとも適切。この部分の心情に「感謝の気持ちと別れの悲しみ」とあるAは合わない。「心の底から嬉しく思うことが出来なかった」とあるので，「嬉しく感じつつも」とあるCも適切ではない。Dの「泊まっていくよう誘われるものと心づもりしていた」ことが読み取れる描写はない。

やや難 問21 新太郎は，年上の者どもに自分の力量を見せて驚かしてやりたいと思っていたが，「ポケットに」で始まる段落にあるように「古い社会の古い組織は少しも破壊されていない」「以前楽に暮らしていた人達は今でもやっぱり困らずに楽に暮らしている」ことに気づいたのである。さらに,「新太郎は自分の現在がそれほど得意がるにも及ばないような気がして来て,自分ながら訳の分らない不満な心持が次第に烈しくなってくる」とあり,この「不満な心持」を解消するために,「羊羹」を買って「近所の子供にやる」と言っていることから考える。自分を実質以上に見せようとする「虚栄心」とあるBがもっともふさわしい。

★ワンポイントアドバイス★

漢字の読み書きや語句の意味に対応するために,さまざまな種類の文章を読み慣れておこう。

2023年度

★★★★★★★★★★★★★★★★★★★★★★★★

入　試　問　題

2023年度

明治学院高等学校入試問題

【数　学】（50分）　＜満点：100点＞

1　次の各問いに答えよ。

(1)　$\frac{1}{2}\times\left\{5+(3-4)\times\frac{1}{3}\right\}\div\left(-\frac{7}{6}\right)$ を計算せよ。

(2)　$(\sqrt{2}+\sqrt{3})^2(\sqrt{2}-\sqrt{3})^2$ を計算せよ。

(3)　$2x^2+4x-48$ を因数分解せよ。

(4)　2次方程式 $x^2-ax+a+7=0$ の解の1つが -3 のとき，a の値と他の解を求めよ。

(5)　$a<0$，$b>0$ とする。放物線 $y=ax^2$ と直線 $y=bx-7$ について，x の変域が $1\leqq x\leqq 2$ のとき，y の変域が一致する。a，b の値を求めよ。

(6)　$\sqrt{\frac{300}{n}}$ が整数となるような自然数 n はいくつあるか。

(7)　所持金でプリンを8個買うと220円余り，10個買うと合計金額から1割引きになるので60円余る。このときの所持金はいくらか。

(8)　$l\,/\!/\,m$ のとき，$\angle x$ の大きさを求めよ。

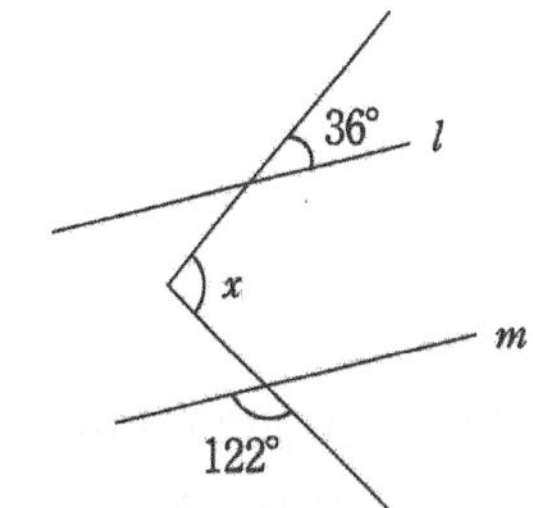

(9)　次の（ア）～（エ）はそれぞれ $y=\frac{a}{x}$ のグラフと点P（2，1）を表した図である。$a>2$ となるグラフはどれか。

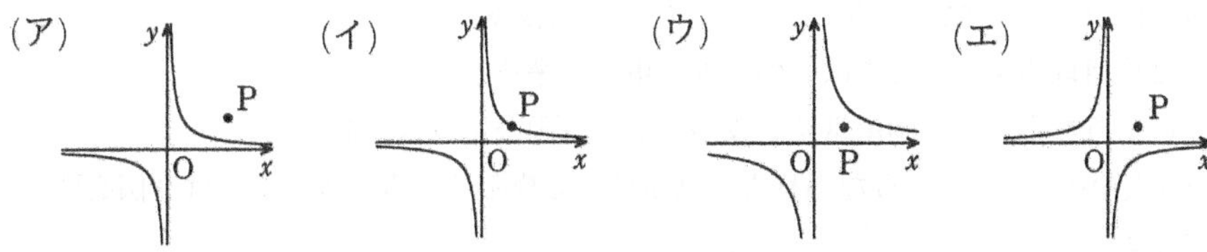

2　1個のさいころを3回投げて，出た目の順に x_1，x_2，x_3 とするとき，次の式を満たす確率を求めよ。

(1)　$(x_1-3)^2+(x_2-3)^2+(x_3-3)^2=0$

(2)　$(x_1-3)^2+(x_2-3)^2+(x_3-3)^2\geqq 2$

3　図のように，AD // BCの台形ABCDがある。点Aから対角線BDに引いた垂線と辺BCの交点をEとする。AB＝8，BC＝18，AD＝8，AE＝$4\sqrt{2}$のとき，次の問いに答えよ。

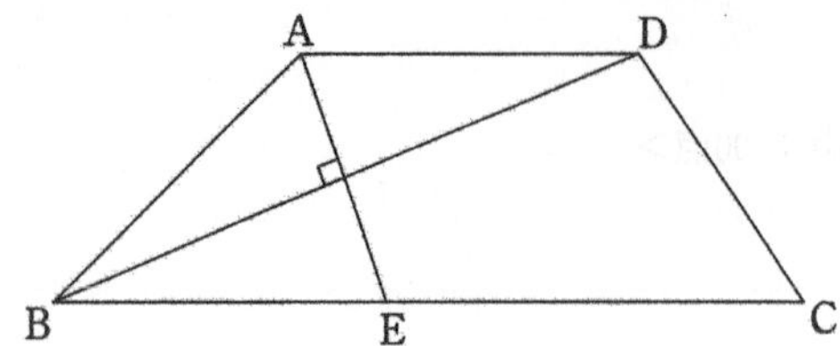

(1)　線分BEの長さを求めよ。

(2)　△ABEの面積を求めよ。

(3)　辺CDの長さを求めよ。

4　図のように，2直線$y=\frac{3}{2}x+s$…①，$y=\frac{9}{8}x+t$…②（$0<s<t$）がある。
①とx軸，y軸との交点をそれぞれA，B，②とx軸，y軸との交点をそれぞれC，D，①と②の交点をEとする。次の問いに答えよ。ただし，原点をOとする。

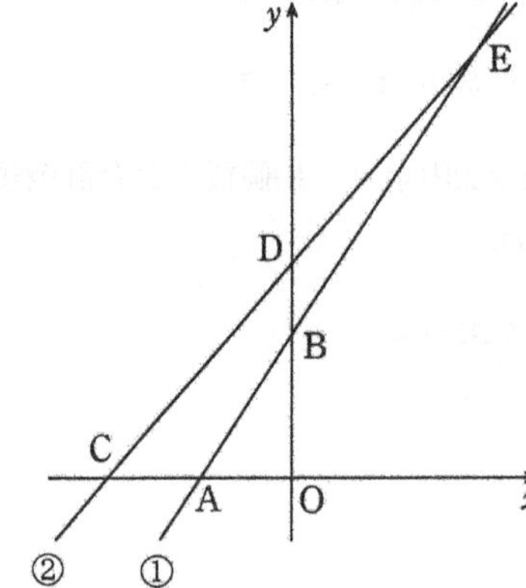

(1)　△AOBの面積をsを用いて表せ。

(2)　点Eのx座標をs，tを用いて表せ。

(3)　$s=3$で，△AECと△ODCの面積が等しいとき，tの値を求めよ。

5　長方形の画用紙の4隅を画びょうでとめて，掲示板に張る。
図のように，2枚目以降を張るときはその一部を重ねて張る。
例えば，図1のような張り方で画用紙を2枚張るとき，画びょうは6個，
　　　　図2（次のページ）のような張り方で画用紙を4枚張るとき，画びょうは9個必要である。
次の問いに答えよ。

【図1】

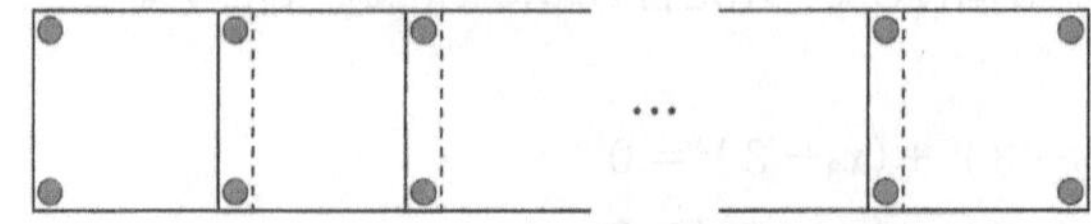

【図２】

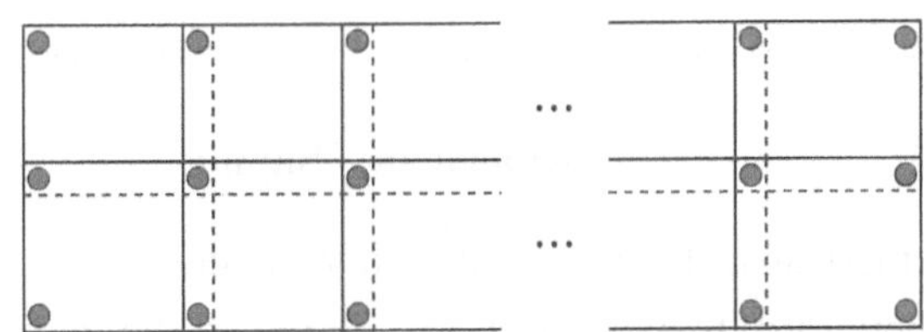

⑴　図１のような張り方で，画用紙５枚を張るとき，必要な画びょうは何個か。

⑵　図１のような張り方で，画用紙 n 枚を張るとき，必要な画びょうの個数を n を用いて表せ。

⑶　図２のような張り方をするとき，210個の画びょうで張ることができる画用紙は何枚か。

【英　語】（50分）　＜満点：100点＞

【A】 次の文を読み，1. ～10. の設問に答えなさい。なお，筆者は女性である。

American *Saying

Like many Americans, I often heard my parents say, "**Cleanliness is next to *godliness.*" They said this when I sat down at the dinner table before cleaning my hands or when I wanted to go outside and play on a Saturday but did not clean my room yet. It sometimes seemed to me that they were always thinking about keeping clean. Later I realized that my parents were not the only people who were worrying about being clean; all my friends' parents were saying the same thing. I guess (　1　) in the United States.

[2]Sometimes I felt like my parents had an old saying for every single point they wanted to make. If I didn't eat all my dinner, my mother would say, "*Waste not, want not*" and would make me sit at the table until I finished everything on my plate. When I didn't do my homework, I was told I could not watch my favorite TV program. I complained about [3]it and my father said, "*You've made your bed, now you have to lie in it.*"

However, my parents didn't always use old sayings to scold me. Sometimes my parents used them to encourage me when I was sad. I remember working on a 3-D map of my hometown for my *geography project, and there was one piece that refused to stand up. Every time I put it on to the map, it was so heavy that it fell over. I was ready to give up, but my father said, [4]*"There's more than one way to bake a pie,"* and he helped me find another way to solve the problem.

[5]Sayings like these show important points of culture. When we hear them again and again from our parents, grandparents, and teachers, we naturally understand the beliefs and *morals that make up our culture.

However, [6]beliefs represented by old savings sometimes seem to bump into each other. For example, I remember I was told, "*It's not whether you win or lose, but how you play the game.*" This helped me to realize the importance of playing fair. But my basketball coach also used to say, "*Everyone loves a winner.*" Which saying really represents American beliefs? Is it sportsmanship and fair play or strong competition with passion to win? Or could it be both?

While I was an exchange student, I realized that old sayings played an important part in making me who I am. Sometimes when things went wrong or when I was confused, I'd find myself thinking about one of the old sayings my parents used. After about the third time [7]this happened, I asked my homestay family to tell me some of their favorite sayings, and we had a great time learning about each other's culture.

Now I notice that I use old sayings quite a lot. 8My parents would probably laugh, but I will say, "*If you can't *beat them, join them!*"

［注］ saying ことわざ　cleanliness 清潔　godliness 神を敬うこと　geography 地理
moral 道徳　beat 打ち負かす

1．空所１に入るものとして最もふさわしいものを選びなさい。

(1) cleaning our hands is the most important thing
(2) my friends and I have special parents who don't like to clean
(3) parents have to clean their room before they do something important
(4) people don't have to worry about being clean
(5) we want things to be clean and well prepared

2．下線部２に関する次の質問の答えとして最もふさわしいものを選びなさい。

Why did the writer feel this way?

(1) It was because the family wrote sayings to show important points of the house.
(2) It was because the writer realized her mother always told her a saying that she liked.
(3) It was because the writer thought each time something happened, the writer's parents were ready with a saying.
(4) It was because the writer's parents always had something to say to the writer and never stopped talking.
(5) It was because when the writer did something wrong, the writer's father always wrote a saying in front of the writer.

3．下線部３の内容として最もふさわしいものを選びなさい。

(1) The writer was not able to finish her homework on time.
(2) The writer was not able to watch her favorite TV program.
(3) The writer's father didn't help the writer with her homework.
(4) The writer's father watched TV while the writer was doing her homework.
(5) The writer's favorite TV program was not shown that day.

4．下線部４に関する次の質問の答えとして最もふさわしいものを選びなさい。

Why did the writer's father say, "*There's more than one way to bake a pie*"?

(1) It was because he knew that it was time to give up.
(2) It was because he remembered a good way to stand up.
(3) It was because he wanted the writer to keep working on the map.
(4) It was because he was ready to make a different project.
(5) It was because it was almost dinner time, so he wanted to make a pie.

5．下線部５の内容として最もふさわしいものを選びなさい。

(1) Beliefs and morals make us understand the meanings of old sayings.
(2) Our parents, grandparents and teachers are helpful for us to understand the importance of nature.

(3) Sayings are connected by a lot of beliefs and morals and they help people understand the culture they live in.
(4) Using famous sayings helps us live in harmony with people in the society.
(5) We gradually learn the meaning of the culture by using sayings again and again.

6．下線部6の具体的内容を表すものとして最もふさわしいものを選びなさい。
(1) コーチによってはことわざの使い方を間違ってしまう。
(2) 勝負ごとに関して使うことわざの意味が相反する場合がある。
(3) スポーツマンシップに関することわざが時代によって変化する。
(4) チームによってことわざの意味が通じないことがある。
(5) バスケットボールにおいて勝つことを表すことわざがたくさんある。

7．下線部7の内容として最もふさわしいものを選びなさい。
(1) The writer had a great time learning about her homestay family's culture.
(2) The writer had to make a difficult decision as an exchange student.
(3) The writer realized she was looking for an old saying that would help her with her problem.
(4) The writer realized that old sayings played an important part in learning about culture.
(5) The writer was confused about which saying to use to express her feelings.

8．下線部8に関する次の質問の答えとして最もふさわしいものを選びなさい。
Why would the writer's parents probably laugh?
(1) It is because the writer uses sayings in the same way as her parents.
(2) It is because the writer uses sayings that make her parents laugh.
(3) It is because the writer's parents know that the writer will start using sayings when she becomes a parent.
(4) It is because the writer's parents like to laugh a lot.
(5) It is because the writer's parents want the writer to laugh a lot.

9．本文の内容と一致するものを選びなさい。
(1) Not only the writer's parents but also her friend' s parents said their children needed to keep clean.
(2) The writer was upset because her parents used too many old sayings.
(3) There is a family rule for the writer that old sayings are only used when something bad happens.
(4) When the writer couldn't eat all of her food, her father would say, "*You've made your bed, now you have to lie in it.*"
(5) When the writer had a problem, her father said her favorite sayings, but they didn't help her get over it.

10. 本文の内容と一致しないものを選びなさい。
(1) "*Everyone loves a winner*" means that a strong will to win is important.
(2) The writer didn't have a chance to think about what kind of person she was

during her homestay.

(3) The writer had to finish her homework to watch her favorite TV program.

(4) When the writer had a hard time, the writer's parents encouraged her with old sayings.

(5) When the writer was an exchange student, she and her host family enjoyed talking about each other's culture.

【B】 次の11. ~15. の文の空所に入るものとして最もふさわしいものを選びなさい。

11. (　　) of the club members is going to make a speech tomorrow.

(1) All　(2) Both　(3) Each　(4) Every　(5) Most

12. At the station near my house, there is a poster (　　) two cats fighting.

(1) above　(2) before　(3) on　(4) over　(5) with

13. (　　) would you like your steak?

(1) How　(2) What　(3) Which　(4) How come　(5) Why not

14. She's the famous writer (　　) book I like very much.

(1) of　(2) that　(3) who　(4) whom　(5) whose

15. I saw my boss (　　) the bank.

(1) enter　(2) enter to　(3) entered　(4) enters　(5) to enter

【C】 次の16. ~20. の選択肢の中からそれぞれ正しいものを選びなさい。

16. (1) Chocolate bars have lines they cool down with less time.
(2) Many theater plays canceled because of the earthquake.
(3) The science museum had a special rock exhibition.
(4) There is 100 yen shops in the Ginza area now.
(5) Wear masks has become one of our daily customs.

17. (1) I had few money at that time, so I couldn't take a taxi.
(2) Nancy is a girl who know a lot about Germany.
(3) That was a very difficult plan for me, so I gave up.
(4) The news was very excited and I couldn't say a word.
(5) You should come back home before it will begin raining.

18. (1) Her hobby is enjoy growing flowers in her garden.
(2) I will tell him go back to the office at once.
(3) People who came to the party was in formal dress.
(4) We were caught in a storm on the way home.
(5) What language do people speaking in your country?

19. (1) I don't have money enough for plane tickets.
(2) It seems that I took somebody's umbrella at mistake.
(3) It was raining hard, however he went out.
(4) Mt. Fuji is taller than any other mountain in Japan.

(5) Write the number down, if you'll forget it.

20. (1) Almost people in this class are friendly.
(2) Do you know where does he live?
(3) I bought two pairs of shoe at this store.
(4) No other city are as big as New York.
(5) Some of my friends I invited have not arrived yet.

【D】 次の21.～25.の日本語の意味に合うように語(句)を並べかえた時，(1)と(2)に入るものの組み合わせとしてふさわしいものを選びなさい。なお，文頭にくる文字も小文字にしています。

21. ケンには友達と話す面白いことが何もない。
Ken ( )( )(1)( )( )(2)( )( )( ).
ア．about イ．friends ウ．has エ．his オ．interesting
カ．nothing キ．talk ク．to ケ．with
(1) オとア (2) オとケ (3) カとア (4) カとキ (5) カとケ

22. あなたの弟が割った花瓶はイタリア製ですか。
( )( )( )(1)( )(2)( )( )?
ア．broke イ．brother ウ．in エ．is オ．Italy
カ．made キ．the vase ク．your
(1) イとウ (2) イとカ (3) ウとア (4) ウとカ (5) キとカ

23. その虫がどうやって私の家に入り込んだのか分かりません。
( )( )( )( )(1)( )( )( )(2).
ア．came イ．don't ウ．how エ．I オ．insect
カ．into キ．know ク．my house ケ．the
(1) イとク (2) オとウ (3) オとク (4) カとキ (5) ケとク

24. 旅慣れた人は身軽だ。
People who are (1)( )( )( )(2)( ).
ア．baggage イ．carry ウ．little エ．to オ．traveling カ．used
(1) イとカ (2) オとウ (3) オとカ (4) カとイ (5) カとウ

25. 学生にとって国語はすべての教科を理解するのに大切だ。
Japanese ( )( )(1)( )( )(2)( ).
ア．all イ．for ウ．important エ．is オ．students
カ．subjects キ．to ク．understand
(1) イとキ (2) イとク (3) カとキ (4) キとア (5) キとイ

【E】 次の会話文Ⅰ.とⅡ.の空所26.～30.に入るものとして最もふさわしいものを選びなさい。

会話文Ⅰ.

Tom: Hey, Mike! How have you been? It's been about a month since we last met.
Mike: That's right. I've been very busy with doing my summer homework.
Tom: Really? We don't have much homework this year. Last year was terrible.

We had a 100-page math workbook, a picture diary, and a book report. I wasn't able to finish my homework until three days before the summer vacation was over. That's why my dad and mom were so angry that they didn't allow me to go to Tokyo Disney Land with you. But, why are you so busy? We have only a 20-page math workbook and a book report this year. You can't be that busy.

Mike: (26)

Tom: What? Only those who want to do it should do it. Not all students have to do a research project, right?

Mike: That's true. But, when I went camping, I found a beautiful *grasshopper. Since then, I have been crazy about grasshoppers. Do you know there are more than 300 kinds of grasshoppers in Japan? I want to research about grasshoppers and write a report as a research project.

Tom: Wow! I didn't know that. That's very interesting. How's the project going? Do you think you can finish it during summer vacation?

Mike: Not well, so far. I have so many things to write about but I can't put together my thoughts.

Tom: In that case, you should try using "The three tips for research projects." Don't you remember the tips Mr. Suzuki told us about research projects in class?

Mike: (27)

Tom: Yes, I have a pretty good memory, so I remember all of them. Number 1, find good books about your topic. Number 2, try not to use difficult words. Number 3, write about three main points, not more than four.

Mike: That sounds helpful. (28), because I already went to the school library to borrow some books and did some research. Also, I'm using simple words as much as possible.

Tom: I hope you can finish your research project by the first day of school. You have only a week. Good luck!

Mike: Thanks. See you at school.

[注] grasshopper バッタ

26. (1) All students should be busy with doing a research project.
    (2) I'm good at math, so I'm going to do a research project using math.
    (3) I'm not busy at all. I'm searching for how to go to Tokyo Disney Land.
    (4) I've finished the other schoolwork already, but I'm working on a research project.
    (5) My dad and mom tell me to do a book report every day.

27. (1) I'm afraid not. Do you?
    (2) Of course. I wrote them down, but I lost the memo.

(3) What are you talking about? Mr. Suzuki's already gone.
(4) Yes, it was useful, so I already tried one of them.
(5) Yes, you are very kind to remind me about that.

28. (1) I won't try any of those.
(2) I'll try all of them.
(3) I'll try Number 1 and Number 2.
(4) I'll try Number 2 and Number 3.
(5) I'll try Number 3.

会話文Ⅱ.

Kate: My favorite *duo celebrated their 25th anniversary! They both have the same family name even though they are not brothers.

Matt: That's interesting. What do you like about them?

Kate: They are both good singers. One of them also likes acting, so he has a famous musical *series that he has been doing for 21 years.

Matt: (29)

Kate: The other member has a solo singing project and he has been having concerts in Kyoto.

Matt: Have you been to their concerts?

Kate: (30)

Matt: I see. I hope you will get a chance someday.

Kate: Thanks.

[注] duo 二人組 series シリーズ

29. (1) It is good to know that. I don't like movies.
(2) That's amazing, but I wonder what the other members do.
(3) That's sad. He started it before they became a duo.
(4) That's shocking. I want to see their musical.
(5) Wow, that's so long. Does the other member do anything else?

30. (1) I am going to their concert next month.
(2) I have been there more than 10 times.
(3) I heard you have already been to one of their concerts.
(4) I would like to, but it is difficult to get the tickets for their concerts.
(5) It is easy to get the tickets so you should try to get them.

て、もっとも適当なものを次から選べ。

A　質問への説明として始めた「私」の話に対する長女の注意がすでに薄れている中で、「私」自身の思考が娘を置いてきぼりにして動き出している状態。

B　いつの間にか長女には理解できない水準になってしまった「私」の話を、どうすればわかりやすく説明できるか考え、必死で頭を働かせている状態。

C　長女はもはや自分で考えることをやめてしまい、「私」自身の手にも余る話になってきたと自覚しつつも、意地になって考え続けようとしている状態。

D　長女への説明は済んだが、まだ解決されていない宇宙の謎に対する「私」自身の興味が際限なく膨らみ、とりとめのない思考に身を任せている状態。

問17　傍線部⑥とあるが、それぞれの虫に対する「私」の認識を説明したものとして、適当でないものを次から選べ。

A　「私」は蜂の大胆さに舌を巻きつつも、蜂が大胆だというのは単なる人間の思い込みにすぎないのではないかとも感じている。

B　「私」は蜘蛛を忍耐強いと評価する一方、その油断も隙もない冷静さに対してはなじめないという思いを持っている。

C　「私」は、自らの可能性がすでに失われているということを直視しようとしない蚤の姿勢を、愚かだと見下している。

D　「私」は蜘蛛の粘り強さに比して蚤を意気地なしだと軽蔑しているが、自分自身のあり方と重ね合わせているのは蚤の方である。

問18　この文章の説明として、もっとも適当なものを次から選べ。

A　自分よりも大きなものに翻弄されながら必死でもがいているという点では、虫も人間も変わりはないという真理が、派手さはないが誠実で内省的な「私」という語り手の、行きつ戻りつしながら語られる言葉に託され、描かれている。

B　虫に関する挿話が、「私」の思考の中で人間の存在そのものに対する普遍的で根本的な疑問へと結びついていく様子が、凝った表現のない、一見すると素朴な文章によって、とぼけたおかしみや温かみを伴いながら描かれている。

C　「私」が友人や家族と話した内容が、最終的に人間の存在という究極の謎に収斂（しゅうれん）していくという巧みな仕掛けが、余計な説明を省き、会話を中心に物語を進める手法によって、わざとらしさを感じさせることなく描かれている。

D　生存のために虫が取るさまざまな行動が、人間の存在を考える際の手がかりになるという気付きに至るまでの「私」の思考が、淡々とした飾り気のない、理知的な文章によって、ときに脱線しつつもわかりやすく描かれている。

B　蚤にとって曲芸をすることは不自然であり負担もかかることなのに、何度も脅かされることで、結果的に自ら進んでそれをするようになってしまっているところ。

C　蚤にとって何かを深く考える行為はもともと必要でないにも関わらず、生存のためにはそれをせざるを得ないという過酷な状況に強制的に置かれているところ。

D　蚤にとって自由に跳躍し、移動することは当然の権利であるのに、それを妨げられることで混乱や恐怖を味わわされ、最終的に無気力にさせられているところ。

問13　傍線部②とあるが、「尻」を用いた慣用句として正しくないものを次から選べ。

A　尻をぬぐう　　B　尻に帆をかける

C　尻を肥やす　　D　尻に火がつく

問14　傍線部③とあるが、このときの「友人」の気持ちを説明したものとして、もっとも適当なものを次から選べ。

A　何の気なしにした蚤の話が、尊敬すべき年長の友人である「私」の興味を思いのほかかき立てたことが嬉しく、少し得意になっている。

B　療養中とはいえ、蚤の見世物などという話題にこだわる「私」の姿が、年齢の割に浮世離れしているように映り、軽侮の念を抱いている。

C　蚤の話と対照的な蜂に関する話があることを思い出し、その話を披露したときの「私」の驚きを今から想像し、わくわくしている。

D　年長者である「私」が、たかが蚤のことなのに真剣に歯がゆく思っているような様子が何やらちぐはぐな感じで、愉快に思っている。

問戊　傍線部㋐・㋑について、漢字は読み方を書き、カタカナは漢字に直せ。

問己　空欄Ⅰにふさわしい語を本文中から三字で抜き出せ。

問15　傍線部④とあるが、このときの「私」の心情を説明したものとして、もっとも適当なものを次から選べ。

A　想像を絶するほど広大な宇宙に自分や自分の住む世界の小ささを比して無力感におそわれるという、かつて自分が陥った状況に今の長女もあるということを知り、血筋というのは争えないものだと、しみじみとした温かい気持ちになっている。

B　長女からの問いかけをきっかけに、広大な宇宙と比べれば自分など何の価値もない存在である、という思いにかつて苦しめられていたことを思い出し、中学時代の自分をかわいそうに思うとともに、一種のいとおしさも感じている。

C　宇宙の大きさに圧倒され、自己の存在の小ささやはかなさを思い知らされる年頃というのが自分にもあったが、同じような状況にあるのであろう長女に対して、そっと見守ってやりたいような、励ましてやりたいような気持ちを抱いている。

D　果てしない宇宙の広さを考えるにつけ、地道に勉強することがばかばかしく思えるような経験が自分にもあったが、それでもやはり諦めず学び続けることの重要さを、何とか長女に対して教えてやりたいという義務感にかられている。

問16　傍線部⑤とあるが、このときの「私」の状態を説明したものとし二超光年半か三超光年、二・五か三、何だそれだけかということになる。——反対に原子的な単位を使うとすると、零の数は、紙からハミ出すどころか、あんたが一生かかったって書き切れない」

「うん」と静かに答える。

「単位の置きどころということになるだろう。有限なら、いくら零の数が多くたって、人間の頭の中に入るよ。ところが、無限となると……」

神、という言葉がそこへ浮んだので、ふと私は口をつぐんだ。長女は、機械的に私の右肩を揉んでいる。⑤問題が自分に移された感じで、何かぶつぶつと私は頭の中でつぶやきつづけるのだった。

——われわれの宇宙席次ともいうべきものは、いったいどこにあるのか。時間と空間の、われわれはいったいどこにひっかかっているのだ。そいつをわれわれは自分自身で知ることが出来るのか出来ないのか。知ったら、われわれはわれわれでなくなるのか。

⑥蜘蛛（くも）や蚤や何とか蜂の場合を考える。私が閉じ込めた蜘蛛は、二度とも偶然によって脱出し得た。来るか来ぬか判りもせぬ偶然を、静まり返って待ちつづけた蜘蛛、機会をのがさぬその素速さには、反感めいたものを感じながらも、見事だと思わされる。

蚤は馬鹿だ、腑抜け（ふぬ）だ。何とか蜂は、盲者蛇におじずの向（むこ）う見ずだ。鉄壁はすでに除かれているのに、自ら可能を放棄して疑わぬ蚤、信ずることによって不可能を可能にする蜂、われわれはそのどっちなのだろう。われわれといわなくていい、私、私自身はどうだろう。

私としては、蜘蛛のような冷静な、不屈なやり方は出来ない。出来ればいいとも思うが、性に合わぬという気持がある。

何がし蜂の向う見ずの自信には、とうてい及ばない。だがしかし、これは自信というものだろうか。彼として無意識なら、そこに自信も何もないわけだ。蜂にとっては自然なだけで、かれこれいわれることはないのだ。

馬鹿で腑抜けの蚤に、どこか私は似たところがあるかも知れない。自由は、あるのだろうか。あらゆることは予定されているのか。私の自由は、何ものかの筋書によるものなのだろうか。すべてはまた、偶然なのか。鉄壁はあるのかないのか。私には判らない。判るのは、そのうち、死との二人三脚も終る、ということだ。

私が蜘蛛や蚤や蜂を観（み）るように、どこかから私の一挙一動を見ている奴（やつ）があったらどうだろう。更にまた、私が蜘蛛を閉じ込め、逃がしたように、私のあらゆる考えと行動とを規制している奴があったらどうだろう。あの蚤のように、私が誰かから無慚な思い知らされ方を受けているのだとしたらどうなのか。お前は実は飛べないのだ、と、私という蜂が誰かにいわれることはないのか。そういう奴が元来あるのか、それとも、われわれがつくるのか、更にまた、われわれがなるのか、——それを教えてくれるものはない。

（尾崎一雄「虫のいろいろ」より）

＊太夫…狂言・浄瑠璃を演じる者。ここでは曲芸を演じる蚤のことを言っている。

＊文数…足袋の大きさを表す数。

問12 傍線部①とあるが、「私」はこの話のどのような点についてこのように思ったのか、もっとも適当なものを次から選べ。

A　蚤にとって跳躍とは生来の習性であるにも関わらず、それに疑問を抱かずにはいられない状況に追い込まれ、最後には自ら諦めるよう仕向けられているところ。

が、痛みがさほどでない時には、揉ませると、そのままおさまってしまうことが多いので、私はよく妻や長女に揉ませる。しかし、痛みをこうじさせてしまうと、もういけない。触ればなお痛むからはたの者は、文字通り手のつけようがない。

神経痛の方は無事で、肩の凝りだけだというとき、用の多い家人をつかまえて揉ませるのは、今の私に出来るゼイタクの一つだ。この頃では十六の長女が、背丈は母親と似たようになり、足袋も同じ＊文数をはき、力も出て来たので、多くこの方に揉ませる。疎開以来田舎の荒仕事で粗雑になった妻の指先よりも、長女のそれの方がしなやかだから、よく効くようだ。それに長女は、左下に寝た私の右肩を揉みながら、私の身体を机代りに本を開いて復習なんかするから、まるで時間の損というのでもない。

ときにはまたおしゃべりをする。学校のこと、先生のこと、友人のこと——たいてい平凡な話で、うんうんときいてやっていればすむ。が、時々何か質問をする。先日も、何の連絡もないのに、宇宙は有限か、無限か、といきなりきかれて、私はうとうとしていたのをちょっとこづかれた感じだった。

「さあ、そいつは判らないんだろう」

「学者でも？」

「うん、定説はないんじゃないのかな。——それは、あんたより、お父さんの方が知りたいぐらいだよ」云い云い、私は近頃読んだある論文を思い出していた。可視宇宙における渦状星雲の数は、推定約一億で、それが平均二百万光年の距離を置いて散らばっている。その星雲の、今見られる最遠のもの、宇宙の㋑ヘンキョウともいうべき所にあるものは、地球からの距離約二億五千万光年、そして各星雲の直径は二万光年——そんなことが書いてあったようだ。そしてわれわれの太陽系は、約一億と言われる渦状星雲のうちのある一つの、ささやかな一構成分子たるに過ぎない。「宇宙の大」というようなことで、ある感傷に陥った経験が自分にもある、と思った。中学上級生の頃だったと思う。今、十六の長女が同じ段階に入っていると感ずると、④何かいたわってやりたい思いに駆られるのだった。

「一光年というのを知っているかい？」ときく。

「ハイ、光が一年間に走る距離であります」と、わざと教室の答弁風にいう。

「よろしい。では、それは何キロですか」こちらも先生口調になる。

「さア」

「ちょっと揉むのをやめて、紙と鉛筆、計算をたのむ」

ええと、光の速度は、一秒間に……などといいながら、長女は掛算を重ねて十三桁か十四桁の数字を出し、うわ、零が紙からハミ出しちゃったといった。そいつを二億五千万倍してくれ、というと、そんな天文学的数字、困る、という。

「だって、これ、天文学だぜ」

「あ、そうか。——何だか、ぼおッとして、悲しくなっちゃう」と長女は鉛筆を放した。

二人は暫らく黙っていたが、やがて私がいい出す。

「でもね、数字の大きさに驚くことはないと思うよ。数字なんて、人間の発明品だもの、単位の決め方でどうにでもなる。仮りに一億光年ぐらいを単位にする、超光年とかいってね、そうすれば、可視宇宙の半径をたり価値あるものを浪費したりしても満足することがなく、常に何かを渇望している状態であるといえる。

C　必要以上の物を受け取ったり支出したりすることは、確かに人間に豊かさをもたらすかもしれないが、非難される行為であることに変わりはないため、身の丈に合った生活を送るのがよい。

D　世間的に高い価値が与えられたものを消費することは、必要以上のことを行っているという点で贅沢な状態であり、その贅沢な状態を維持し続けるために人間はひたすら消費行動を繰り返す。

問題三　次の文章を読んで、あとの問いに答えよ。

また、虫のことだが、蚤(のみ)の曲芸という見世物、あの＊太夫(たゆう)の仕込み方を、昔何かで読んだことがある。蚤をつかまえて、小さな丸い硝子(ガラス)玉に入れる。彼は得意の脚で跳ね廻(まわ)る。だが、周囲は鉄壁だ。散々跳ねた末、もしかしたら跳ねるということは間違っていたのじゃないかと思いつく。試しにまた一つ跳ねて見る。やっぱり無駄だ、彼は諦めて音(おと)なしくなる。すると、仕込手である人間が、外から彼を脅(おびや)かす。本能的に彼は跳ねる。駄目だ、逃げられない。人間がまた脅かす、跳ねる、無駄だという蚤の自覚。この繰り返しで、蚤は、どんなことがあっても跳躍をせぬようになるという。そこで初めて芸を習い、舞台に立たされる。

このことを、私は①随分無慚(むざん)な話と思ったので覚えている。持って生れたものを、手軽に変えてしまう。蚤にしてみれば、意識以前の、したがって疑問以前の行動を、一朝にして、われ誤(あやま)てり、と痛感しなくてはならぬ、これほど無慚な理不尽さは少なかろう、と思った。

「実際ひどい話だ。どうしても駄目か、判(わか)った、という時の蚤の絶望感というものは、——想像がつくというかつかぬというか、ちょっと同情に値する。しかし、頭かくして②尻かくさず、という、元来どうも彼は馬鹿者らしいから……それにしても、もう一度跳ねてみたらどうかね、たった一度でいい」

東京から見舞いがてら遊びに来た若い友人にそんなことを私はいった。彼は笑いながら、

「蚤にとっちゃあ、もうこれでギリギリ絶対というところなんでしょう。最後のもう一度を、彼としたらやってしまったんでしょう」

「そうかなア。残念だね」私は残念という顔をした。③友人は笑って、こんなことをいい出した。

「丁度(ちょうど)それと反対の話が、せんだっての何かに出ていましたよ。何とか蜂(ばち)、何とかいう蜂なんですが、そいつの翅(はね)は、体重に比較して、飛ぶ力を持っていないんだそうです。まア、翅の面積とか、空気を搏(う)つ振動数とか、いろんなデータを調べた挙句、力学的に彼の飛行は不可能なんだそうです。それが、実際には平気で飛んでいる。つまり、彼は、自分が飛べないことを知らないから飛べる、と、こういうんです」

「なるほど、そういうことはありそうだ。——いや、そいつはいい」

私は、この場合力学なるものの自己過信をちらと頭に浮(うか)べもしたが、何よりも［ I ］を識(し)らぬから可能というそのことだけで十分面白く、蚤の話による㋐物憂さから幾分立直ることができたのだった。

☆

神経痛やロイマチスの痛みは、あんまり揉(も)んではいけないのだそうだ

べ。

A　キカイ的に処理する。　B　心境をジュッカイする。

C　ダムがケッカイする。　D　夜道をケイカイして歩く。

問9　傍線④の説明としてもっとも適切なものを次から選べ。

A　「個性」を追い求めるかどうかはその人次第であるにもかかわらず、社会から「個性的」であらねばならないと要求されるため、否応なしに自分のあるべき姿を模索し続けなければならないということ。

B　「個性」というものの理想型は人それぞれであるにもかかわらず、社会からある特定の「個性」像を示されてしまっているため、それに近づくためにはどうすればよいかを考え続けなければならないということ。

C　「個性」をどう形成すればよいかは誰も分かっていないにもかかわらず、社会から一定の評価を得て満足感を覚えるためには「個性的」でなければならないため、試行錯誤し続けなければならないということ。

D　「個性」というものが何たるかは誰も分かっていないにもかかわらず、社会から「個性」の模範を示すように求められているため、まずは自分がその完成形を見せられるよう努力し続けなければならないということ。

問10　傍線⑤とあるが、「浪費」と「消費」の説明としてもっとも適切なものを次から選べ。

A　「浪費」は、必要以上に物を受け取ったり支出したりすることだが、過度な支出は他者から批判される行動であるため、満足したら終えなければならない。同様に「消費」も、物を受け取ることではないにせよ、我慢が美徳とされている社会であるため、ある程度満足したら終えなければならない。

B　「浪費」は、必要以上に物を受け取ったり支出したりすることだが、そのことには限界があるため、いずれ満足をもたらすとともに終わる。一方で「消費」は、そもそも物を受け取ることではないため限界がなく、したがって満足はもたらされずにいつまでも止まることなく行われる。

C　「浪費」は、必要以上に物を受け取ったり支出したりすることだが、ある程度満たされると飽きてしまい、いずれ終わる。一方で「消費」は、自分の欲望ではなく他者から促されてとっている行動であるため、どこで終わらせればよいか分からず、いつまでも止まることなく行われる。

D　「浪費」は、必要以上に物を受け取ったり支出したりすることだが、そのことには限界があるため、自分の意志とは関係なく終えざるをえない。同様に「消費」も、消費する物がそもそも市場にあまり出回っておらず、いずれ枯渇してしまうため、満足していなかったとしても終えざるをえない。

問11　本文の内容に合致するものを次から選べ。

A　人間は、物そのものではなく、物に与えられた価値や意味を消費するようになったが、それは際限なく繰り返し行われるよう社会から仕向けられており、消費行動を通して人間が満足することは永遠にない。

B　人間は、飽くなき欲望を持っているため、どれだけ物を受け取って満足したくても、そのような回路を閉じられている。しかも⑤消費と浪費の区別などなかなか思いつかない。浪費するつもりが、いつのまにか消費のサイクルのなかに閉じ込められてしまう。

この観点は極めて重要である。なぜならそれは、質素さの提唱とは違う仕方での消費社会批判を可能にするからである。

しばしば、消費社会に対する批判は、つつましい質素な生活の推奨を伴う。「消費社会は物を浪費する」「人々は消費社会がもたらす贅沢に慣れてしまっている」「人々はガマンして質素に暮らさねばならない」。日本でもかつて「清貧の思想」というのが流行(はや)ったがまさしくこれだ。

そうした「思想」は根本的な勘違いにもとづいている。消費は贅沢などもたらさない。消費する際に人は物を受け取らないのだから、消費はむしろ贅沢を遠ざけている。消費を徹底して推し進めようとする消費社会は、私たちから浪費と贅沢を奪っている。

しかも単にそれらを奪っているだけではない。いくら消費を続けても満足はもたらされないが、消費には限界がないから、それは延々と繰り返される。延々と繰り返されるのに、満足がもたらされないから、消費は次第に過激に、過剰になっていく。しかも過剰になればなるほど、満足の欠如が強く感じられるようになる。

これこそが、二〇世紀に登場した消費社会を特徴づける状態に他ならない。

消費社会を批判するためのスローガンを考えるとすれば、それは「贅沢をさせろ」になるだろう。

（國分功一郎『暇と退屈の倫理学』より）

＊ブルジョワ…利潤追求を目的とし、資本主義社会を形成する原動力となったフランスの市民階級のこと。

＊サーリンズ…アメリカの文化人類学者。

問5 空欄Xに当てはまる語として適切なものを次から選べ。

A 無　B 未　C 不　D 非

問丁 空欄Yに当てはまる適切な語句を漢数字二字で記せ。

問6 傍線①とあるがどういう状態か。説明としてもっとも適切なものを次から選べ。

A 日常生活に必要なものを手に入れようとしても、なかなか手に入らない状態。

B 必要なものが不足しないように、常にあくせくしなければならない状態。

C 日常生活を送るうえでの必需品が、時代とともに少しずつ増えている状態。

D 必要なものをそろえるのにかかる分以上の支出を強いられている状態。

問7 傍線②の理由としてもっとも適切なものを次から選べ。

A 消費という行動をするうえでは、物自体の質よりも、数や量が多いことのほうが意味をもつから。

B 消費という行動は、実体のあるものではなく、サービスなどの形のないものだけを対象とするから。

C 消費という行動は、物そのものではなく、それに与えられた価値などを追い求めるものだから。

D 消費という行動をするうえでは、物そのものの価値と同じくらい、それにつけられた値段のほうが重要だから。

問8 傍線③「イマシめ」の「イマシ」と同じ字を含む熟語を次から選

浪費はどこかでストップする。

　それに対し消費はストップしない。たとえばグルメブームなるものがあった。雑誌やテレビで、この店がおいしい、有名人が利用しているなどと宣伝される。人々はその店に殺到する。なぜ殺到するのかというと、だれかに「あの店に行ったよ」と言うためである。

　当然、宣伝はそれでは終わらない。次はまた別の店が紹介される。またその店にも行かなければならない。「あの店に行ったよ」と口にしてしまった者は、「えぇ？　この店行ったことないの？　知らないの？」と言われるのを嫌がるだろう。だから、紹介される店を延々と追い続けなければならない。

　これが消費である。消費者が受け取っているのは、食事という物ではない。その店に付与された観念や意味である。この消費行動において、店は完全に記号になっている。だから消費は終わらない。

　浪費と消費の違いは明確である。消費するとき、人は実際に目の前に出てきた物を受け取っているのではない。これはモデルチェンジの場合と同じである。なぜモデルチェンジすれば物が売れて、モデルチェンジしないと物が売れないのかと言えば、人がモデルそのものを見ていないからである。「チェンジした」という観念だけを消費しているからである。

　ボードリヤール自身は消費される観念の例として、「個性」に注目している。今日、広告は消費者の「個性」を煽（あお）り、消費者が消費によって「個性的」になることをもとめる。消費者は「個性的」でなければならないという強迫観念を抱く（いまの言葉ではむしろ「オンリーワン」といったところか）。

　問題はそこで追求される「個性」がいったい何なのかがだれにも分からないということである。したがって、「個性」はけっして完成しない。つまり、消費によって「個性」を追いもとめるとき、人が満足に到達することはない。その意味で消費は常に「失敗」するように仕向けられている。失敗するというより、成功しない。あるいは、到達点がないにもかかわらず、どこかに到達することがもとめられる。こうして④選択の自由が消費者に強制される。

（中略）

　消費社会はしばしば物があふれる社会であると言われる。物が過剰である、と。しかしこれはまったくのまちがいである。＊サーリンズを援用しつつボードリヤールも言っているように、現代の消費社会を特徴づけるのは物の過剰ではなくて稀少（きしょう）性である。消費社会では、物がありすぎるのではなくて、物がなさすぎるのだ。

　なぜかと言えば、商品が消費者の必要によってではなく、生産者の事情で供給されるからである。生産者が売りたいと思う物しか、市場に出回らないのである。消費社会とは物があふれる社会ではなく、物が足りない社会だ。

　そして消費社会は、そのわずかな物を記号に仕立て上げ、消費者が消費し続けるように仕向ける。消費社会は私たちを浪費ではなくて消費へと駆り立てる。消費社会としては浪費されては困るのだ。なぜなら浪費は満足をもたらしてしまうからだ。消費社会は、私たちが浪費家ではなくて消費者になって、絶えざる観念の消費のゲームを続けることをもとめるのである。消費社会とは、人々が浪費するのを妨げる社会である。

　消費社会において、私たちはある意味で我慢させられている。浪費しえた支出があってはじめて人は豊かさを感じられるのだ。

したがってこうなる。必要の限界を超えて支出が行われるときに、人は贅沢を感じる。ならば、人が豊かに生きるためには、贅沢がなければならない。

とはいえ、これだけでは何かしっくりこないと思う。

お金を使いまくったり、ものを捨てまくったりするのはとてもいいことだとは思えない。必要を超えた余分が生活に必要ということは分かるし、それが豊かさの条件だということも分かる。だが、だからといって贅沢を肯定するのはどうなのか？

このような疑問は当然だ。

この疑問に答えるために、ボードリヤールという社会学者・哲学者が述べている、浪費と消費の区別に注目したいと思う。贅沢が非難されるときには、どうもこの二つがきちんと区別されていないのだ。

浪費とは何か？　浪費とは、必要を超えて物を受け取ること、吸収することである。必要のないもの、使い切れないものが浪費の前提である。

浪費は必要を超えた支出であるから、贅沢の条件である。そして贅沢は豊かな生活に欠かせない。

浪費は満足をもたらす。理由は簡単だ。物を受け取ること、吸収することには限界があるからである。身体的な限界を超えて食物を食べることはできないし、一度にたくさんの服を着ることもできない。つまり、浪費はどこかで限界に達する。そしてストップする。

人類はこれまで絶えず浪費してきた。どんな社会も豊かさをもとめたし、贅沢が許されたときにはそれを享受した。あらゆる時代において、人は買い、所有し、楽しみ、使った。「未開人」の祭り、封建領主の浪費、一九世紀＊ブルジョワの贅沢……他にもさまざまな例があげられるだろう。

しかし、人類はつい最近になって、まったく新しいことを始めた。

それが消費である。

浪費はどこかでストップするのだった。物の受け取りには限界があるから。しかし消費はそうではない。消費は止まらない。消費には限界がない。消費はけっして満足をもたらさない。

なぜか？

消費の対象が物ではないからである。

人は消費するとき、物を受け取ったり、物を吸収したりするのではない。人は物に付与された観念や意味を消費するのである。ボードリヤールは、消費とは「観念論的な行為」であると言っている。②消費されるためには、物は記号にならなければならない。記号にならなければ、物は消費されることができない。

記号や観念の受け取りには限界がない。だから、記号や観念を対象とした消費という行動は、けっして終わらない。

たとえばどんなにおいしい食事でも食べられる量は限られている。腹八分目という昔からの③イマシめを破って食べまくったとしても、食事はどこかで終わる。いつもいつも腹八分目で質素な食事というのはさびしい。やはりたまには豪勢な食事を腹一杯、［　Y　］分に食べたいものだ。これが浪費である。浪費は生活に豊かさをもたらす。そして、用した。

問4 傍線部④「鰹節は間違いなく第一号に登録されていると思うほどの食べ物であるのです。」とあるが、筆者がそのように述べる理由として最も適切なものを次の中から選べ。

A 鰹節は世界的に見ても希有な製造法であり、それゆえに独自性を持ち、侘び寂び料理などの日本独特の食文化の発展に大きく貢献してきた食品であるから。

B 鰹節の誕生は十七世紀と歴史が非常に古く、世界的に見ても鰹節のような発酵食品はまだ存在していなかったため、世界最古の発酵食品として歴史的価値が高い食品であるから。

C 鰹をカビの力で発酵させ、鰹節を生み出すという日本の発酵技術の影響を受けて、カマンベールチーズなどの発酵食品が誕生したため、鰹節の誕生が世界の食文化の発展に大きく貢献したといえるから。

D 平安時代から日本人は微生物であるカビを用いて鰹節を生み出しており、それほど古い食品が製法の工夫を重ねながら現在でも食べられているということは、世界的に見ても例がないことであるから。

問題二 次の文章を読んで、あとの問いに答えよ。

突然だが、日常的にはよく使うけれども立ち止まって考えられることのほとんどない、とある言葉を取り上げるところから始めたいと思う。

その言葉とは「贅沢」である。

贅沢とはいったいなんだろうか？

まずはこのように言えるのではないだろうか？　贅沢は［X］必要なものと関わっている、と。必要の限界を超えて支出が行われるとき、人は贅沢であると感じる。たとえば豪華な食事がなくても生命は維持できる。その意味で、豪華な食事は贅沢と言われる。装飾をふんだんに用いた衣類がなくても生命は維持できる。だから、これも贅沢である。

贅沢はしばしば非難される。人が「贅沢な暮らし」と言うとき、ほとんどの場合、そこには、過度の支出を非難する意味が込められている。必要の限界を超えた支出が無駄だと言われているのである。

だが、よく考えてみよう。たしかに贅沢は［X］必要と関わっており、だからこそそれは非難されることもある。ならば、人は必要なものと必要な分だけをもって生きていけばよいのだろうか？　必要の限界を超えることは非難されるべきことなのだろうか？

おそらくそうではないだろう。

必要なものが十分にあれば、人はたしかに生きてはいける。しかし、必要なものが十分あるとは、必要なものが必要な分しかないということでもある。十分とは［Y］分ではないからだ。

必要なものが必要な分しかない状態は、リスクが極めて大きい状態である。何かのアクシデントで必要な物が損壊してしまえば、すぐに必要のラインを下回ってしまう。だから必要なものが必要な分しかない状態では、あらゆるアクシデントを排して、必死で現状を維持しなければならない。

①これは豊かさからはほど遠い状態である。つまり、必要なものが必要な分しかない状態では、人は豊かさを感じることができない。必要を超

干し品の保存食に当たりますが、今のようにいぶして乾燥し、カビを付けて発酵させた最初は江戸時代の延宝二（一六七四）年です。

ところが、奇しくもその同じ年、人類にとって偉大な発見がヨーロッパでありました。それは、オランダの科学者で発明家のアントーン・ファン・レーウェンフック（一六三二〜一七二三年）が人類史上初めて顕微鏡を作り、誰も見ることのできなかった微生物を発見したのです。地球の反対側の日本では、すでにその微生物を巧みに応用して、鰹から鰹節という発酵保存食品を製造していたのですから、この民族の発酵の知恵は本当に優れていたことに気づきます。

湿度の高い環境を好むカビの性質を見抜いた鰹節の発酵法は、世界に類例がなく、我が国の先達たちの知恵の深さとユニークな発想力は驚くべきものです。食に世界遺産があったら、④鰹節は間違いなく第一号に登録されていると思うほどの食べ物であるのです。

（小泉武夫『くさいはうまい』より）

＊室…外気から隔て、内部の温度を一定に保つ構造にした所。

問1　傍線部①「歯が立ちません。」とあるが、「歯が立たない」と同じような意味を持つ語を次の中から選べ。

A　背に腹は代えられない　　B　手も足もでない

C　首が回らない　　D　鼻持ちならない

問甲　空欄Xに入る言葉を漢字二字で答えよ。

問2　傍線部②「鰹という魚が鉋で削らなくてはならない」ほど硬くなったのはなぜか。その理由として最も適切なものを次の中から選べ。

A　麹カビを付着させた鰹節を一日おきに日干しすることによって、活性化した麹カビが鰹節内の水分を吸い出し、全体が乾燥するから。

B　鰹節を高温で一気に熱することによって、水分が蒸発し、全体が乾燥するから。

C　麹カビを何度も鰹節に付着させることによって、大量の麹カビが鰹節内の水分を吸い出し、全体が乾燥するから。

D　鰹節を日当たりの悪い場所に長期間置いておくことによって、鰹節内に生息する麹カビが繁殖し、それが鰹節内の水分を吸い出して全体が乾燥するから。

問乙　傍線部③「そのため」が指す事柄を、解答欄に合う形で本文中より三十字以内で抜き出せ。

問丙　二重傍線部Ⅰ・Ⅱの漢字の読みを答えよ。

問3　日本料理の特徴について説明したものとして、最も適切なものを次の中から選べ。

A　油脂成分なしに複雑で奥深いうまみをもたらすだしによって、日本人の味覚の発達が促され、日本料理は独自の進化を遂げた。

B　コンブやシイタケなど複数の食材のうまみを抽出しているだしを用いているからこそ、日本料理に一様ではない奥行きのある深い味わいが生まれる。

C　油脂は料理の味を損ねるため、油脂が生じない鰹節やコンブをだし取りに使用することで、質素だが味わい深い侘び寂び料理が誕生した。

D　日本の侘び寂び文化を料理で表現するために、あっさりとしながらも上品で奥深い味わいを生み出す鰹節やコンブをだしとして活り、その水分がまたカビに吸い取られる。こうして最終的にカビに吸い出されて節内の水はほとんどなくなり、全体が乾燥した状態になるのです。

ですから、三～四回もカビが付いて乾燥し切った鰹節同士を手に持ってたたきますと、Ⅰ拍子木のように「カーン！」という乾いた高い快音を発するのです。スルメやホタテの貝柱を見てわかる通り、乾燥した物が腐らないのは、水分も取ってしまうと、他の微生物たちは全く生育できなくなるから保存が利くのです。冷蔵庫がなかった大昔からの偉大なる知恵というわけです。

さて、生きていくのに大量の水分が必要な麹カビを実に巧みに応用してつくった鰹節は、うま味成分を極めて多く含みますから、削ってだしを取るとどんな日本料理もたちどころに美味にしてくれます。上品なあのうまみとうれしい香りは、日本人の味覚を発達させ、日本料理を独特の世界へ発展させる原動力となったのです。日本人以外の民族の食味は「甘、辛、酸、苦、鹹（塩辛い）」の「五味」からなるといわれますが、日本人は鰹節に「うまみ」を教えられ、「六味」としました。

この六つ目のうまみは、どんな成分から成立しているかといいますと、グルタミン酸を主体としたうまみをもつアミノ酸類と核酸（イノシン酸）です。鰹節菌は節の表面で繁殖する一方で、さまざまな酵素を生産し節内に送り込んでいますが、その酵素群の中に、鰹の魚体のタンパク質を分解してアミノ酸にするタンパク質分解酵素（プロテアーゼ）があり、それが作用してうまみの主要成分であるアミノ酸を蓄積させるのです。

そして、そのアミノ酸類が魚肉のイノシン酸と相乗して抜群のうまみをⅡ醸してくるのです。このように、水を吸い取ったり、うま味成分を蓄積させたりしてくれるありがたい鰹節菌は麹菌の仲間であります。

鰹節はいつまでも保存が利き、その上、おいしい味をもたらすうれしすぎる発酵食品ですが、もう一つの驚くべき素晴らしさがあります。それは、鰹節を削って、だしを取るとわかることですが、煮だしの上に油脂成分が全く浮かんでこないということです。これはすごい。

あれだけ脂肪ののった鰹が原料魚なのに、一体あの脂はどこに消えたのでしょうか。その答えは、やはり発酵中の鰹節菌が油脂成分を見事に分解してしまったからなのです。鰹節菌が節の表面で増殖中に油脂分解酵素（リパーゼ）を分泌して、油脂成分を脂肪酸とグリセリンに分解してしまったからなのです。驚きましたなあ。

西欧料理や中国料理のだし取りでは鶏ガラや牛の尾、ブタの足や骨、魚介類などを煮込むため、油脂成分がスープの上に浮いてきますが、日本のだしには全く見当たらないのです。

日本のだしの三大神器といえば鰹節、コンブ、シイタケですが、いずれも油脂が出てこない。このように質素にして格調高く、上品できめ細かい日本のだしは、日本料理の方向を決定する要因とさえなったのです。粋さや上品さ、淡泊さの中にある優雅で奥深い味。油脂をともなわないだけに、哲学的にさえ感じます。そんなだしだからこそ、この国ならではの精進、懐石、普茶といった侘び寂び料理が誕生したのであります。

このように、鰹節には昔から日本人のいくつもの知恵が織りこまれていることに気づきますが、実は鰹節がつくられた時代の古さもすごいのです。鰹節の原型は平安時代の『延喜式』に見られる「鰹魚」という素

【国　語】（五〇分）〈満点：一〇〇点〉

【注意】　読解の一助とするため、表記を変えた箇所があります。

問題一　次の文章を読んで、あとの問いに答えよ。

「世界で一番硬い食べ物は何だろうか」という質問をすると、ほとんどの人は「えーと」とか「うーん」とかしばらく考えますが、すぐに答えが出ない。そして、身近な食卓にある、日本の鰹節（かつおぶし）だというと、誰もが「あっ、そうか」とうなずきます。実は本当に鰹節は世界一硬い食べ物なのです。

鰹の刺身やたたきを、ニンニクを薬味にして口いっぱいにほおばって顎下（がっか）に下す豪快さとおいしさが忘れられず、旬には生まれ故郷に近い福島県いわき市の小名浜（おなはま）まで行って堪能（たんのう）する私ですが、いくら鰹が大好物でも、鰹節には①歯が立ちません。

ある時、鰹節が本当に世界ナンバーワンの硬さなのか調べてみたことがあります。鰹節に対抗するのは中華料理の重要材料の一つ「乾鮑（カンパオ）」、つまり鮑（あわび）を干してカチンカチンにした硬い食材で、硬さの測定には食材の硬さを測る最新の測定器を使いました。

その結果、一平方センチメートルにかけた圧力を反発する力の量は圧倒的に鰹節が強く、その他さまざまな実験でも鰹節に［　X　］が上がりました。また、鰹節にゆっくり力をかけると、ある力のところで「バン！」と音を立てて折れてしまいますが、乾鮑はしなやかにねじれるなどの違いもありました。

では、一体どうして②鰹という魚が鉋（かんな）で削らなくてはならないほど剛硬になったのか。実はそれは、麹菌（こうじきん）の仲間の発酵作用によるものなのです。

まず鰹節の作り方を簡単に述べておきましょう。最初に原料の鰹を三枚におろして煮かごに入れ、一時間半ほど煮た後、冷まします。これを骨抜きしてから底をスノコ張りにした木の箱に四、五枚重ねて入れ、焙乾（ばいかん）室で硬い薪材を燃やしていぶし、数日間かけて乾燥させます。これが「荒節（あらぶし）」といわれるもので、舟形に削ったものを「裸節」といいます。

これを四～五日間日光で乾かしてから、常に使用しているカビ付け用の樽や桶（おけ）、箱、＊室（むろ）などに入れます。この使い古された容器や室には、鰹節菌と呼ばれる麹カビの一種が多数生息していますから、裸節を二週間も入れておくと、表面にカビが密生します（一番カビ）。これを取り出してカビの胞子を刷毛（はけ）で払い落として日干しし、再びカビ付けの容器や室に入れます。二週間でカビは再度密生します（二番カビ）ので、前と同様の操作を繰り返し、三番カビ、四番カビを付け、最後に十分に乾燥し、製品とします。ずいぶんと手間暇かけて鰹節はでき上がるのですね。

さて、どうして鰹節製造の時にこのように頻繁にカビを付けるのか、読者の皆さんは不思議に思うでしょう。その理由は、カビを付けていない裸節の水分をカビが吸い取ってしまうからなのです。

他の微生物に比べ、カビの生育には実に多くの水分が必要で、湿度の多い梅雨時にさまざまなカビが生えるのはそのためで、乾燥地帯で降雨量、湿度の少ないヨーロッパに、カマンベールチーズぐらいしかカビが関与した食べ物がないのも③そのためなのです。

カビはまず、生きるために鰹節表面の水分を吸い尽くします。すると表面が乾燥状態になるので、今度はさらに奥の水分が乾燥した表面に移

MEMO

2023年度

解　答　と　解　説

《2023年度の配点は解答欄に掲載してあります。》

＜数学解答＞ 《学校からの正答の発表はありません。》

1 (1) -2 (2) 1 (3) $2(x+6)(x-4)$ (4) $a=-4$, 他の解は-1
(5) $a=-1$, $b=3$ (6) 4個 (7) 1500円 (8) 94度 (9) (ウ)

2 (1) $\frac{1}{216}$ (2) $\frac{209}{216}$

3 (1) 8 (2) $8\sqrt{7}$ (3) $2\sqrt{11}$

4 (1) $\frac{1}{3}s^2$ (2) $\frac{8}{3}(t-s)$ (3) $\frac{9}{2}$

5 (1) 12個 (2) $(2n+2)$個 (3) 138枚

○推定配点○

各5点×20　　計100点

＜数学解説＞

1 (正負の数, 平方根, 因数分解, 2次方程式, 関数, 数の性質, 方程式の利用, 角度, 反比例)

基本 (1) $\frac{1}{2}\times\left\{5+(3-4)\times\frac{1}{3}\right\}\div\left(-\frac{7}{6}\right)=\frac{1}{2}\times\frac{14}{3}\times\left(-\frac{6}{7}\right)=-2$

基本 (2) $(\sqrt{2}+\sqrt{3})^2(\sqrt{2}-\sqrt{3})^2=\{(\sqrt{2}+\sqrt{3})(\sqrt{2}-\sqrt{3})\}^2=(2-3)^2=1$

基本 (3) $2x^2+4x-48=2(x^2+2x-24)=2(x+6)(x-4)$

基本 (4) $x^2-ax+a+7=0$に$x=-3$を代入して, $9+3a+a+7=0$　$4a=-16$　$a=-4$　もとの方程式は, $x^2+4x+3=0$　$(x+3)(x+1)=0$　$x=-3$, -1　他の解は-1

重要 (5) yの最小値について, $a\times2^2=b\times1-7$より, $4a-b=-7$…①　yの最大値について, $a\times1^2=b\times2-7$より, $a-2b=-7$…②　①×2−②より, $7a=-7$　$a=-1$　これを①に代入して, $-4-b=-7$　$b=3$

基本 (6) $300=2^2\times3\times5^2$より, 題意を満たす自然数nは, 3, 3×2^2, 3×5^2, $3\times2^2\times5^2$の4個。

(7) プリン1個の値段をx円とすると, 所持金について, $x\times8+220=x\times10\times(1-0.1)+60$　$8x-9x=60-220$　$x=160$　よって, 所持金は, $160\times8+220=1500$(円)

基本 (8) $\angle x$の頂点を通り直線ℓに平行な直線をひくと, 平行線の同位角・錯角は等しいから, $\angle x=36°+(180°-122°)=94°$

基本 (9) $y=\frac{a}{x}$のグラフ上でx座標が2の点は$\left(2, \frac{a}{2}\right)$と表せる。(ア)…$\frac{a}{2}<1$より, $a<2$　(イ)…$\frac{a}{2}=1$より, $a=2$　(ウ)…$\frac{a}{2}>1$より, $a>2$　(エ)…$\frac{a}{2}<0$より, $a<0$　よって, $a>2$となるのは(ウ)

2 (確率)

基本 (1) さいころの目の出方の総数は, $6\times6\times6=216$(通り)　題意を満たすのは, $x_1=x_2=x_3=3$の1通りだから, 求める確率は, $\frac{1}{216}$

重要 (2)　$(x_1-3)^2+(x_2-3)^2+(x_3-3)^2=1$となるのは，3回の目の組み合わせが(2，3，3)と(3，3，4)のときでそれぞれ3通りずつの出方があるから，その確率は，$\frac{2\times3}{216}=\frac{1}{36}$　よって，題意を満たすのは，$1-\frac{1}{216}-\frac{1}{36}=\frac{209}{216}$

3 (平面図形の計量)

基本 (1)　線分AEとBDとの交点をFとする。△ABFと△EBFにおいて，BF共通…①　∠AFB＝∠EFB＝90°…②　AB＝ADより，∠ABF＝∠ADB　AD//BEより，∠ADB＝∠EBF　よって，∠ABF＝∠EBF…③　①，②，③より，1組の辺とその両端の角がそれぞれ等しいので，△ABF≡△EBF　よって，BA＝BEより，BE＝8

基本 (2)　△ABF≡△EBFより，AF＝EF＝$\frac{1}{2}$AE＝$2\sqrt{2}$　△ABFに三平方の定理を用いて，BF＝$\sqrt{8^2-(2\sqrt{2})^2}=\sqrt{56}=2\sqrt{14}$　よって，△ABE＝$\frac{1}{2}\times4\sqrt{2}\times2\sqrt{14}=8\sqrt{7}$

重要 (3)　点AからBEにひいた垂線をAGとすると，△ABE＝$\frac{1}{2}\times8\times$AG＝4AG　4AG＝$8\sqrt{7}$　AG＝$2\sqrt{7}$　BG＝$\sqrt{8^2-(2\sqrt{7})^2}=6$　点DからBCにひいた垂線をDHとすると，DH＝AG＝$2\sqrt{7}$　HC＝BC－BG－GH＝18－6－8＝4　よって，△DCHに三平方の定理を用いて，CD＝$\sqrt{4^2+(2\sqrt{7})^2}=\sqrt{44}=2\sqrt{11}$

4 (図形と関数・グラフの融合問題)

基本 (1)　$y=\frac{3}{2}x+s$に$y=0$を代入して，$0=\frac{3}{2}x+s$　$x=-\frac{2}{3}s$　よって，△AOB＝$\frac{1}{2}\times$OA$\times$OB＝$\frac{1}{2}\times\frac{2}{3}s\times s=\frac{1}{3}s^2$

基本 (2)　$y=\frac{3}{2}x+s$と$y=\frac{9}{8}x+t$からyを消去して，$\frac{3}{2}x+s=\frac{9}{8}x+t$　$12x+8s=9x+8t$　$3x=8(t-s)$　$x=\frac{8}{3}(t-s)$

重要 (3)　△AEC＝△ODCのとき，△EDB＝△AOBとなる。$s=3$のとき，△EDB＝$\frac{1}{2}\times(t-3)\times\frac{8}{3}(t-3)=\frac{4}{3}(t-3)^2$　△AOB＝$\frac{1}{3}\times3^2=3$　よって，$\frac{4}{3}(t-3)^2=3$　$(t-3)^2=\frac{9}{4}$　$t-3=\pm\frac{3}{2}$　$t=3\pm\frac{3}{2}=\frac{9}{2}$，$\frac{3}{2}$　$t>3$より，$t=\frac{9}{2}$

5 (規則性)

基本 (1)　2×5＋2＝12(個)

基本 (2)　画用紙1枚の左側の2隅をとめていき，最後の1枚は右側の2隅もとめるから，必要な画びょうの個数は$2\times n+2=2n+2$(個)

(3)　縦に2枚，横にn枚の画用紙を張るので，必要な画びょうの個数は$3\times n+3=3n+3$と表せる。$3n+3=210$　$3n=207$　$n=69$　よって，画用紙の数は2×69＝138(枚)

★ワンポイントアドバイス★

出題構成，難易度とも大きな変化はない。あらゆる分野の基礎をしっかりと固めておこう。過去の出題例の研究もしておくこと。

＜英語解答＞ 《学校からの正答の発表はありません。》

【A】 1. (5)　2. (3)　3. (2)　4. (2)　5. (3)　6. (2)　7. (3)　8. (1)
9. (1)　10. (2)

【B】 11. (3)　12. (5)　13. (1)　14. (5)　15. (1)

【C】 16. (3)　17. (3)　18. (4)　19. (3)　20. (5)

【D】 21. (1)　22. (2)　23. (5)　24. (5)　25. (2)

【E】 26. (4)　27. (1)　28. (3)　29. (5)　30. (4)

○推定配点○

【A】・【B】・【E】 各3点 × 20　【C】・【D】 各4点 × 10　計100点

＜英語解説＞

【A】 (長文読解問題・紹介文：適文選択補充，内容把握，指示語，内容正誤判断)

(全訳) 「アメリカのことわざ」

多くのアメリカ人同様，私は両親がよく「清潔は神を敬うことに次ぐ美徳」と言っているのを聞いていた。私が手を洗わずに夕食のテーブルについたり，土曜日に自分の部屋を片付けないまま外に遊びに出かけたいと思ったときに両親はこれを言っていた。彼らは清潔を保つことをいつも考えているように時々私には見えた。清潔であることを気にしていたのは私の両親だけではなかったということに後になってから私は気が付いた：私の友人たちの両親もみな同じことを言っていた。アメリカでは(1)私たちは物事が清潔できちんと整えられていてほしいと思っているのだと推測している。

2私の両親には，どんな細かいことでもそれを強調したいときには古いことわざがあるように時々感じていた。夕食を残したときに母はよく「無駄がなければ不足なし」と言い，すべて食べ終わるまでテーブルに座らせられていた。私が宿題をやらなかった時には，好きなテレビ番組を見られないと言われていた。3それに対して不平を言うと，父は「自業自得」と言った。

しかしながら，両親は叱る時にいつも古いことわざを使っていたわけではない。時には私が悲しんでいるときにそれらを使うこともあった。地理の課題で3Dの地図に取り組んでいた時に，どうしても立たせられない部分があったことを覚えている。毎回それを地図上に立たせようとしても重すぎて倒れてしまったのだ。あきらめるつもりでいたが，父が「4パイを焼く方法はいくらでもある」と言い，この問題の解決方法を見つけるのを手伝ってくれた。

5このようなことわざは文化の大切な点を教えてくれる。両親や祖父母，先生から何度も何度も聞いているうちに我々の文化を作り上げている信念や道徳が自然とわかるようになってくる。

しかしながら，6古いことわざが表す意味が相反するように思えることもある。たとえば「勝っても負けてもその過程が大事」と言われたことを覚えている。これは正々堂々と戦うことの大切さを認識する助けとなった。しかし私のバスケットボールのコーチは「誰もが勝者を愛する」ともよく言っていた。どちらのことわざがアメリカの信念を表しているのだろうか？　スポーツマンシップやフェアプレー，それとも勝つために情熱を持って激しい競争をすること？　それとも両方ということなのか？

私が交換留学生だった時，古いことわざは私がどのような人間なのかを作り上げるのに重要な役割を担っていたことに気がついた。時々何か間違っているときや混乱しているときなどに，両親が使っていた古いことわざの一つをよく思い出していた。これが3回目のとき，私はホームステイ先の家族に彼らのお気に入りの古いことわざを教えてくれないかとお願いして，お互いの文化について学ぶ素晴らしい時間を過ごした。

今では，自分がかなりの頻度で古いことわざを使っていることに気づく。8おそらく私の両親は笑うだろうが，私は「長い物には巻かれろ！」と言うだろう。

1. (1)「手を洗うことが最も重要だ」 (2)「私の友人たちと私には掃除をすることが嫌いな特別な両親がいる」 (3)「両親は何か重要なことをする前に部屋を片付けなければならない」 (4)「人々は清潔であることに気を使う必要はない」 (5)「私たちは物事が清潔できちんと整っていてほしい」前文に自分の両親だけでなく友人たちの両親もみな清潔であることを気にかけているとあるので，(5)を入れるのが適当。
2. 「なぜ筆者はこのように感じたのですか？」 (1)「家の大切なことを示すために家族がことわざを書いたから」 (2)「筆者の母親が自分の好きなことわざをいつも筆者に言っていたことに気づいたから」 (3)「何かが起こるたびに筆者の両親がすぐにことわざを言っていたと気づいたから」下線部2の後に続く段落，第3段落内で筆者の生活のさまざまな場面で両親がことわざを使っていたことが具体的に書かれている。 (4)「筆者の両親はいつも筆者に何か言うことがあり，話すことを決してやめなかったから」 (5)「筆者が何か間違ったことをした時に，筆者の父親は筆者の前でいつもことわざを書いたから」
3. complain で「不平を言う」の意味。it は直前の内容を表すので，(2)「筆者は好きなテレビ番組を見られなかった」が正解。(1)「筆者は時間通りに宿題を終えられなかった」 (3)「筆者の父親は筆者の宿題を手伝わなかった」 (4)「筆者が宿題をやっている間，筆者の父親はテレビを見ていた」 (5)「その日は筆者の好きなテレビ番組はやっていなかった」
4. 「なぜ筆者の父親は「パイを焼く方法はいくらでもある」と言ったのですか？」 下線部に続く文で，他のやり方を見つける手助けをしたとあるので，(2)「彼はそれを立たせる良い方法を思い出したから」が正解。 (1)「もうあきらめる時間だとわかっていたから」 (3)「筆者にその地図に取り組み続けて欲しかったから」 (4)「彼は別の課題をする準備ができていたから」 (5)「そろそろ夕食の時間だったので，彼はパイを作りたかったから」
5. 下線部「このようなことわざは文化の大切な点を教えてくれる」 (3)「ことわざはたくさんの信念や道徳と深く結びついていて，人々が自分たちの住む場所の文化を理解するのを助ける」が下線部に続く文の内容に一致。本文 beliefs and morals that make ～ の that は関係代名詞。that 以下が beliefs and morals を修飾。 〈help ＋人＋動詞の原形〉「人が…するのを手助けする」 the culture (that) they live in と関係代名詞 that が省略されていることに注意。「彼らが住む場所の文化」ということ。 (1)「信念や道徳は古いことわざの意味を私たちに理解させてくれる」 (2)「両親や祖父母，先生たちは，我々が自然の大切さを理解する助けになる」 (4)「有名なことわざを使うことが社会で他者と共存する助けとなる」 (5)「何度も何度もことわざを使うことで我々は徐々に文化の意味を学んでいく」
6. 下線部に続く文で，勝負の時に，勝ち負けよりもその過程が大事だということわざと，勝つことに意味があるという意味のことわざがあることが書かれている。(2)が正解。
7. this は前出の内容を表す。ここでは直前の文を指すので，(3)「筆者は自分が抱える問題の助けとなる古いことわざを探していたことに気づいた」が正解。 (1)「筆者はホームステイ先の家族の文化について学ぶことを大いに楽しんだ」 (2)「筆者は交換留学生として難しい決断をしなければならなかった」 (4)「筆者は古いことわざは文化を学ぶのに重要な役割を担うことに気づいた」 (5)「筆者は自分の感情を表現するのにどのことわざを使ったらいいのか混乱した」
8. 「なぜ筆者の両親はおそらく笑うのだろうか？」 (1)「筆者の両親同様に筆者がことわざを使っているから」下線部8直前の文で筆者がことわざを頻繁に使っているとあり，続く文で筆者を笑う両親に「長い物には巻かれろ」と言うとある。 (2)「筆者の両親を笑わせるようなことわざを筆者が使うから」 (3)「筆者自身が親になった時にことわざを使い始めるだろうと筆者の両親はわかっているから」 (4)「筆者の両親はたくさん笑うのが好きだから」 (5)「筆者の両親は筆者にたくさん笑ってもらいたいから」

9. (1)「筆者の両親だけではなく友人たちの両親も自分の子どもたちに，清潔に保つ必要があると言っていたから」最初の段落最後から2文目に一致。〈not only A but also B〉「AだけでなくBも」の構文に注意。 (2)「筆者は自分の両親がたくさんの古いことわざを使いすぎるので動揺した」そのような記述はない。 (3)「何か良くないことが起こった時にしか筆者は古いことわざは使わないという家族の決まりごとがあった」第3段落第1，2文参照。叱る時だけではなく励ます時に使っていたとある。また家族の決まりごとであったという記述はない。 (4)「筆者が食べ物を全部食べ切れなかったとき，父親は「自業自得」とよく言っていた」第2段落参照。夕食を残したときには母親が “Waste not, want not.” と言い，父親が “You've made your bed, now you have to lie on it” と言ったのは宿題をやらなかったのでテレビを見られなかったとき。 (5)「筆者が困っていたとき，父親は筆者が好きなことわざを言ったが彼らは乗り越えられなかった」第3段落最終文参照。父親が言ったことわざが筆者の好きなものであったという記述はない。また問題も解決できたとある。

10. (1)「誰もが勝者を愛する」は勝つための強い意思は大切だと言う意味だ」 第5段落最終文に一致。 (2)「筆者はホームステイ中に自分がどのような人物であるかを考える機会がなかった」(×) 最後から2番目の段落最初の文参照。「古いことわざは私がどんな人間なのかを作り上げるのに重要な役割を担っている」と考えているので，(2)が正解。 (3)「筆者は好きなテレビ番組を見るために宿題を終わらせなければならなかった」 第2段落最後から2文に一致。 (4)「筆者は，辛いときに筆者の両親が古いことわざで励ましてくれた」第3段落の内容に一致。 (5)「筆者が交換留学生だったとき，ホストファミリーとお互いの文化について話すことを楽しんだ」最後から2段落目最終文に一致。

【B】 (語句選択補充問題：慣用句，前置詞，関係代名詞)

11. 「部員はそれぞれ明日スピーチをする予定だ」 動詞 is に注目。単数扱いとなるのは each と every のみ。each of ～ で「それぞれの～」という意味。every of ～ という表現はない。
12. 「私の家の近くの駅には，2匹の猫がけんかをしているポスターがある」 所有の意味を表す前置詞 with を入れ「…のポスター」という意味にする。 above「～の上」 before「～の前」 over「～を超えて」
13. 「ステーキの焼き加減はどのようにしますか？」 程度や状態を表す How を入れる。焼き加減をたずねる時などによく使われる表現。
14. 「彼女は有名な作家で私は彼女の本が大好きだ」 <u>the writer's</u> book という関係なので，所有格の関係代名詞 whose を入れる。
15. 「私は上司が銀行に入るのを見た」〈知覚動詞(see，hear など)＋人＋<u>動詞の原形</u>〉で「人が…するのを見る[聞くなど]」という意味になる。原形 enter を入れる。

重要 **【C】 (正誤問題：慣用句，受け身，動名詞，関係代名詞，不定詞，接続詞，間接疑問，比較)**

16. (1) Chocolate bars have lines <u>so that</u> they cool down with less time.「板チョコにはより短い時間で冷めるように線が入っている」 line they cool ～ では「彼らが冷やす線」という関係になり意味が合わない。「～するように」という意味を表す so that が入る。they は chocolate bars を指す。 (2) Many theater plays <u>were</u> canceled because of the earthquake.「地震のためたくさんの舞台演劇が中止された」 Many theater plays と cancelled は「中止された」

という受け身の関係になるため were が入る。この play は動詞ではなく「演劇」という意味の名詞。　(3)「科学博物館は岩の特別展示を行っていた」(○)　(4)　There are 100yen shops in the Ginza areas now.「今では銀座に100円ショップがある」 shops と複数なので are になる。　(5)　Wearing masks has become one of our daily customs.「マスクを付けることは日常的な習慣となった」 wearing masks はこの文の主語となるため動名詞にする。To wear と不定詞にしても可。動名詞，不定詞が主語の場合単数扱いとなることにも注意。

17.　(1)　I had little money at that time, so I couldn't take a taxi.「私はそのときほとんどお金を持っていなかったのでタクシーに乗れなかった」 money は不可算名詞なので little になる。few は可算名詞と使う。　(2)　Nancy is a girl who knows a lot about Germany.「ナンシーはドイツのことをよく知る少女だ」 関係代名詞 who の先行詞は a girl で三人称単数。したがって knows と三単現 -s が必要。　(3)「あれは私にとってはとても難しい計画だったので私はあきらめた」(○)　(4)　The news was very exciting and I couldn't say a word.「その知らせに興奮して私は言葉を失った」 the news のような物事が主語の場合は exciting となる。excited は be excited の形で人が主語の場合に使う。　(5)　You should come back home before it begins raining.「雨が降る前に家に帰るべきだ」 before や when といった時を表す副詞節では未来のことも現在形にするため begins となる。

18.　(1)　Her hobby is enjoying growing flowers in her garden.「彼女の趣味は庭で花を育てることだ」 enjoy は動詞ではなく補語になるため enjoying と動名詞にする。不定詞 to enjoy でも可。　(2)　I will tell him to go back to the office at once.「すぐに事務所に戻るよう彼に言います」〈tell ＋人＋ to …〉で「人に…するように言う」の意味になる。　(3)　People who came to the party were in formal dress.「パーティーに来ていた人たちはフォーマルなドレスを着ていた」主語は people で複数なので動詞は were になる。　(4)　「帰宅途中嵐に遭った」(○)　be caught in ～ で「～につかまる，～に遭う」の意味。　(5)　What language do people speak in your country?「あなたの国では人々は何語を話しますか？」 疑問文で助動詞 do が使われているので動詞は原形 speak。

19.　(1)　I don't have enough money for plane tickets.「飛行機のチケットを買うのに十分なお金がない」形容詞 enough は名詞の前に置く。　(2)　It seems that I took somebody's umbrella in mistake.「私は間違えて誰かほかの人の傘を取ってしまったようだ」 in mistake で「間違えて」の意味。　(3)　「激しく雨が降っていたが，彼は外出した」(○)　(4)　Mt. Fuji is higher than any other mountain in Japan.「富士山は日本で一番高い山だ」山などの高さが高いという時には high を使う。tall は「背が高い」。比較級を使って最上級の意味を表す表現。(5)　Write the number down, or you'll forget it.「数字を書き留めなさい，さもないと忘れてしまいますよ」〈命令文＋ or …〉「～しなさい，さもないと…」という意味の構文。〈命令文＋ and …〉「～しなさい，そうすれば…」と混同しないよう注意。

20.　(1)　Most people in this class are friendly.「このクラスのほとんどの人が友好的だ」 most ～ で「ほとんどの～」の意味。almost「ほぼ…」は副詞なので almost people という形にはできない。(2)　Do you know where he lives?「彼がどこに住んでいるか知っていますか？」 where 以下は know の目的語となるので間接疑問文。間接疑問文は〈主語＋動詞〉の平叙文の語順となる。　(3)　I bought two pairs of shoes at this store.「私はこの店で靴を2足買った」英語の場合，靴2つで1足扱いと考えるため，a pair of shoes「靴1足」 two pairs of shoes「靴2足」となる。　(4)　No other city is as big as New York.「ニューヨークが一番大きな都市だ」原形を使って最上級の意味を表す表現。〈no other ＋単数名詞＋ is as 原級 as ～〉の形。

(5)「私が招待した何人かの友人はまだ到着していない」(○) Some of my friends (that) I invited と関係代名詞が省略された文。この部分がこの文の主語で have not arrived が動詞。

重要 **【D】 (語句整序問題：不定詞，間接疑問文，関係代名詞，慣用句)**

21. Ken has nothing interesting to talk about with his friends.「ケンには話すことが何もない」は Ken has nothing to talk about. have nothing to ～ で「～することが何もない」という否定の意味を表す。-thing で終わる語に形容詞を付ける場合は後ろに置くことに注意。(1)が正解。

22. Is the vase your brother broke made in Italy?「あなたの弟が割った花瓶」 the vase (that) your brother broke と関係代名詞が省略された形にする。この部分がこの文の主語。疑問文なので Is を文頭に置き made in Italy「イタリア製」を文尾に置く。(2)が正解。

23. I don't know how the insect came into my house. I don't know がこの文の〈主語＋動詞〉。「その虫がどうやって私の家に入り込んだのか」 how the insect came into my house の部分は know の目的語になる間接疑問文。間接疑問文は〈主語＋動詞〉の平叙文の語順になることに注意。(5)が正解。

24. (People who are) used to traveling carry little baggage. be used to ～ で「～に慣れている」の意味。～の部分には名詞相当語句が入るので動名詞 traveling を続ける。People から traveling までがこの文の主語。carry が動詞，little baggage が目的語。(5)が正解。

25. (Japanese) is important for students to understand all subjects. 〈A is ～ for ＋人＋ to …〉「Aは人が…するには～だ」 に当てはめる。〈for ＋人〉の部分が to 以下の意味上の主語。students が understand するという関係になる。

基本 **【E】 (会話文：適文選択補充)**

会話文Ⅰ (全訳)

トム ：やぁマイク！ 元気だった？ 最後に会ってからもう1か月になる。

マイク：そうだね。夏休みの宿題をやっていてずっと忙しかったんだ。

トム ：本当に？ 今年はそれほどたくさんの宿題は出ていないよ。去年はひどかった。数学の問題集100ページ，絵日記，読書感想文だった。夏休みが終わる3日前まで終わらせられなかったよ。だからお母さんもお父さんもすごく怒って君と東京ディズニーランドに行くのを許してくれなかったんだ。でも，なぜそんなに忙しいの？ 今年は数学の問題集20ページと読書感想文だけだよね。忙しいわけないよ。

マイク：(26)他の宿題は全部終わっているんだけど，研究課題に取り組んでいるんだ。

トム ：なんだって？ それはやりたい人だけやればいい。生徒全員が研究課題をやる必要はないよね？

マイク：その通り。でもキャンプに行ったときに，美しいバッタを見つけたんだ。それ以来バッタ狂になってしまったんだよ。日本には300種類以上のバッタがいるって知っている？ バッタのことを調べて研究課題としてレポートを書きたいんだ。

トム ：わぁ！ それは知らなかった。とても面白いね。課題は進んでいる？ 夏休み中に終わらせられそう？

マイク：今のところ，あんまり。書くことがたくさんありすぎて考えがまとめられないんだ。

トム ：そういう時は「研究課題の3つのヒント」を使ってみるといいよ。授業で鈴木先生が言っていた研究課題のヒントを覚えてない？

マイク：(27)残念ながら覚えてない。君は？

トム ：うん，記憶力は良いから全部覚えているよ。1つ目はトピックに関する良い本を見つける。

2つ目は難しい言葉は使わないようにする。3つ目は主となるポイントを3つ書く。それは4つまででそれ以上にはしない。

マイク：それは役立ちそうだ。学校の図書館で何冊か本を借りて調べたし，できるだけ簡単な言葉を使っているから(28)1つ目と2つ目をやろうと思う。

トム　：学校の始業式までに研究課題が終わることを祈っているよ。あと1週間しかない。幸運を祈る！

マイク：ありがとう。学校で会おう。

26. (1)「全生徒が研究課題をやっていて忙しいはずだ」(2)「僕は数学が得意だから数学を使った研究課題をする予定だ」(3)「僕は全然忙しくない。東京ディズニーランドへの行き方を探している」(4)「他の宿題は全部終わっているんだけど，研究課題に取り組んでいるんだ」(○) (5)「お父さんとお母さんが毎日読書感想文を書くようにと僕に言うんだ」

27. (1)「残念ながら覚えていない。君は？」(○) I'm afraid not. は I'm afraid I don't remember. のこと。 (2)「もちろん。書き留めたけどメモをなくしてしまったんだ」(3)「何のことを言っているの？　鈴木先生はもういないよ」(4)「うん，それは役立つからそれのうちの1つをもう試したよ」(5)「うん，そのことを思い出させてくれてありがとう」

28. (1)「それらのどれもやるつもりはない」(2)「それらの全部をやるよ」(3)「1つ目と2つ目をやるよ」(○)　続く内容から判断する。(4)「2つ目と3つ目をやるよ」(5)「3つ目をやるよ」

会話文Ⅱ（全訳）

ケイト：私のお気に入りの二人組が25周年を迎えたの！　二人は同じ苗字だけど兄弟ではないのよ。

マット：それは面白いね。彼らのどこが好きなの？

ケイト：二人とも歌がうまいの。1人は演技が好きだから有名なミュージカルシリーズを21年間やっているのよ。

マット：(29)わぁ，それはすごく長いね。もう一人のメンバーは何か他のことをやっているの？

ケイト：もう一人のメンバーはソロで歌手活動をしていて，ずっと京都でコンサートを開いているのよ。

マット：彼らのコンサートには行ったことがあるの？

ケイト：(30)行きたいけど，彼らのコンサートチケットを取るのはとても難しいの。

マット：なるほど。いつか行く機会があるといいね。

ケイト：ありがとう。

29. (1)「それがわかってよかった。僕は映画が嫌いなんだ」(2)「それはすごいな，でも他のメンバーたちは何をしているんだろう」二人組なので other members「他のメンバーたち」と複数はおかしい。 (3)「それは悲しいね。彼は二人組になる前からそれを始めた」(4)「それはショックだ。彼らのミュージカルを観たい」(5)「わぁ，それはすごく長いね。もう一人のメンバーは何か他のことをやっているの？」(○) One と The other は二つのもののうちの一つともう一つという関係。

30. (1)「来月彼らのコンサートに行く予定」(2)「そこには10回以上行ったことがある」(3)「彼らのコンサートの1つに既に行ったことがあると聞いたよ」(4)「行きたいけど，彼らのコンサートチケットを取るのはとても難しいの」(○) I would like to ~ は I want to ~ の丁寧表現。It is ~ to …「…するのは~だ」の形にも注意。 (5)「チケットを取るのは簡単なので，あなたも取るべき」

★ワンポイントアドバイス★

語句整序問題では，英文を必ず書き出すようにしよう。後から修飾語句を入れたり，語順を変える必要が出てきた場合も修正がしやすく，結果的にミスも少なくなる。最後に全ての語句を使ったかどうかの確認も忘れないようにしよう。

＜国語解答＞ 《学校からの正答の発表はありません。》

問題一 問1 B　問甲 軍配　問2 C　問乙 他の微生物に比べ，カビの生育には実に多くの水分が必要(だから。)　問丙 Ⅰ ひょうしぎ　Ⅱ かも(して)
問3 A　問4 A

問題二 問5 C　問丁 十二　問6 B　問7 C　問8 D　問9 C　問10 B
問11 A

問題三 問12 A　問13 C　問14 C　問戊 ㋐ ものう(さ)　㋑ 辺境
問己 不可能　問15 C　問16 D　問17 C　問18 B

○推定配点○

問題一 問1・問丙 各2点×3　問4 6点　他 各4点×4　問題二 問5・問8 各2点×2
問10・問11 各6点×2　他 各4点×4　問題三 問13・問戊 各2点×3
問16～問18 各6点×3　他 各4点×4　計100点

＜国語解説＞

問題一 (説明文―内容吟味，文脈把握，指示語の問題，漢字の読み書き，ことわざ・慣用句)

基本 問1 「歯が立たない」は力量の差があり過ぎて立ち向かうことができないという意味で，同じような意味を持つ語はB。

問甲 「［ X ］が上がる」で勝利するという意味になる。相撲の行司の勝敗の指示からできた言葉。

問2 「カビはまず」で始まる段落の「カビはまず，生きるために鰹節表面の水分を吸い尽くします……最終的にカビに吸い出されて節内の水はほとんどなくなり，全体が乾燥した状態になる」から，鰹節が硬くなった理由としてCが適切。「これを四～五日間」で始まる段落の鰹節の作り方に，AとDは適当ではない。「まず鰹節の作り方を」で始まる段落の内容に，Bも適当ではない。

問乙 ヨーロッパに，カビが関与した食べ物がカマンベールチーズぐらいしかない理由を指す。同じ文の前半で，カビの生育に必要なものについて述べており，この部分に着目する。

問丙 Ⅰ 二本を打ち鳴らして使う直方体の形の木。劇場での合図や夜回りに使われる。 Ⅱ 音読みは「ジョウ」で，「醸造」などの熟語がある。

やや難 問3 「さて」で始まる段落に「鰹節は……削ってだしを取るとどんな日本料理もたちどころに美味にしてくれます。上品なあのうまみとうれしい香りは，日本人の味覚を発達させ，日本料理を独特の世界へと発展させる原動力となった」に，Aが適切。B「複数の食材のうまみ」，C「油脂は料理の味を損ねる」とは，本文では述べていない。Dの「日本の侘び寂び文化を料理で表現する」と，「鰹節やコンブをだしとして活用した」の関係が逆になっている。

重要 問4 「日本のだしの」で始まる段落と最終段落の内容から，Aの理由が読み取れる。Bの「世界最古の発酵食品」，Cの「日本の発酵技術の影響を受けて，カマンベールチーズなどの発酵食品が誕生した」という叙述はない。「このように」で始まる段落に，平安時代に鰹節の原型が作られたが，今のような鰹節は江戸時代に作られたとあるので，Dの理由は適当ではない。

問題二 （論説文―大意・要旨，内容吟味，文脈把握，指示語の問題，脱文・脱語補充，漢字の読み書き，熟語）

基本 問5　後の「必要」を打ち消す語が当てはまる。

問丁　十分すぎるほどたくさんあるという意味がある。「十」を強めた漢数字が入る。

問6　直前の文の「必要なものが必要な分しかない状態では，あらゆるアクシデントを排して，必死で現状を維持しなければならない」を言い換えているBの説明がもっとも適切。他の選択肢は，この直前の文の内容を踏まえていない。

問7　同じ段落の「人は消費するとき……物に付与された観念や意味を消費する」の意味を考える。「観念や意味」を「価値」と置き換えて理由としているCがもっとも適切。Aの「数や量が多い」，Dの「値段」が適切ではない。「それに対し」で始まる段落で挙げている「消費」の具体例に，Bの「サービス」は含まれない。

問8　戒め　A　機械　B　述懐　C　決壊　D　警戒

問9　同じ段落の「問題は……『個性』がいったい何なのかだれにも分からないということ」と，直前の段落の「消費者は『個性的』でなければならないという強迫観念を抱く」に，Cが適切。他の選択肢は，「個性」と「個性的」の説明が合っていない。

重要 問10　「浪費は満足をもたらす」で始まる段落の「物を受け取ること，吸収することには限界があるから……浪費はどこかで限界に達する」，「浪費はどこかでストップする」で始まる段落の「消費は止まらない。消費には限界がない。消費はけっして満足をもたらさない」で，「浪費」と「消費」の違いを説明している。この内容を述べているBを選ぶ。Aの「他者からの批判」について述べていない。「消費が止まらない」は「消費の対象が物ではないから」で，Cの「他者から促され」たからではない。「浪費は満足をもたらす」ので，自分の意志でストップする。したがって，「自分の意志とは関係なく」とあるDも適切ではない。

重要 問11　「そして消費社会は」で始まる段落の内容と「しかも単に」で始まる段落の内容に，Aが合致する。「浪費は満足をもたらす」という本文の内容に，Bは合致しない。Cの「身の丈に合った生活を送るのがよい」に通じる内容はない。Dで述べている消費行動を繰り返す理由は，本文の内容に合致しない。

問題三 （随筆―情景・心情，内容吟味，脱文・脱語補充，漢字の読み書き，ことわざ・慣用句）

問12　「無慚」は残酷という意味。直後の「持って生まれたものを，手軽に変えてしまう。蚤にしてみれば……疑問以前の行動を，一朝にして，われ誤てり，と痛感しなくてはならぬ」ことに対して，「私」は「無慚」と思っている。後の「どうしても駄目か，判った，という時の蚤の絶望感」という言葉にも着目する。

問13　Aは人の失敗の後始末をする，Bは慌てて逃げ去る，Dは追いつめられるという意味。Cは正しくは「懐(ふところ)を肥やす」。

問14　前で「私」は友人に，可能なのに不可能になった蚤の話をし，後で友人は不可能なのに可能になった蜂の話をしている。傍線部③「友人は笑っ」たのは，「私」の話と対照的な話をしたら，「私」はきっと驚くだろうと思ったからである。この気持ちを述べているCが適当。蚤の話をしたのは「私」なので，Aは適当ではない。Bの「軽侮の念」や，Dの「ちぐはぐな感じ」は読み取れない。

問戊　㋐　なんとなく心が晴れ晴れとしない気持ち。「憂」の音読みは「ユウ」で，「憂鬱」などの熟語がある。　㋑　中央から遠く離れた地帯。

問己　前の「力学的に彼の飛行は不可能なんだそうです。それが，実際には平気で飛んでいる」に着目する。蜂は飛ぶことが「不可能」なのを知らないから，飛ぶことが「可能」になっているという文脈から，[I]にふさわしい語を判断する。

問15　直前の文の「『宇宙の大』というようなことで，ある感傷に陥った経験が自分にもある」と，直前の「今，十六の長女が同じ段階に入っていると感ずると」から，「私」の心情を推察する。傍線部④の「何かいたわってやりたい」を，「そっと見守ってやりたい」「励ましてやりたい」と言い換えて説明しているCが適当。「私」は，Aの「血筋」を感じているわけではない。B「中学時代の自分をかわいそう」，D「地道に勉強することがばかばかしく思える」とは述べていない。

問16　傍線部⑤の「問題が自分に移された」からは，宇宙の大きさについて長女に説明した「私」は，その後「自分」の「問題」として宇宙について考えるようになったことが読み取れる。「私」が「つぶやきつづけ」た内容が直後の段落に書かれており，この内容に適当なのはD。Aの「長女の注意がすでに薄れている」「娘を置いてきぼり」という状態や，Bの「どうすればわかりやすく説明できるか考え」，Cの「意地になって」という「私」の状態が読み取れる描写はない。

重要 問17　「何がし」で始まる段落の内容にA，「私としては」で始まる段落の内容にB，「馬鹿で腑抜けの」で始まる段落の内容にDは適当。同じ段落で「馬鹿で腑抜けの蚤に，どこか私は似たところがあるかも知れない」とあるが，C「蚤の姿勢を，愚かだと見下している」とは述べていない。

やや難 問18　「私」は蚤と蜂の話，宇宙の話を提示し，最終段落で「私が蜘蛛や蚤や蜂を観るように，どこからか私の一挙一動を見ている奴があったらどうだろう……そういう奴が元来あるのか，それとも，われわれがつくるのか，更にまた，われわれがなるのか，――それを教えてくれるものはない」と，人間の存在に対して問いかけている。長女とのやりとりや，虫と自分を引き比べる描写からは，おかしみや温かみが感じられるので，Bの説明が適当。Aの「必死でもがいている」，Cの「会話を中心に物語を進める」，Dの「人間の存在を考える際の手がかりになる」は，文章の内容や表現にそぐわない。

★ワンポイントアドバイス★

設問には，適当でないものを選ばせたり，ヒントが含まれたりしているものがある。設問をきちんと読み取ることを心がけよう。

大切なことはメモしておこうネ！

2022年度
★★★★★★★★★★★★★★★★★★★★★★★★

入　試　問　題

2022年度

明治学院高等学校入試問題

【数　学】（50分）　＜満点：100点＞

[1] 次の各問いに答えよ。

(1) $-\left(\frac{3}{2}\right)^2\times 4-\frac{3^3}{2}\div\left(-\frac{9}{8}\right)$ を計算せよ。

(2) $\frac{5x-y}{3}-\frac{x-7y}{2}-x-3y$ を計算せよ。

(3) $(7+\sqrt{7})(\sqrt{7}-1)+(3-\sqrt{7})^2$ を計算せよ。

(4) 連立方程式 $\begin{cases}0.7x+0.25y=5\\0.3x+0.2y=2.7\end{cases}$ を解け。

(5) a，b を定数とする。$\frac{1}{6}x^2-ax-18$ を因数分解すると $\frac{1}{6}(x-12)(x+b)$ となる。このとき，a，b の値を求めよ。

(6) 記号【　】，〔　〕をそれぞれ【a】$=a^2-4$，〔b〕$=\frac{b}{2}+3$ と定める。方程式【〔x〕】$=4$ を解け。

(7) 次の6つのデータの平均値は60であり，$x:y=1:2$ である。このとき，中央値を求めよ。
75，80，60，x，40，y

(8) $\frac{60}{3n+1}$ が整数となるような自然数 n をすべて求めよ。

(9) 図の$\angle x$の大きさを求めよ。ただし，点Oは円の中心とする。

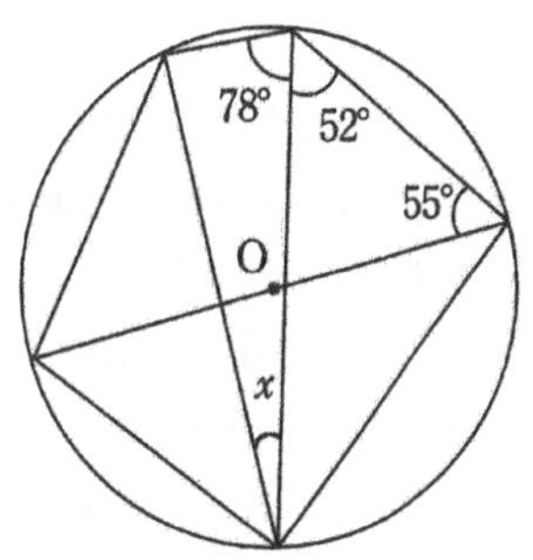

(10) 図のように，直角三角形ABCに正方形PBQRが内接している。BQの長さを求めよ。

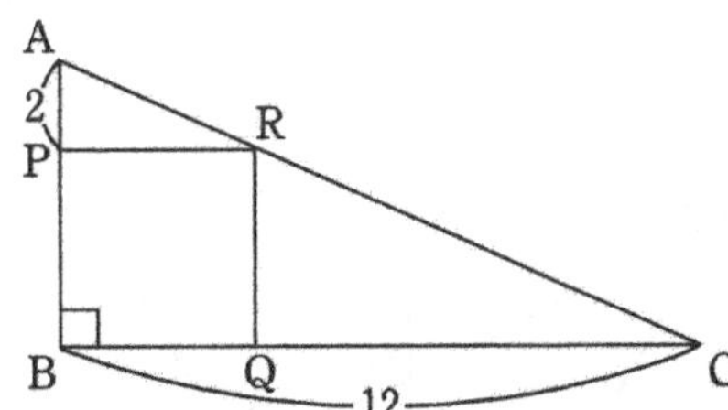

2 大小２つのさいころを同時に投げ，大きいさいころの出た目を a，小さいさいころの出た目を b とする。

図のような中心O，直径ABの半円があり，動点Ｐは点Ａから，動点Ｑは点Ｂから $\overset{\frown}{AB}$ 上をそれぞれさいころの目に応じて移動する。次の問いに答えよ。

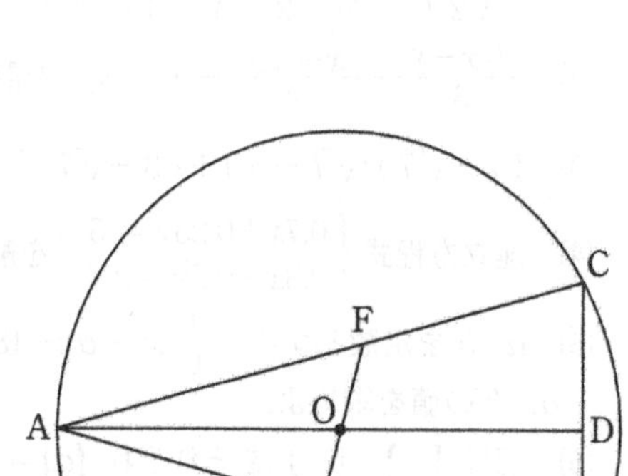

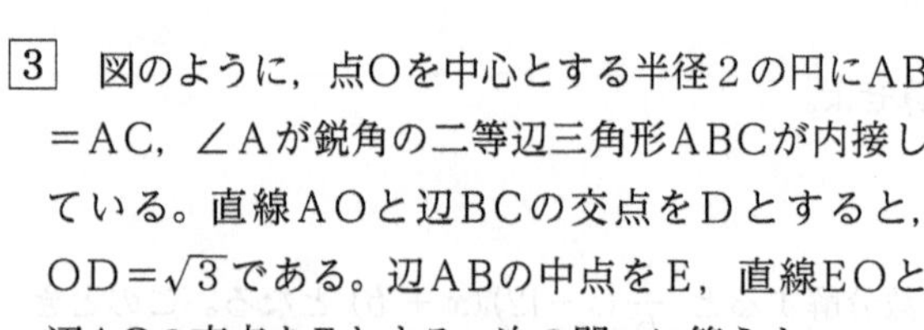

(1) $\angle AOP=10a^\circ$，$\angle BOQ=20b^\circ$ とするとき，$\angle POQ=90^\circ$ となる確率を求めよ。

(2) $\angle AOP=30a^\circ$，$\angle BOQ=30b^\circ$ とするとき，$\angle POQ=90^\circ$ とならない確率を求めよ。

3 図のように，点Ｏを中心とする半径２の円にAB＝AC，∠Ａが鋭角の二等辺三角形ABCが内接している。直線ＡＯと辺BCの交点をＤとすると，$OD=\sqrt{3}$ である。辺ABの中点をＥ，直線EOと辺ACの交点をＦとする。次の問いに答えよ。

(1) 線分BDの長さを求めよ。

(2) AE^2 の値を求めよ。

(3) △AEFの面積を求めよ。

4 図のように，放物線 $y=\frac{1}{6}x^2$ と直線 l との交点をそれぞれＡ，Ｂ，点Ｂを通る直線 m と x 軸の交点をＣ，直線 l と y 軸の交点をＤとする。また，点Ａ，Ｂ，Ｃの x 座標がそれぞれ－６，３，－２である。次の問いに答えよ。

(1) 点Ｄの座標を求めよ。

(2) 点Ｄを通り，△ACBの面積を二等分する直線と直線ACの交点をＥとする。

① △DECと△DCBの面積比を求めよ。

② 直線DEの式を求めよ。

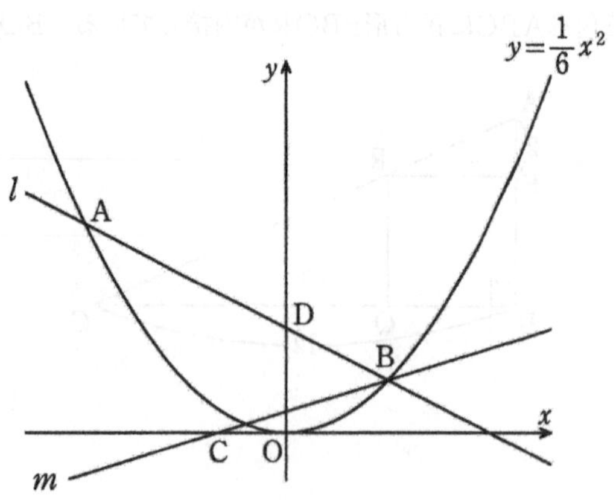

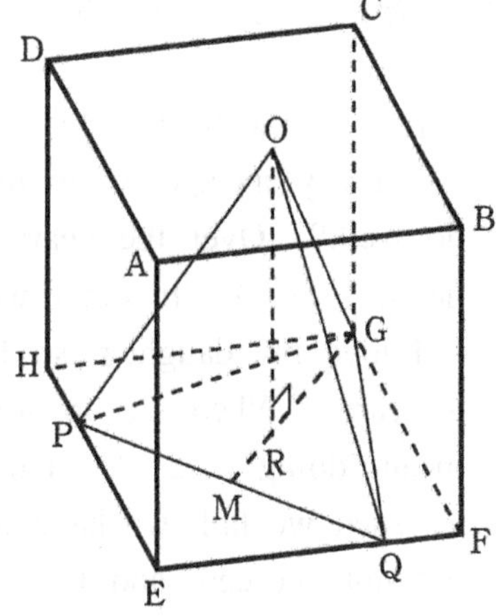

5 図のように，底面が正方形の直方体ABCD－EFGHと△PQGを底面とする正四面体O－PQGを重ねた場合を考える。点P，Qはそれぞれ辺EH，EF上の点であり，直方体と正四面体の高さは等しい。辺PQの中点をM，線分GM上に点RをGR：RM＝2：1となるようにとると，OR⊥GMである。OR＝$2\sqrt{6}$のとき，次の問いに答えよ。

(1) 正四面体の一辺の長さを求めよ。

(2) 直方体ABCD－EFGH，正四面体O－PQGの体積をそれぞれV_1，V_2とするとき，$\dfrac{V_1}{V_2}$の値を求めよ。

【英　語】（50分）　<満点：100点>

【A】 次の文を読み，1．～14．の設問に答えなさい。なお，筆者は男性である。

Many years ago, when my daughter started school, I said to her, "I know you'll do well." Over the years, I wished her success many times. But often, in my heart, (1). In other words, I wanted her to fail*.

I love my daughter, so I wanted her to fail. It's because this is the best way to learn. When we do something well, we do not learn anything new. Success means doing (2). There is very little learning from success.

When we fail, we have a chance to learn. But, we have to understand why we did not succeed, and then learning starts. Of course, we should not try to fail. We should try to succeed. If we do the same things in the same way, we will never fail. But, $_{3}$we will never learn anything new.

Failure* comes when we take a risk, or when we do something different. When I lived in Africa, I heard this phrase: $_{4}$"A good cook has broken many pots." At the time, I didn't understand it. But, later I realized that it meant that a person needs to try different ways and to try new things. Life is boring if we only do things that we know how to do well.

I didn't learn the importance of failure until I became a university professor. In my teaching and research, I wanted to do the best I could. When I had a task, I always tried not to fail. $_{5}$I was afraid of failure because other professors would think that I was not a good professor. I was worried that if I failed other people would think I was a failure.

$_{6}$One day I had a terrible class. Until that day, I was the only one talking in the classroom. The 45 students sat quietly and they just listened to me from the beginning to the end of the class. One professor told me before that his students really enjoyed working in groups. So, I decided to try $_{7}$this in my class. After I talked about the textbook, I asked the students to make groups of four or five. And then, I asked them to talk about what they learned in the class. I left the front of the classroom, walked from group to group, and asked if they understood or if they had any questions. But, the result was terrible. They didn't say anything. They just sat quietly and looked at the floor.

$_{8}$That lesson was a failure. I really felt bad. But, then I started to think about why it didn't go well. I realized that I needed to tell my students how to work in groups clearly. This was new for them and for me. I made a few changes, and I tried again a week later. This time the lesson was not a failure, but it was also not a success. For the next lesson, I tried to make a few more changes. My students worked better in groups $_{9}$day by day.

$_{10}$This is why I wanted my daughter to fail. And, of course, she failed, and I did my best to make her feel better. I tried to help her so that she could understand why she failed, and I encouraged her by telling her that she could do better the next time. But, I didn't tell her that (11). This was something she had to learn on her own.

注) fail 失敗する failure 失敗，失敗した人

1．空所1に入るものとして最もふさわしいものを選びなさい。

(1) I hoped that she would not succeed
(2) I knew that she was the best learner
(3) I thought that her school life would be easy
(4) I wanted to give something to her
(5) I was sure that she would do better than others

2．空所2に入るものとして最もふさわしいものを選びなさい。

(1) everything for my daughter's happy life
(2) everything that we can do to make others happy
(3) nothing that my daughter would love
(4) something that others have done
(5) something that we can already do

3．下線部3が表す内容として最もふさわしいものを選びなさい。

(1) 意識して失敗することで成功する機会を得ることができる。
(2) 同じ方法で同じことを繰り返すことでは新しい学びにつながらない。
(3) 成功することや失敗することに関わらずいつでも学び直しができる。
(4) 挑戦して失敗したら新しい学びをもたらさない。
(5) 学ぶ機会に感謝することで初めて新しい学習が始まる。

4．下線部4が表す内容として最もふさわしいものを選びなさい。

(1) A great cook had so many pots in her kitchen that she wanted to break some of them.
(2) A great person has experienced many mistakes before becoming successful.
(3) Many pots have to be broken when a great person tries something new.
(4) Many pots were broken when a great person tried to make something.
(5) People need many pots to become a great cook who can try something new.

5．下線部5に関する次の質問の答えとして最もふさわしいものを選びなさい。

Why was the writer afraid of failure?

(1) It was because the writer knew that no one would like him anymore.
(2) It was because the writer said to others that he would never fail.
(3) It was because the writer thought that he already failed too many times.
(4) It was because the writer wanted others to think that he was a good teacher.
(5) It was because the writer was told not to fail by his daughter.

6. 下線部6に関する次の質問の答えとして最もふさわしいものを選びなさい。

What happened in this class?

(1) The students asked a lot of questions to the writer after he talked about the textbook.
(2) The students didn't understand what the writer tried to do for the first time.
(3) The students kept quiet and studied well for the first time that year.
(4) The students walked from group to group and asked some questions.
(5) The students were noisy and didn't listen to the advice from the writer.

7．下線部7が示す内容として最もふさわしいものを選びなさい。
(1) Students learn by themselves.　(2) Students listen to me.
(3) Students sit quietly.　(4) Students talk with other professors.
(5) Students work with others.

8．下線部8に関する次の質問の答えとして最もふさわしいものを選びなさい。
What did the writer do after this happened?
(1) He asked the students what was wrong about the class.
(2) He talked to the professor again to find a better way.
(3) He changed things in a good way after thinking about why the class failed.
(4) He tried doing the same thing again and again in the same way.
(5) He wasn't able to do anything new in his class.

9．下線部9に関する次の質問の答えとして最もふさわしいものを選びなさい。
What does "day by day" mean?
(1) at any time　(2) by the next day
(3) easily and very quickly　(4) for a long time
(5) slowly and in small stages

10. 下線部10に関する次の質問の答えとして最もふさわしいものを選びなさい。
Why did the writer want his daughter to fail?
(1) It was because failure would bring little learning to everyone.
(2) It was because failure would give her a chance to think about different ways.
(3) It was because making mistakes would let her know about others.
(4) It was because success was more important than failure at school.
(5) It was because taking a risk was always helpful for her to work in groups.

11. 空所11に入るものとして最もふさわしいものを選びなさい。
(1) doing the same things was important　(2) failure was a good thing
(3) helping others was the key　(4) mistakes were less important
(5) success means understanding others

12. この文章のタイトルとして最もふさわしいものを選びなさい。
(1) A Piece of Advice from Other Professors
(2) Learning through Failure
(3) Never Fail
(4) Success Means More
(5) Things I learned from My Daughter

13. 本文の内容と一致するものとして最もふさわしいものを選びなさい。
(1) Professors who failed a lot helped the writer.
(2) Caring about how other professors think about you is not important.
(3) Failure gives you important lessons so you should try to fail from the beginning.
(4) Learning starts after you understand why you failed.
(5) Students in the writer's class didn't like working in groups because it was not new for them.

14. 本文の内容と一致するものとして最もふさわしいものを選びなさい。
(1) The writer asked his students to make groups and talk about what they thought of him.
(2) The writer stopped trying to do something new because he didn't want other people to think of him as a bad teacher.
(3) The writer noticed it was difficult for his daughter to think about why she had to fail.
(4) When the writer tried a group work again a week later, the lesson was not perfect, but the students learned better.
(5) When the writer's daughter was in trouble, the writer always helped her so much that she never failed.

【B】次の15.～20.の文の空所に入る最もふさわしいものを選びなさい。

15. A. How (　　) do the buses come?
B : They come every fifteen minutes.
(1) far　(2) long　(3) many　(4) often　(5) to

16. Watch (　　)!　There is a hole in front of you.
(1) above　(2) at　(3) in　(4) off　(5) out

17. Two (　　) got together in the hall.
(1) hundred student　(2) hundreds of student　(3) hundreds student
(4) hundreds students　(5) hundred students

18. Who is the woman (　　) to our boss?
(1) explained　(2) invited　(3) saying　(4) spoken　(5) talking

19. Children don't like summer vegetables.　For example, tomatoes and cucumbers (　　).
(1) are liked not　(2) are not liked　(3) isn't liked
(4) not like　(5) not liked

20. There are less people receiving plastic bags at stores, but (　　) are buying plastic bags to throw out garbage.
(1) few people　(2) huge people　(3) less people
(4) more people　(5) much people

【C】次の21.～25.の選択肢の中からそれぞれ正しいものを選びなさい。

21.

(1) He has been in France since two years ago.
(2) He was too busy doing his homework to go to shopping yesterday.
(3) How an interesting story our grandfather told us last night!
(4) I can cook as good as my mother.
(5) Nobody knows when he left school yesterday.

22.

(1) She must finish her homework last night.
(2) We don't know how many kinds of animals there are.
(3) We would like to climbing the mountain that day.
(4) Would you lent me a Japanese dictionary if you have?
(5) You can find something that make other people happy.

23.

(1) He will arrive at our house at an hour.
(2) I was enough tired to finish reading this book last night.
(3) It is important that children should have various experiences.
(4) She was exciting to visit Kyoto for the first time.
(5) We go to Italy when we were in high school.

24.

(1) My brother is more taller than my father.
(2) Taking classes on the Internet is not easy thing.
(3) The trains are crowd in the morning.
(4) There are vending machines all under the city in Japan.
(5) What is this cat called by your family?

25.

(1) He taught me how to use a new phone.
(2) I have no time to read the book I bought it last week.
(3) The girl who eyes are blue is my friend.
(4) The people at the festival looked very happily.
(5) You and I am good friends, aren't we?

【D】次の26.～30.の日本語の意味に合うように語（句）を並べかえた時，（1）と（2）に入るものの組み合わせとしてふさわしいものを選びなさい。なお，文頭にくる文字も小文字にしています。

26. 外国へ行くのであれば，あなたに覚えておいて欲しいことが１つある。

If you visit other countries, (　　)(　　)(　　)(　　)(　1　)(　　)(　　)
(　　)(　2　)(　　).

ア. I　イ. is　ウ. like　エ. one　オ. remember
カ. there　キ. thing　ク. to　ケ. would　コ. you

(1) ア と ク (2) ア と コ (3) キ と カ
(4) ク と エ (5) ク と カ

27. 誰もが愛と平和に満ちた世界で暮らすことができたらよいと思っている。
( )( )(1)( )( )(2)( )( )( )( ).
ア. and イ. can live ウ. everyone エ. filled オ. hope
カ. I キ. in a world ク. love ケ. peace コ. with
(1) ア と オ (2) ウ と エ (3) カ と エ (4) キ と コ (5) コ と ケ

28. ペットを世話することは自分の子どもを育てるようなものだ。
( )( )( )(1)( )( )(2)( )( ).
ア. a pet イ. care ウ. is エ. like オ. of
カ. own child キ. raising ク. something ケ. taking コ. your
(1) ウ と キ (2) ウ と ク (3) エ と オ (4) エ と キ (5) ケ と キ

29. 夏の間はたとえ短い時間であっても子どもを車に残してはいけない。
During the summer (1)( )( )( )( )( )(2)( )
( )( )( ).
ア. a イ. children ウ. even エ. for オ. in the car
カ. leave キ. must ク. not ケ. short コ. time
サ. we
(1) イ と ウ (2) イ と エ (3) ウ と キ (4) サ と ウ (5) サ と ク

30. 私の学校には，勉強もスポーツも両方とも楽しんでいる生徒がたくさんいる。
( )( )( )(1)( )( )( )(2)( )( ) in my school.
ア. and イ. are ウ. both エ. enjoy オ. many students
カ. playing キ. sports ク. studying ケ. there コ. who
(1) ウ と ア (2) ウ と キ (3) ク と エ (4) コ と ア (5) コ と ク

【E】次の会話文Ⅰ.とⅡ.の空所31.～38.に入る最もふさわしいものを選びなさい。

Ⅰ.

Lee is an exchange student from Taiwan. She is talking with her friend Kyoko at school in Japan.

Lee: Wow! Your lunch is amazing! There're colorful flowers and butterflies in your lunch box. (31)

Kyoko: I used a boiled egg and some vegetables. We call this kind of *bento* "*kyaraben.*"

Lee: Oh, I've seen many *kyaraben* pictures on the Internet! Not only Japanese people but also people in other countries are making very beautiful and colorful *bentos* now.

Kyoko: I like looking at those pictures on my cell phone and (32). This is my first one!

Lee: Good! So, do you know we also have *bento* culture in Taiwan?

Kyoko: Really? Is *bento* popular in Taiwan, too?

Lee: Yes, but there's a big difference between our *bentos* and the Japanese *bentos*.

Kyoko: What is that?

Lee: We usually keep our lunch warm because we think it's better for our health not to eat cold food. Here in Japan, my host family makes me Japanese style *bentos*. I really enjoy it and I'm always very thankful for it, but (33).

Kyoko: The difference is very big, so I understand how you feel. Now, I'd really like to try the *bento* in Taiwan!

Lee: Then, you should try a boxed lunch at a train station in Taiwan.

Kyoko: Oh, you mean "*ekiben*?"

Lee: Yes, we have so many kinds of "*ekiben*" in Taiwan! I'm sure you'll love it.

Kyoko: Good! (34)

Lee: You're always welcome!

31.

(1) How did you make it?
(2) How much did it cost?
(3) Where did you buy it?
(4) Who told you how to make it?
(5) Why did you prepare it like that?

32.

(1) I've always wanted to make my own
(2) I'll never put my original *kyaraben* picture on the Internet
(3) I think it's too difficult for me to make it
(4) I tried making a homemade lunch before
(5) it cost me so much money to buy it

33.

(1) every morning, I eat cold meals for breakfast
(2) I don't know how much money I should pay for it
(3) I like Japanese style better than any other style
(4) sometimes I miss my homeland style *bentos*
(5) we are not allowed to bring our lunch to school

34.

(1) I can't say how thankful you are!
(2) I can't wait to visit Taiwan!
(3) You can't miss it!

(4) You should try them, too!
(5) I hope you will come soon!

Ⅱ.

Ken is a Japanese student who is staying with his host family in the US. He is talking about his day trip to the City Tower.

Judy: So, how was the view from the City Tower?

Ken: It was so great! I was able to see many famous places, like the city hall, old towns and bridges. Also, I saw many green areas in the city center. I was surprised that you have so many beautiful parks here.

Judy: I'm happy to hear that. To keep our community beautiful, we are doing a lot of work on environmental protection* right now. In the past, (35).

Ken: Really? I can't imagine that!

Judy: About thirty years ago, there was always a lot of garbage on the streets. I didn't like my hometown very much because it was very dirty.

Ken: Too bad! (36)

Judy: Some young people realized that if they didn't like the city, they would not live here anymore. It was a sad thing and of course, bad for the city's economy, too. The city wanted to change the situation so they tried hard so that (37).

Ken: I see. So, what did they do?

Judy: They planted trees and picked up the garbage on the streets. It took a lot of time, but finally the city got much cleaner and we feel very happy with it.

Ken: That's a good story! And that's why many young people collect garbage on the streets and in the parks on weekends.

Judy: That's right. I also joined such activities when I was younger.

Ken: I haven't tried it yet, but I'm going to take part in one of those activities this weekend.

Judy: That's wonderful! (38)

Ken: Nice idea! I'll ask them!

注) environmental protection 環境保護

35.
(1) most of us tried to protect our nature
(2) most people didn't have any interest in it
(3) we didn't work for making money
(4) we had many more visitors here
(5) we realized our nature was very important

36.
(1) How did you collect garbage from the streets?
(2) How many pieces of garbage did they pick up?

(3) How soon did you leave the city?
(4) Why did you do it thirty years ago?
(5) Why has the city changed so much?

37.
(1) the city would be loved by many people
(2) the city would disappoint them
(3) the city wouldn't change for young people
(4) they would find good cities
(5) they would never come back again

38.
(1) Can I say something to you?
(2) Have you prepared for it?
(3) How many times will you take part in it?
(4) Why don't you do it with your friends?
(5) Won't you go this weekend?

B　本当は孤児院に帰ってもらいたいのに、心にもない返事をしていることを悟られまいとしたから。

C　僅かに迷いを見せたことによって不安になったにちがいない孫たちを、安心させようと思ったから。

D　即答できなかったのは、金銭問題や嫁との関係など、孫たちに知られたくないことが理由だったから。

問19　傍線部(6)の理由としてもっとも適当なものを、次のなかから選べ。

A　二度と訪れることがないかもしれない祖母の家の庭や裏の畑を、目に焼き付けておきたかったから。

B　急いで出発しないと、今夜行われるハーモニカバンドの演奏会に間に合わなくなりそうだったから。

C　祖母につらい思いをさせないため出てゆくことにしたが、顔を合わせると引き留められるだろうから。

D　叔父が目を覚まさないうちにこの家を出ないと、有無を言わせず孤児院に送り返されてしまうから。

問20　傍線部⑤の意味としてもっとも適当なものを、次のなかから選べ。

A　驚きの声　　B　感心した声

C　あきれた声　　D　おびえた声

問21　「ぼく」はどういう少年だったと考えられるか。次のなかからもっとも適当なものを選べ。

A　恵まれない境遇にあっても、周りに気を遣いながら気丈に生きてゆこうとする、弟思いの少年。

B　意志が強く、弟とふたりで生きてゆくためには思い切った行動もいとわない、たくましい少年。

C　世の中を生き抜くため、大人の顔色を窺いながら抜け目なく立ち回る、したたかな少年。

D　運命に翻弄されながらも、希望を失わず明るく前向きに生きている、天真爛漫な少年。

問22　この作品における「エゾ蝉」の効果を説明したものとしてもっとも適当なものを、次のなかから選べ。

A　けたたましいエゾ蝉の鳴き声が、本当は祖母の家でずっと暮らしていたいのに、追い立てられるように出てゆく兄弟の悲痛な心の叫びに共鳴しているように思える。

B　驚くとやみくもに地面に衝突するというエゾ蝉の習性が、祖母に引き取ってもらえることをあてにして孤児院を飛び出してきた「ぼく」の無鉄砲ぶりを連想させる。

C　もともと山に棲息しているというエゾ蝉が、安住の場所を得られないまま元の生活に戻ってゆく兄弟の姿と重なり、そこはかとないやるせなさを醸しだしている。

D　虫捕りが好きな弟にエゾ蝉を「見逃してやろう」と言い聞かせる場面から、何とか祖母や叔父に気づかれずに孤児院に帰ろうとする「ぼく」の必死さが読み取れる。

んたちが孤児院に慰問に来ることになってたろう。あの小父さんたちがきっとこのとんまな蝉のいるところへ連れてってくれると思うよ。だからこいつは見逃してやろう」

弟がかすかにうんと首を振ったのでぼくは彼の口から手を離した。それからぼくらはエゾ蝉の鳴き声にせきたてられるようにして通用門の方へ歩いて行った。

（井上ひさし『あくる朝の蝉』より）

＊公教要理…キリスト教の教えを、問答形式でわかりやすく記した入門書（の勉強）。
＊お櫃…釜で炊いた飯を移して入れておく木製の器。
＊箍…桶の周りにはめる、竹や金属で作った輪。ここでは比喩的に用いられている。
＊薬九層倍…薬の値段は仕入れ値の九倍になる、転じてぼろもうけのこと。
＊マーキュロか正露丸…いずれも薬の商品名。
＊舅…ここでは夫の父。

問丁 傍線部①～④の読みを記せ。

問14 傍線部⑴が想定しているのは「だれ」か。次のなかから選べ。

A 孤児院の子どもたち　B 祖母や叔父
C 孤児院の先生　D 昔の同級生たち

問15 ［1］に入れるのに適当な語句を次のなかから選べ。

A 生活の智恵　B 孤児院の規則
C 子どもたちの流儀　D 生まれつきの癖

問16 傍線部⑵について、「祖母」が「考えていた」と思われるのはどういうことか。次のなかからもっとも適当なものを選べ。

A 祖母として孫に食事の作法をしつけなければならないということ。
B 孤児院の先生たちが子どもたちの指導に苦労しているだろうということ。
C 食器が補充できないほど孤児院の経営が逼迫しているのかということ。
D 孫たちにとって孤児院での生活は望ましくないかもしれないということ。

問戊 傍線部⑶とほぼ同じことを言っている箇所を二五字以内で抜き出し、最初と最後の五字を記せ。

問17 傍線部⑷について、「祖母」が「悲しそう」だったのはなぜだと考えられるか。次のなかからもっとも適当なものを選べ。

A 食い意地が張った孫の行為を目の当たりにして、情けなくなったから。
B 食べ盛りの子どもが我慢を強いられてきたことを、不憫に思ったから。
C 自分の作った食事に子どもたちの箸が進まず、申し訳なかったから。
D 孫たちが他人行儀でなかなか懐こうとしないので、寂しかったから。

問18 傍線部⑸について、「祖母」が「恥じているような強い口調だった」のはなぜだと考えられるか。次のなかからもっとも適当なものを選べ。

A 孫たちのたっての頼みに、一瞬であれ躊躇してしまった後ろめたさを打ち消したかったから。

ぼくはそれから朝方まで天井を眺めて過ごした。これからは祖母がきっと一番辛いだろう。「じつはそろそろ帰ってもらわなくちゃ……」といういやな言葉をいつ口に出したらいいかとそればかり考えていなくてはならないからだ。店の大時計が五時を打つのをしおに起き上がって、ぼくは祖母あてに書き置きを記した。ごく簡単な文面だった。

「大事なことを忘れていました。今夜、ぼくら孤児院のハーモニカ・バンドは米軍キャンプで慰問演奏会をしなくてはならないのです。そのため急いで出発することになりました。ばっちゃ、お元気で」

　書き置きを机の上にのせてから、ぼくは弟を揺り起した。

「これから孤児院に帰るんだ」

　弟は頷(うなず)いた。

「ばっちゃや叔父さんが目を覚ますとまずい。どんなことがあっても大声を出すなよ」

「いいよ」

　弟は小声で言って起き上った。

⑹ぼくらはトランクとボストンバッグを持って裏口から外へ出た。裏の畑にはもう朝日がかっと照りつけていた。足音を忍ばせて庭先へ廻った。

　ギーッ！　ギーッ！

と大きな声で蝉が鳴いている。あまり大きな声なので思わず足が停まった。蝉の声は赤松の幹のあたりでしていた。近づいて見ると、透明なハネを持った赤褐色の大蝉だった。幹に頭を下に向けてしがみついている。

「でかいなあ」

弟が⑤嘆声をあげた。

「あんなにでかいのは油蝉かな。ちがう、熊蝉だ……」

「大きな声を出すんじゃない」

　ぼくは唇に右の人さし指を当ててみせて、

「それからあいつは油蝉でも熊蝉でもないぜ」

「じゃなに？」

「エゾ蝉。とんまな蝉さ」

「とんま？　どうして？」

「いきなり大声を出すとびっくりして飛び出す。そこまではいいけど、さかさまにとまっているから、地面に衝突してしまうんだ」

「……それで？」

「脳震盪(のうしんとう)を起こして気絶しているところを捕える。それだけのことさ。ぼくなんか前にずいぶん捕えたな。おまえにもずいぶん呉(く)れてやったじゃないか」

「憶えてないや」

「たいてい山の松林にいるんだけどね、あいつ珍しく降りてきたんだぜ」

　弟はボストンバッグを地面に置いた。

「よし、捕えちゃおう。大きな声を上げればいいんだね？」

そうさ、と頷きかけて、ぼくは慌てて弟の口を手で塞(ふさ)いだ。

「ばっちゃや叔父さんが目を覚しちまう」

　弟はなにかもごもご口を動かした。きっと不平を言っているのにちがいなかった。そこでぼくは弟の耳に口を寄せて囁(ささや)いた。

「たしか今度の日曜日に、市の昆虫採集同好会とかいうところの小父(おじ)さ叔父の声は震えていた。

「店を継いでくれないと食べては行かれないと母さんが頼むから薬種業の試験を受けて店を継いだ。借金をどうにかしておくれと母さんが泣きつくから必死で働いている。これだけ言うことをきけば充分じゃないか。これ以上おれにどうしろというんだよ」

「大きな声を出さないでおくれ。あの子たちに聞えるよ」

「とにかく母さんの頼みはもう願いさげだよ」

叔父の声がすこし低まった。

「今年の暮は裏の畑を手離さなくちゃ年が越せそうもないっていうのに、どうしてあの二人を引き取る余裕なんかあるんだ」

祖父はだいぶ大きな借金を残したらしかった。それにしても裏の畑を手離すことになったら祖母の冷し汁の味もずいぶん落ちるにちがいないと思った。冷し汁に入れる野菜はもぎたてでないと美味しくないからだ。

「子ども二人の喰い扶持ぐらいどうにかなると思うんだけどねぇ」

「そんなことを言うんなら母さんが店をやるんだな。＊薬九層倍なんていうけど、この商売、どれだけ儲けが薄いか母さんだって知ってるはずだよ。とくにこんな田舎じゃ売れるのは＊マーキュロか正露丸だ。母さんと二人で喰って行くのがかっつかつだぜ」

「でも、長い間とはいわない。あの子たちの母親が立ち直るまででいいんだから」

「それがじつは一番腹が立つんだ」

叔父の声は前よりも高くなった。

「あの二人の母親は親父の、＊舅の葬式にも顔を出さなかったような冷血じゃないか。そりゃあの二人の母親は親父や母さんに苛められたかも知れない。でも相手がこの世から消えちまったんだ。それ以上恨んでもはじまらないだろ。線香の一本もあげにくればいいじゃないか。向うが親父を許さないのなら、そのことを今度はおれが許さない。おれはいやだよ。あの女の子どもの面倒など死んでも見ないよ」

「でもあの子たちはおまえの甥だろうが……」

箱膳のひっくり返る音がした。

「そんなにいうんなら、なにもかも叩き売って借金を払い、余った金で母さんが養老院にでも入って、そこへあの二人を引き取ればいいんだ。おれはおれでひとりで勉強をやり直す」

叔父の廊下を蹴る音が近づき、座敷の前を通ってその足音は店の二階へ消えた。叔父は赤松が目の前に見える、店の二階の一番端の部屋で寝起きしているのだろう。

いまの話を弟が聞いていなければいいな、と思いながら、弟の様子を窺うと、彼は大きく目を見開いて天井を睨んでいた。

「……ぼくたちは孤児院に慣れてるけど、ばっちゃは養老院は初めてだよね」

弟はぼそぼそと口を動かした。

「そんなら慣れてる方が孤児院に戻ったほうがいいよ」

「そうだな」

とぼくも答えた。

「他に行くあてがないとわかれば、あそこはいいところなんだ」

蚊帳に貼りついていた蛍はいつの間にか見えなくなっていた。つい今し方の叔父の荒い足音に驚いて逃げ出したのだろうとぼくは思った。

「いいよ」

(5)返事をためらったことを恥じているような強い口調だった。

「おまえたちはわたしの長男の子どもたちだもの、本当ならおまえがこの家を継ぐべきなのだよ。大威張りでいていいよ」

この祖母の言葉で勇気がついて、当分言わないでおこうと思っていたあのことを口に出す決心が出た。

「ばっちゃ、お願いがあります」

急にぼくが正坐したので祖母が愕いた眼をした。

「母が立ち直ってぼくと弟を引き取ることが出来るようになるまで、ぼくたちをここへ置いてください」

「……でも高校はどうするの」

「この町の農業高校でいいんだ。店の手伝いでもなんでもするから」

祖母はぼくと弟をかわるがわる眺め、やがて膝に腕を乗せて前屈みになった。

「孤児院はいやなのかね、やはり」

「あそこに居るしかないと思えばちっともいやなところじゃないよ。先生もよくしてくれるし、学校へも行けるし、友だちもいるしね」

「そりゃそうだねぇ。文句を言ったら③罰が当たるものねぇ」

「で、でも、他に行くあてが少しでもあったら一秒でも我慢できるようなところでもないんだ。ばっちゃ、考えといてください。お願いします」

店で戸締りをする音がしはじめた。祖母はトランクの傍から腰を上げた。

「叔父さんの食事の支度をしなくっちゃ。今のおまえの話はよく考えておくよ」

祖母が出て行った後、ぼくはしばらく机の前にぼんやり坐っていた。この話をいつ切り出そうかとじつはぼくは迷っていたのに、それが思いがけなくすらすらと口から出たので自分でも驚いてしまったのだ。気が軽くなって、ひとりで笑い出したくなった。ぼくはその場に仰向けに寝ころんで、ひょっとしたらぼくと弟が長い間寝起きすることになるかもしれない部屋をぐるりと眺め廻した。そして何日ぐらいで、弟の孤児院流の茶碗の持ち方が直るだろうかと考えた。弟は④蚊帳の中で規則正しい寝息を立てている……。ぼくは蚊帳の中に這っていって、出来るだけ大きく手足を伸ばして、あくびをした。

縁側から小さな光がひとつ入ってきて、蚊帳の上に停った。それは蛍だった。

行手示す　明けの星
船路示す　愛の星
空の彼方で　我等守る……

孤児院で習った聖歌を呟いているうちに、光が暗くなって行き、ぼくは眠ってしまった。

どれくらい経ってからかわからないが、叔父の声で目を覚した。蛍がまだ蚊帳の上で光っていたから、どっちにしてもそう長い間ではなかったことはたしかだった。

「……いいかい、母さん、おれは母さんが、親父が借金を残して死んだから学資が送れない、と言うから学校を中途で止してここへ戻ってきたんだ……」

のだった。生まれたときから檻の中で育ったライオンがなにかがいきなり外に放たれてかえってうろたえるように、ぼくも時間の檻の中から急に外へ連れ出され戸惑っていたのだ。

立ってみたり坐ってみたり、表へ出たり裏へまわったりしながら、夕餉のでき上がるのを待った。

〔中略〕

お菜は冷し汁だった。凍豆腐や青豆や茄子などの澄し汁を常時穴倉に貯蔵してある氷で冷した食物で町の名物だった。

「おや、変な茶碗の持ち方だこと」

しばらく弟の手許を見ていた祖母がいった。弟は茶碗を左手の親指、人さし指、中指の三本で摘むように持っていた。もっと詳しくいうと、親指の先と中指の先で茶碗を挟み、人さし指の先を茶碗の内側に引っかけて、内と外から茶碗を支えているわけである。

「それも孤児院流なんだ」

忙しく口を動かしている弟に代ってぼくが説明した。

「孤児院では御飯茶碗もお汁茶碗も、それからお菜を盛る皿も、とにかく食器はみんな金物なんだ。だから熱いご飯やお汁を盛ると、食器は熱くなって持てなくなる。でも、弟のようにすればなんとか持てる。つまり〔 1 〕……」

「どうして食器は金物なの？」

「瀬戸物はこわれるからだよ」

(2)祖母はしばらく箸を宙に止めたまま、なにか考えていた。それから溜息をひとつついて、

「孤児院の先生方もご苦労さまだけど、子どもたちも大変だねえ」

と漬物の小茄子を噛んだ。

「……ごちそうさま」

弟が＊お櫃を横目で睨みながら小声で箸を置いた。

「もうおしまい？　お腹がいっぱいになったの」

弟は黙ったままである。ぼくは(3)時間の＊箍が外れたので面喰ったが、弟は孤児院の箍を外せないで困っているようだった。ぼくは弟に手本を示すつもりで大声で、おかわりと言い、茶碗を祖母に差し出した。弟は一度置いた箸をまた取って、小声で、ぼくもと言った。孤児院の飯は盛切りだった。弟はその流儀が祖母のところでも行われていると考えて一膳だけで箸を置いたのにちがいなかった。食事の後に②西瓜が出た。そのときも弟は孤児院流を使った。どの一切れが最も容積のある一切れか、一瞬のうちに見較べ判断しそれを手で掴むのがあそこでの流儀なのだ。

(4)弟の素速い手の動きを見ていた祖母が悲しそうな声で言った。

「ばっちゃのところは薬屋さんなんだよ。腹痛の薬は山ほどある。だからお腹の痛くなるほどたべてごらん」

〔中略〕

「もうすぐお祭だね」

ぼくは太鼓の聞えてくる方を指さした。

「あれは獅子舞いの太鼓だな」

「そう、あと七日でお祭」

「ぼくたち、祭まで居ていい？」

ほんの僅かの間だが祖母は返事をためらっていた。

「駄目かな、やっぱり」

「昔の同級生とでも逢う予定があるの」

「同級生たちと逢うのは明日からのことにするよ」

ぼくは浴衣を羽織りながら答えた。弟は丸裸のまま祖母の横にしゃがみこみ、祖母の運針に見とれている。

「でもばっちゃ、どうしてそんなことを聞くのさ」

「ずいぶん早風呂だからだよ。烏の①行水だっておまえたちのようには早くないよ」

「だって、後がつかえると困るもの」

弟が言った。

「みんなの迷惑になるよ」

「(1)だれも迷惑なんかしないじゃないの」

祖母は糸切歯でぷつんと糸を切った。

「前の人が上ってから入る、それでいいんだから」

祖母は弟に浴衣を着せながら、

「おまえたちったら何を慌てているんだろ」

と小首を傾げている。

ぼくは笑い出した。ぼくらがどうやら孤児院の規則をここまで引きずってきているらしいと気がついたからである。

「孤児院の風呂は畳一帖分もあるんだ。でも一度に五人以上は入れない。ところがぼくらの数は四十人。四人ずつ組にして十組。一組三十分ずつ入ったとしても五時間かかる。それでね、一組十分間と決められているのさ」

ぼくのこの説明に、弟がさらにつけ加えた。

「十分経ってても出てこないとね、先生が長い竹竿でお風呂のお湯をぴしゃぴしゃ叩くんだ。それでもお湯に漬かっていたいと思うときは潜るんだよ、深くね。おもしろいよ」

「妙なことをおもしろがる子だねえ」

また首を捻りながら、祖母は弟の兵児帯を締め終った。

「さあ、夕餉の支度が出来るまで縁側ででも涼んでいなさい」

祖母に背中を軽く叩かれて、ぼくと弟は縁側へ出た。

縁側に腰を下し、足をぶらぶらさせながらぼくと弟はいろんな音を聞いていた。表を通り過ぎて行く馬の蹄の音、その馬の曳く荷車の鉄輪が小石をきしきしと砕く音、道の向うの川で啼く河鹿の声、軒に揺れる風鈴の可憐な音色、ときおり通り抜けて行く夕風にさやさやと鳴る松の枝、台所で祖母の使う包丁の音、それから、赤松の幹にしがみついてもの悲しく啼くカナカナ。

弟は庭下駄を突っかけて赤松の方へそっと近づいて行く。彼は昆虫を捕えるのが好きなのだ。

(……いまごろ孤児院ではなにをしているだろう)

ぼくは縁側の板の間の上に寝そべって肘枕をついた。

(……六時。お聖堂で夕べの祈りをしているころだな。お祈りは六時二十五分まで、六時半から六時四十五分までが夕食。七時から一時間はハーモニカ・バンドの練習。八時から四十五分間は＊公教要理。八時四十五分から十五分間は就寝のお祈り……)

孤児院の日課を暗誦しているうちに、ぼくはだんだん落ち着かなくなっていった。しみじみとして優しい田舎のさまざまな音に囲まれているのだからのんびりできそうなものなのに、かえっていらいらしてくるものを次の中から選べ。

A　自然災害による被害を避けながら自然をうまく利用してきたという、今まで知られていなかった日本人の意外な一面に驚きながらも、日本人のしたたかさに感心している。

B　自然の摂理を無視して、自分たちの生活のために日本人が自然を破壊し続けてきたことに憤り、日本人の身勝手さに愛想をつかしている。

C　自然を安易に破壊してしまうほど、日本人が自然に対して気を許し、依存してきたことにあきれつつ、そうした日本人の姿勢を揶揄（やゆ）している。

D　日本人が持ちつづけてきた自然に甘えた心情によって、多くの自然が破壊されてきたことを嘆き、壊された自然がもとに戻らない状況を悲しんでいる。

問11　傍線4「自然を信仰する日本人もそう思っているのだ。」とは日本人がどう思っていることを述べているのか。適切なものを選べ。

A　自然に身をゆだね、すべてを任せればやがて天の意志にかなうようになる。

B　人間が懸命に努力を重ねていけば、おのずと運命はひらけていく。

C　人としてなすべきことをすべてやったうえで、あとの結果は天の意志に任せる。

D　自然のまえでは人間の存在はちっぽけなもので、あれこれあがいても意味はない。

問12　傍線5は、どういう点で「軌を一にしている」のか。適切なものを選べ。

A　捨てばちな気持ちから使われているという点。

B　自然にゆだねる態度が根底にあるという点。

C　相手に解釈を任せる表現であるという点。

D　自然と人間、双方の側面からの意味をもっているという点。

問丙　傍線6「見えざる糸」とはどういうことを指しているのか。同じ形式段落中から五字以上十字以内で抜き出せ。

問13　この文章で中心的に述べられていることとして適切なものを選べ。

A　おだやかな自然環境の中で生活をしてきて、あたりまえのように自然に従ってきた日本人は、何事にも従順であきらめがいいといわれている。

B　自然にすべてをゆだねる日本人の生き方は、中国の古代哲学で説かれた知や欲をはたらかせずに、自然に生きることをよしとする態度とは異なるものである。

C　日本人は何ごとでも程よく調整された状態に心地よさを覚え、よい程あいを意味する「いい加減」という言葉を好んで使ってきた。

D　文脈によって意味の受け取り方が変わってくる言葉の背景に、自分たちのすべてをいずれは受け入れてもらえるという日本人の自然観がうかがえる。

問題三

次の文章を読んで、あとの問いに答えよ。

ぼくと弟はきっかり十分間で風呂場から出た。弟の着る浴衣の揚げをしていた祖母が老眼鏡の奥で目を瞠（みは）った。

つの観点に立てば、けっして人間の思わくどおりには動いてくれない。だから時として、自然はまさしく「条理を尽くさぬ」「でたらめ」のように思えるのだ。

むろん、自然が「不条理」のように思えるのは、人間の尺度と自然の尺度とがちがうからである。そして、その尺度のずれが「いい加減」の第三の意味を形づくる。この言葉が第三の意味、すなわち「【　1　】」というふうに「かなり」「だいぶ」の意味に使われるのは、人間の考えている尺度よりも自然の尺度のほうがひとまわり大きく、時間に関していうなら悠長(ゆうちょう)であることを暗黙に表現しているのだ。つまり、「いい加減」という言葉の意味はすべてその根を「自然」に持っているのだ。だから、この言葉を「自然」に置きかえてみれば納得がゆく。「【　1　】」というのは、自然の運行のように待たされたということであり、「いい加減な処置」というのは、自然に放置されたような処置のことであり、「湯加減は？」と、きかれて「たいへんいい加減です」などと答えるのは、湯の状態が自然のように程よく調節されている、ということなのだ。

だとすれば、この言葉こそ、世界で例外といえるほど優しい山河、おだやかな自然にめぐまれた島国に暮らす日本人独特の表現であり、日本人の心性をこの上なく雄弁に語っている興味深い日常語――といえるのではなかろうか。

（森本哲郎『日本語　表と裏』より）

＊随順…逆らわずに従うこと。　＊老子…中国春秋時代の思想家。

＊荘子…中国戦国時代の思想家。老子のあとを継いで、老子の思想を発展させた。

＊無為自然…人の手を加えず、ありのままであること。老・荘思想の基本的概念。

＊人倫…社会の綱紀を維持するのに足る実践道徳。

＊孔子…中国春秋時代の思想家。その教えを儒教という。

＊孟子…中国戦国時代の思想家。孔子のあとを継いで、孔子の思想を発展させた。

＊陰陽…古代中国の易学の考え方で、森羅万象、宇宙のあらゆる事物の根源をなす、相反する二つのもの。

＊放擲…自分のなすべき事をしないでほうっておくこと。

問8　空欄【1】に入る例文として適切なものを選べ。

A　部屋の掃除をいい加減にする。

B　人を茶化すのもいい加減にしてほしいものだ。

C　いい加減待たされた。

D　小物をしまうのにいい加減の大きさの入れ物を探す。

問9　2《　》でくくった段落の説明として適切なものを選べ。

A　使う場面によって大きく意味が異なってくる語句の例を、ユーモアを交えてあげている。

B　意味が取り違えられやすい語句の例を、身近な話題に触れることでわかりやすく示している。

C　日本語を習得するうえで手がかりとなる語句の例を、日常会話のなかからあげている。

D　意味が微妙に異なる語句の例を、その違いがわかるようやや大げさに述べている。

問10　傍線3「人間の手でいくら自然の一部をこわしても、自然は怒らないし、そんなに傷つくこともあるまいという自然への信頼！」について、文末に感嘆符（！）が用いられていることの説明として適切な陰と陽の二気が生じる。そして、この陰陽二気の増減で世界が形づくられているというわけである。陰が極まれば陽になり、陽がふえつづければ陰に転化する。その陽と陰の状態を「消息」というが、「消息」とは、陰陽二気の「加減」の様子をさしている。したがって、「いい加減」とは、陰と陽の加減が最もよくつり合っている状態ということを意味したにちがいない。自然はさまざまに変化するが、最終的には陰陽二気の調和をめざしている。すなわち、「いい加減」の状態に落ち着くものこそ自然なのだ。

だとすれば、「いい加減」の状態とは、すなわち自然の状態ということになる。したがって、「いい加減な人間」とは、自然のままになっている人間、別言すれば、人為を＊放擲した人間ということになる。なすべきことをなさず、自然のままに任せておくということは、いくら自然に甘え、自然を信じている日本人にとっても、けっして好ましいことではない。なすべきことを自然のままに放置する、すなわち成りゆきに任せるということは、最終的な解決ではあっても、そこに到達するためには人間である以上、人間的な努力をせねばならぬ。人事ヲ尽クシテ天命ヲ待ツとは中国の名言だが、4自然を信仰する日本人もそう思っているのだ。そこで、日本人は人事を尽くさずして自然に任せてしまう安易な人間を「いい加減なヤツ」として糾弾するのである。

したがって、この言葉はこういうふうに解釈できる。すなわち、「いい加減」という言葉が第一に、程よく調節された、とか、適当な、というプラスの意味を持つのは、それが自然について抱いたイメージによるのであり、それが第二の、徹底せぬ、とか、でたらめ、といったマイナスの意味に転化するのは、やるべきことをやらず、すぐに自然に甘えるという安易な人間についての判定による、というわけである。とすれば、「いい加減」という言葉の第二の意味は、でたらめ、というよりは、むしろ投げやり、あるいは、ちゃらんぽらんという語義に近いとみるべきであろう。

この意味で、5この言葉は「どうせ」と軌を一にしている。あるいは「よろしく」というあいまいな言葉とも気脈を通じている。「どうせ」も「よろしく」も、すべて自然にあるべき状態に任せてしまう態度だからである。そして、こうした日本語は、最終的には自然に任せておけばどうにかなるという日本人の楽天的な人生態度を正直に語っているといえよう。

日本人はあきらめがいいとよくいわれる。ふた言目には「どうせ」を連発するところをみると、たしかに日本人はあきらめがよく、いさぎよいように思える。しかし、じつはその根底に自然に頼り切った楽観主義がひそんでいるのである。自然に任せておけば悪いようにはなるまい、時が何とか解決してくれるだろう、下手な小細工をするよりも造化に随ったほうがよい、という自然主義、自然信頼である。こうして「いい加減」という言葉には「どうせ」とおなじように、その表と裏に、まったく反対の心情が塗りこめられることになったのである。

私は『広辞苑』にあげられている「いい加減」の三つの意味のあいだに何の関連も見いだせそうにないといった。だが、以上のように考えてくると、この三つの意味はやはり6見えざる糸で結ばれていることに気づく。それはともに日本人の自然観の正直な告白なのである。自然は見方によれば神の摂理のように「程よく調節されて」いる。けれども、べ日本の国土は、世界でもまれな温和な気象と美しい自然にめぐまれている。むろん、狭い島国であっても、北と南とでは気候は異なり、生活の条件もかなりちがう。けれども概していうなら、これほど優しい山河に取り巻かれた風土は、地球上で例外といってもよい。このようなおだやかな自然のなかで暮らしつづけてきた日本人は、とうぜん自然に親しみ、自然に甘えてきた。日本人は自然に敵対したり、自然を克服しようなどとは、まったく考えもしなかった。

たしかに自然は災害ももたらした。台風、地震、洪水、旱魃、豪雪、火山の噴火……こうした天災で人びとは苦しんできた。しかし、それにしても、この国では自然が徹底的に人間を痛めつけることはしなかった。一時的に災害をもたらしても、自然はすぐに優しく人間をいたわり、その打撃から立ち直らせてくれるのである。だから日本人は自然を愛したというより、自然を信じてきたというべきだろう。

自然への信頼は、いつか自然への甘えとなる。自然に親しみつづけてきた日本人が、なぜかくも自然を破壊して顧みなかったのかというその理由は、日本人の自然に対する甘え以外の何ものでもない。3人間の手でいくら自然の一部をこわしても、自然は怒らないし、そんなに傷つくこともあるまいという自然への信頼！　それが日本人をして平気で自然環境をそこなわしめたのである。私が日本的自然主義というのは、まるで幼児が母親に甘えるような日本人の自然に対する甘ったれた心情である。その心情は、すべては自然が解決してくれるという信仰にまで達する。日本的自然主義とは、そうした自然信頼にほかならない。

したがって、日本人の最後の安心立命は自然に*随順することである。芭蕉の行き着いた先は「造化に随ひ造化に帰れ」ということであった。だからこそ、芭蕉は日本人にだれよりも親しまれ、崇められているのである。中国の*老子も*荘子も*無為自然を説いた。しかし、老子、荘子の説く無為自然とは、あくまで*人倫を強調した*孔子、*孟子に対抗して主張された哲学であって、自然に甘えた心情が生み出した自然信仰ではない。〝母なる自然〟のようなイメージではなく、厳然たる原理なのである。その原理に拠って老子、荘子は人為を冷笑し、拒絶したのだ。この意味で老・荘の思想は、日本人の無条件な自然信仰と本質的に異なるといってよい。

とはいえ、日本人も、ただ自然に随順すればそれでよいと考えたわけではない。「造化に随ひ造化に帰れ」といっても、人間は造化＝自然そのものとはちがう。人は死ねば土に還るには相違ないが、少なくとも人間は生きているかぎりは人間である。人間である以上、人間的な努力をせねばならぬ。その努力の果てに造化がこころよく待ち受けていてくれるのである。つまり、造化に帰ることはあくまで最終的な解決なのであって、最初から自然に随えばいいということではない。日本人にとって自然とは、いわば〝すべり止め〟的役割を果たしているのだ。〝すべり止め〟としての自然――それが日本的自然主義の正体といってもよかろう。

では、そのような自然とは何なのか。じつはそれが「いい加減」の実体なのである。「いい加減」というのは、そもそも程よく調節されていることである。その場合の「加減」とは、おそらく中国哲学の根本要素ともいうべき*陰陽二気の加減であろう。中国人は宇宙の根源に「太極」、あるいは「太一」という絶対的実在を想定し、その「太極」「太一」のなかに「気」がこもっていると考えた。「気」は動くとふたつに分かれ、

C　食品の見た目や食べるときの状況によっておいしいと感じるかどうかは変わることがあることから、ヒトが感じる「おいしさ」は様々な要素によって成り立つものだと言える。

D　コーヒーの味ことばに「すっきりした」と「後に残る」という両方の表現があることから、苦味においしさを見いだす食品の中でもコーヒーは特殊な苦味を持つことが分かる。

問題二　次の文章を読んで、あとの問いに答えよ。

あなたはいい加減な人だ——そういわれたなら日本人のだれもが不快、どころか、腹をたてることだろう。わたしのどこがいい加減なんですか、と、ムキになって反論する人も多いにちがいない。ということは、「いい加減」という言葉がけっして好ましいことではないことを語っている。

しかし、考えてみると、これはまことに奇妙なことではあるまいか。「いい加減」というのは字義どおりに解すれば、よい加減という意味であり、つまり、適切な、ということだからである。したがって、いい加減な人というのは、ものごとに対してきわめて適切な処置のとれる人、感情の起伏が激しくなく、いつも平静を保っていることのできる人、過激な行動に走ることなく、つねに節度をわきまえている人、ということになる。にもかかわらず、いい加減な人間といわれると、十人のうち十人までが憤(いきどお)るというのは、この言葉がけっしてそうした字義どおりの意味で使われていないことを証明している。そこで私はあらためて辞書（『広辞苑＝第二版』）を引いてみる。すると、「好い加減」の項にはつぎの三つの意味が記されている。

一、よい程あい。適当。

二、条理を尽くさぬこと。徹底せぬこと。でたらめ。いいくらい。

三、（副詞的に用いて）相当。だいぶん。かなり。

そして、第三の意味の用例として、「【　1　】」という用法があげられている。だが、どう考えてみても、この三つの意味のあいだには関連が見いだせそうにない。「適当」と「でたらめ」と「かなり」に、どんな共通項があるのだろう。まったくニュアンスを異にする意味を三つもふくんでいるとすれば、「いい加減」という言葉は文脈で判断するほかない。おそらく、日本語のなかで外国人に最も理解しがたいのは、こうした言葉であろう。時と場合によって、その意味が異なるどころか、正反対の意味にさえなってしまうのであるから。

2《たとえば、子供のいたずらが過ぎると、母親はきまって「いい加減にしなさい！」といって叱(しか)る。この場合の「いい加減」は、いうまでもなく第一の意味、すなわち「よい程あい」にせよ、ほどほどにしろ、ということである。ところが、そういわれて子供が「いい加減」なことをしたとすると、これまた叱責(しっせき)されることになる。「いい加減」とは「でたらめ」ということでもあるからだ。「いい加減にしなさい！」といって子供を叱った母親は、そういいながら子供が「いい加減な人間」になることを、けっして望んではいないのである。》

ではなぜ、「いい加減」が好ましからざる意味を持つようになったのであろうか。それはおそらく、「よい加減」ということを日本人がいいことと思わなかったにちがいない。どうして、いいことと思わなかったのか。その心の底には、日本的自然主義があるように私は思う。

は難しいが、「コク」や「マイルド」「芳醇」といった全体的な印象を表す表現が豊富にあることから、コーヒーのおいしさは様々な要素が混ざり合って生まれるものだと言えるから。

C　複合的で主観的な感覚である「おいしさ」を客観的に分析するのは難しいが、「おいしさの三要素」のうちテクスチャーを表す言葉はあまり使われていないことから、人々がコーヒーの味や香りからおいしさを感じていると言えるから。

D　複合的で主観的な感覚である「おいしさ」を客観的に分析するのは難しいが、日本における「コーヒーの味ことば」の中で、香りに関するものが味に関するものと比べてより多く上位に入ることから、人々が特にコーヒーの香りに魅力を感じていることが分かるから。

問3　傍線部④とあるが、日本と欧米のコーヒーについての説明として最も適切なものを選べ。

A　日本ではコーヒーの香りを表す言葉の数が少なく、香りについては重視されていないと言えるが、欧米では様々な比喩を用いてコーヒーの香りを表現するため、コーヒーの香りがおいしさと直結していると言える。

B　日本ではコーヒーの味を表す言葉として味質を修飾した表現が多用されており、「まろやかな苦味」や「すっきりした酸味」といった表現が人々の間にも浸透しているが、欧米では味も香りと同様に比喩的な表現が多く使われている。

C　日本ではコーヒーの香りに「香ばしい」「焙煎した」といった表現が用いられ、人々に好意的に捉えられているが、欧米では「煙っぽい」「焦げた」といった表現が使われており、必ずしも良いものとして受け入れられているわけではない。

D　日本ではコーヒーの苦味に「まろやかな」「すっきりとした」といった修飾表現がつくことから、人々に好意的に捉えられていると分かるが、欧米では苦味についての言及はほとんどなく、コーヒーは香りで楽しむものと認識されている。

問4　空欄 あ に当てはまる熟語として最も適切なものを選べ。

A　客観　B　具体　C　普遍　D　合理

問5　空欄〈ⅰ〉～〈ⅲ〉に当てはまる接続詞の組み合わせとして最も適切なものを選べ。

A　〈ⅰ〉しかし　〈ⅱ〉けれども　〈ⅲ〉すなわち
B　〈ⅰ〉すなわち　〈ⅱ〉しかし　〈ⅲ〉また
C　〈ⅰ〉また　〈ⅱ〉ただし　〈ⅲ〉つまり
D　〈ⅰ〉つまり　〈ⅱ〉あるいは　〈ⅲ〉さらに

問6　空欄【X】に当てはまる内容として最も適切なものを選べ。

A　飲む人自身の経験や学習　B　飲む人自身の年齢や性別
C　飲む人自身の味覚の変化　D　飲む人自身の家庭の環境

問7　本文の内容に合致するものを選べ。

A　一般的には甘味やうま味が好ましい味と認識されるが、他の「本来は忌避される味」とは異なり、苦味に関しては様々な条件がそろえばおいしいと感じることができる。

B　コーヒーの苦味は本来ヒトにとって「不快な味」だが、大人になると苦味感受性が低下し、苦いものもおいしく感じることがあるため、ヒトの味覚は曖昧なものだと言える。

また親が普段から苦いものを食べていると、子供も安全だと判断するため、受け入れやすくなります。つまりコーヒーをおいしいと感じるには、その人の周囲で社会的、文化的に受容されているかどうかも重要です。例えば17世紀に中東で初めてコーヒーを飲んだヨーロッパ人旅行者は「味は苦く、良い香りがするわけでもないが現地で愛飲されている」と記していますし、日本でも初期に飲んだ＊大田南畝（蜀山人）は「焦げ臭くて味わうに堪えず」と評しています。〈ⅰ〉、それぞれの社会で最初に飲んだ人たちにとってコーヒーは「おいしいもの」ではありませんでした。それが普及するにつれて「おいしい」と認識されるようになっていったのです。

　コーヒーを飲んでいくうちに、最初は飲めなかった苦いコーヒーが平気になり、好みがだんだん深煎りにシフトしていく例はよく見られます。〈ⅱ〉、常人では信じられないほどの「激辛好き」の人はときどき目にしても、そこまでの「激苦好き」の人はあまり見かけません。経験で苦味が平気になるとは言っても限界があり、不快に感じる限度（閾値）を越えないことも、おいしく感じる条件の一つのようです。〈ⅲ〉コーヒーの苦味が平気な人が、他の苦いものまで平気だとは限らないのも面白いところです。普段はあまり意識しませんが、コーヒー、ゴーヤ、ビールなどいろいろな苦味を思い浮かべると、どれも同じではなく、苦味にも味わいが異なるいくつかの種類があるようです。中でもコーヒーには「まろやかな」「すっきりした」「後に残る」など、いろいろな質感の苦味が混在していることが、味ことばから窺えます。これらを総合すると、「苦味のおいしさ」が成立するためには、①【　X　】、②社会的文化的な受容、③ほどほどの苦味の強さ、④苦味の種類や質感、という要因が関わってくると考えられます。

（旦部幸博『コーヒーの科学』より）

＊大田南畝（蜀山人）…江戸時代中後期に、下級武士でありながら狂歌師や戯作者、学者としても活躍した文化人。

問甲　傍線部①「おいしさ」の説明として、最も適切な箇所を三十字以内で抜き出し、始めと終わりの五字を答えよ。

問1　傍線部②「ヒトが感じる味」に関する説明として最も適切なものを次から選べ。

A　塩味は微量であってもヒトにとっては不快な味と認識されることで、摂取は危険であると分かり避けることができる。

B　ヒトが感じられる味は甘味や酸味など「基本味」と呼ばれるものだけであり、それ以外は味として認識しづらい。

C　ヒトの味覚は、人体にとって危険のある物質を避けたり、効率よく栄養を摂取したりできるように進化してきた。

D　うま味は味が濃く「好ましい味」と認識されるが、摂取しすぎると有害となるため、適度な量の摂取が望ましい。

問乙　傍線部Ⅰ「エイビン」・Ⅱ「ヒンド」をそれぞれ漢字に直せ。

問2　傍線部③「日本で用いられる『コーヒーの味ことば』」を筆者が本文中で取り上げた理由として、あてはまらないものを選べ。

A　複合的で主観的な感覚である「おいしさ」を客観的に分析するのは難しいが、「苦い」という味ことばには「まろやかな」「すっきりした」という修飾表現が見られることから、人々がコーヒーの苦味においしさを感じていることが分かるから。

B　複合的で主観的な感覚である「おいしさ」を客観的に分析するの

「コーヒーの味ことば」における主役の一人は、何と言っても「焙煎した」「香ばしい」という香りです。ただし上位に入る「香り」系の味ことばはこの二つだけで、これ以外の表現（甘い香りやフルーティなど）を使う人は少数派です。一方「味」系でコーヒーを代表する味ことばは、やはり苦味に関するものです。「生理的に忌避される」と言われる通り、数ある味ことばの中でも「苦い」はおいしそうなイメージから最も遠い語彙なのですが、コーヒーでは「まろやかな」「すっきりした」という「おいしそう」な言葉が付く表現が受け入れられており、多くの人がコーヒーの苦味においしさを感じていることが窺えます。酸味に関する表現も苦味に次いで多く、これも「まろやか」「すっきり」などが付くことから、好意的に捉えられていると思われます。渋みも多くの人に認知されていますが、修飾表現は見られず、あまり良く思われていないようです。

　これ以外の味質では甘味が続くものの、一般認知度は2割程度。また塩味、うま味と辛みを挙げる人はほとんどいませんでした。「おいしさの三要素」の一つであるテクスチャーも、香りや味ほど重視されないようです。液体である分、固形物に比べて食感の影響が少ないのかもしれません。一方で、味の複雑さから生まれる「コク」や、「マイルド」「芳醇」「まろやか」など全体的な印象を表す表現は非常に豊富です。「コーヒーのおいしさ」とは「香ばしさと苦味を中心に、酸味その他のさまざまな要素が渾然一体となって生まれる、複雑なおいしさ」だと言えるでしょう。

　④ここまでは日本の話でしたが、海外の場合はどうでしょうか。例えばイギリスの一般消費者では、味は「苦味」、香りは「煙っぽい」「焦げた」「チョコレート」の順に、用いるⅡヒンドが高かったという報告があります。日本より香りの表現が具体的ですが、じつは「香ばしい」という言葉は日本と韓国にある（香ばしい＝グスハン）程度で、大半の言語にはぴったり当てはまる訳語がありません。その分、欧米では特にコーヒーの香りをいろいろなものに喩える表現が増えるようです。逆に言えば、日本語では「香ばしい」の一言で伝えられるから、それ以外の表現が少ないのかもしれません。また「まろやかな苦味」「すっきりした酸味」など、味質を修飾した表現の多さは日本特有で、欧米では味でも香りと同様に比喩的な表現が目立ちます。コーヒー業界では「日本ではコーヒーの味を、欧米は香りを重視する」と言われるのですが、そこにはこうした言語の違いも関係しているのかもしれません。ただし表現は多少違っても、日本でも海外でも一般消費者が考えるコーヒー像は、結局「苦くて香ばしいもの」だと言えそうです。

（中略）

　苦味においしさを見いだす例は、コーヒー以外にもビール、ゴーヤ、グレープフルーツ、ビターチョコなど数多く見られ、それなりに［あ］的な現象だと言えます。もともとヒトは、子供の頃は苦味を嫌う傾向があるものの、大人になるとその中においしさを見いだすようになると言われています。近年の研究では、子供も大人も苦味を感じる能力（苦味感受性）自体には大きな差はないことが判明しており、大人になるまでの食体験の中で、その食品が安全だと学習することで平気になり、味の変化の一つとして楽しむようになるようです。これは苦味だけに限らず、酸味や辛み、渋みなど「本来は忌避される味」全般に共通して見られる現象です。

【国　語】（五〇分）〈満点：一〇〇点〉

【注意】読解の一助とするため、表記を変えた箇所があります。

問題一　次の文章を読んで、あとの問いに答えよ。

「おいしい・まずい」はコーヒーだけではなく、全ての食べ物、飲み物に共通する概念です。まずは飲食物全てに共通する①「おいしさ」の仕組みについて考えてみましょう。

　我々が感じる「おいしさ」の中心になるのは「味」であり、それを感じるために備わっている専門の感覚が「味覚」です。味覚は口腔（こうこう）内の化学物質を識別、感知する「センサー」の役割を果たしており、その情報は味神経（味覚神経）という専用の神経を経て脳に伝わります。

　②ヒトが感じる味（味質）には、甘味、苦味、酸味、塩味（鹹味（かんみ））、うま味の5種類の「基本味」があり、このうち、ヒトは甘味やうま味を「好ましい味」と認識します。甘味は糖類の、うま味はアミノ酸やタンパク質の味なので、自然界ではこれらの味が濃いものを食べれば、効率よく栄養を摂ることができると考えられます。一方、酸味は腐敗した食べ物や未熟な果物、苦味は有毒な植物に含まれるアルカロイドなどの自然毒に感じる「不快な味」であり、特に苦味は極めて微量で感知されるⅠエイビンな感覚です。これらの不快な味を忌避することで、体に有害な物質を自然に避けられるようになっていると考えられています。また塩味は、程よい場合には好ましく感じますが、海水のように濃すぎる場合には不快な味として忌避されるため、適度な量の塩分やミネラルを摂取することに役立ちます。このように、味覚は自然界に存在するさまざまなものの中から、何を食べて何を食べないかを上手く選択できるよう進化してきた感覚だと考えられています。

　このほか狭義の「味覚」には含めませんが、辛み（辛味）や渋み（渋味）も、広義の「味」には含まれます。これらは味神経以外で伝わる、痛覚や温冷覚に近い感覚刺激です。また味質だけではなく、味物質の濃度や持続時間、構成要素の複雑さも重要で、これらがコクやキレなどを生むと言われています。基本五味にこれらの複雑な要素が加わることで、総合的な「味」が形成されるのです。また総合的な「おいしさ」には、味以外の要素も重要です。特に味、香り、テクスチャー（食感、口触り）は「おいしさの三要素」とも呼ばれ、これら3つが合わさった「風味」が、「おいしさ」の中核を担っています。この他、食品の色や形状などの視覚、咀嚼（そしゃく）音などの聴覚情報、また誰とどこで食べるかといった状況も「おいしさ」を左右します。「おいしさ」は味覚を中心に、さまざまな感覚や情報が重なり合った複合的なものだと言えます。

　では、コーヒーの場合はどうでしょうか。砂糖やミルクを加えるかどうかでも随分話が変わりますが、話を単純にするため、ここからはブラックコーヒーに絞って考えます。複合的で主観的な感覚である「おいしさ」は分析が難しいのですが、それを人に伝えるときの「味ことば」からそのヒントが得られます。③日本で用いられる「コーヒーの味ことば」を一般消費者の認知度の順に並べると、焙煎（ばいせん）した／香ばしい香りと、まろやかな／すっきりした苦味、コクなどの語彙が上位にランクインします。特に「コクがある」「香ばしい」は、日本人が用いる味ことば全体でも、おいしそうと感じるトップ3に入る言葉です。これは現在の日本で「コーヒーはおいしい」と認識されていることを裏付ける、一つの証拠と言えるでしょう。

2022年度

解 答 と 解 説

《2022年度の配点は解答欄に掲載してあります。》

＜数学解答＞ 《学校からの正答の発表はありません。》

1 (1) 3 (2) $\frac{x+y}{6}$ (3) 16 (4) $x=5$, $y=6$ (5) $a=\frac{1}{2}$, $b=9$
(6) $x=-6\pm4\sqrt{2}$ (7) 65 (8) 1, 3 (9) 15度 (10) 4

2 (1) $\frac{1}{12}$ (2) $\frac{5}{6}$

3 (1) 1 (2) $2+\sqrt{3}$ (3) $\frac{2\sqrt{3}+3}{6}$

4 (1) (0, 3) (2) ① 1：2 ② $y=\frac{1}{2}x+3$

5 (1) 6 (2) $2\sqrt{3}+3$

○推定配点○

各5点×20 計100点

＜数学解説＞

1 (正負の数，式の計算，平方根，連立方程式，因数分解，2次方程式，中央値，数の性質，角度，平面図形)

基本 (1) $-\left(\frac{3}{2}\right)^2\times4-\frac{3^3}{2}\div\left(-\frac{9}{8}\right)=-\frac{9}{4}\times4-\frac{27}{2}\times\left(-\frac{8}{9}\right)=-9+12=3$

基本 (2) $\frac{5x-y}{3}-\frac{x-7y}{2}-x-3y=\frac{2(5x-y)-3(x-7y)-6x-18y}{6}=\frac{10x-2y-3x+21y-6x-18y}{6}=\frac{x+y}{6}$

基本 (3) $(7+\sqrt{7})(\sqrt{7}-1)+(3-\sqrt{7})^2=7\sqrt{7}-7+7-\sqrt{7}+9-6\sqrt{7}+7=16$

基本 (4) $0.7x+0.25y=5$より，$14x+5y=100$…①，$0.3x+0.2y=2.7$より，$3x+2y=27$…② ①×2－②×5より，$13x=65$ $x=5$ これを①に代入して，$70+5y=100$ $5y=30$ $y=6$

(5) $\frac{1}{6}x^2-ax-18=\frac{1}{6}(x^2-6ax-108)$ $\frac{1}{6}(x-12)(x+b)=\frac{1}{6}\{x^2-(12-b)x-12b\}$ 2式の係数を比べて，$6a=12-b$…①，$108=12b$…② ②より，$b=9$ これを①に代入して，$6a=3$ $a=\frac{1}{2}$

(6) $[x]=\frac{x}{2}+3$，【$[x]$】$=[x]^2-4=\left(\frac{x}{2}+3\right)^2-4=\frac{1}{4}x^2+3x+5$ $\frac{1}{4}x^2+3x+5=4$ $x^2+12x+4=0$ $(x+6)^2=-4+36$ $x+6=\pm\sqrt{32}$ $x=-6\pm4\sqrt{2}$

基本 (7) $x:y=1:2$より，$y=2x$ $75+80+60+x+40+2x=60\times6$ $3x=105$ $x=35$ よって，$y=70$ したがって，データは小さい順に35，40，60，70，75，80となるから，中央値は，$\frac{60+70}{2}=65$

(8) 題意より，$3n+1$は60の約数であるから，$n=1$，3の2個

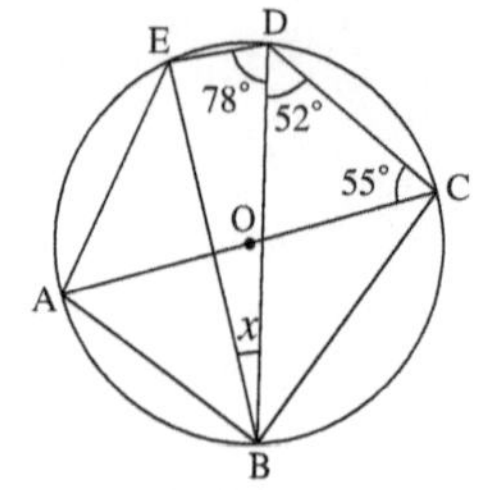

重要 (9)　右の図のようにA～Eをとる。ACは直径だから，∠ABC＝90°　$\overset{\frown}{AED}$の円周角だから，∠ABD＝∠ACD＝55°　四角形BCDEは円に内接するから，∠EBC＝(180°－78°－52°)＝50°　よって，∠x＝55°＋50°－90°＝15°

重要 (10)　BQ＝PR＝RQ＝xとすると，△APR∽△RQCより，AP：RQ＝PR：QC　2：x＝x：(12－x)　$x^2=2(12-x)$　$x^2+2x-24=0$　$(x+6)(x-4)=0$　$x>0$より，$x=4$

2 (確率)

(1)　さいころの目の出方の総数は，6×6＝36(通り)　∠AOP＋∠POQ＋∠BOQ＝180°　$10a°+90°+20b°=180°$　$a+2b=9$　これを満たすa，bの値の組は，$(a,\ b)=(1,\ 4)$，$(3,\ 3)$，$(5,\ 2)$の3通りだから，求める確率は，$\dfrac{3}{36}=\dfrac{1}{12}$

(2)　∠POQ＝90°となるのは，①弧上をA，P，Q，Bの順に並ぶとき，$30a°+90°+30b°=180°$　$a+b=3$　これを満たすa，bの値の組は，$(a,\ b)=(1,\ 2)$，$(2,\ 1)$の2通り。②弧上をA，Q，P，Bの順に並ぶとき，$30a°+30b°-90°=180°$　$a+b=9$　これを満たすa，bの値の組は，$(a,\ b)=(3,\ 6)$，$(4,\ 5)$，$(5,\ 4)$，$(6,\ 3)$の4通り。よって，求める確率は，$1-\dfrac{2+4}{36}=\dfrac{5}{6}$

3 (平面図形の計量)

基本 (1)　AD⊥BCより，△OBDに三平方の定理を用いて，$BD=\sqrt{2^2-(\sqrt{3})^2}=1$

重要 (2)　OE⊥ABより，2組の角がそれぞれ等しいので，△OAE∽△BAD　OA：BA＝AE：AD　$2:2AE=AE:(2+\sqrt{3})$　$AE^2=2+\sqrt{3}$

重要 (3)　BC＝2BD＝2だから，△OBCは正三角形となり，∠BOC＝60°　円周角の定理より，∠BAC＝$\dfrac{1}{2}$∠BOC＝30°　△AEFは内角が30°，60°，90°の直角三角形だから，AE：EF＝$\sqrt{3}$：1　よって，△AEF＝$\dfrac{1}{2}$×AE×EF＝$\dfrac{1}{2\sqrt{3}}AE^2=\dfrac{2+\sqrt{3}}{2\sqrt{3}}=\dfrac{2\sqrt{3}+3}{6}$

4 (図形と関数・グラフの融合問題)

基本 (1)　$y=\dfrac{1}{6}x^2$に$x=-6$，3をそれぞれ代入して，$y=6$，$\dfrac{3}{2}$　よって，A(－6，6)，B$\left(3,\ \dfrac{3}{2}\right)$

直線ABの式を$y=ax+b$とすると，2点A，Bを通るから，$6=-6a+b$，$\dfrac{3}{2}=3a+b$　この連立方程式を解いて，$a=-\dfrac{1}{2}$，$b=3$　よって，D(0，3)

重要 (2)　①　△DCB：△DCA＝BD：AD＝(3－0)：{0－(－6)}＝3：6＝1：2＝2：4　AE：EC＝3：1となるように点Eをとると，△DAE：△DCE＝AE：EC＝3：1より，題意を満たす。よって，△DEC：△DCB＝1：2

②　A(－6，6)，C(－2，0)より，点Eのx座標は，$-6+\{-2-(-6)\}\times\dfrac{3}{3+1}=-3$　y座標は，$(6-0)\times\dfrac{1}{3+1}=\dfrac{3}{2}$　よって，E$\left(-3,\ \dfrac{3}{2}\right)$　直線DEの式を$y=mx+3$とすると，点Eを通るから，$\dfrac{3}{2}=-3m+3$　$m=\dfrac{1}{2}$　よって，$y=\dfrac{1}{2}x+3$

重要 5 (空間図形の計量)

(1)　正四面体の1辺をxとすると，△PQGは正三角形だから，PG＝xより，GM＝$\dfrac{\sqrt{3}}{2}x$　よって，

$GR=\frac{2}{2+1}GM=\frac{\sqrt{3}}{3}x$　△ORGに三平方の定理を用いて，$OG^2=OR^2+GR^2$　$x^2=(2\sqrt{6})^2+\left(\frac{\sqrt{3}}{3}x\right)^2$　$\frac{2}{3}x^2=24$　$x^2=36$　$x>0$より，$x=6$

(2)　直角三角形の斜辺と他の1辺がそれぞれ等しいので，△GHP≡△GFQ　よって，HP＝FQより，PE＝QE　△EPQは直角二等辺三角形だから，$EP=\frac{1}{\sqrt{2}}PQ=\frac{6}{\sqrt{2}}=3\sqrt{2}$　正方形EFGHの1辺をyとすると$HP=y-3\sqrt{2}$　△GHPに三平方の定理を用いて，$GP^2=GH^2+HP^2$　$6^2=y^2+(y-3\sqrt{2})^2$　$2y^2-6\sqrt{2}y-18=0$　$y^2-3\sqrt{2}y-9=0$　$\left(y-\frac{3\sqrt{2}}{2}\right)^2=9+\frac{18}{4}$　$y-\frac{3\sqrt{2}}{2}=\pm\frac{3\sqrt{6}}{2}$　$y>0$より，$y=\frac{3\sqrt{2}+3\sqrt{6}}{2}$　よって，$y^2=\left(\frac{3\sqrt{2}+3\sqrt{6}}{2}\right)^2=\frac{9}{4}(8+4\sqrt{3})=9(2+\sqrt{3})$　$V_1=y^2\times2\sqrt{6}$，$V_2=\frac{1}{3}\times\frac{\sqrt{3}}{4}\times6^2\times2\sqrt{6}=3\sqrt{3}\times2\sqrt{6}$より，$\frac{V_1}{V_2}=\frac{9(2+\sqrt{3})}{3\sqrt{3}}=(2+\sqrt{3})\times\sqrt{3}=2\sqrt{3}+3$

★ワンポイントアドバイス★

出題構成，難易度とも例年どおりである。基礎をしっかりと固めて，過去の出題例をよく研究しておこう。

＜英語解答＞ 《学校からの正答の発表はありません。》

【A】 1. (1)　2. (5)　3. (2)　4. (2)　5. (4)　6. (2)　7. (5)　8. (3)
9. (5)　10. (2)　11. (2)　12. (2)　13. (4)　14. (4)

【B】 15. (4)　16. (5)　17. (5)　18. (5)　19. (2)　20. (4)

【C】 21. (5)　22. (2)　23. (3)　24. (5)　25. (1)

【D】 26. (1)　27. (2)　28. (1)　29. (4)　30. (4)

【E】 31. (1)　32. (1)　33. (4)　34. (2)　35. (2)　36. (5)　37. (1)
38. (4)

○推定配点○

【A】 各3点×14　【B】 各2点×6　【C】 各3点×5　【D】 各3点×5　【E】 各2点×8
計100点

＜英語解説＞

【A】 (長文読解・エッセイ：語句補充，指示語，内容吟味)

(全訳)　何年も前に，私の娘が学校へ上がったとき，私は彼女に「お前が良くやるだろうと私は知っているよ」と言った。何年にも渡って，私は何度も彼女の成功を望んだ。しかしよく，私の心の中で，1彼女が成功しなければ良い，と私は思った。言い換えれば，私は彼女に失敗してほしかった。

私の娘を愛しているので，私は彼女に失敗してほしかった。それは，これが学ぶのにもっとも良い方法だからだ。何かを上手にするとき，私たちは新しいことを何も学ばない。成功は2私たちがすでにできることをすることを意味する。成功から学ぶことはとても少しだ。

失敗するとき，私たちは学ぶ機会を得る。しかし，なぜ成功しなかったのか，私たちは理解しなければならず，そのとき，学びは始まる。もちろん，私たちは失敗しようとするべきではない。私たちは成功しようとするべきだ。もし同じことを同じ方法ですれば，私たちは決して失敗しないだろう。しかし，3私たちは決して何も新しいことを学ばないだろう。

私たちが危険を冒すときや，私たちが何か違うことをするとき，失敗は起こる。アフリカに住んでいたとき，私はこの慣用句を聞いた。「4良い料理人はたくさんのなべを壊したことがある」。当時，私はそれを理解しなかった。しかし，後にそれは，人は様々な方法を試し，新しいことをしてみる必要がある，ということを言っていたのだ，と私は気づいた。もし私たちが上手にする方法を知っていることだけをするなら，人生は退屈だ。

大学の教授になるまで，私は失敗の重要性に気づかなかった。授業や研究において，私は私ができる最善を尽くしたかった。任務を得たとき，私はいつも失敗しないようにした。私が良い教授ではない，と他の教授たちが思うだろうから，5私は失敗を恐れた。もし私が失敗したら，他の人々は私は失敗した人だと思うだろう，と私は心配した。

6ある日，私はとても下手な授業をした。その日まで，私は教室で話す唯一の人だった。45人の学生は静かに座り，彼らは授業の始めから終わりまで私の話をただ聞いていた。ある教授が以前，彼の学生はグループで作業することを本当に楽しむ，と私に言った。だから，私は私の授業で7これをしてみよう，と決めた。テキストについて話した後，私は学生たちに4人か5人のグループを作るように頼んだ。そしてそれから，私は彼らに，彼らがその授業で学んだことについて話すように頼んだ。私は教室の前を離れて，グループからグループへと歩き，彼らが理解したかどうか，彼らに何か質問があるかどうか，尋ねた。しかし，結果は酷く悪かった。彼らは何も言わなかった。彼らはただ静かに座り，床を見た。

8その授業は失敗だった。私は本当にがっかりした。しかし，それから，私はなぜそれが上手くいかなかったのかについて考え始めた。私は私の学生たちにグループでの作業の仕方をはっきりと言う必要があった，と私は気づいた。これは彼らにとって，私にとって不慣れだったのだ。私はいくつかを変更し，1週間後にまたやってみた。今度の授業は失敗しなかったが，それは成功でもなかった。その次の授業のために，私はもういくつかを変更しようとした。私の学生たちは，9日に日により良く作業した。

10だから私は私の娘に失敗してほしいのだ。そして，もちろん，彼女は失敗し，私は彼女をより良く感じさせるために最善を尽くした。彼女がなぜ失敗したのか，彼女が理解することができるように私は彼女を手伝おうとし，彼女が次はより良くすることができる，と彼女に言うことによって私は彼女を励ました。しかし，11失敗が良いことだ，と彼女に言わなかった。これは彼女が自力で学ばなくてはいけないことだった。

1. (1)「彼女が成功しなければ良い，と私は思った」(○) 第1段落最終文参照。 (2)「彼女は最も良い学習者だ，と私は知っていた」(×) (3)「彼女の学生生活は心配がないだろう，と私は思った」(×) (4)「私は彼女に何かをあげたかった」(×) (5)「彼女は他の人々よりも上手にやるだろう，と私は確信した」(×)
2. (1)「私の娘の幸せな人生にとっての全て」(×) (2)「他の人々を幸せにするために私たちがすることができる全て」(×) (3)「私の娘が大好きであるだろう物は何もない」(×) (4)「他の人々がしてしまったこと」(×) (5)「私たちがすでにできること」(○) 「同じことを同じ方法です」る(第3段落最後から2文目)ということは，以前やってできたことをまた同じようにやる，ということである。だから「決して失敗しない」(第3段落最後から2文目)＝「成功」(下線部2の直前部)するのである。

3. (1) 第3段落第2文参照。失敗しようとするべきではないのである。(×) (2) 第2段落最終文・第3段落第4文参照。(○) (3) 第2段落最終文参照。成功することから学ぶことは少ないのである。(×) (4) 第3段落第1文参照。失敗すると学ぶ機会を得るのである。(×) (5)「感謝する」という記述はない。(×)
4. (1)「偉大な料理人は彼女の台所にとてもたくさんのなべを持っているので，彼女はそれらのいくつかを壊したかった」(×) (2)「偉大な人はうまくいく前にたくさんの間違いを経験したことがある」(○) 第4段落最後から2文目参照。 (3)「偉大な人が何か新しいことをしようとするとき，たくさんなべが壊されなければならない」(×) (4)「偉大な人が何かを作ろうとするとき，たくさんのなべが壊された」(×) (5)「何か新しいことをしようとしうる偉大な人になるために，人々はたくさんのなべを必要とする」(×)
5. 「筆者はなぜ失敗を恐れたのか」 (1)「それは，誰ももう彼のことを好きではないだろう，と筆者は知っていたからだ」(×) (2)「それは，彼は決して失敗しないだろう，と筆者が他の人々に言ったからだ」(×) (3)「それは，彼はすでに多過ぎる回数の失敗をした，と筆者は思ったからだ」(×) (4)「それは，彼が良い先生だ，と筆者は他の人々に思ってほしかったからだ」(○) 下線部5の直後部参照。 (5)「それは，筆者は彼の娘によって失敗しないように言われたからだ」(×)
6. 「この授業で何が起こったか」 (1)「彼がテキストについて話した後で，学生たちが筆者にたくさんの質問をした」(×) (2)「筆者が初めてしようとすることを学生たちは理解しなかった」(○) 第6段落第6文～最終文・第7段落第3文参照。筆者が学生たちに「その授業で学んだことについて話すように頼んだ」が，「彼らは何も言わ」なかったのは，「学生たちにグループでの作業の仕方をはっきりと言」わなかったために，学生たちがわからなかったからなのである。
(3)「その年初めて学生たちは静かにしたままよく勉強した」(×) (4)「学生たちはグループからグループへと歩き，いくつかの質問をした」(×) (5)「学生たちは騒がしく，筆者からの助言を聞かなかった」(×)
7. (1)「学生たちは自力で学ぶ」(×) (2)「学生たちは私の話を聞く」(×) (3)「学生たちは静かに座る」(×) (4)「学生たちは他の教授たちと話す」(×) (5)「学生たちは他の人々と作業する」(○) 下線部7の直前の1文参照。
8. 「これが起こった後，筆者は何をしたか」 (1)「彼はその授業について何が悪かったのか学生たちに尋ねた」(×) (2)「彼はより良い方法を見つけるためにまたその教授と話した」(×)
(3)「その授業がなぜ失敗したのかについての思索の後，事を良い方法に変えた」(○) 第7段落第3文～最終文参照。「なぜそれが上手くいかなかったのかについて考え始め」，授業のたびに「いくつかを変更」してやってみた結果，「学生たちは日に日により良く」できるようになったのである。 (4)「彼は同じことを同じ方法で何度も何度もやってみた」(×) (5)「彼は彼の授業で何も新しいことをすることができなかった」(×)
9. (1)「いつでも」(×) (2)「次の日までに」(×) (3)「簡単にとても早く」(×) (4)「長い間」(×) (5)「ゆっくりと一度に1つ」(○) 第7段落第6文～第8文参照。「いくつかを変更し，1週間後にまたやってみ」て，「その次の授業のために，私はもういくつかを変更し」て，少しずつ良くなっていったのである。
10. 「筆者はなぜ彼の娘に失敗してほしかったのか」 (1)「それは，失敗はみんなに少ない学びをもたらすだろうからだった」(×) (2)「それは，失敗は彼女に様々な方法について考える機会を与えるだろうからだった」(○) 第4段落参照。「私たちが何か違うことをするとき，失敗は起こ」り，成功のために「人は様々な方法を試し，新しいことをしてみる」ようになるのである。

(3)「それは，間違えることは彼女に他の人々について知らせるだろうからだった」(×)
(4)「それは，学校では失敗よりも成功の方が重要だったから」(×) (5)「それは，危険を冒すことは彼女がグループで作業することに役立ったから」(×)

11. (1)「同じことをすることは重要だ」(×) (2)「失敗が良いことだ」(○) 筆者は娘に「お前が良くやるだろうと私は知っているよ」(第1段落第1文)と言っていたし，わざわざ「私たちは失敗しようとするべきではない」(第3段落第4文)と考えているのである。 (3)「他の人々を助けることが鍵だ」(×) (4)「間違いはより重要ではない」(×) (5)「成功は他の人々を理解することを意味する」(×)

12. (1)「他の教授からの助言の1つ」(×) (2)「失敗を通して学ぶこと」(○) タイトルは筆者の最も言いたいことを表し，最も言いたいこと，つまりキーワードは本文中に何度も出てくるものである。ここでは「失敗するとき，私たちは学ぶ機会を得る」(第3段落第1文)がそれである。(3)「決して失敗するな」(×) (4)「成功はより多くを意味する」(×) (5)「私が私の娘から学んだこと」(×)

13. (1)「たくさん失敗した教授たちは筆者を助けた」(×) 筆者の同僚の教授がたくさん失敗した，という記述はない。 (2)「他の教授たちがあなたについてどのように思うかについて気にすることは重要ではない」(×)「あなた」つまりこの文章の読み手と教授についての記述はない。 (3)「失敗はあなたに重要な教訓を与えるから，あなたは始めから失敗しようとするべきだ」(×) 第3段落第3文・第4文参照。成功しようとするべきなのである。 (4)「あなたがなぜ失敗したのかをあなたが理解した後に，学びは始まる」(○) 第7段落参照。「なぜ「上手くいかなかったのか」「考え」，その原因に「気づいた」から筆者の「学生たちは日に日により良く作業」するようになったのである。 (5)「それは彼らにとって不慣れではなかったから，筆者の授業の学生たちはグループで作業することが好きではなかった」(×) 第7段落第3文・第4文参照。不慣れだったのである。

14. (1)「筆者は彼の学生にグループを作り，彼らが彼をどう思っているかについて話すように頼んだ」(×) 第6段落第6文参照。その授業で学んだことについて話すように頼んだのである。
(2)「筆者は他の人々に彼を悪い先生と思ってほしくなかったので，何か新しいことをしようとするのをやめた」(×) 第6段落第5文参照。グループでの作業を初めてやってみたのである。
(3)「彼の娘にとって，彼女がなぜ失敗しなければならなかったのかについて考えることは難しい，と筆者は気づいた」(×) 最終段落第3文参照。なぜ失敗したのか理解できるように娘を手伝ったのである。 (4)「筆者が1週後にまたグループ作業をしてみたとき，その授業は完璧ではなかったが，学生たちはより良く学んだ」(○) 第7段落第5文・第6文参照。 (5)「筆者の娘が困ったとき，彼女が決して失敗しないように筆者はいつも大いに助けた」(×) 最終段落第1文参照。娘に失敗してほしいのである。

【B】 (語句補充：疑問詞，語い，分詞，受動態，接続詞)

基本 15. 「15分ごとに来ます」と答えているから，How often ~? と頻度を尋ねたのである。

16. watch out「気をつける」

重要 17. 熟語の場合を除き，hundred や thousand などは複数であっても s はつけない。student「生徒」は200人で複数なので複数形を表す s が必要。

18. the woman を分詞以下が修飾している文。the woman は「(私たちの上司に)話している」ので，現在分詞を使うのが適切。say は何かを言うことに焦点が置かれるのに対し，talk は話す相手が存在し，おたがいにやりとりをするという点に焦点が置かれるから，ここでは talking を用いるのが適切。

19. 「子どもたちは夏野菜が好きではない」のだから，例えば，トマトやキュウリは「好かれない」のである。「～される」という意味なので受動態の文にする。受動態の否定文は〈be動詞＋ not ＋動詞の過去分詞形〉の形である。主語が tomatoes and cucumbers と複数なのでbe動詞は are を使うのが適切。

20. 空欄の直前にある but は前後の内容の対立を表す。前半の「店でビニール袋を受け取る人がより少ない」と対立するから「より多い」という内容が後半に述べられていると考えられる。

やや難 **【C】（正誤問題：現在完了，感嘆文，比較，助動詞，関係代名詞，前置詞，接続詞，文型，受動態）**

21. (1) since ~ ago「～前以来」という意味を表わすときは，for ~「～間」を用いる。since ではなく for を用いるのが適切。(×) (2) go —ing で「—しに行く」の意味。go の後の to が不要。(×) (3) how を使った感嘆文は〈How ＋形容詞[副詞]＋主語＋動詞！〉の形。ここでは a／an ＋名詞があるので，what を用いた〈What a[an]＋形容詞＋名詞＋主語＋動詞！〉の形にする。how ではなく what とするのが適切。(×) (4) I can cook well. を原級を用いた比較の文にするので，good「良い」ではなく well「上手に」を用いるのが適切。(×)
(5) nobody「誰も～ない」は単数扱い。現在時制なので knows を用いている。(○)

22. (1) last night「昨夜」があるから時制は過去。「～しなければならない」の意味の must を使った文を過去の文にするときは，must を用いずに had to とするのが適切。(×)
(2) 〈many kinds of ＋数えられる名詞の複数形〉，〈many kinds of ＋数えられない名詞(単数形)〉という形で「たくさんの種類の～」という意味。(○) (3) 〈would like to ＋動詞の原形～？〉で「(主語)が～したいのですが」と丁寧な意味を表す。climbing ではなく climb とするのが適切。(×) (4) 〈Would you ＋動詞の原形～？〉で「～してくださいませんか」の意味。過去形・過去分詞形の lent ではなく原形 lend とするのが適切。(×) (5) 関係代名詞 that を用いた文。関係代名詞に続く動詞は，すべて先行詞の人称や数に一致する。先行詞は something (3人称単数)で現在の時制なので make ではなく makes とするのが適切。(×)

23. (1) 〈at ＋時刻〉で「～時(…分)に」の意味になるが，an hour「1時間」は時刻ではなく時間である。〈in ＋期間〉で「～後に」の意味になる。at ではなく in を用いるのが適切。(×)
(2) enough と不定詞を用いるなら，〈形容詞[副詞]＋ enough to ＋動詞の原形〉で表す。「～すぎて…できない」の意味を表すときは〈too ～ to ＋動詞の原形〉の形にする。enough ではなく too を用いるのが適切。(×) (3) 形式主語 it を用いる文では，真主語の不定詞句やthat節は述部の後ろに回すことが多い。(○) (4) excite は「興奮させる」の意味だから，be exciting は「(物が人を)興奮させる」，be excited は受け身的な「(人が)興奮させられる」，つまり「(人が)興奮する」という意味になる。ここでは人である she「彼女が」が主語だから，exciting ではなく excited を用いるのが適切。(×) (5) 接続詞 when を使った文は〈主語A＋動詞B＋ when ＋主語C＋動詞D〉で「CがDのときAがB」という意味なので，動詞Bと動詞Dの時制は一致させる。ここでは動詞Dが過去形 were なので動詞Bも過去形にする。go ではなく went とするのが適切。(×)

24. (1) tall「背が高い」の比較級は taller である。more が不要。(×) (2) 第2文型の文。on the Internet が主語 taking classes にかかる修飾語であり，is not が動詞，easy が補語である。補語とは動詞の後で主語を説明する語であり，意味上では主語＝補語となる。ここでは「(インターネットで)授業を受けることは」＝「簡単な(状態)」ではないということである。thing が不要。(×) (3) crowd は名詞で「人ごみ」，動詞で「群がる」などの意味である。「混み合った」の意味になるのは形容詞 crowded である。crowd ではなく crowded を用いるのが適切。(×) (4) all over ～ で「～じゅうに[で]」の意味になる。under ではなく over を用いるのが適切。(×) (5) 〈be動詞＋動詞の過去分詞形〉の形で「～される」という意味の受動態になる。called は call の過去分詞形。ここでは疑問詞を用いた疑問文なので what を文頭に置き，be動詞を主語の前に出す。(○)

25. (1) teach は〈動詞＋人＋物〉という文型を作る。ここでは「物」にあたる部分が〈how to ＋動詞の原形～〉になっている。(○) (2) 関係代名詞 which を省略した文。I have no time to read the book と I bought it をつなげた文を作る。it が which に代わり，省略されている。it が不要。(×) (3) 「その少女は私の友達だ」と「目は青い」をつなぐには「その[それの]」と所有を表す語が必要となるので，主格の関係代名詞 who ではなく所有格の関係代名詞 whose を使うのが適切。(×) (4) 第2文型の文。at the festival が主語 the people にかかる修飾語であり，looked が動詞，very happy が補語である。補語とは動詞の後で主語を説明する語であり，意味上では主語＝補語となる。ここでは「(祭りの)人々は」＝「幸せな(様子)」ということである。happily ではなく happy を用いるのが適切。(×) (5) 主語が you and I と複数なので am ではなく are を使うのが適切。(×)

【D】 (語句整序：文型，助動詞，関係代名詞，接続詞，分詞，動名詞，前置詞)

26. (If you visit other countries,) there is one thing <u>I</u> would like you <u>to</u> remember(.) 主語が不特定なもので「…がある」という意味を表す場合，〈There ＋be動詞＋数量[a／an]＋名詞〉の形にする。〈would like ＋人＋ to ＋動詞の原形〉で「(人)に～していただきたいのですが」と丁寧な依頼を表す。関係代名詞 which を省略した文。there is one thing と I would like you to remember it をつなげた文を作る。it が which に代わり，省略されている。

27. I hope <u>everyone</u> can live in the world <u>filled</u> with love and peace(.) hope の後の that「～ということ」を省略した文。that 以降には〈主語＋述語〉のまとまりが続く。the world を修飾する過去分詞 filled を使った文。「愛と平和に満ちた」なので filled with love and peace でひとかたまり。過去分詞 filled は単独ではなく関連する語句 with love and peace を伴っているので world の直後に置く。

28. Taking care of a pet <u>is</u> something like <u>raising</u> your own child(.) 「ペットを世話することは」までが主部なので，〈動詞＋―ing〉の形をとる動名詞を用いた Taking care of a pet まででひとかたまり。something like ～ で「いくぶん～のような」の意味。like は前置詞。前置詞の目的語に動詞が来る場合，その動詞は原則として動名詞〈動詞の原形＋ ing〉となる。

29. (During the summer) <u>we</u> must not leave children in the car <u>even</u> for a short time(.) 〈must not ＋動詞の原形〉で「～してはいけない」の意味。even「～だって」は原則として修飾する語句の直前に置く。

30. There are many students <u>who</u> enjoy both studying <u>and</u> playing sports (in my school.) 主語が不特定なもので「…がある」という意味を表す場合，〈There ＋be動詞＋数量[a／an]＋名詞〉の形にする。both A and B で「AとBの両方」の意味。and は語と語，句と句，節と節などを文法上対等な関係でつなぐ。ここでは動詞 enjoy に動名詞 studying と playing が and を挟んで続いていると考える。関係代名詞 who を用いて there are many students と they enjoy both studying and playing sports をつなげた文を作る。they が who に代わる。

【E】 (会話文：語句補充)

Ⅰ. (全訳) リーは台湾出身の交換学生だ。日本の学校で，彼女は彼女の友達のキョウコと話している。

リー　：あら。あなたの昼食はすばらしいわ。あなたの弁当箱の中には色とりどりの花とチョウがある。31<u>あなたはどうやってそれを作ったの</u>。

キョウコ：私はゆで卵といくつかの野菜を使ったの。私たちはこの種の弁当を「キャラ弁」と呼ぶ。

リー　　：ああ，私はインターネットでたくさんのキャラ弁の写真を見たことがある。今では日本の人々だけでなく，他の国々の人々もとても美しくて色とりどりの弁当を作っているの。

キョウコ：私は私の携帯電話でそれらの写真を見ることが好きで，32私はずっと私のものを作りたかったの。これが初めてのそれなのよ。

リー　　：良いわね。それで，台湾では私たちにも弁当文化がある，とあなたは知っている。

キョウコ：本当に。弁当は台湾でも広く普及しているの。

リー　　：そうなのだけれど，私たちの弁当と日本の弁当の間には，大きな違いがあるわ。

キョウコ：それは何。

リー　　：冷たい食べ物を食べないことは私たちの健康にとってより良い，と考えるから，私たちは普通は私たちの弁当を温かいままにしておくの。ここ日本では，私のホストファミリーは私に日本式の弁当を作るわ。私はそれを本当に楽しんで，いつもそれにとても感謝しているけれど，33ときどき，私は私の故郷の様式の弁当を懐かしく思うの。

キョウコ：その違いはとても大きいから，あなたがどう感じるか，私は理解するわ。それなら，私は台湾の弁当を本当に試したいわ。

リー　　：それじゃ，あなたは台湾の鉄道の駅での箱詰めされた昼食を試すべきよ。

キョウコ：あら，あなたは「駅弁」のことを言っているの。

リー　　：そうよ。台湾にはてともたくさんの種類の駅弁があるの。あなたはそれが大好きだ，と私は確信している。

キョウコ：良いわね。34私は台湾を訪れるのが待ちきれないわ。

リー　　：あなたはいつでも歓迎よ。

31. (1)「あなたはどうやってそれを作ったの」(○)　(2)「それにはいくら費用がかかったの」(×)　(3)「あなたはどこでそれを買ったの」(×)　(4)「誰があなたにそれの作り方を教えたの」(×)　(5)「あなたはなぜそのようなものを用意したの」(×)

32. (1)「私はずっと私のものを作りたかったの」(○)　(2)「私は私の独自のキャラ弁をインターネットに決してのせないつもりよ」(×)　(3)「私は難しすぎてそれを作ることができないと思うの」(×)　(4)「私は以前，手作りの昼食を作ってみたの」(×)　(5)「それを買うのに私はとても多くのお金を支払ったわ」(×)

33. (1)「毎朝，私は朝食に冷たい食事を食べるの」(×)　(2)「私はそれにいくらお金を支払うべきかわからないわ」(×)　(3)「私は他のどの様式よりも日本式が好きよ」(×)　(4)「ときどき，私は私の故郷の様式の弁当を懐かしく思うの」(○)　(5)「私たちは私たちの昼食を学校へ持ってくることを認められていないの」(×)

34. (1)「あなたがどれくらいありがたいか，私は言うことができないわ」(×)　(2)「私は台湾を訪れるのが待ちきれないわ」(○)　(3)「あなたはそれを見逃すことができないわ」(×)　(4)「あなたはそれらも試してみるべきよ」(×)　(5)「あなたはすぐに来ると良いと私は思うの」(×)

Ⅱ.（全訳） ケンはアメリカ合衆国で彼のホストファミリーの家に滞在している日本人の生徒だ。彼はシティー・タワーへの日帰り旅行について話している。

ジュディ：それで，シティー・タワーからの眺めはどうだったの。

ケン　　：それはとても素晴らしかったです。僕は市役所や旧市街，橋のようなたくさんの有名な場所を見ることができました。それに，僕は市の中心部にたくさんの緑地を見ました。

あなた方がここにそんなにたくさんの美しい公園を持っていることに，僕は驚きました。

ジュディ：私はそれを聞いてうれしいわ。私たちの市を美しいままにしておくために，私たちはちょうど今，環境保護のたくさんの取り組みをしているの。昔は，35ほとんどの人々がそれに全く関心を持たなかったのよ。

ケン　　：本当ですか。僕はそれを想像することができません。

ジュディ：約30年前，通りにはいつもたくさんのごみがあったの。それはとても汚いから，私は私の町をあまり好きではなかった。

ケン　　：ひどすぎるな。36市はなぜそんなに変わってしまったのですか。

ジュディ：もし彼らが市を好きでなければ，もうここには住まないだろう，と気づいた若い人たちがいたのよ。それは悲しいことで，もちろん市の経済のためにも悪かった。市はその状況を変えたかったから，37市がたくさんの人々に愛されるように一生懸命にやってみた。

ケン　　：なるほど。それで，彼らは何をしたのですか。

ジュディ：彼らは木を植えて，通りのごみを拾ったわ。たくさんの時間がかかったけれど，ついに市はずっときれいになって，私たちはそれでとても幸せに感じた。

ケン　　：それは良い話です。そしてたくさんの若い人々が通りや公園で週末にごみを集めているのですね。

ジュディ：その通り。私もより若かったとき，そのような活動に参加したわ。

ケン　　：僕はまだそれをやってみていませんが，この週末にそのような活動の1つに参加するつもりです。

ジュディ：それはすばらしいわ。38あなたの友達と一緒にそれをやってみるのはどう。

ケン　　：良い考えです。僕は彼らにたずねるつもりです。

35. (1)「私たちのほとんどが私たちの自然を守ろうとしたのよ」(×)　(2)「ほとんどの人々がそれに全く関心を持たなかったのよ」(○)　(3)「私たちはお金を稼ぐために働かなかったのよ」(×)　(4)「ここにはずっと多くの観光客がいたのよ」(×)　(5)「私たちは私たちの自然がとても大切だと気づいたのよ」(×)

36. (1)「あなた方はどのように通りからごみを集めたのですか」(×)　(2)「彼らは何個のごみを拾ったのですか」(×)　(3)「あなたはどのくらいすぐに市を離れたのですか」(×)　(4)「あなたはなぜ30年前にそれをしたのですか」(×)　(5)「市はなぜそんなに変わってしまったのですか」(○)

37. (1)「市がたくさんの人々に愛される」(○)　(2)「市が彼らをがっかりさせる」(×)　(3)「市が若い人々のために変わらない」(×)　(4)「彼らが新しい市を見つける」(×)　(5)「彼らが決して再び戻ってこない」(×)

38. (1)「あなたに何か言っても良い」(×)　(2)「あなたはそれへの準備をしてしまったの」(×)　(3)「あなたはそれに何回参加するつもりなの」(×)　(4)「あなたの友達と一緒にそれをやってみるのはどう」(○)　(5)「あなたはこの週末に行かないの」(×)

★ワンポイントアドバイス★

長文を読み始める前に内容一致問題の日本語で書かれている設問を見てみよう。
長文を読み進めるヒントとなる内容が書かれていることが多い。

＜国語解答＞ 《学校からの正答の発表はありません。》

問題一 問甲 味覚を中心～合的なもの　問1 C　問乙 Ⅰ 鋭敏　Ⅱ 頻度
問2 D　問3 B　問4 C　問5 B　問6 A　問7 C

問題二 問8 C　問9 A　問10 C　問11 C　問12 B
問丙 日本人の自然観(7字)　問13 D

問題三 問丁 ① ぎょうずい　② すいか　③ ばち　④ かや　問14 B
問15 A　問16 D　問戊 時間の檻の～惑っていた　問17 B　問18 C
問19 C　問20 B　問21 A　問22 C

○推定配点○

問題一 問乙・問4 各2点×3　他 各4点×7　問題二 問8 2点　他 各4点×6
問題三 問丁・問14・問15・問戊・問20 各2点×8　他 各4点×6　計100点

＜国語解説＞

問題一 （説明文—内容吟味，文脈把握，指示語の問題，接続語の問題，脱文・脱語補充，漢字の読み書き）

基本 問甲 「おいしさ」という語に着目すると，「このほか」で始まる段落に「『おいしさ』は味覚を中心に，さまざまな感覚や情報が重なり合った複合的なものだと言えます」とあるのに気づく。ここから，三十字以内の適切な箇所を抜き出す。

問1 同じ段落の「うま味は……自然界ではこれらの味が濃いものを食べれば，効率よく栄養を摂ることができる」や，「苦味は有毒な植物に含まれるアルカロイドなどの自然毒に感じる『不快な味』であり……これらの不快な味を忌避することで，体に有害な物質を自然に避けられる」に，Cが適切。Aの「塩味は微量であっても……不快な味と認識される」，Dの「うま味は……摂取しすぎると有害となる」が適切ではない。「このほか」で始まる段落の「辛み(辛味)や渋み(渋味)も，広義の『味』には含まれます」に，Bは合わない。

問乙 Ⅰ 感覚などが鋭いこと。「敏」を使った熟語には，他に「機敏」「敏捷」などがある。
Ⅱ ある事が繰り返して起こる度合い。「頻」を使った熟語は，他に「頻繁」「頻頻」などがある。

問2 「日本で用いられる『コーヒーの味ことば』」について書かれている，傍線部③を含む段落と以降の「『コーヒーの味ことば』」で始まる段落，「これ以外の味覚では」で始まる段落の内容と，それぞれの選択肢を照らし合わせて正誤を判断する。「『コーヒーの味ことば』」で始まる段落の「ただし上位に入る『香り』系の味ことばはこの二つだけ」に，Dはあてはまらない。

問3 同じ段落の「『まろやかな苦味』『すっきりした酸味』など，味質を修飾した表現の多さは日本特有で，欧米では味でも香りと同様に比喩的な表現が目立ちます」に，Bが適切。Aの「香りについては重視されていない」，Cの「必ずしも良いものとして受け入れられているわけではない」が適切ではない。同じ段落の「イギリスの一般消費者では，味は『苦味』……の順に，用いるヒンドが高かった」に，「苦味についての言及はほとんどなく」とあるDは適切ではない。

問4 同じ文の「コーヒー以外にもビール，ゴーヤ，グレープフルーツ，ビターチョコなど数多く見られ」にふさわしい熟語を選ぶ。広くいきわたるという意味の「普遍」が当てはまる。

問5 〈ⅰ〉「日本でも初期に飲んだ太田南畝(蜀山人)は『焦げ臭くて味わうに堪えず』と評しています」という前を，後で「それぞれの社会で最初に飲んだ人たちにとってコーヒーは『おいしいもの』ではありませんでした」と言い換えているので，説明の意味を表す接続詞が当てはまる。
〈ⅱ〉「好みがだんだん深煎りにシフトしていく例はよく見られます」という前に対して，直後の文で「そこまで『激苦好き』の人はあまり見かけません」と相反する内容を述べているので，逆接の意味を表す接続詞が当てはまる。〈iii〉「経験で苦味が平気になるとは言っても限界があり，不快に感じる限度(閾値)を越えないことも，おいしく感じる条件の一つのようです」という前に，後で「コーヒーの苦味が平気な人が，他の苦いものまで平気だとは限らないのも面白いところです」と付け加えているので，添加の意味を表す接続詞が当てはまる。

重要 問6 空欄【 X 】を含む部分は，「『苦味のおいしさ』が成立する」要因を述べている。最終段落の「コーヒーを飲んでいくうちに，最初は飲めなかった苦いコーヒーが平気になり，好みがだんだん深煎りにシフトしていく例はよく見られます」は，「経験で苦味が平気になる」ことをいっている。「経験」という語を含むAが当てはまる。「苦味においしさを」で始まる段落の「苦味を感じる能力……大人になるまでの食体験の中で，その食品が安全だと学習することで平気になり，味の変化の一つとして楽しむようになる」が，Aの「学習」に相当する。

やや難 問7 「このほか」で始まる段落の「『おいしさ』は味覚を中心に，さまざまな感覚や情報が重なり会った複合的なものだと言えます」にCが合致する。「苦味においしさを」で始まる段落の「大人になるまでの食体験の中で……味の変化の一つとして楽しむようになるようです。これは苦味だけに限らず，酸味や辛み，渋みなど『本来は忌避される味』全般に共通して見られる」にAが，「子供も大人も苦味を感じる能力(苦味感受性)自体に大きな差はない」にBが合致しない。Dに関する内容は本文では書かれていない。

問題二 （論説文―大意・要旨，段落・文章構成，内容吟味，文脈把握，指示語の問題，脱文・脱語補充，表現技法）

問8 一つ目の【 1 】の直前の「第三の意味」は「(副詞的に用いて)相当。だいぶん。かなり。」で，この意味で用いられているのはC。三つ目の【 1 】の後に「自然の運行のように待たされた」にも合致することを確認する。

問9 直前の段落の最後「時と場合によって，その意味が異なるどころか，正反対の意味にさえなってしまう」に着目する。BとCはこの内容に合わない。²《 》でくくった段落では，「いい加減」という語句が使う場面によって正反対の意味になる例を挙げているので，適切なものはA。意味が正反対になっているので，「微妙に異なる」とあるDも適切ではない。

問10 直後の「それが日本人をして平気で自然破壊をそこなわしめたのである……まるで幼児が母親に甘えるような日本人の自然に対する甘ったれた心情である。その心情は，すべては自然が解決してくれるという信仰にまで達する」から，日本人が自然に甘え依存する姿勢にあきれる心情が読み取れる。「甘え」を「気を許し」と言い換えているCを選ぶ。Aの「日本人のしたたかさ」は「幼児のように」と言う表現に合わない。Bの「憤り」の心情は感じられない。傍線3「信頼！」というのであるから，Dの「壊された自然がもとに戻らない状況を悲しんでいる」わけではない。

問11 直前の「人事ヲ尽クシテ天命ヲ待ツ」の意味にふさわしいものを選ぶ。直前の文に「成りゆきに任せるということは，最終的な解決ではあっても，そこに到達するためには人間である以上，人間的な努力をせねばならぬ」とあるのもヒントになる。人はなすべきことをしたら後は天に任せるという意味に，A，B，Dは合わない。

問12 「軌(き)を一(いつ)にする」は，車の通った跡を同じように進むことから，立場や方向を同じにするという意味。「いい加減」と「どうせ」，直後の文の「よろしく」について，後で「すべて自然にあるべき状態に任せてしまう態度」と述べている。この内容に合うBを選ぶ。

やや難 問丙 「いい加減」の三つの意味が何によってつながっているのか考える。一つ後の文の「自然は見方によれば神の摂理のように『程よく調節されて』いる。けれども，別の観点に立てば，けっして人間の思わくどおりには動いてくれない。だから時として，自然はまさしく『条理を尽くさぬ』『でたらめ』のように思える」は，日本人の自然に対する見方について説明している。日本人の自然に対する見方に相当する表現を抜き出す。

重要 問13 「いい加減」という言葉は，文脈によって意味の受け取り方が変わり，それは「自然に任せておけば悪いようにはなるまい，時が何とか解決してくれるだろう」という日本人の自然観によるものであるという本文の内容に適切なのは，D。AとBは「いい加減」という言葉に触れていない。「いい加減」には三つの意味があるので，「よい程あいを意味する」とあるCも適切ではない。

問題三 （小説—主題・表題，情景・心情，内容吟味，文脈把握，指示語の問題，脱文・脱語補充，漢字の読み書き，語句の意味，ことわざ・慣用句）

問丁 ① たらいに湯や水を入れてその中で体を洗うこと。「烏の行水」は入浴時間が短いことを言う。 ② ウリ科の一年草。球状の大きな果実を結ぶ。 ③ 人の悪事の報いとして神仏が与えるこらしめ。「罰」の他の音読みは「バツ」。 ④ 蚊を防ぐためにつりさげるおおい。

問14 早く風呂から上らないと後がつかえて困ると祖母が想定しているのは「だれ」か。傍線部(1)は祖母の言葉なので，祖母の家に住んでいる祖母と叔父のことだとわかる。

問15 同じ会話「食器はみんな金物なんだ。だから熱いご飯やお汁を盛ると，食器は熱くなって持てなく」なるので，弟は「左手の親指，人さし指，中指の三本で摘むように持」つのである。この様子には，生活上の経験に基づいた工夫という意味を表す語句があてはまる。

やや難 問16 「ぼく」や弟が孤児院の習慣で早風呂であったことや，孤児院では金物の食器を使うために変な茶碗の持ち方をしていることを知った「祖母」の反応であることから考える。「祖母」が心配しているのは，孫である「ぼく」と弟のことなので，BとCは適当ではない。「祖母」は，「ぼく」と弟と一緒に暮らすことはこの時点では考えていないので，Aも適当ではない。

基本 問戊 「箍が外れる」は規律や束縛から解き放たれることで，「面食らう」は戸惑うという意味。ほぼ同じことを言っている箇所を探すと，「ぼく」が「孤児院の日課を暗誦している」場面に，「時間の檻の中から急に外へ連れ出され戸惑っていた」とある。

問17 「弟の素早い手の動き」は，「最も容積のある一切れ」を「一瞬のうちに見較べ判断し」手で掴もうとするものである。後で「お腹の痛くなるほどたべてごらん」と言う「祖母」の言葉からも，食べ盛りの孫たちが食べたいものを我慢していることを察したからだと考えられる。この祖母の言葉にAはそぐわない。ご飯をおかわりしているので，Cは合わない。Dも本文からは読み取れない。

やや難 問18 傍線部(5)の「返事」は，「ぼく」の「ぼくたち，祭りまでいていい？」という願いに対する祖母の返事である。祖母の「ほんの僅かの間」のためらいを察し，「ぼく」は「駄目かな，やっぱり」と続けており，祖母は「ぼく」を安心させようと「強い口調」で「いいよ」と答えたのである。この様子に適当な理由はC。Aの「たっての頼み」は，無理を承知で強く要求する頼みなので，「ぼくたち，祭りまでいていい？」という会話には合わない。祖母は孤児院にいる孫たちを不憫に思い始めているので，Bも適当ではない。Dに関する内容は，本文から読み取れない。

問19 「ぼく」と弟が孤児院へ帰ることを決めた理由に着目する。「ここへ置いてください」という「ぼく」と弟の頼みを聞いた祖母は，叔父さんに「そんなにいうんなら，なにもかも叩き売って借金を払い……母さんが養老院にでも入って，そこへあの二人を引き取ればいいんだ」と反対されている。そのやりとりを聞いた「ぼく」と弟は，「祖母がきっと一番辛いだろう」と思って孤児院へ帰ることを決めたのである。このいきさつから読み取れる理由としてもっとも適当なものはC。Aの「目に焼き付けてお」こうとする描写はない。Bは孤児院へ帰る方便として使われた理由なので適当ではない。Dは，孤児院へ帰ろうとしている二人にとって意味がない。

問20 「たんせい」と読む。感心したり嘆いたりする時に発する声を言う。

重要 問21　人物像を読み取るためには，人物の言動に注目することが基本となる。「ぼく」は，孤児院という恵まれない境遇にあっても，何とか祖母のところで暮らせるよう気を遣いながら頼んでいる。また，たえず弟のことを思いやっており，この人物像に適当なものはA。Bの意志の強さやたくましさは，孤児院に帰ろうとする「ぼく」からは感じられない。「ぼく」の言動からは，Cの世慣れた手強さという意味の「したたか」さは感じられない。「ぼく」は絶えず周囲に気を遣っているので，Dの「天真爛漫さ」もそぐわない。

やや難 問22　本文の出典が『あくる朝の蝉』であるように，孤児院から祖母の家へ来た「ぼく」と弟を，山の中から珍しく降りてきたエゾ蝉に重ねている。「とんまな蝉」にこめられた「ぼく」の心情を，「やるせない」と表現しているCを選ぶ。エゾ蝉に重ねたこの心情に触れていないDは，適当ではない。Aの「追い立てられるように」，Bの「『ぼく』の無鉄砲ぶり」は本文と合わない。

★ワンポイントアドバイス★

例年通り問題量も設問数も多いので，問題文を何度も読み直す時間を確保することは難しい。ふだんからまとまった分量の文章を読むことに慣れておこう。長文に慣れておくことで，ポイントとなる文章や表現が見つけやすくなるだろう。

2021年度

★★★★★★★★★★★★★★★★★★★★★★★★

入　試　問　題

2021年度

明治学院高等学校入試問題

【数　学】（50分）　＜満点：100点＞

1　次の各問いに答えよ。

(1)　$-\left(-\dfrac{3}{2}\right)^2+\left(-\dfrac{5}{4}\right)\div\left(-\dfrac{5}{3}\right)$ を計算せよ。

(2)　$(\sqrt{0.72}+\sqrt{1.08})\left(\dfrac{10}{\sqrt{2}}-\sqrt{75}\right)$ を計算せよ。

(3)　連立方程式 $\begin{cases}\sqrt{2}\,x+y=-1\\ x-\sqrt{2}\,y=4\sqrt{2}\end{cases}$ を解け。

(4)　$\sqrt{10}$の小数部分をpとするとき，p^2+6p+9 の値を求めよ。

(5)　2次方程式 $(3x+1)(x-3)=2x^2-7x$ を解け。

(6)　関数$y=ax^2$において，xの変域が$-3\leqq x\leqq 1$のとき，yの変域が$0\leqq y\leqq 3$である。このとき，定数aの値を求めよ。

(7)　実数a対して，aを超えない最大の整数を $[a]$ で表す。例えば，$[3.14]=3$である。$[\sqrt{n}]=2$となる整数nはいくつあるか。

(8)　あるコンサートを2日間にわたり開催して，入場者数を調べたところ次のことが分かった。
・2日目は，1日目と比べて男子が10％減って，女子が10％増えた。
・2日目は，1日目と比べて男女合わせて1％減り，50人少なくなった。
このとき，1日目の男性の入場者数を求めよ。

(9)　△ABCにおいて，BA＝BE，CA＝CDのとき，∠Cの大きさを求めよ。

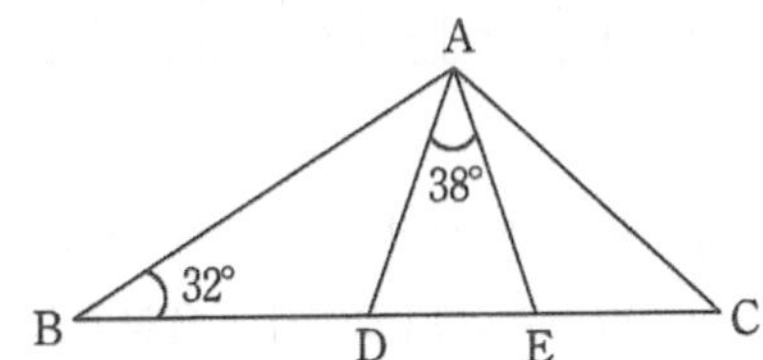

(10)　図1のような底面の半径が6㎝の円柱形の容器がある。この容器は水平に置かれ，x㎝の深さまで水が入っている。半径3㎝の鉄球を静かに沈めたところ，図2のように水の深さが14㎝になった。xの値を求めよ。ただし，円周率はπとする。

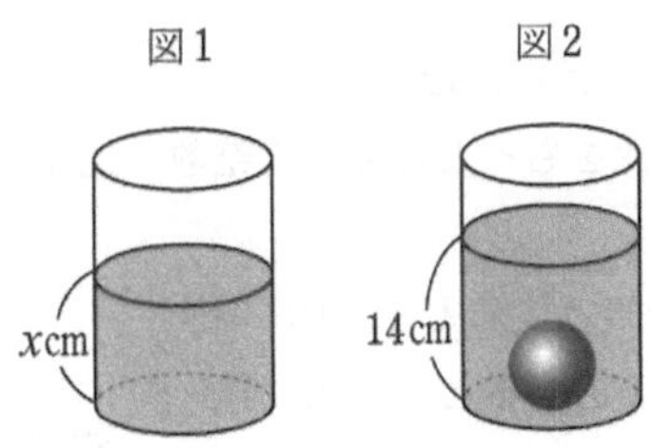

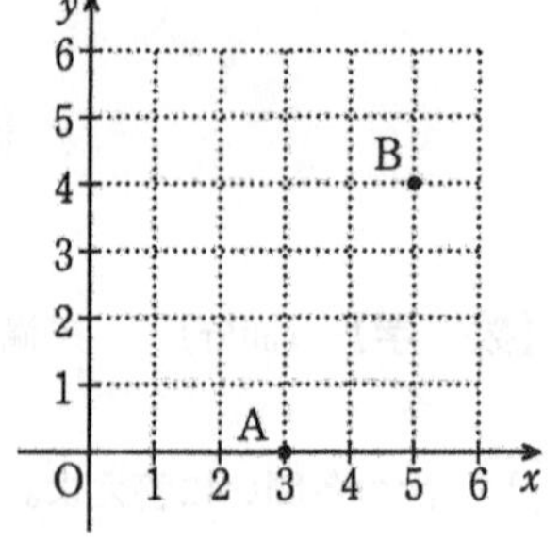

[2] 座標平面上に2点A(3, 0)，B(5, 4) がある。大小2つのさいころを投げ，大きいさいころの出た目をa，小さいさいころの出た目をbとし，点P (a, b) をとる。
次の問いに答えよ。

(1) 線分ABの垂直二等分線上に点Pがある確率を求めよ。

(2) 線分ABを直径とする円の周上に点Pがある確率を求めよ。

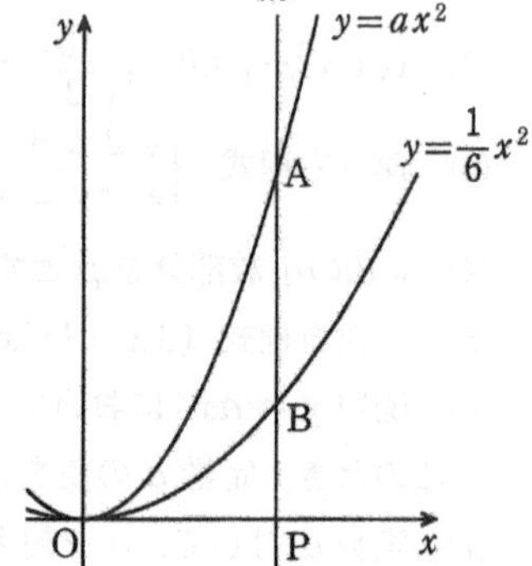

[3] 図のように，x軸上の正の部分にある点Pを通り，y軸と平行な直線mを引く。2つの放物線$y=ax^2 (a>0)$，$y=\frac{1}{6}x^2$と直線mの交点をそれぞれA，Bとするとき，AB：BP＝2：1である。次の問いに答えよ。ただし，原点をOとする。

(1) aの値を求めよ。

(2) BO＝BAとなるとき，点Bの座標を求めよ。

(3) (2)のとき，3点A，O，Bを通る円の面積を求めよ。ただし，円周率はπとする。

[4] 次の表は，あるクラスの生徒を対象に，10点満点のテストを行った結果をまとめたものである。テストの得点に応じて3段階の評価をつけ，評価A，Bを合格，評価Cを不合格とした。

評価	A	A	A	B	B	B	B	C	C	C	C
得点(点)	10	9	8	7	6	5	4	3	2	1	0
人数(人)	1	4	5	x	2	2	y	z	5	2	4

また，次のことが分かっている。

・評価Aの生徒の平均点は，評価Cの生徒の平均点よりも7点高い。

・合格者の平均点は6.6点であるが，得点が3点の生徒も合格者に含めると，合格者の平均点は6点になる。

このとき，次の問いに答えよ。

(1) 表におけるzの値を求めよ。

(2) 生徒の総数を求めよ。

[5] 平行四辺形ABCDにおいて，点Eは辺ADを1：1，点Fは辺BCを5：3，点Gは辺CDを3：2に分ける点である。次の比をもっとも簡単な整数の比で表せ。

(1) ED：FC

(2) 直線ADと直線BGの交点をHとするとき，BF：EH

(3) 線分BGと線分EFの交点をIとするとき，BI：IG

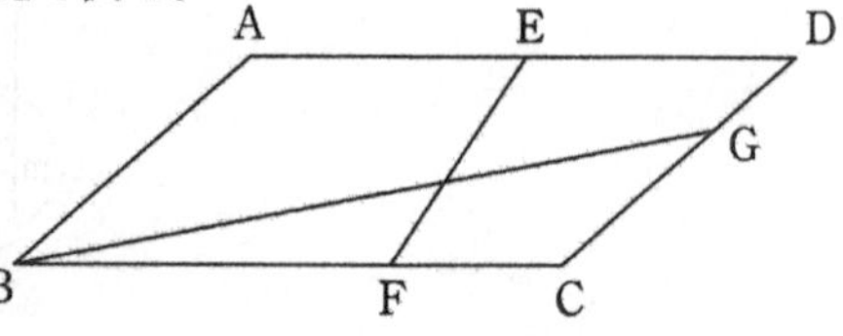

【英　語】 (50分)　＜満点：100点＞

A　次の Margaret が書いた英文を読み，1. ～16. の設問に答えなさい。

The Gift Card

1 The year 2014 was difficult for me. My only job was writing. During the last six months of the year, several of my writings were not good enough and I had no new ideas. I had health problems. My old car needed new parts. The heater stopped working. Christmas was coming soon and I didn't have much money. When I opened one of my Christmas cards, I found a gift card with a note: "Buy something special for yourself."

There was no name on the card so I didn't know who it was from. I had many ideas about the things I could buy with 2 the money. I could buy a new pair of winter boots, a camera or some DVDs. Wow... it would be a great Christmas. I was (3−1) but (3−2). I put down the card. I wanted to know who gave it to me.

Our church gives out free food to people who need it. Local stores bring bread, eggs, beans, and cans to us. People can come in and take things they need. Everything is free. When I was giving out food two weeks before Christmas with other people, I saw 4 a sad woman coming to my counter. She wore a dirty T-shirt, jeans and a jacket. When she put a bag of dried beans and a small onion into a plastic bag, I asked "Are you shopping for your family?"

"No," she said, "just me." There was sadness in her voice and I knew she wanted to talk. "My daughter and her family live in Florida and my husband died a couple of months ago. I was thinking I should get *tortillas and beans for Christmas dinner. My husband always liked beans."

"What was his name?" I asked.

"Jack." She told me about her husband: his smile, the color of his eyes, the years he spent working to help the family and the way he enjoyed going to church on Christmas Eve. When she spoke, tears came to her eyes. "This will be my (5) Christmas without him. We never had a lot of money but now there isn't any money to buy Christmas gifts for our grandchildren."

I got a tissue from my pocket, and found the gift card. I gave it to her and said, "Here. Maybe 6 this will help. Merry Christmas."

At the New Years' church meeting, our *pastor read 7 a letter that he got from the *food pantry:

Dear friends at the food pantry,

Two weeks ago, I was really sad. My husband, Jack, drove a big truck for work. On his way home from Colorado three months ago, he had an accident. The car in front of him had trouble driving. He drove off of the road. He did not want to hit the car in front. He tried to save them and he was killed. Later, I learned that the people in the other car, a mom, a dad and a two-month-old baby, were on their way to visit family in Texas. Jack saved them all.

I was so sad. In our life, 8 *<u>Jack didn't want me to work.</u> After his death, I tried to find work but I couldn't. When our money was gone, I started going to the food pantry. Two weeks before Christmas, I came to get the food for my last dinner — beans and tortillas. However, one of the volunteers gave me a gift card. I didn't know how much it was but I hoped I could buy gifts for my grandchildren. I was very surprised when I found out the card was $500. With the money I was able to buy gifts and food for myself. I was happy. I started working for a center to help other people.*

God always helps us. When I walked into the food pantry, I didn't believe that. But, that day, God changed my life. I wouldn't have a full kitchen and I wouldn't be looking forward to starting a job and getting money and my future wouldn't be good. I thank that volunteer, the food pantry and all the people who help others. God bless you all and have a wonderful New Year.

9 *<u>I know I will.</u>*

10 *<u>A thankful friend</u>*

Most times, we don't know what will happen if we are kind, but sometimes, we do. But, you will be happy not from knowing but from (11).

~ Margaret M. Nava

［注］ *tortillas：トルティーヤ（すりつぶしたトウモロコシから作る薄いパン）
*pastor：牧師　*food pantry：食料を貯蔵し配合する場所

1. 下線部１について，次の問いの答えとして最もふさわしいものを選びなさい。

What was one of the reasons that the year 2014 was difficult for Margaret?

(1) It was that Jack was killed by the accident.
(2) It was that she didn't have enough time to finish her writings.
(3) It was that she had to write a lot of Christmas cards.
(4) It was that she spent half a year in bed until Christmas.
(5) It was that the heater didn't work anymore.

2. 下線部２の内容を表すものとして最もふさわしいものを選びなさい。

(1) the money found on the street
(2) the money from church
(3) the money on the gift card
(4) the money Margaret got from work
(5) the money Margaret saved for a long time

3. 空所（3－1）（3－2）に入る組み合わせとして最もふさわしいものを選びなさい。

(3－1) ― (3－2)

(1) glad ― tiring
(2) happy ― confused
(3) sad ― bored
(4) surprised ― angry
(5) tired ― disappointed

4. 下線部4について，次の問いの答えとして最もふさわしいものを選びなさい。

Why was the woman sad?

(1) It was because the woman had no friends to talk with.
(2) It was because the woman had to buy food from Margaret.
(3) It was because the woman lost all her family.
(4) It was because the woman lost her job.
(5) It was because the woman's husband was no longer alive.

5. 空所5に入るものとして最もふさわしいものを選びなさい。

(1) fifteenth (2) first (3) happy (4) peaceful (5) several

6. 下線部6の内容を表すものとして最もふさわしいものを選びなさい。

(1) This Christmas gift will help Margaret to forget her sadness.
(2) This gift card will help the sad woman to buy gifts for her grandchildren.
(3) This kindness will help Margaret to go to church with her family again.
(4) This message which Margaret said to the sad woman will help her to live alone.
(5) This tissue which Margaret took out of her pocket will help the sad woman to stop crying.

7. 下線部7の内容を表すものとして最もふさわしいものを選びなさい。

(1) The letter said how Jack saved his wife from the car accident.
(2) The letter said how much the sad woman thanked people for their help.
(3) The letter was found before Christmas by the pastor.
(4) The letter was sent to Margaret to tell that God saved her.
(5) The letter was written by many friends who were helped by the church.

8. 下線部8について，次の問いの答えとして最もふさわしいものを選びなさい。

Why didn't Jack want his wife to work?

(1) It was because it was too dangerous for her.
(2) It was because she needed to go to church.
(3) It was because she was a sad woman.
(4) It was because she was not good enough to get a job.
(5) The reason is not written in this story.

9. 下線部9の内容を表すものとして最もふさわしいものを選びなさい。

(1) I know I will also enjoy New Year.

(2) I know I will change jobs.
(3) I know I will live with Jack again.
(4) I know I will start working for poor people.
(5) I know I will thank all people who helped me.

10. 下線部10について，次の問いの答えとして最もふさわしいものを選びなさい。
Who is the thankful friend?
(1) The thankful friend is one of the grandchildren who went to the food pantry.
(2) The thankful friend is one of the pastor's friends who attended the church meeting.
(3) The thankful friend is the daughter of the man who died in the car accident.
(4) The thankful friend is the volunteer who worked at the food pantry with the sad woman.
(5) The thankful friend is the woman who came to the food pantry to get food before Christmas.

11. 空所11に入るものとして最もふさわしいものを選びなさい。
(1) agreeing (2) doing (3) driving (4) forgetting (5) losing

12. Jack について当てはまるものとして最もふさわしいものを選びなさい。
(1) He saved the people coming to church who needed food.
(2) He and Margaret had a wonderful time on Christmas.
(3) He and his wife drove a big truck for work to carry Christmas gifts.
(4) He tried to save the people in the car by driving off of the road.
(5) He was so bad at driving that his car hit the car in front of him.

13. Jack が亡くなった後に起こったこととして最もふさわしいものを選びなさい。
(1) His wife wanted to meet her daughter in Texas, but she couldn't get money to go there.
(2) His wife was so sad that she couldn't start finding a new job to support her own life.
(3) His wife became poor and decided to get food at the food pantry.
(4) His wife visited the food pantry to get a job and help other people in trouble.
(5) His wife went to the food pantry to get some food before she used all her money.

14. 本文の内容と一致するものとして最もふさわしいものを選びなさい。
(1) The sad woman bought a camera and gave it out at the food pantry.
(2) Margaret wrote a note and gave a gift card to the sad woman.
(3) Margaret received a gift card when she went to the food pantry.
(4) The family Jack saved sent the Christmas card with $ 500.
(5) The gift card allowed the sad woman to buy food for herself and some gifts.

15. 本文の内容と一致するものとして最もふさわしいものを選びなさい。
(1) Margaret didn't know who gave the gift card, but finally knew who it was from.
(2) The sad woman who lived alone went to the local stores to buy food.
(3) Margaret was told to help other people who came to her church, but she didn't.
(4) The sad woman decided to work at the food pantry to buy Christmas gifts.
(5) Margaret's kindness gave Jack's wife a chance to change her way of thinking.

16. 本文の内容と一致しないものとして最もふさわしいものを選びなさい。
(1) When Margaret got the gift card, she had a lot of ideas about the things she could buy with the card.
(2) At the food pantry people didn't have to pay money for the things they got there.
(3) Margaret wanted to send the sad woman the Christmas card that she found at the church.
(4) When the sad woman got the gift card, she didn't know how much it was.
(5) The sad woman didn't know the name of the person who helped her.

B 次の17.～23.の文の空所に入る最もふさわしいものを選びなさい。ただし，21.～23.は，2つの空所に共通して入る最もふさわしいものを選びなさい。

17. I'm tired but I cannot (　　) the afternoon classes.
(1) have　(2) jump　(3) miss　(4) pass　(5) take

18. (　　) is a choice you make.
(1) Happier　(2) Happiest　(3) Happily　(4) Happiness　(5) Happy

19. Do you know the woman (　　) the red dress?
(1) in　(2) to　(3) wear　(4) wore　(5) worn

20. (　　) is your homeroom teacher like?
(1) How　(2) What　(3) When　(4) Where　(5) Why

21. I'll wait here if you don't (　　).
OK. If you don't agree, I'll change my (　　).
(1) care　(2) dream　(3) mind　(4) notice　(5) walk

22. Is this the (　　) train to Osaka?
To get there in time, you should leave (　　) now.
(1) early　(2) fast　(3) just　(4) right　(5) soon

23. She was (　　) work when we got home.
We heard a strange sound (　　) the same time.
(1) at　(2) in　(3) off　(4) on　(5) to

C 次の24. ～28. の選択肢の語（句）を正しい語順に並べかえたとき，(1)及び(2)に入る語（句）の組み合わせとして最もふさわしいものを選びなさい。ただし，文頭の語も小文字になっており，不要な語（句）が1つある。

24. 英語を話すとき，間違いを恐れてはいけません。

( ) (1) ( ) ( ) ( ) ( ) (2) ( ) ( ) English.

(ア) mistakes (イ) of (ウ) you (エ) afraid (オ) be (カ) when
(キ) making (ク) speak (ケ) don't (コ) mustn't

1 と 2
(1) (オ) と (ウ)
(2) (オ) と (カ)
(3) (ケ) と (ア)
(4) (コ) と (ア)
(5) (コ) と (カ)

25. どこで乗り換えたらよいか教えてください。

Please (1) ( ) ( ) (2) ( ) ( ).

(ア) where (イ) change (ウ) trains (エ) teach (オ) to (カ) tell (キ) me

1 と 2
(1) (エ) と (ア)
(2) (エ) と (ウ)
(3) (エ) と (オ)
(4) (カ) と (イ)
(5) (カ) と (オ)

26. 何者かに昨年盗まれた絵画が海外で見つかった。

( ) (1) ( ) ( ) ( ) ( ) (2) ( ).

(ア) stolen (イ) found (ウ) in (エ) abroad (オ) last year (カ) someone
(キ) by (ク) were (ケ) the paintings

1 と 2
(1) (ア) と (イ)
(2) (ア) と (ウ)
(3) (イ) と (オ)
(4) (ク) と (オ)
(5) (ク) と (カ)

27. 世界にはいくつの国がありますか。

(　　)(　　)(1)(　　)(2)(　　)(　　)(　　)?

(ア) world　(イ) there　(ウ) many　(エ) the　(オ) countries

(カ) how　(キ) are　(ク) in　(ケ) is

1 と 2

(1) (ア) と (ケ)

(2) (エ) と (ケ)

(3) (オ) と (イ)

(4) (オ) と (キ)

(5) (カ) と (オ)

28. 目が合って，私たちは恋に落ちました。

(　　)(　　)(1)(　　)(　　)(　　)(2)(　　).

(ア) eyes　(イ) in　(ウ) our　(エ) with　(オ) and

(カ) fell　(キ) met　(ク) love　(ケ) we

1 と 2

(1) (イ) と (ア)

(2) (イ) と (キ)

(3) (ウ) と (カ)

(4) (キ) と (イ)

(5) (キ) と (エ)

D　次の29. ~33. の選択肢の中からそれぞれ正しい文を選びなさい。

29. (1) He is the highest of all the boys.
(2) Her hair is not so long as you.
(3) I have books as many as my brother does.
(4) She looks younger than she really is.
(5) That dress is much expensive than this one.

30. (1) Are you interesting in learning English?
(2) Each of the rooms has a private bathroom.
(3) I have ever been to Europe many times.
(4) It was hard thing to find a friend between classmates.
(5) What does your father has in his hands?

31. (1) Do you know how surprised his words are to me?
(2) He hurried to school without have breakfast.
(3) His name is known to many football fans.
(4) I usual eat breakfast very quickly and run for my train.
(5) It takes about two hours to driving from here to the station.

32. (1) He has two cups coffees for breakfast every day.
(2) I think he is a honest man.

(3) What is the speaking language in this country?
(4) If it is fine tomorrow, we will go cycling.
(5) We had to stay at home because the rain.

33. (1) There isn't any textbook in this bookstore, isn't here?
(2) There was a dog in your garden, wasn't there?
(3) This must be the worst movie we've ever seen, has this?
(4) Your friend is a famous singer, isn't her?
(5) You've lived in Japan for many years, have you?

E 次の会話文Ⅰ.～Ⅱ.の空所34.～39.に入る最もふさわしいものを選びなさい。

Ⅰ.

A student is in the library and is looking for a book.

Student: Excuse me. Could you help me find a book on Korea?
Teacher: Of course. (34)
Student: Oh, no. I'm not planning to go there. I have to talk about the relationship between Japan and Korea in front of my class. Where can I find books on that?
Teacher: I see. You can find them in the history section. I will take you there.
Student: Thank you.
(They get there.)
Student: Oh, there are so many books. Which book do you think is good to read?
Teacher: (35) Here, why don't you read a few pages?
Student: Thanks. By the way, (36)?
Teacher: You can borrow it for two weeks.
Student: OK. My speech is next week so I will be able to return it in time.
Teacher: Good. I wish you good luck with your work.
Student: Thank you for your help.

34. (1) Here's a book about the history of Korea.
(2) I keep watching Korean dramas, too.
(3) I will show you the travel section.
(4) Let me check if the book is ready for you.
(5) There is a good book I want to read.

35. (1) I bought this one before I traveled to Korea.
(2) I'm sure you will have a hard time reading this one.
(3) There are no books that are good for your topic.
(4) This is too difficult for a student to read.
(5) This one has a lot of pictures and is easy to read.

36. (1) how long is the book
(2) how often can I read the book
(3) when can you borrow it
(4) when do I need to return the book by
(5) when do you want to borrow it

Ⅱ.

Lee meets with Satoru at the station.

Lee: Hi, Satoru. What are you doing here?
Satoru: Hi, Lee. I'm doing my homework now.
Lee: Are you doing your homework in the station?
Satoru: I know you feel this is strange, but listen. I'm going to do a speech called "English Everywhere" in an English class.
Lee: That sounds good. Do you have a plan for how you'll do it?
Satoru: Yes. I like trains so I came to the station and now I'm looking for any English signs or announcements in the station.
Lee: I see. Have you found any English in the station?
Satoru: Look over there. When a train comes close to the station, the sign flashes "A train is approaching." So, I have learned that "approach" and "come close" (37).
Lee: You are smart. Could you give me another example?
Satoru: OK. When a train is leaving, the station staff says, "Please stand clear of the closing doors." I guess "stand clear" means "(38)."
Lee: I think so, too. If you stand near the train doors when they are closing, you might get caught in them. Listen! The station staff is saying something. Umm, could you hear what he said?
Satoru: He said "The local train bound for Hiyoshi is arriving on track 2," but I don't know what "bound for" means.
Lee: The next train will make a final stop at Hiyoshi station, so we can say "bound for" means "(39)."
Satoru: You seem to be correct. Thank you for helping me with my homework.
Lee: Never mind. You taught me about what we can learn in English in our daily lives. I haven't noticed, but English is actually everywhere in Japan.

37. (1) are called gestures
(2) are easy to understand
(3) are used in different situations
(4) mean the same thing
(5) show they are spoken English

38. (1) give up
    (2) keep in mind
    (3) run into
    (4) stand near
    (5) stay away
39. (1) belong to
    (2) come from
    (3) go toward
    (4) pass through
    (5) speed up

C　喜久子と腹を割って交流しようとしない人物。

D　気性が激しく喜久子に対してつらくあたる人物。

問丁　二重傍線Ⅰ、Ⅱの漢字の読みをひらがなで記せ。

問22　傍線⑥とあるが、清治はどのような心情であったと考えられるか。もっとも適切なものを次から選べ。

A　清治自身、死期が近いことを悟っており、慣れ親しんだ自宅で喜久子と過ごす日常に改めて居心地の良さを感じている。

B　単調な日々の繰り返しに虚無感を覚え家を出たものの、思い直して戻ってきてからは新たな充実感を覚えている。

C　自宅に帰ってきて喜久子と改めて一緒に過ごしているうちに自分の身勝手さに気づき、喜久子に対して罪悪感を抱いている。

D　自分に死が訪れることをうすうす予期しており、これまでの充実した人生を振り返り感慨にふけっている。

問23　傍線⑦とあるが、ここから読み取れる喜久子の心情としてもっとも適切なものを次から選べ。

A　これまでほとんど何の連絡もよこさなかった上、突如として帰って来ても失踪した理由を説明せず、つかみ所がないままともに生活を送り、たった数カ月で死んでしまった清治を憎み、未亡人となった自分の身の上を嘆いている。

B　もう二度と清治は自分のもとに戻ってくることはないと諦めていたが、予想外にも帰って来てくれ、かつてと同じような日々をともに過ごした末に最期を見届けることができたことを満足に思っており、清々(すがすが)しい気分になっている。

C　ほぼ何の音沙汰もなかったにもかかわらず、まるで死に場所を求めるかのように自宅へと戻ってきて、残された時間をともに過ごし、自分に看取(みと)られながら最期を迎えた清治をいとおしく思いつつ、一抹のやるせなさも抱いている。

D　清治は、自身に死が近づいていることがわかっていたからこそ自分のもとにやっとの思いで帰って来たにもかかわらず、それに気づけずただ安穏と過ごしてしまったことをなさけなく思い、自らのおろかさをかみしめている。

貴女（あなた）のいらっしゃる仙台は、如何（いかが）……〕

喜久子は、忘れていた手紙の返事を、やっと書き始めた。

夫と死別した前後の様子を書く段になって、やはり筆はⅡ滞った。

しばらく考えた末に、喜久子は、こう書いた。

〔……四年も留守にしたあげく、ひょっこり帰って来て、そのまま死んでしまうなんて、……まるで鮭（さけ）みたいに、一生懸命に帰ってきたのね⑦……〕

それから先はもう書けなかった。

（神吉拓郎「鮭」より）

＊大儀…面倒でおっくうな様子。

＊床を取る…布団を敷く。

問16 傍線①とあるが、「懐が暖かい」とはどういう意味か。もっとも適切なものを次から選べ。

A　やる気に満ちあふれている。

B　気分が穏やかである。

C　所持金が充分にある。

D　全身がぽかぽかしている。

問17 傍線②の理由としてもっとも適切なものを次から選べ。

A　責めるような言葉を喜久子から浴びせかけられると思ったが、何事もなかったかのように接してくれたから。

B　ひどく疲れて家に帰り着いたため、まずは喜久子が食事の心配をしてくれたことがありがたかったから。

C　突然の訪問であるため喜久子に追い払われると思ったが、いやいやながらも迎え入れてくれたから。

D　喜久子に対して不義理をはたらいたために家に入るのがためらわれたが、温かく出迎えてくれたから。

問18 傍線③とあるが、このときの喜久子の心情としてもっとも適切なものを次から選べ。

A　何の連絡もなく帰って来た清治に対して怒りを覚えている。

B　清治とともにいるという久しぶりの状況に緊張している。

C　清治が帰って来たことには何か魂胆があるのではないかと怖れている。

D　突然の清治の帰宅という思いもよらぬ展開にうろたえている。

問19 傍線④の理由としてもっとも適切なものを次から選べ。

A　これといった危ない目に遭うことなく暮らせており、ひとりで家に住み続けることに特に不安感を持っていなかったから。

B　たしかに多少の収入は見込まれるかもしれないが、家をまったくの見ず知らずの人に貸すことにつよい抵抗があったから。

C　清治がいなくなったことに対して心の整理がついておらず、部屋を貸して生活を一変させてしまうことにためらいがあったから。

D　部屋を空けてさえおけば、いつ清治が戻ってきても以前と同じ生活をふたたび送ることができるとつよく信じていたから。

問20 空欄Xに入る適切なものを次から選べ。

A　名　B　明　C　迷　D　命

問丙 空欄Yに入る身体の部位を漢字一字で記せ。

問21 傍線⑤とあるが、清治の人物像として読み取れないものを次から選べ。

A　家で見せる表情と外で見せる表情が違う人物。

B　家では寡黙で何を考えているかわからない人物。

うな気がして、胸がつまったからである。

今まで、つもりに積った言葉が、喜久子の口からほとばしろうとしたときに、清治は顔をそむけて、立ち上った。

下駄を突っ掛けて、庭先へ出ると、清治は沈丁花のひとむらの前に立った。

そして、小さな花の一つを摘むと、鼻の先へ持って行って、ふかぶかと匂いを吸い込んだ。

「可笑しいな、一つだけ嗅いでも、それほど匂わない」

「そうかしら」

「そうだよ」

清治は、そっと、その花を摘まんだまま、縁側の喜久子のところへ持って来た。

「そんなに匂わないわね」

「な……」

清治は、その花を摘まみ直すと、手を伸ばして、喜久子のスウェターの胸に、それを挿した。うまく留った。

帰宅から三月もしないで、清治は、あっけなく死んだ。

五十歳までに、まだ数カ月あった。

入院してから、息をひきとる迄、喜久子はずっと付き添っていた。

清治は、喜久子に、家を出ていた間のことを、なにも話さなかった。

喜久子の方も、それについて訊きただそうとはしなかった。

話を聞いて、あらためて傷つきたくはなかったのである。

どこで、どう暮していたのか、清治以外には誰も知らない。

ただ、小康を保っていたときに、清治は、ふっと、こんなことを口にした。

「水戸のずっと先にね」

「ええ」

「いい海岸がある」

喜久子は、清治がなにを言い出すのかといぶかった。

「いい海岸なんだよ」

「どんな海岸なの」

「崖があって、松があって」

「そんなにいいの」

「そこに坐って、海を見てると、気持が休まる。なんといったかなあ」

「忘れちゃったんですか」

「忘れちゃった」

清治はしばらく天井を睨んでいた。

息苦しそうだった。

しばらくして、こういった。

「そこへ行ってごらん。それをいって置きたかったんだ」

そして、目を閉じた。

「……そんなあれこれがあって、ご返事を今まで持ち越してしまいました。さぞや筆不精を嗤っていらっしゃることと、申しわけなく思って居ります。

過ぎてしまうと、なにごとも、あまりにあっけなく感じられます。日ましに暖かくなって来る陽気も、花のたよりも、なんだか夢のようです。

何度呼んでも、相手は黙ったままである。

やがて、溜息のような風のような音が聞えたと思うと、電話は切れた。

喜久子は、しばらく茫然としていたが、清治が健在でいることを確信した。

その後、熱海で清治を見かけたという話や、水戸で清治に会ったという話が伝えられた。

たまたま、出張で出掛けた水戸の市内で、清治にばったり会った同僚が、喫茶店でしばらく話したらしい。その時の話の内容を電話で喜久子に報せて来た。

清治は、あちこちを転々としているようである。

その時、同僚の男が聞いた話では、清治は水戸のどこかの会社に勤めているということだった。

喜久子に、なにか伝えることはないのかと聞くと、清治は、

「探すなといってくれ。ただ、元気でいるとだけ伝えてくれればいい。そっちも元気でいてくれるように」

それだけ伝えてくれれば、と、清治は頼んだという。

喜久子は、清治が家を出た理由が知りたかった。同僚の男も、清治から、それを聞きたかったらしい。

ところが、清治は、その質問に答えて、

「俺にも、よく解らない」

と、いったそうだ。

「急に、虚しいな、という気がしたんだ。なにが理由なのか解らないが、虚しいなと思い始めると、それが頭から離れなくなってね」

清治は、それ以上は説明をしなかったそうである。

水戸へ探しに行ったらどうかという人もあり、その役を買って出ようかという親類もいたが、喜久子は、多分もう清治は水戸を離れたに違いないとおもった。そして一切の申し出を辞退した。

帰って来てからの清治は、相変らず言葉すくなで、喜久子と、ほとんどだんまりで日を過した。気持は落ち着いているようだったが、顔色がひどく悪く、大儀そうな様子が目についた。

「どこか悪いんじゃない」

と、喜久子が聞くと、

「いや、大したことはない」

と、首を振るだけである。

見かねた喜久子が、付き添って病院へ連れて行くと、医者は精密検査をするように命じた。

それっきり、清治は、病院へ行かなかった。

清治と喜久子は、縁側に腰掛けて、庭を眺めていた。

なんの取柄もない小さな庭だけれど、沈丁花が開きかけていて、かすかな香が空気のなかを漂っていた。

珍しいほど暖かな陽差しであった。

身じろぎもせずに、庭を眺めていた清治が、坐り直して、喜久子をまじまじと見詰めた。

(なんですか)

と喜久子は、問い返そうとして、清治の顔を見た。

声が出なかった。

清治の目に、⑥今まで見たことのないほど穏やかな色を見て取ったよ

立ち上った。

壁に、清治の背広が吊してあり、その下にボストン・バッグが置いてある。何年か前なら、さっさと片付けてしまうところだが、背広もボストン・バッグも、見馴れない感じのもので、夫のものという思いがしない。

ワイシャツは、洗濯屋から返って来たばかりのもののようだった。ここ数年間、清治がどこでどんな生活をして来たのか、それを語ってくれるのは、それだけである。

喜久子は、じっと、その背広とバッグを眺めていた。ポケットや、バッグのなかみを確かめてみたい気はしたが、他人の持物を探る疚しさの方をつよく感じて、思いとどまった。

寝室に入ると、清治は寝息を立てていた。

そっと自分の布団にすべり込み、身体を横たえると、突然、涙が湧いて来た。嗚咽というのではない。ただ、とめどなく涙が湧いて来て枕を濡らした。

明けがた頃、喜久子はふと目覚めた。

誰かが叫ぶ声を聞いたように思ったからである。

ひとり寝の習慣がついてから、喜久子は耳ざとくなっていた。しばらく半醒のまま耳を澄ましていると、隣の清治が、なにか呟いた。なにをいっているのか、聞き取れないが、はるか遠くから伝わって来る声のように聞える。なにか得体の知れない動物の遠吠えのようにも思える。

喜久子は闇のなかでじっとその声を聞いていた。

清治が家を出てから、四年になっていた。

ある朝、いつものように出て行って、ふいと消息が絶えた。

その日は、会社に顔を見せて、午後、どこかへ出掛けて、そのまま、会社へも連絡がなかったそうである。

その後捜索願いも出され、喜久子はいろいろ事情を聞かれたが、思い当る理由はなにもなく、彼が立ち寄りそうな先も、まるで見当がつかなかった。

清治の身辺に就て、会社や警察で一応の調べの結果が出たけれど、［Y］の廻らないような借金とか、事件につながりそうなものは、なにも出なかった。これといった女性関係もなかったようである。

「単なる蒸発、というと、可笑しな言いかただが、どうも、そういうより他にないようですなあ」

というのが、警察の見解であった。

「仕事もよくやっていましたし、対人関係で悩む人じゃありませんしね。動機を探すのに苦しむんですよ」

会社の上司はそういう。清治は、会社では、ごく人あたりの良い人間で通っていたらしい。⑤それを聞いた喜久子は、ちょっと意外な気がした。

「もちろん、帰って来たら、すぐ復職して貰いますよ。なにしろ仕事にはⅠ精進しておられるし……」

上司は、愛想よく、そう付け加えた。

半年ほどして、ある晩、電話が鳴った。

喜久子が出てみると、受話器の向うはしんとして、相手はなにもいわなかった。

直観的に、喜久子は、清治だと思った。

そして、その次に、喜久子の口をついて出たのは、

「ご飯、すんだんですか」

という言葉だった。何年間か使わなかったけれど、以前は口にした言葉である。それが突然自分の口から出たとき、喜久子は自分ながら意外だった。不意をつかれて、思わず口走ったという感もあった。

あとで考えれば、喜久子のそのときの言葉次第では、清治も諦めてまた出て行ったかもしれないのである。ただでさえ、敷居が高かった筈だ。

②清治の顔に、安心の色が浮んだ。

そして、照れたように目をぱちぱちさせながら、彼は、

「いや、まだだ」

と答えた。

喜久子は風呂を沸かし、食事の用意を調えた。落ちついている積りだったが、やはり気持は宙に浮いていて、③台所で庖丁を使っていると慄えが来た。何度か指を切りそうになった。

清治も、ぎこちなく坐って、煙草ばかり吸って、家のなかを見廻しているようだった。立ち上って、どこかへ行ったと思うと、縁側の硝子戸を開けて、暗い庭をじっと眺めていた。

（ひとり住いは不用心だから、誰かに空いた部屋を貸しなさったら……。いくらかにもなりますし……）

そう勧めてくれる人もあったが、④喜久子はその気になれなかった。これも、知人の計らいで勤めに出るようになったが、会社の事務の仕事にも、やはり馴染めなくて、辞めたばかりである。

さきのことは考えまい、と、喜久子は心に決めていた。今のところは、なんとか暮している。いよいよとなったら、また考えればいい、と思う。家を彼女の名義にしておいてくれた親の判断は、今になってみれば、先見の X があったといえる。清治は、そのことで気持を傷つけられたらしいが、おもて立って口にすることはなかった。

風呂から上って、食事をすませる間も、二人は、ほとんど話らしい話をしなかった。

うっかり口をきけば、たちまち果てしのない口争いになりかねない。それは喜久子にも清治にもよく解っていた。言いつのり、罵り合ってみたところで、なんの足しにもなりはしない。

喜久子は、台所に酒があったのを思いだして、燗をつけた。

清治は、酒の顔を見て、不思議そうにしていたが、なにもいわずに飲んだ。喜久子がたまに飲んだ飲み残しで、いくらもなかったが、清治はたちまち赤くなった。随分と弱くなったようだった。以前の清治は、かなりの酒豪であった。

酔うと、清治は坐っているのが大儀*のようにみえた。

さほど大きくない身体が、ゆらゆらとしている。見馴れた清治より、ひと廻り痩せて、小さくなったと喜久子は思う。

*床を取ると、清治は、

「有難う」

と小さくいって、すぐ立って行った。

喜久子は、食事のあとを片付けて、ずっと起きていた。手紙を書く積りだったが、とても書けそうになかった。それで、長いことテレビを見ていた。

深夜映画が終り、遂に画面が空白になってしまうと、喜久子はやっと

問題二

※問題に使用された作品の著作権者が二次使用の許可を出していないため、問題を掲載しておりません。

（梨木香歩『不思議な羅針盤』より）

問題三

次の文章を読んで、あとの問いに答えよ。

予感というものが、もし実際にあるものならば、その日の喜久子には、確かにそれらしいものがあった。

夕方、買物に出るのは、喜久子の日課である。駅前の商店街まで歩いて行って、ささやかに晩の買物をしたり、蕎麦屋や、レストランで一人だけの食事を済ませる。そのあと、珈琲店に入って、長いこと本を読むこともあった。遅く帰っても、文句をいう家族は誰もいないし、時間を気にする必要はなかった。

その日、いつもの買物に出かけた喜久子は、商店街のなかで、誰かに見られているような気がした。

漠とした感じでしかないが、背中に視線を受けているように思って、彼女は二三度、振り返ってみた。

誰も、それらしい相手は見当らない。

丁度、喜久子のような買物客で、商店の混み合う時間である。八百屋、魚屋、惣菜を売る店、どの店先にも人垣が出来ている。この私鉄沿線の町も、目立って人が増えているのが解る。急行が着いたとみえて、またひとしきり、駅の出口から人波が流れ出、それぞれ思い思いの方向へ散っていく。

鱈ひと切れ、豆腐、春菊、卵は朝の為、ボールペン、それだけが喜久子の買物である。仙台にいる女学校時代の旧友から便りを貰って、返事を書こうとしたら、使い古したボールペンのインクが切れていた。今夜は書くつもりである。晩は、鱈の鍋でいい。豆腐は一丁あると二度の役に立つ。失業保険が入ったばかりだから、①懐はいくらか暖かだったが、無用の出費は許されない。

流しで春菊を洗っていると、目の前の窓の外を、すっと人の影が過ぎたような気がした。

表の門は閉じたままになっているので、裏木戸しか使えない。来客は勝手口を廻って玄関へ行くことになる。

今頃誰だろうといぶかりながら、玄関へ出て行く。

ブザーが鳴った。

明りをつけると、格子戸の向うに誰かの立っている影が見えた。

戸をあけると、夫の清治だった。

喜久子が立ちすくんでいると、清治も、しばらく押し黙っていたが、やがて、ひとつ頷いて、

「ああ」

といった。

喜久子には、言いたいことが山ほどあった。眠れない夜などに、夫ともし顔を合せたら、ああもいってやろう、こうもいってやりたいと、繰り返し考えていたことで、胸のうちははち切れそうになっていた。

それなのに、いざ、清治と向い合ってみると、その瞬間に喜久子の頭に浮んだのは、

（この人、ひどく疲れているようだ）

という、ごく客観的な印象だけであった。

C　狩猟採集生活の終焉と新たな文明の誕生

D　出生率の上昇と健康的で文化的な生活

問4　傍線部②「オオ」と同じ漢字を用いる熟語を次の中から選べ。

A　葉をフクヨウする。　B　フクシンの部下を持つ。

C　敵がセンプクしている。　D　船がテンプクする。

問5　傍線部②「そうした影響」にこの場合あてはまらないものを次の中から選べ。

A　家畜の糞がよい肥料となり、作物の収穫量の増大に結びついていったということ。

B　必要以上に生み出された農作物は加工され、飢饉の際の食料として貯蔵されるなど有効に活用されていったということ。

C　余った作物で飼育した家畜が新たな食料となり、飢えをしのぐ手立てになったということ。

D　人間が耕すには限界のある土地も、家畜によって耕作が容易になるなど、耕作面積が拡大していったということ。

問6　Ⅱの中に記されている「イースター島」のエピソードは、この文章においてどのような役割を担っているか。ふさわしいものを次の中から選べ。

A　文明の発展に伴う大気汚染や、人間の定住生活によって生じた非衛生的な環境が野生動物の減少を招き、食料不足が深刻化していったということを証明する役割。

B　大型野生動物の絶滅によって、人間は動物を意のままに支配することが可能となり、動物の家畜化や食生活の激変へとつながっていったということを示唆する役割。

C　乱獲による天然資源の枯渇に見舞われたことが、人間の食料源としての野生動物の家畜化を推し進める契機になっていったという説の妥当性を補強する役割。

D　温暖で安定した時代の到来により、椰子の実やニワトリ、野鳥や小型鯨などを食す、豊かな食文化が生み出されていったということを具体的に提示する役割。

問7　Ⅲにタイトル（小見出し）を付ける場合、ふさわしいものは次のどれか。

A　文明の誕生　B　感染症の出現

C　人類にもたらされた試練　D　寄生虫疾患の増加

問8　傍線部④「農耕定住社会への本格的移行」が、人間社会に感染症を根づかせる結果となった理由としてふさわしくないものを次の中から選べ。

A　食糧の増産と定住が人口増加をもたらし、一定規模の人口が集まって暮らす居住環境が感染症の流行にとって格好の土壌となっていったから。

B　糞便の集積や再利用による寄生虫疾患の増加、余剰食料による小動物の繁殖などにより、感染症の温床が生み出されてしまったから。

C　狩猟生活から農耕生活へと移行したことによって、野生動物との接触機会も減少し、人間の病原体への耐性が次第に薄れていったから。

D　野生動物の家畜化によって、それまで野生動物に寄生していた病原体が、人間を媒介として広く人間社会に拡散するようになっていったから。

くの試練をもたらすことになった。その一つに感染症がある。
定住は、鉤虫症（かぎむし）や回虫症といった寄生虫疾患を増加させた。鉤虫症は、糞便から排泄（はいせつ）された虫卵が土の中で孵化（ふか）、成長し、皮膚から感染することによって起こる。回虫症は、便から排泄された虫卵を経口摂取することによって起こる。定住地において、人々が排泄する糞便は、居住地の周囲に集積される。それによって寄生虫の感染環が確立する。糞便が肥料として再利用されることによって、それはより強固なものとなった。

農耕によって生み出され、貯蔵された余剰食物は、ネズミなど小動物の格好の餌となった。ネズミは、ノミやダニを通して、ある種の感染症をヒト社会に持ち込んだ。ノミやダニによって媒介される感染症として、小児関節炎を起こすライム病、発熱や悪寒に潰瘍（かいよう）をともなう野兎（やと）病、リケッチアが原因となるコクシエラ症（Q熱）やツツガムシ病、そしてペストなどが知られている。

Ⅳ

野生動物の家畜化は、動物に起源をもつウイルス感染症をヒト社会に持ち込んだ。天然痘（とう）はウシ、麻疹（はしか）はイヌ、インフルエンザは水禽、百日咳（ひゃくにちぜき）はブタあるいはイヌに起源をもつ。いうまでもないことだが、これらの動物は、群居性の動物で、ヒトが家畜化する以前からユーラシア大陸の広大な草原で群れをなして暮らしていた。

ヒトから家畜に感染した病原体もある。例えば、ウシ型結核菌は、ヒト型結核菌にその起源をもつ。遺伝子解析から、ウシ型結核菌は、三万数千年前にヒト型結核菌から分岐したことが示唆されている。

家畜に起源をもつ病原体は、増加した人口という格好の土壌を得て、ヒト社会へ定着していった。

（山本太郎『感染症と文明』より）

＊家禽（かきん）—肉や卵を利用する目的で飼う鳥類のこと。

問1 傍線部①「土地の人口支持力を高めた」とはどういうことか。傍線部を分かりやすく言い換えたものとして適切なものを次の中から選べ。

A　個々人が所有する土地の面積が広がり、人々はより豊かな暮らしを営めるようになったということ。
B　ある一定の広さの土地で、よりたくさんの人たちが生きて行くことが可能になったということ。
C　人間の寿命が延び、一つの土地に何世代にもわたって生活できるようになったということ。
D　人間が住むことのできる土地が次から次へと広がり、新たな共同体が生まれていったということ。

問2 文中の空欄［イ］～［ハ］に入れるのにふさわしい組み合わせを次の中から選べ。

A　イ　さらに　ロ　あるいは　ハ　しかし
B　イ　さらに　ロ　けれども　ハ　したがって
C　イ　あるいは　ロ　さらに　ハ　しかし
D　イ　あるいは　ロ　そして　ハ　したがって

問3 「農耕の開始」が人間社会にもたらしたものを［Ⅰ］の中から読み取り、該当するものを次の中から選べ。

A　安定した食料供給と栄養状態の向上
B　人口規模の拡大と定住という生活様式

Ⅱ

農耕・定住の開始とほぼ同じ頃、同じ場所で起こった出来事に、野生動物の家畜化がある。いまから一万一〇〇〇年ほど前、ティグリス川とユーフラテス川に挟まれたメソポタミアの地で起こった。現在のイラクにあたる。

家畜は、いくつかの点で人間社会を変えた。第一に、家畜の糞は質のよい肥料となった。第二に、牛や馬は耕作可能面積を広げた。例えば、ロッキー山脈の東側の北アメリカ大平原に暮らす先住民は、長く川沿いの谷間でのみ農業を行ってきた。それは、谷の土地が柔らかく、人力で耕せたからにほかならない。硬土に②オオわれた台地での耕作が可能になったのは、一九世紀にヨーロッパから家畜と鋤技術が到来してからのことであった。第三に、家畜は余剰作物の貯蔵庫として機能した。余った作物を餌とすることによって、家畜は、飢饉の際の食料となりえた。決定的な解決策ではなかったかもしれないが、ぎりぎりのところでは、家畜の存在が生存の成否を決めることがあったに違いない。野生動物の家畜化は、③そうした影響を通して、人口増加に寄与した。

農耕開始以降、あるいはそれ以前から、狩猟採集は報酬の少ない労働となってきていた。乱獲が自然資源を減少させ、それが人類をして、農耕や家畜化へと向かわせたという説がある。そのような例として、イースター島の例が知られている。

ポリネシア三角の東端に位置するイースター島は、チリの首都サンティアゴから西へ三七〇〇キロ、タヒチから東へ四〇〇〇キロに位置する。全周六〇キロ、面積一六〇平方キロ余、現地語で「ラバ・ヌイ＝広い土地」と呼ばれる。周囲に島らしい島はない、太平洋上の孤島である。最も近い島からでも四一五キロ、人の住む直近の島からは二〇〇〇キロもの距離がある。

西暦五〇〇年頃、人類はこの島へ到達した。＊家禽であるニワトリとともに。太平洋の横断には木彫りの舟が使用された。イースター島は当時、巨大椰子が茂る緑豊かな島だった。西暦七、八世紀頃には祭壇が作られるようになり、遅くとも一〇世紀には石造りのモアイ像が製作され始めた。それは一七世紀頃まで続いた。しかし、モアイ作りは突然終わりを告げる。過度の森林伐採による環境破壊が原因だった。森を失った島からは、大量の表土が流れ出した。土地は痩せ、海は汚れた。食料不足は深刻なものとなっていった。

住民がニワトリを主要な食料源とし始めたのはその頃からだったという。野鳥や小型鯨が食料として確保できていた間、ニワトリが住民の主要な食料源となることはなかった。遺跡から発掘される動物たちの骨が、その事実を物語る。

農耕や野生動物の家畜化が始まった要因として、地球気温の上昇を挙げる研究者もいる。約一万年前、最後の氷河期が終わった。以降地球は間氷期を迎え、温暖で安定な時代が続く。現在を含めてこの時代は「奇跡の一万年」と呼ばれる。この温暖な気候が、農耕に適した土地と、野生植物の生息域の拡大に寄与し、さらには農耕に適した家畜を選択する余地を与えたというのである。

Ⅲ

④農耕定住社会への本格的移行は、文明を育む一方で、私たち人類に多

【国　語】（五〇分）〈満点：一〇〇点〉

【注意】　読解の一助とするため、表記を変えた箇所があります。

問題一　次の文章を読んで、あとの問いに答えよ。

Ⅰ

農耕の開始は、それまでの社会のあり方を根本から変えた。

第一に農耕は、単位面積あたりの収穫量増大を通して、①土地の人口支持力を高めた。第二に、定住という新たな生活様式を生み出した。定住は、出産間隔の短縮を通して、さらなる人口増加に寄与した。狩猟採集社会における出産間隔が、平均四—五年であったのに対し、農耕定住社会における出産間隔は、平均二年と半減した。移動の必要がなくなり、育児に労働力を割けるようになったことが大きい。ちなみに、樹上を主たる生活場所とする他の霊長類を見てみれば、チンパンジーの平均出産間隔は約五年、オランウータンのそれは約七年となっている。オランウータンの出産間隔は霊長類のなかで最も長い。

もちろん一直線に人口が増加したわけではなかろう。農耕が初期において、人々の栄養状態を悪化させたこともあったろう。短期的には、停滞も起きたに違いない。しかし長期的傾向として、人口は増加を続けた。

有史以前の人口は、土地の人口支持力から逆算することによって推定される。ある計算によれば、前期旧石器時代（約一五〇万年前）の狩猟採集民一人の生存に必要な土地の面積は、およそ二六平方キロメートルだったという。単純に計算すると、一平方キロメートルあたりの人口支持力は、〇・〇三八人だったことになる。後期旧石器時代（約五万年前）に入る頃には、それが〇・一人にまで上昇し、新人類が出アフリカを果たした当時（五—七万年程前）の人口は、数十万から一〇〇万人程度となっていた。そのうちの数百人、多くても二〇〇〇人程度がアフリカを後にして世界へ広がっていった。

農耕が開始された一万一〇〇〇年前頃には、人口は五〇〇万人となり、紀元前五〇〇年頃に一億人を突破し、紀元前後に約三億人となった。五万年かけて二〇倍になった地球人口は、農耕開始後、一万年で二〇倍に、その後二〇〇〇年でさらに二〇倍に増加した。

ところで、農耕を発見したとき、人類は、狩猟採集より高い食物収量を保証する革新的技術として、それに飛びついたのだろうか。実際の状況はそれほど単純ではなかったかもしれない。春に植えた種は秋に収穫される。しかし、春から秋にかけて起こることを正確に予測することはできない。農耕がそれまでに経験したことのない試みであったとすれば、なおさらである。洪水が起こることもあるだろう。旱魃（かんばつ）が襲うこともあるだろう。作物が病気にやられることもあるだろう。［　イ　］イナゴの大群が来襲するかもしれない。

農耕は、狩猟採集と比較して、特にその初期において決して期待収益性の高い技術ではなかった。［　ロ　］、農耕は狩猟採集より長時間の労働を必要とする。農耕が開始された後でさえ、人々は狩猟や採集を続けた。農耕は、狩猟採集の傍らで細々と開始されたに違いない。その頃の人類が農耕の潜在的可能性を完全に理解していたとは考えにくい。［　ハ　］結果としてみれば、その農耕が以降の人類史を大きく変えていくことになったのである。

大切なことはメモしておこうネ！

2021年度

解　答　と　解　説

《2021年度の配点は解答欄に掲載してあります。》

＜数学解答＞ 《学校からの正答の発表はありません。》

1 (1) $-\frac{3}{2}$ (2) -3 (3) $x=\sqrt{2}$, $y=-3$ (4) 10 (5) $x=\frac{1\pm\sqrt{13}}{2}$

(6) $a=\frac{1}{3}$ (7) 5個 (8) 2750人 (9) 44度 (10) $x=13$

2 (1) $\frac{1}{12}$ (2) $\frac{1}{6}$

3 (1) $a=\frac{1}{2}$ (2) $(2\sqrt{3}, 2)$ (3) 16π

4 (1) $z=4$ (2) 35人

5 (1) 4：3 (2) 15：28 (3) 25：18

○推定配点○

各5点×20　　計100点

＜数学解説＞

1 （正負の数，平方根，連立方程式，式の値，2次方程式，関数，数の性質，方程式の利用，角度，空間図形）

基本 (1) $-\left(-\frac{3}{2}\right)^2+\left(-\frac{5}{4}\right)\div\left(-\frac{5}{3}\right)=-\frac{9}{4}+\frac{5}{4}\times\frac{3}{5}=-\frac{9}{4}+\frac{3}{4}=-\frac{3}{2}$

(2) $(\sqrt{0.72}+\sqrt{1.08})\left(\frac{10}{\sqrt{2}}-\sqrt{75}\right)=\left(\frac{6\sqrt{2}}{10}+\frac{6\sqrt{3}}{10}\right)(5\sqrt{2}-5\sqrt{3})=\frac{3}{5}(\sqrt{2}+\sqrt{3})\times5(\sqrt{2}-\sqrt{3})=3(2-3)=-3$

(3) $\sqrt{2}x+y=-1$…①，$x-\sqrt{2}y=4\sqrt{2}$…②　①×$\sqrt{2}$+②より，$3x=3\sqrt{2}$　$x=\sqrt{2}$　これを①に代入して，$2+y=-1$　$y=-3$

基本 (4) $9<10<16$より，$3<\sqrt{10}<4$　よって，$p=\sqrt{10}-3$　$p^2+6p+9=(p+3)^2=(\sqrt{10}-3+3)^2=10$

基本 (5) $(3x+1)(x-3)=2x^2-7x$　$3x^2-8x-3=2x^2-7x$　$x^2-x-3=0$

$x=\frac{-(-1)\pm\sqrt{(-1)^2-4\times1\times(-3)}}{2\times1}=\frac{1\pm\sqrt{13}}{2}$

基本 (6) $y=ax^2$に$x=-3$，$y=3$を代入して，$3=a\times(-3)^2$　$a=\frac{1}{3}$

(7) 題意より，$2\leqq\sqrt{n}<3$　$4\leqq n<9$　これを満たす整数nは，4，5，6，7，8の5個

(8) 1日目の入場者数を男性x人，女性y人とすると，$-0.1x+0.1y=-50$より，$-x+y=-500$…①　$0.01(x+y)=50$より，$x+y=5000$…②　②－①より，$2x=5500$　$x=2750$　これを②に代入して，$y=2250$　よって，1日目の男性の入場者数は2750人

基本 (9) BA＝BEより，∠BAE＝(180°－32°)÷2＝74°　よって，∠BAD＝74°－38°＝36°　△ABDにおいて，三角形の内角と外角の関係より，∠ADE＝∠ABD＋∠BAD＝32°＋36°＝68°　CA＝

CDより，$\angle ACD=180°-68°\times2=44°$

基本 (10) 増えた水の深さは鉄球の体積分に等しいから，$\left(\frac{4}{3}\pi\times3^3\right)\div(\pi\times6^2)=\frac{36\pi}{36\pi}=1$(cm) よって，$x=14-1=13$

[2] (確率)

基本 (1) さいころの目の出方の総数は，$6\times6=36$(通り) このうち，題意を満たすのは，点Pが直線$y=-\frac{1}{2}x+4$の上にあるときで，このようなa，bの値の組は，$(a, b)=(2, 3)$，$(4, 2)$，$(6, 1)$の3通りだから，求める確率は，$\frac{3}{36}=\frac{1}{12}$

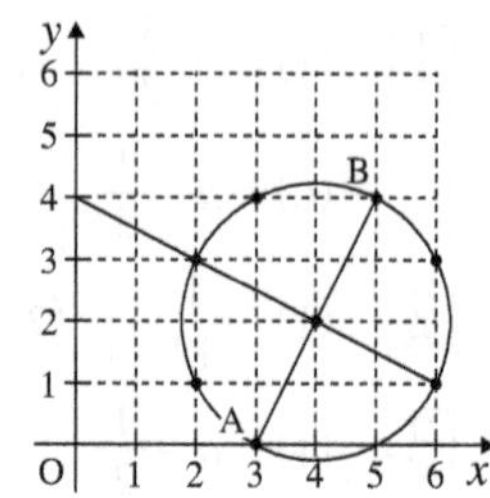

重要 (2) 右の図のように，題意を満たすのは，$(a, b)=(2, 1)$，$(2, 3)$，$(3, 4)$，$(5, 4)$，$(6, 1)$，$(6, 3)$の6通りだから，求める確率は，$\frac{6}{36}=\frac{1}{6}$

[3] (図形と関数・グラフの融合問題)

基本 (1) 点Pのx座標をtとすると，$P(t, 0)$，$A(t, at^2)$，$B\left(t, \frac{1}{6}t^2\right)$だから，AB：BP＝2：1より，AP＝3BP　$at^2=3\times\frac{1}{6}t^2$　$a=\frac{1}{2}$

(2) BO＝BAより，$BO^2=BA^2$　ここで，$BO^2=OP^2+BP^2=t^2+\left(\frac{1}{6}t^2\right)^2=\frac{1}{36}t^4+t^2$　(1)より，$BA^2=\left(\frac{1}{2}t^2-\frac{1}{6}t^2\right)^2=\frac{1}{9}t^4$　$\frac{1}{36}t^4+t^2=\frac{1}{9}t^4$　$t^4-12t^2=0$　$t^2(t^2-12)=0$　$t^2=0, 12$　$t>0$より，$t=2\sqrt{3}$　よって，$B(2\sqrt{3}, 2)$

重要 (3) (2)のとき，$A(2\sqrt{3}, 6)$　3点A，O，Bを通る円の中心をQとすると，点Qは線分AB，OBの垂直二等分線の交点となる。線分ABの中点の座標は$(2\sqrt{3}, 4)$だから，線分ABの垂直二等分線は，$y=4$　直線OBの傾きは$\frac{2-0}{2\sqrt{3}-0}=\frac{1}{\sqrt{3}}$　線分OBの中点の座標は$(\sqrt{3}, 1)$だから，線分OBの垂直二等分線の式を，$y=-\sqrt{3}x+b$とおくと，点$(\sqrt{3}, 1)$を通るから，$1=-3+b$　$b=4$　よって，$y=-\sqrt{3}x+4$　$y=4$と$y=-\sqrt{3}x+4$からyを消去して，$4=-\sqrt{3}x+4$　$x=0$　したがって，$Q(0, 4)$　円Qの半径はOQ＝4だから，その面積は，$\pi\times4^2=16\pi$

[4] (平均)

(1) 評価Aの生徒の平均点は，$\frac{10\times1+9\times4+8\times5}{1+4+5}=\frac{86}{10}=8.6$(点)　評価Cの生徒の平均点は，$\frac{3z+2\times5+1\times2+0\times4}{z+5+2+4}=\frac{3z+12x}{z+11}$(点)　題意より，$\frac{3z+12x}{z+11}=8.6-7$　$3z+12=1.6(z+11)$　$14z=56$　$z=4$

(2) 評価AとBの生徒を合わせた平均点の関係より，$\frac{86+7x+6\times2+5\times2+4y}{10+x+2+2+y}=6.6$　$7x+4y+108=6.6(x+y+14)$　$0.4x-2.6y=-15.6$　$2x-13y=-78$…①　得点が3点の生徒を含めた平均点の関係より，$\frac{7x+4y+108+3\times4}{x+y+14+4}=6$　$7x+4y+120=6(x+y+18)$　$x-2y=-12$…②　①−②×2より，$-9y=-54$　$y=6$　これを②に代入して，$x-12=-12$　$x=0$　よって，生徒の総数は，$10+10+15=35$(人)

5 （平面図形の計量）

基本 (1) AD＝BC＝5＋3＝8とすると，$ED=\frac{1}{2}AD=\frac{1}{2}\times8=4$　よって，ED：FC＝4：3

重要 (2) 平行線と比の定理より，DH：BC＝DG：GC＝2：3　$DH=\frac{2}{3}BC=\frac{16}{3}$　よって，BF：EH＝$5:\left(4+\frac{16}{3}\right)=15:28$

重要 (3) BI：IH＝BF：EH＝15：28　BG：GH＝CG：GD＝3：2　$IG=IH-GH=\frac{28}{15+28}BH-\frac{2}{3+2}BH=\frac{54}{215}BH$　よって，$BI:IG=\frac{15}{43}:\frac{54}{215}=75:54=25:18$

★ワンポイントアドバイス★

出題構成はほぼ変わらず，取り組みやすい出題内容である。できるところからミスのないように解いていこう。

＜英語解答＞ 《学校からの正答の発表はありません。》

A 1. (5)　2. (3)　3. (2)　4. (5)　5. (2)　6. (2)　7. (2)　8. (5)　9. (1)　10. (5)　11. (2)　12. (4)　13. (3)　14. (5)　15. (5)　16. (3)

B 17. (3)　18. (4)　19. (1)　20. (2)　21. (3)　22. (4)　23. (1)

C 24. (2)　25. (5)　26. (1)　27. (3)　28. (4)

D 29. (4)　30. (2)　31. (3)　32. (4)　33. (2)

E 34. (3)　35. (5)　36. (4)　37. (4)　38. (5)　39. (3)

○推定配点○

A 各3点×16　B 各2点×7　C 各2点×5　D 各2点×5　E 各3点×6　計100点

＜英語解説＞

A （長文読解・物語文：内容吟味，指示語，語句補充）

（全訳）　ギフト券

1 2014年は私にとって困難だった。私の唯一の仕事は書くことだった。その年の最後の6ヶ月の間，私の著作のいくつかは十分には良くなく，私には新しい思い付きがなかった。私には健康上の問題があった。私の古い車は新しいパーツを必要としていた。ヒーターは動かなくなった。クリスマスが間もなく来るところで，私にはあまりお金がなかった。私が私のクリスマスカードの1枚を開けたとき，「あなた自身のために何か特別なものを買いなさい」と注意書きのあるギフト券を見つけた。

券には名前がなかったので，それが誰からのものか私にはわからなかった。私は2 そのお金で買うことができるものについてたくさん思いついた。新しい冬のブーツ1足やカメラ，何枚かのDVDを買うことができた。ああ，素晴らしいクリスマスになるだろう。私は3−1 幸せだったが3−2 困惑していた。私は券を置いた。誰がそれを私にくれたのか，私は知りたかった。

私の教会は，それを必要としている人々に無料の食料を与える。地元の店はパン屋や卵，豆や缶詰を私たちに持ってくる。人々は入って，彼らが必要とするものを持っていく。全てが無料だ。クリスマスの2週間前に他の人々と一緒に，私が食料を与えていると，私のカウンターへ近づいてきている4悲しそうな女性を見た。彼女は汚いTシャツにジーンズ，上着を着ていた。彼女が乾燥豆1袋と小さな玉ねぎをビニール袋に入れたとき，「あなたの家族のために買い物をしているのですか」と私は尋ねた。

「いいえ」と彼女は言った。「私だけです」彼女の声には悲しみがあり，彼女は話したいのだ，私は知った。「私の娘と彼女の家族はフロリダに住んでいて，私の夫は数か月前に死にました。クリスマスの食事のために，私はトルティーヤと豆を手に入れるべきだ，と私は思っていました。私の夫はいつも豆が好きでした」

「彼の名前は何でしたか」と私は尋ねた。

「ジャック」彼女は私に，彼女の夫について話した。彼の微笑みや彼の目の色，家族を助けるために彼が働いて過ごした長い年月，クリスマスイヴに彼が教会へ行くことを楽しんだ道。彼女が話したとき，彼女の目に涙が浮かんだ。「これが私の彼のいない5最初のクリスマスになるでしょう。私たちには決してたくさんのお金はありませんでしたが，今は，私たちの孫にクリスマスの贈り物を買うためのお金がないのです」

私は私のポケットからティッシュを取り，ギフト券を見つけた。私はそれを彼女にあげ，言った。「はい。6これが役に立つかもしれません。メリークリスマス」

新年の教会の集まりで，私たちの牧師が食料を貯蔵し配給する場所からもらった7手紙を読んだ。
食料を貯蔵し配給する場所の親愛なる友達へ

2週間前，私は本当に悲しかった。私の夫，ジャックは仕事で大きなトラックを運転した。3ヶ月前，コロラドから家への途中で，彼は事故に遭った。彼の前の車は運転に問題があった。彼は道から外れた。彼はその車と正面衝突したくなかった。彼は彼らを救おうとし，彼は死んだ。後に，他方の車の人々，お母さんとお父さん，2ヶ月の赤ちゃんはテキサスの家族を訪問する途中だった，と私はわかった。ジャックは彼ら全員を救ったのだ。

私は悲しかった。私たちの生活で，8ジャックは私に働いてほしくなかった。彼の死後，私は仕事を見つけようとしたが，できなかった。私たちのお金がなくなったとき，私は食料を貯蔵し配給する場所へ行き始めた。クリスマスの2週間前，私は私の最後のご馳走，豆とトルティーヤ用の食料を手に入れに来た。しかしながら，ボランティアの1人が私にギフト券をくれた。それがいくらなのか私は知らなかったが，私の孫のための贈り物を買うことができれば良いと思った。その券が500ドルだとわかったとき，私はとても驚いた。そのお金で私は贈り物と私自身のための食料を買うことができた。私は幸せだった。私は他の人々を助けるために中央施設で働き始めた。

神はいつも私たちを助ける。食料を貯蔵し配給する場所に歩いて入ったとき，私はそれを信じなかった。しかし，その日，神は私の人生を変えた。私はぎっしり詰まった台所も持とうとせず，仕事を始めてお金を得ることを楽しみにしようともせず，私の将来は良くならなかった。私はあのボランティアや食料を貯蔵し配給する場所，他人を助ける全ての人々に感謝する。あなた方皆さんに神のご加護がありますように，素晴らしい新年をお迎えください。

9私がそうすると私は確信している。

10感謝している友達

ほとんどのとき，もし私たちが親切であれば何が起こるのか，私たちは知らないが，私たちはする。しかし，知っていることからではなく11することからあなたは幸せになるだろう。

～マーガレット・M・ナヴァ

1. 「マーガレットにとって2014年が困難だった理由の1つは何か」 (1) 「それは事故によってジャックが殺されたことだった」(×) ジャックは悲しんでいる女性の夫である。 (2) 「それは彼女には彼女の著作を仕上げるための十分な時間がなかったことだった」(×) 著作がうまくできなかったのである。 (3) 「それは彼女がたくさんのクリスマスカードを書かなければならなかったことだった」(×) クリスマスカードを書くことについての記述はない。 (4) 「それは彼女がクリスマスまで半年をベッドで過ごしたからだった」(×) ベッドで過ごした記述はない。 (5) 「それはヒーターがもう動かなかったことだった」(○) 第1段落第6文参照。
2. (1) 「通りで見つけられたお金」(×) (2) 「教会からのお金」(×) (3) 「ギフト券のお金」(○) 第1段落最終文参照。 (4) 「マーガレットが仕事から得たお金」(×) (5) 「マーガレットが長い間貯めたお金」(×)。
3. (1) 「うれしい」―「骨の折れる」(×) (2) 「幸せな」―「困惑した」(○) 「素晴らしいクリスマスになるだろう」(空所3－1の直前の1文)と思って「幸せだった」が，ギフト「券を」「誰が」「くれたのか」(空所3－2の直後の2文)わからなかったから「困惑していた」のである。
(3) 「悲しい」―「うんざりした」(×) (4) 「驚いた」―「怒った」(×) (5) 「うんざりした」―「がっかりした」(×)
4. 「女性はなぜ悲しかったのか」 (1) 「それは女性には話す友達がいないからだった」(×)
(2) 「それは女性がマーガレットから食料を買わなくてはならないからだった」(×) (3) 「それは女性が彼女の家族全員を失ったからだった」(×) (4) 「それは女性が彼女の仕事を失ったからだった」(×) (5) 「それは女性の夫がもう生きていなかったからだった」(○) 下線部4の直後の5文目参照。
5. (1) 「15回目の」(×) (2) 「最初の」(○) 女性の「夫は数か月前に死」んだ(下線部4の直後の5文目)のだから，「これが私の彼(＝女性の夫)のいない最初のクリスマスになる」のである。
(3) 「幸せな」(×) (4) 「平和な」(×) (5) 「いくつかの」(×)
6. (1) 「このクリスマスの贈り物はマーガレットが彼女の悲しみを忘れるのに役に立つだろう」(×) 悲しんでいるのはマーガレットではない。 (2) 「このギフト券は悲しんでいる女性が彼女の孫たちに贈り物を買うのに役に立つだろう」(○) 空所5の直後の1文参照。 (3) 「この親切はマーガレットが彼女の家族と教会へ行くのに役に立つだろう」(×) マーガレットの家族についての記述はない。 (4) 「マーガレットが悲しんでいる女性に言ったこのメッセージは彼女が1人で生きるのに役に立つだろう」(×) 下線部6の「これ」とはギフト券のことである。
(5) 「マーガレットが彼女のポケットから取り出したこのティッシュは悲しんでいる女性が泣き止むのに役に立つだろう」(×) 下線部6の「これ」とはギフト券のことである。
7. (1) 「その手紙には，ジャックがどのように自動車事故から彼の妻を救ったか，書いてあった」(×) 救ったのは妻ではない。 (2) 「その手紙には，悲しんでいる女性が人々に彼らの助けに対してどのくらい感謝したか，書いてあった」(○) 下線部9の直前の2文目参照。 (3) 「その手紙は牧師によってクリスマスの前に見つけられた」(×) 牧師が食料を貯蔵し配給する場所からもらったのである。 (4) 「その手紙は，神は彼女を救ったと言うためにマーガレットに送られた」(×) 食料を貯蔵し配給する場所に送られたのである。 (5) 「その手紙は教会によって助けられたたくさんの友達によって書かれた」(×) 悲しんでいた1人の女性によって書かれたのである。
8. 「ジャックはなぜ彼の妻に働いてほしくなかったか」 (1) 「それは彼女にとって危険過ぎたからだ」(×) (2) 「それは彼女が教会へ行く必要があったからだ」(×) (3) 「それは彼女が悲しんでいる女性だったからだ」(×) (4) 「それは彼女が仕事を得るほど優秀ではなかったから

だ」(×)　(5)「理由はこの物語に書かれていない」(○)

重要 9. (1)「私も新年を楽しむだろう，と私は知っている」(○)　1つの語句が2つ以上の語句にどれも同じようにかかるとき，共通した要素を省略することができる。ここでは will の後の動詞以下が省略されているので，下線部9の直前の動詞以下を探すと，直前の1文に have a wonderful New Year がある。省略されているのはこの部分である。　(2)「私は仕事を変えるだろう，と私は知っている」(×)　(3)「私はまたジャックと暮らすだろう，と私は知っている」(×)　(4)「私は貧しい人々のために働き始めるだろう，と私は知っている」(×)　(5)「私は私を助ける全ての人々に感謝するだろう，と私は知っている」(×)

10. 「感謝でいっぱいの友達は誰か」 (1)「感謝でいっぱいの友達は食料を貯蔵し配給する場所に行った孫たちの1人だ」(×)　(2)「感謝でいっぱいの友達は教会の集まりに参加した牧師の友達の1人だ」(×)　(3)「感謝でいっぱいの友達は自動車事故で死んだ男性の娘だ」(×)　(4)「感謝でいっぱいの友達は悲しんでいる女性と一緒に食料を貯蔵し配給する場所で働いたボランティアだ」(×)　(5)「感謝でいっぱいの友達はクリスマスの前に食料を得るために食料を貯蔵し配給する場所に来た女性だ」(○)　下線部9の直前の2文目参照。ここでの「私」はマーガレットからギフト券をもらった女性であり，この手紙を書いた人である。

重要 11. (1)「同意する事」(×)　(2)「すること」(○)　空所11の直前の1文には we don't know と we do があり，「知る」と「する」を対比して述べている。同様に考えると，knowing「知ること」(空所11の1文)と対比しているのは doing「すること」である。　(3)「運転すること」(×)　(4)「忘れること」(×)　(5)「失うこと」(×)

12. (1)「彼は食料を必要として教会に来る人々を救った」(×)　そのような記述はない。　(2)「彼とマーガレットはクリスマスに素晴らしい時を過ごした」(×)　ジャックは悲しんでいた女性の夫である。　(3)「彼と彼の妻はクリスマスの贈り物を運ぶために仕事で大きなトラックを運転した」(×)　妻はトラックを運転していないし，クリスマスの贈り物を運んだという記述はない。　(4)「彼は道から外れて運転することによって車の中の人々を救おうとした」(○)　手紙の第1段落第5文～最終文参照。　(5)「彼は運転がとても下手だったので彼の車は彼の前の車にぶつかった」(×)　問題のある前の車と衝突しないために道路から外れたのである。

13. (1)「彼の妻はテキサスの彼女の娘に会いたかったが，そこへ行くためのお金を得ることができなかった」(×)　娘に会いたい，という記述はない。　(2)「彼の妻はとても悲しかったので彼女自身の生活を支えるための新しい仕事を見つけ始めることができなかった」(×)　見つけようとしたが見つからなかったのである。　(3)「彼の妻は貧しくなり，食料を貯蔵し配給する場所で食料を得ようとした」(○)　手紙の第2段落第4文参照。　(4)「彼の妻は仕事を得て困難な他の人々を助けるために食料を貯蔵し配給する場所を訪れた」(×)　自分の食料を得るためである。　(5)「彼の妻は彼女の全てのお金を使う前にいくらかの食料を得るために食料を貯蔵し配給する場所へ行った」(×)　お金がなくなったときに行ったのである。

14. (1)「悲しんでいる女性はカメラを買って，それを食料を貯蔵し配給する場所に寄付した」(×)　そのような記述はない。　(2)「マーガレットはメモを書いて，悲しんでいる女性にギフト券をあげた」(×)　メモを書いてはいない。　(3)「食料を貯蔵し配給する場所へ行ったとき，マーガレットはギフト券を受け取った」(×)　マーガレットはあげたのである。　(4)「ジャックが救った家族は500ドルと共にクリスマスカードを送った」(×)　ギフト券とクリスマスカードの送り主はわからないのである。　(5)「ギフトカードは悲しんでいる女性が彼女のための食料といくつかの贈り物を買うことを可能にした」(○)　手紙の第2段落最後から3文目参照。

15. (1)「マーガレットは誰がギフトカードをくれたのか知らなかったが，ついにそれが誰からなのか知った」(×) 知らないままである。 (2) 「1人で暮らしている悲しんでいる女性は食料を買うために地元の店へ行った」(×) もらうために食料を貯蔵し配給する場所へ言ったのである。 (3) 「マーガレットは彼女の教会へ来る他の人々を助けるように言われたが，彼女はしなかった」(×) 助けるように言われた，という記述はない。 (4) 「悲しんでいる女性はクリスマスの贈り物を買うために食料を貯蔵し配給する場所で働くことを決めた」(×) マーガレットからもらったギフト券で買ったのである。 (5) 「マーガレットの親切はジャックの妻に彼女の考え方を変える機会を与えた」(○) 手紙の第3段落参照。

16. (1) 「マーガレットはギフト券を受け取ったとき，彼女にはその券で買うことができるものについてのたくさんの考えがあった」 第2段落第2文参照。 (2) 「食料を貯蔵し配給する場所で人々はそこで得たものに対して支払わなくてもよかった」 第3段落第3文・第4文参照。
(3) 「マーガレットは悲しんでいる女性に教会で見つけたクリスマスカードを送りたかった」 教会で見つけた，という記述はない。 (4) 「悲しんでいる女性はギフト券をもらったとき，それがいくらなのか知らなかった」 手紙の第2段落第6文・第7文参照。 (5) 「悲しんでいる女性は彼女を助けた人の名前を知らなかった」 手紙の第2段落第6文参照。

B (語句補充：語彙，前置詞，疑問詞)

17. miss「(授業など)に出席しない」
18. 「幸福はあなたがした選択だ」という意味であるので，主語は名詞の happiness「幸福」である。happy は「幸せな」の意味の形容詞，happier は happy の比較級，happiest は最上級である。 happily は副詞で「幸福に」の意味。
19. 〈in ＋衣服〉「～を身につけて」
20. 〈what is ＋主語＋ like?〉「(主語)がどのようなものか」
基本 21. mind は疑問文や否定文では「嫌がる」「気にする」の意味。change one's mind「気が変わる」
22. right は「適切な」，right now は「すぐに」の意味。
23. at work は「仕事中で」，at the same time は「同時に」の意味。

C (語句整序：命令文，前置詞，動名詞，語彙，接続詞，文型，不定詞，分詞，受動態)

24. Don't be afraid of making mistakes when you speak (English.) 「～するな」の意味の命令文は〈Don't ＋動詞の原形〉の形。ここでは afraid という形容詞を使っているので〈Don't ＋ be動詞＋形容詞〉とする。be afraid of ～ で「～を恐れる」。of は前置詞。前置詞の目的語に動詞が来る場合，その動詞は原則として動名詞〈動詞の原形＋ ing〉となる。make a mistake [mistakes]で「間違いをする」の意味。接続詞 when を使った文。〈主語A＋動詞B＋ when ＋主語C＋動詞D〉で「CがDのときAがB」という意味。mustn't が不要。
25. (Please) tell me where to change trains(.) please を使った丁寧な命令文「どうか～してください」は〈please ＋動詞の原形〉で表す。tell は〈主語＋動詞＋人＋物〉という文型を作る。ここでは「物」にあたる部分が〈where to ＋動詞の原形～〉になっている。〈where ＋ to ＋動詞の原形〉で「どこで[どこへ]～したらよいか」という意味。teach が不要。
やや難 26. The paintings stolen by someone last year were found abroad(.) the paintings を修飾する過去分詞 stolen を使った文。「何者かに昨年盗まれた」なので stolen by someone last year でひとかたまり。過去分詞 stolen は単独ではなく関連する語句 by someone last year を伴っているので paintings の直後に置く。「～される」という意味なので〈be動詞＋動詞の過去分詞形〉の形の受動態の文にする。abroad は副詞で「海外で」の意味になるので，in が不要。
27. How many countries are there in the world(?) 〈How many ＋名詞の複数形～？〉で物の

数を尋ねる文になる。主語が不特定なもので「…が～にある」という意味を表す場合，〈There＋be動詞＋数量[a／an]＋名詞＋場所を示す前置詞句〉の形にする。疑問文ではbe動詞を there の前に置く。be動詞は続く名詞と時制で決まる。countries は複数形の名詞だからbe動詞は are を使う。is が不要。

28. Our eyes met and we fell in love(.)　fall in love with ～ で「～に恋をする」の意味だが，ここでは「～」に当たる恋をする対象がない文なので，with が不要。

D （正誤問題：比較，受動態，前置詞，不定詞，語彙，接続詞，付加疑問文）

29. (1)　人の身長が高いことを表すときは high ではなく tall を用い，tallest とするのが適切。(×)　(2)　〈A＋動詞＋形容詞[副詞]の比較級＋ than B〉はAとBとを比較して「AはBよりも～だ」の意味。ここでは「彼女の髪」と比較しているのだから，Bは your hair 「あなたの髪」であるべきである。〈人称代名詞の所有格＋名詞〉は所有代名詞「～のもの」で表すことができる。you ではなく yours「あなたのもの」とするのが適切。(×)　(3)　〈as many ＋名詞の複数形＋ as ～〉で〈～と同じくらい(多くの)…」の意味。books を many の直後に置くのが適切。(×)　(4)　〈形容詞[副詞]の比較級＋ than ～〉の形の比較の文では，than 以下には主語だけを残し，than より前にある部分と重複する部分は省略されるのが一般的で，比較内容を表す形容詞・副詞(ここでは young)は必ず省略する。(○)　(5)　expensive の比較級は more expensive である。比較級の形容詞・副詞を強調する場合は much を使う。much more expensive とするのが適切。(×)

30. (1)　be interested in ～ で「～に興味を持っている」の意味。interesting ではなく interested を用いるのが適切。(×)　(2)　each は原則として単数扱い。主語が3人称単数で現在の文なので have ではなく has を用いている。(○)　(3)　ever「今までに」は原則として平叙文の肯定文では使わない。ever を用いないのが適切。(×)　(4)　between は原則として2者間で，3者以上の間では among を使うのが適切。(×)　(5)　does を用いた疑問文では動詞を原形の have に戻す。has ではなく have を使うのが適切。(×)

31. (1)　surprise は「驚かす」の意味だから，be surprised は受け身的な「(人が)驚かされる」，つまり「(人が)驚く」という意味になる。be surprising は「(人を)驚かす」，つまり物が主語になり「(人を)驚かすような」という意味になる。ここでは物である his words「彼の言葉」が主語だから，surprised ではなく surprising を用いるのが適切。(×)　(2)　without「～がなければ[～なしに]」は前置詞。前置詞の目的語に動詞が来る場合，その動詞は原則として動名詞〈動詞の原形＋ ing〉となる。have ではなく having とするのが適切。(×)　(3)　be known to ～ は「～に知られている」の意味。(○)　(4)　usual は「いつもの」の意味の形容詞。「普通は」の意味になる副詞の usually を用いるのが適切。(×)　(5)　「…するのに～(時間)かかる」は〈it takes ～(時間)＋ to ＋動詞の原形〉を使う。driving ではなく原形の drive とするのが適切。(×)

32. (1)　coffee「コーヒー」は一般的には不加算名詞で，「2杯のコーヒー」は two cups of coffee と表す。two cups coffees ではなく two cups of coffee とするのが適切。(×)
(2)　hour [auə*r*]は発音が母音で始まるので，冠詞は a ではなく an を用いるのが適切。(×)
(3)　〈what ＋名詞〉で「どんな～」という意味になる。「話される」という意味なので〈be動詞＋動詞の過去分詞形〉の形の受動態の文にする。「どんな言語が～ですか」のように疑問詞が主語になった疑問文は，平叙文と同じ〈主格の疑問詞(＋名詞)＋動詞(＋目的語)〉という語順になる。What language is spoken の語順にするのが適切。(×)　(4)　if 以下は条件を示す副詞節なので，未来の内容でも中の動詞は現在時制を使う。ただし，主節には未来形を用いる。(○)

(5) because は接続詞。接続詞を使った文では接続詞＋主語＋動詞で節を作る。後に名詞か名詞相当語句が続くときは because of ～「～のために」を用いるのが適切。(×)

33. (1) 確認や同意を求める付加疑問の文。主語を代名詞に換え，もとの文を疑問文にした形のうち，最初の〈助動詞[be動詞]＋主語〉の部分を使う。それを肯定・否定を逆にする。ここではbe動詞を用いた現在の否定文 there isn't だから，疑問形 isn't there を肯定にし is there とするのが適切。(×) (2) be動詞を用いた過去の肯定文 there was だから，疑問形 was there を否定にし wasn't there となる。(○) (3) 助動詞を用いた肯定文 this must だから，疑問形 must it を否定にし mustn't it とするのが適切。(×) (4) 主語を代名詞に換えるから，your friend を主格の代名詞 she とするのが適切。(×) (5) 助動詞を用いた肯定文 you have だから，疑問形 have you を否定にし haven't you とするのが適切。(×)

E (会話文：語句補充)

Ⅰ. (全訳) 生徒が図書館にいて本を探している。

生徒：すみません。韓国についての本を僕が探すのを手伝ってくださいませんか。

先生：もちろん。34旅行の部門を君に見せよう。

生徒：ああ，違います。僕はそこへ行くことを計画しているのではありません。僕は僕のクラスメイトの前で日本と韓国との関係について話さなければならないのです。どこでそれを見つけることができますか。

先生：なるほど。君はそれらを歴史部門で見つけることができる。私が君をそこへ連れて行こう。

生徒：ありがとうございます。

(彼らはそこへ着く。)

生徒：ああ，とてもたくさんの本がありますね。あなたはどの本が読むのに良いと思いますか。

先生：35これにはたくさんの写真があって読みやすいよ。はい，数ページ読んでみたらどうだい。

生徒：ありがとうございます。ところで，36僕はいつまでに本を返す必要がありますか。

先生：君はそれを2週間借りることができるよ。

生徒：わかりました。僕のスピーチは来週なので，遅れずに返すことができるでしょう。

先生：良いね。君が勉強でうまくいくと良いと思うよ。

生徒：手伝ってくださってありがとうございました。

34. (1)「ここに韓国の歴史についての本がある」(×) (2)「私も韓国のドラマを見続けているよ」(×) (3)「旅行の部門を君に見せよう」(○) (4)「君のための本が用意できているかどうか私に調べさせて」(×) (5)「私が読みたい良い本がある」(×)

35. (1)「私が韓国に旅行する前にこれを買ったんだ」(×) (2)「これを読むのに君がつらいときを過ごすだろう，私は確信しているよ」(×) (3)「君の話題に良い本はないな」(×) (4)「これは生徒が読むには難しすぎる」(×) (5)「これにはたくさんの写真があって読みやすいよ」(○)

36. (1)「この本はどのくらいの長さですか」(×) (2)「私はどのくらいの頻度でその本を読むことができますか」(×) (3)「あなたはいつそれを借りることができますか」(×) (4)「僕はいつまでに本を返す必要がありますか」(○) (5)「あなたはいつそれを借りたいですか」(×)

Ⅱ. (全訳) リーはサトルと駅で会う。

リー　：やあ，サトル。君はここで何をしているんだい。

サトル：やあ，リー。僕は今，僕の宿題をしているんだ。

リー　：君は駅で君の宿題をしているのかい。

サトル：これが奇妙だと君が感じるのはわかるけれど，聞いて。僕は英語の授業で「どこにでも英語」と呼ばれるスピーチをする予定なんだ。

リー　：それは良さそうだね。君には，どのようにそれをするか，の計画はあるのかい。

サトル：うん。僕は電車が好きなので駅に来て，今，駅の何か英語の看板やアナウンスを探しているんだ。

リー　：なるほどね。君は駅で何か英語を見つけたかい。

サトル：向こうを見て。電車が駅に近づいてくると，「電車が近づいています」の看板がぱっとつく。それで，僕は「approach」と「come close」が37同じことを意味する，と学んだ。

リー　：君は賢いな。別の例を挙げてくれるかい。

サトル：いいよ。電車が出発する予定のとき，駅員が「閉まる扉から離れてください」と言う。僕は「stand clear」が「38離れている」を意味する，と推測する。

リー　：僕もそう思うよ。もしそれらが閉まるときに電車の扉の近くに立つと，それらに挟まれるかもしれない。聞いて。駅員が何かを言っている。ううん，彼が何を言ったか，君には聞こえたかい。

サトル：彼は「各駅停車日吉駅行きが2番線に到着します」と言ったけれど，僕には「bound for」が何を意味するかわからないよ。

リー　：次の電車は日吉駅に最後に止まる予定だから，「bound for」は「39に向かっていく」を意味する，と言うことができる。

サトル：君は正しいようだよ。僕の宿題を手伝ってくれてありがとう。

リー　：いいよ。君は僕に，僕たちが僕たちの毎日の生活で英語で学ぶことについて僕に教えてくれた。僕は気付かなかったけれど，英語は日本では本当にどこにでもあるんだな。

37. (1)「身ぶりと呼ばれる」(×)　(2)「理解するのが簡単だ」(×)　(3)「様々な状況で使われる」(×)　(4)「同じことを意味する」(○)　(5)「それらは英会話だと示す」(×)

38. (1)「諦める」(×)　(2)「覚えておく」(×)　(3)「～と衝突する」(×)　(4)「近くに立つ」(×)　(5)「離れている」(○)

39. (1)「～に所属する」(×)　(2)「～出身だ」(×)　(3)「～に向かっていく」(○)　(4)「～を通過する」(×)　(5)「速度を速める」(×)

★ワンポイントアドバイス★

現在完了・不定詞・動名詞など，動詞の語形変化を伴う単元はしっかりと復習しておくことが大切だ。複数の問題集を使うなどして，正誤問題でも迷わないように確実に身につけよう。

＜国語解答＞ 《学校からの正答の発表はありません。》

問題一　問1　B　問2　C　問3　B　問4　D　問5　B　問6　C　問7　B
問8　C

問題二　問甲　X　崩壊　Y　こうじょう　問9　B
問乙　お手伝いさ～られること　問10　D　問11　B　問12　A　問13　C
問14　A　問15　D

問題三　問16　C　問17　A　問18　D　問19　C　問20　B　問丙　首
問21　D　問丁　Ⅰ　しょうじん　Ⅱ　とどこお　問22　A　問23　C

○推定配点○

問題一　各4点×8　問題二　問甲・問13　各2点×3　他　各4点×7
問題三　問16・問丙・問丁　各2点×3　他　各4点×7　計100点

＜国語解説＞

問題一 （説明文―主題・表題，大意・要旨，内容吟味，文脈把握，指示語の問題，接続語の問題，漢字の読み書き）

問1　「土地の人口支持力」について一つ後の段落で具体的に述べている。「有史以前の人口は，土地の人口支持力から逆算することによって推定される。ある計算によれば，前期旧石器時代……の狩猟採集民一人の生存に必要な土地の面積は，およそ二六平方キロメートルだったという」から，「土地の人口支持力」はある一定の広さの土地でどれくらいの人が生きて行くことができるかを表すとわかる。この「人口支持力を高めた」とはどういうことかを考える。

問2　イ　「洪水が起こることもあるだろう。旱魃が襲うこともあるだろう。作物が病気にやられることもあるだろう」という前に，後で「イナゴの大群が来襲するかもしれない」と別の可能性を挙げているので，選択の意味を表す語を入れる。　ロ　「農耕は……決して期待収益性の高い技術ではなかった」という前に，後で「農耕は……長時間の労働を必要とする」と付け加えているので，添加の意味を表す「さらに」か「そして」を入れる。　ハ　「その頃の人類が農耕の潜在的可能性を完全に理解していたとは考えにくい」という前に対して，後で「その農耕が以降の人類史を大きく変えていくことになった」と相反する内容を述べているので，逆接の意味を表す「しかし」を入れる。ここで，Cの組み合わせがふさわしいと確定できる。

問3　冒頭に「農耕の開始は，それまでの社会のあり方を根本から変えた」とあるので，どのような「社会のあり方」になったのかを読み取る。「第一に」で始まる段落に「第一に農耕は……第二に，定住という新たな生活様式を生み出した。定住は，出産間隔の短縮を通して，さらなる人口増加に寄与した」とあり，この内容を述べているBを選ぶ。

問4　他の訓読みは「くつがえ(る)」で，音読みは「フク」。Aは服用，Bは腹心，Cは潜伏，Dは転覆。

問5　直前の「野生動物の家畜化」が「人口増加に寄与した」のは，どのような影響によるのか，同じ段落の内容に着目する。「第一に」で挙げた内容にAが，「第二に」で挙げた内容にDが，「第三に」で挙げた内容にCがあてはまる。Bの「農作物の加工」については本文で挙げていない。

問6　「農耕開始以降」で始まる段落の「乱獲が自然資源を減少させ，それが人類をして，農耕や家畜化へと向かわせたという説がある。そのような例として，イースター島の例が知られている」に着目する。「イースター島」のエピソードは，「乱獲」「自然資源の枯渇」「家畜化」という流れを説明するための例として挙げられていることから判断する。

問7　Ⅲの冒頭の段落で「農耕定住社会への本格的移行は……人類に多くの試練をもたらすことになった。その一つに感染症がある」と述べ，次の段落以降で「感染症」について説明している。

重要 問8　Ⅳの最終段落「家畜に起源をもつ病原体は，増加した人口という格好の土壌を得て，ヒト社会へ定着していった」にAが，Ⅲの「定住は」で始まる段落の内容にBが，Ⅳの「野生動物の家畜化は」で始まる段落の内容にDがふさわしい。Cの「人間の病原体への耐性が次第に薄れていった」ことについては，本文で述べていない。

問題二　**（随筆一大意・要旨，内容吟味，文脈把握，指示語の問題，漢字の読み書き，語句の意味，ことわざ・慣用句）**

問甲　X「崩」の訓読みは「くず(れる)」。「壊」の訓読みは「こわ(れる)」。　Y　口頭で述べる型通りの言葉。「口」の他の音読みは「ク」で，「口調」「異口同音」などがある。

問9　傍線部①の「それ」は，庭の提供を指し示している。前の「何の働きもできない私のやうな女までも，何か好い仕事をさせてやらうといふ真面目な気持も交じつてゐたらしく」や，後の「かういふ話を私ひとりでがんばつて受けつけないでゐれば，一億一心といふマトー……にはづれるのだから，町会から少しぐらゐ意地わるの事をされても仕方がなかつた」という片山廣子の叙述に着目する。仕事をさせてやらうといふ真面目な気持」を「配慮」，「意地わる」を「快からぬ気持ち」と言い換えているBが適当。Aの「思いやり」，Cの「孤高を保ち続けてほしい」，D「周囲の意地悪から『彼女』を救おう」などの部分が適当ではない。

問乙　傍線部②の後「私にとっては怖いほどの一大事」とは，具体的にどうなることなのかを考える。同じ文の「お手伝いさんと二人静かに暮らしてきたこの家に，二十人三十人の人が押しかけて共同生活を強いられることになる」から，抜き出す。

問10　前の「最初の日だけで三百八十名ほどの人数がやってきた。午前九時から午後五時まで，勇ましい黒の防空服の彼女たちが大きなシャベルで土を掘ったり運んだり，庭のあちこちの木の下で七輪を据え，お茶を沸かしたりしている様」に着目する。「彼女たち」が，庭に町会の貯水池を掘るという共通の目的のために立ち働く様子を「戦場のよう」とたとえている。

問11　「笑いの［④］」で，その場にいる人々が大笑いする様子を言う。

問12　傍線部⑤は，直前の「うつむき加減だった勤め帰りのおじさんたちも，思わず噴き出しながら……『なんだ，どうしたんだ』『何が起こったんだ』」と「呟く」様子を表現している。ふだんは公の場では「独り言」を言わない人々が自然に独り言を言える状況で，むしろ人に聞こえるように独り言を言っているという内容を述べているAを選ぶ。

やや難 問13　「上気」は「じょうき」と読む。頭に血が上って興奮して顔が赤くなる様子を表す。直前の「知りたい！あの『ああ！』のわけを」「いったい何が起こったんだろう」という言葉の調子からも「興奮」とあるCを選ぶことができる。この言葉の調子からBの「うれしさ」は読み取れない。

やや難 問14　傍線部⑦の「電車や駅の構内」での人々の様子について，直前の段落で「不慮の事故に巻き込まれぬよう……多少緊張気味で表情に乏しく自分の世界に入っている」とし，その様子を「個人の周りはカプセルのように閉ざされている」とたとえている。この内容を「自分の世界に入って他者と関わらずに行動している」と置き換えているAに注目する。Aの「その人の真のコミュニケーション能力が表れる」は，傍線部⑦の直後の「ぶつかって，あ，ごめんなさい，という言葉を，こちらを気遣う表情とともに言われ，思わず，いえいえこちらこそ，と返す」にもふさわしい。Bの「流れが中断された」や「その人の普段の生きるリズム」，Cの「その場を無事にやり過ごす」，Dの「無意識の行動」や「本当の性格」が，本文の内容にそぐわない。

重要 問15　筆者は【Ⅰ】の文章の「人もまた」で始まる段落で「人もまた，群れの中で生きる動物なのだから，ある程度の倫理や道徳は必要だが，それは同時にその人自身の魂を生かすものであって欲しい」と述べ，その後で理想とする「群れ」を挙げている。「ゆるやかな絆で結ばれた群れ」や「ちょっとぐらい自分たちと違うところがあるからといって……詰め寄り排斥にかかることがないような群れ」からは，Dの考えが読み取れる。Aの「同一の価値観を持って団結すること」を筆者は求めていない。Bの「おもいがけず心を高揚させてくれるような他者との連帯」はたまたま起こったもので，目的ではない。Cの「プラスチックのカプセル」は，本文では自分を守るためのものと述べており，「自分を律し，規範にのっとった振る舞いをする」ためのものではない。

問題三（小説一主題・表題，情景・心情，内容吟味，文脈把握，脱文・脱語補充，漢字の読み書き，語句の意味，ことわざ・慣用句，表現技法）

問16 傍線部①の「懐」は「ふところ」と読み，所持金という意味がある。

やや難 問17 四年前に黙って家を出た清治が帰って来た場面である。前に「喜久子には，言いたいことが山ほどあった……夫ともし顔を合せたら，ああもいってやろう，こうもいってやりたいと，繰り返し考えていた」，傍線部②の前に「喜久子のそのときの言葉次第では，清治も諦めてまた出て行ったかもしれない」とあるのに着目する。清治が「安心」したのは，喜久子が言いたいことを言わず「ご飯，すんだんですか」と何事もなかったかのように接してくれたからである。Bの「食事の心配をしてくれた」ことに対して安心したのではない。Cの「いやいやながら」は，本文からは読み取れない。「ご飯，すんだんですか」は，Dの「温かく出迎えてくれた」にそぐわない。

問18 直前の「落ちついている積りだったが，やはり気持は宙に浮いていて」からは，喜久子が四年ぶりの清治の帰宅にどうしてよいかわからず内心うろたえていることが読み取れる。直後の「何度か指を切りそうになった」からも，喜久子の動揺が伺える。

やや難 問19 はっきりと理由は書かれていないので，喜久子の清治に対する心情が読み取れる部分を探す。清治が寝室へ行った後「喜久子は，じっと，その背広とバッグを眺めていた」，「そっと自分の布団にすべり込み，身体を横たえると，突然，涙が湧いて来た……ただ，とめどなく涙が湧いて来て枕を濡らした」から，喜久子は清治を待ち続けていたことが読み取れる。喜久子は，他人に部屋を貸して生活を一変させることにためらっていたのだと推察できる。Aの「特に不安感を持っていなかった」は，夫が何も告げずに出て行った喜久子の状況に対して不自然なので，適切ではない。Bの「つよい抵抗」やDの「つよく信じていたから」は，喜久子の様子に合わない。

問20 「先見の[X]」で「せんけん(の)めい」と読む。将来を前もって見抜く見識のこと。

基本 問丙 「[Y]が廻らない」で，支払うべきお金のやりくりがつかないという意味になる。

問21 直前の「清治は，会社では，ごく人あたりの良い人間で通っていたらしい」ことに対して，「喜久子は，ちょっと意外な気がした」とある。ここから，清治の人物像としてA，B，Cが読み取れる。Dの「気性が激しく喜久子に対してつらくあたる」は，本文から読み取れない。

問丁 Ⅰ 集中して励むこと。「精」の他の音読みは「セイ」。 Ⅱ 「滞る」は，順調に運ばないこと。音読みは「タイ」で，「渋滞」「滞在」などの熟語がある。

問22 「帰って来てからの清治」について「気持ちは落ち着いているようだったが，顔色がひどく悪く，大儀そうな様子が目についた」とあり，精密検査が必要であるにも関わらず「病院へ行かなかった」からは，清治には死期が近づいており自分の死期を悟っていることが読み取れる。また，沈丁花の花を「喜久子のスウェーターの胸に」挿した様子からは喜久子の元に帰った清治が穏やかな気持ちでいることが読み取れる。清治は自分の死期を悟っているので「新たな充実感」とあるBは適切ではない。「穏やかな色」という表現からはCの「罪悪感」は読み取れない。また，喜久子に黙って家を出たことから「充実した人生」とあるDも適切ではない。

重要 問23 傍線⑦は，直前の「四年も留守にしたあげく，ひょっこり帰って来て，そのまま死んでしま」った清治を「鮭」にたとえている。死期を悟り自分の元で残された時間を共にしようとした清治に対するいとおしさが感じられる表現である。「一生懸命に帰ってきたのね……」という余韻からは，やっと帰って来た清治があっという間に亡くなってしまったことに対するやるせなさも感じられる。この内容を述べているCを選ぶ。

★ワンポイントアドバイス★

心情を読み取る選択肢には紛らわしいものが多い。登場人物が自分と年齢や性別が違っていても，文章中の表現をもとに心情を想像する練習を重ねておこう。

2020年度

★★★★★★★★★★★★★★★★★★★★★★★

入　試　問　題

2020年度

明治学院高等学校入試問題

【数　学】（50分）　<満点：100点>

1　次の各問いに答えよ。

(1)　$-4^2-\square\div(3-5)\times(-3)^2-5^2=4$ が成り立つとき，□にあてはまる数を求めよ。

(2)　$\dfrac{2x+3y}{2}-\dfrac{x+2y}{3}-x+y$ を計算せよ。

(3)　次の数の中で整数はいくつあるか答えよ。

$(0.5)^2$，$\sqrt{2^2}$，π，0，-3，$\sqrt{144}$，$-\sqrt{215}$，$\dfrac{5}{2}$，$\sqrt{0.25}$

(4)　$2(x-2)^2-32$ を因数分解せよ。

(5)　$\dfrac{5}{7}$を小数で表すとき，小数第2020位の数を求めよ。

(6)　N，xを自然数とする。$N\leqq\sqrt{x}\leqq N+1$ を満たす x が14個あるとき，Nの値を求めよ。

(7)　2桁の自然数がある。一の位の数は十の位の数の2倍より1大きく，一の位の数と十の位の数を入れかえた数は，もとの数の2倍より4小さい。もとの2桁の自然数を求めよ。

(8)　ひし形ABCDの辺AB上に点Pをとると，∠A，∠B，∠CPDの大きさの比が 11：4：5 になった。

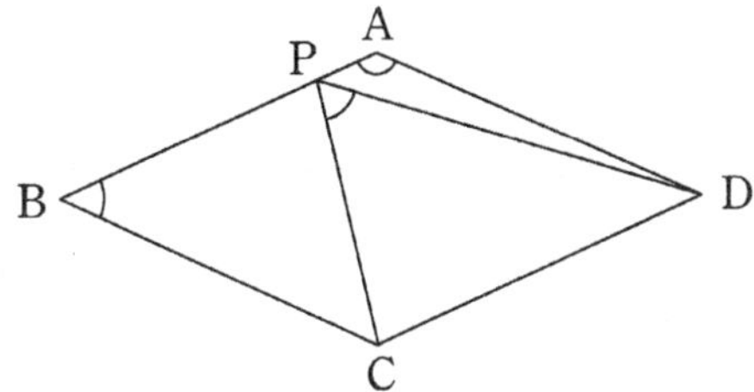

①　∠CPDの大きさを求めよ。

②　∠ACP＋∠BDP の大きさを求めよ。

(9)　△ABCにおいて，DE // BC，AD：DB＝2：1 である。
△ABCと△DEFの面積比を求めよ。

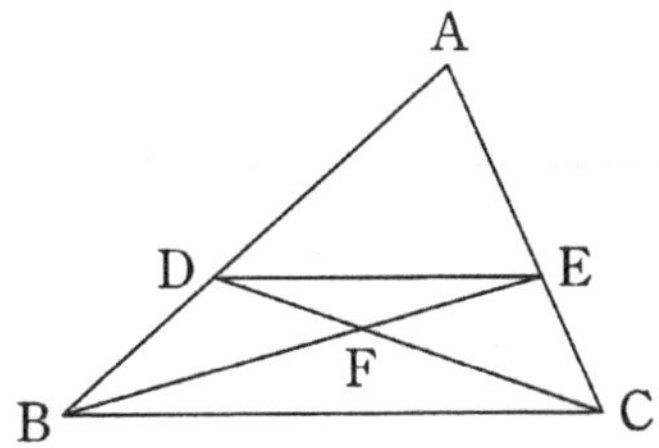

2 大小２つのさいころを投げ，大きいさいころの出た目を a，小さいさいころの出た目を b とするとき，次の問いに答えよ。

⑴ ２直線 $y=\frac{b}{a}x+3$ と $y=2x+1$ が交わらない確率を求めよ。

⑵ $\sqrt{3ab}$ が自然数となる確率を求めよ。

3 図１は，AB // DCの台形ABCDである。点Pは，点Aを出発して毎秒２㎝の速さで，台形の辺上を反時計回りに点Dまで動く。図２は，点Pが点Aを出発してから x 秒後の△APDの面積を y ㎠としたときの x と y の関係を表したグラフである。
次の問いに答えよ。

図１

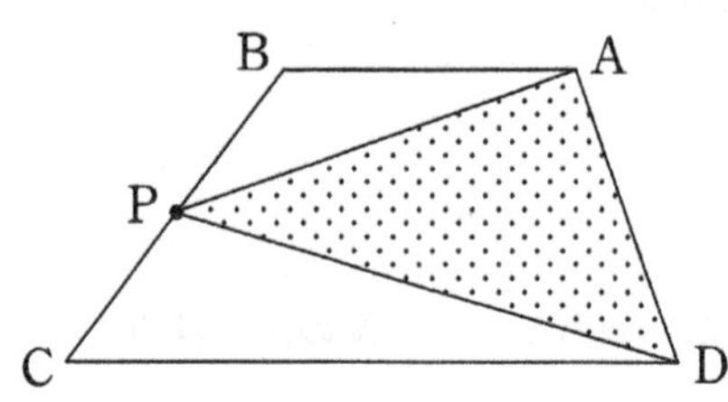

図２

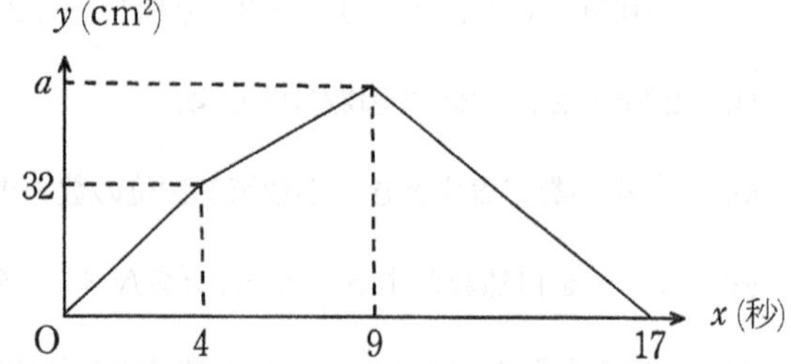

⑴ 図２における a の値を求めよ。
⑵ 辺ADの長さを求めよ。

4 図のように，１辺の長さが a の立方体ABCD－EFGHがあり，各面の対角線の交点を頂点とする正八面体を作る。
次の問いに答えよ。

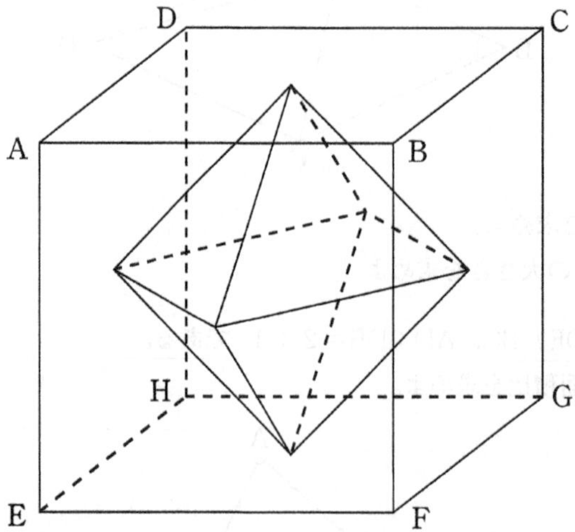

⑴ 正八面体の１辺の長さを求めよ。
⑵ 正八面体の体積を求めよ。
⑶ 正八面体の表面積を求めよ。

5　図のように，放物線 $y=-\frac{1}{18}x^2$ 上に点A，放物線 $y=ax^2\ (a>0)$ 上に点Bと点Cがある。点Aと点Bの x 座標が -6，点Cの x 座標が 2，AB=20 である。
次の問いに答えよ。

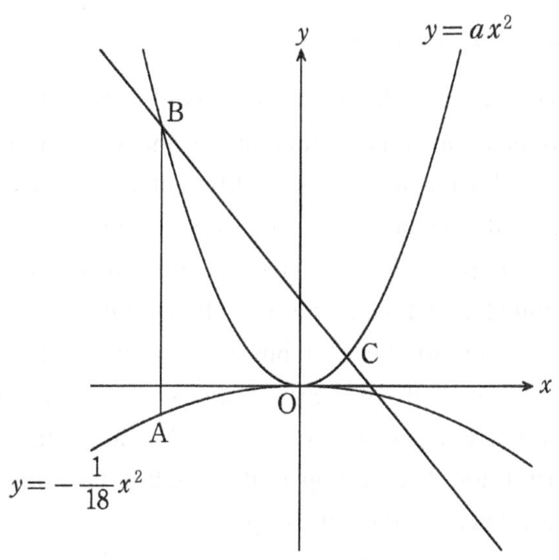

(1)　a の値を求めよ。

(2)　直線BCの式を求めよ。

(3)　放物線 $y=ax^2$ 上に x 座標が p である点Pをとる。△ABCと△PBCの面積比が 4：1 となるような，p の値をすべて求めよ。ただし，$-6<p<2$ とする。

【英　語】（50分）　＜満点：100点＞

A　次の英文を読み，1．～15．の設問に答えなさい。

This is a story about a girl named Cara.

I was already on my way home from school when I remembered that my mother asked me to pick up a cake mix and some eggs to make a cake for my little sister's birthday. I have to take two different city buses to and from school, and it often takes me almost an hour each way. I go to a special school in the city for kids with vision problems. I have *retinitis pigmentosa and, though I can see, my vision is limited and I cannot see well at night.

So I was nervous to get off the first bus in a strange neighborhood and go to a supermarket. But 1 I had to do it because my sister would be very disappointed and my mother would get angry at me. When I saw a supermarket, I got off at the corner. 2 It wasn't too late. I hoped it wouldn't take me too long to do my shopping and then get back to the bus stop.

3 After I found the things I needed, I was standing in line behind a lady wearing a nice dress. She was trying to find something in her wallet. Then she paid and walked toward the door. When I moved forward, I stepped on あ something. I looked down and found a beautiful gold-and-diamond watch under my shoe. Maybe it fell off the lady in front of me! I saw that she was just opening the door to leave, and I ran after her. "Excuse me! You dropped い this!" She turned around, and when she saw her watch in my hand, she said "Oh, my Goodness! I knew that *catch was broken! Thank you so much! You don't know 4 how much this means to me! May I give you a little gift to thank you?"

I told her no. う It was a beautiful watch and I was sure that the lady could give me a nice gift, but I didn't feel right taking え anything. I told her I was just glad I found お it and wished her to have a nice day. She asked me my name. I told her and she shook my hand and thanked me again.

I had a great story to tell my mother and sister as we ate our cake after dinner. 5 And that was the end of it. Or I thought so.

Two years later, I was graduating from high school. My eyesight did not get worse but it was still limited. It was always my dream to become a teacher, and I wanted to go to Teachers College in the city. Maybe I would be able to help kids like me, with low vision. My mom worked hard to support my sister and me, but there wasn't any money for college. 6 I didn't even have to ask.

I was a good student, but not the best at school. I knew I wasn't going to get any *scholarships. At my school, there were many kids who also had vision problems and who got much better grades than I did even though I was a hard worker.

So I was not just surprised, I was shocked when my *advisor called me into her office one day toward the end of the school year to tell me (7). It wasn't a scholarship from the school. 8 Someone personally wanted to pay for everything so that I could attend Teachers College!

"Cara, I'd like you to meet the person who will pay for your college," my advisor said. She introduced me to a nice-looking young man. My advisor explained that he was an owner of some buildings in the city, and as she spoke, I realized that I saw this man's picture in the newspapers. He sent lots of money to charities every year.

Then he said, "Two years ago, in a supermarket you returned a watch that my mother dropped. I gave that watch to her on her birthday and she loved it. When she asked me to repair it, she told me how this nice young lady named Cara returned it to her after it fell off in a supermarket. She said you had vision problems and we asked around to find you. We wanted to help you for these last two years, and now we can (9) for your kindness and honesty."

I couldn't believe it! I had to stop at the supermarket that day. I had to get off the bus in a strange neighborhood, and I was able to return that lady's watch. And now, I was going to college for doing 10 a simple good thing.

I guess it's true — (11-1) good act will bring (11-2), but sometimes God works to put you in the place you can do that good act. All that happened and God made sure I got home before dark and my sister had a birthday cake!

注） *retinitis pigmentosa：網膜色素変性症（目の病気の一種）　*catch：留め金
*scholarship：奨学金　*advisor：アドバイザー（進路指導担当の先生）

1．下線部1が表す内容として最も ふさわしいものを選びなさい。

(1)I had to be careful not to get off at a wrong bus stop
(2)I had to buy a birthday present for my mother
(3)I had to buy a piece of cake in a strange neighborhood
(4)I had to get off the bus and go to a supermarket
(5)I had to take a city bus to go to a special school

2．下線部2について次の問いに答えなさい。

Why did she want to go to the store early?

(1)It was because her mother was angry at her.
(2)It was because her mother would be late for the party.
(3)It was because her sister was disappointed at her.
(4)It was because she would be in trouble if it got dark.
(5)It was because the store was full of people.

3．下線部3が表す内容として最もふさわしいものを選びなさい。

⑴after I bought a birthday present with my sister and mother
⑵after I finished choosing the food that my mother asked me to buy
⑶after I found a lady who was standing in line at a supermarket
⑷after I saw the bus stop near a supermarket in a strange town
⑸after I tried to find a watch for my sister's birthday

4．下線部4の意味として最も近いものを選びなさい。

⑴this watch is too expensive for me to buy
⑵this watch is too heavy for me to wear
⑶this watch is very helpful to me
⑷this watch is very important to me
⑸this watch is very similar to mine

5．下線部5が表す内容として最もふさわしいものを選びなさい。

⑴Cara couldn't see at all, but she was able to find a lady's watch in a supermarket.
⑵Cara got everything that she needed and finally her family had a birthday cake for a lady.
⑶Cara helped a lady in a supermarket and shared the story with her mother and her sister.
⑷Cara looked for a lady's watch in a supermarket and found it, but she didn't receive any gifts.
⑸Cara thought that she finished telling a wonderful story to her mother and her sister.

6．下線部6が表す内容として最もふさわしいものを選びなさい。

⑴I couldn't ask my mother why my eyesight was getting worse.
⑵I couldn't tell my mother about my dream because we did not have enough money.
⑶I didn't ask to work for my family after graduating from high school.
⑷I didn't have a chance to ask about the money that I can get from school.
⑸I didn't have a chance to tell my mother that I was a good student.

7．空所（7）に入る語句として最もふさわしいものを選びなさい。

⑴that I had to stop going to school
⑵that I was going to college
⑶that I was the best student at school
⑷to get a job at a special school
⑸to work hard for my family

8．下線部8の人物の内容として<u>ふさわしくないもの</u>を選びなさい。

⑴a person who gave the watch to his mother
⑵a person who was rich enough to send much money to charities
⑶a person who was trying to find Cara for two years

(4)a person whom Cara met before at a supermarket
(5)a person whose picture Cara saw in the newspapers before

9．空所（9）に入る語句として最もふさわしいものを選びなさい。
(1)agree with you (2)bring you back (3)call you back
(4)get along with you (5)pay you back

10. 下線部10が表す内容として最もふさわしいものを選びなさい。
(1)It was that Cara got off the bus in a strange neighborhood to find the lady's watch.
(2)It was that Cara picked up the watch and returned it to the lady, without taking any gifts.
(3)It was that Cara refused to get any gifts from the lady who had some buildings in the city.
(4)It was that Cara was a very hard worker even though she wasn't the best student in her school.
(5)It was that Cara went to a supermarket in a strange neighborhood for her little sister's birthday.

11. 空所（11-1）（11-2）に入る適切な語句の組み合わせを選びなさい。
(1)a — other (2)a — the good act (3)one — another
(4)one — others (5)one — two

12. 下線部あ～おが示しているものの中で，異なるものを選びなさい。
(1)あ (2)い (3)う (4)え (5)お

13. 本文の内容と一致するものとして最もふさわしいものを選びなさい。
(1)Cara took two different buses and it often took her almost an hour to go to school.
(2)Cara saw that the watch was falling off the lady in front of her.
(3)Cara got off at the corner near a supermarket after she returned the watch to the lady.
(4)Cara had vision problems and her eyesight became worse little by little.
(5)Cara was the only student that had vision problems in her school.

14. 本文の内容と一致するものとして最もふさわしいものを選びなさい。
(1)Cara realized that the lady lost her watch when the lady got out of the supermarket.
(2)When Cara came home, she remembered that she had to pick up the things for a birthday cake.
(3)The man could support Cara because he was rich enough to have some buildings in the city.
(4)Cara's sister was so young that Cara always had to take care of her after school.
(5)Cara and her mother finally understood that God always decides who does the good act.

15. 本文の内容と一致しないものとして最もふさわしいものを選びなさい。

(1)Cara wanted to be a teacher to support kids who had vision problems like her.
(2)Cara needed to help her mother so she decided to work at her special school.
(3)Cara didn't expect that she would get scholarships because some students got better grades.
(4)Cara was shocked when her advisor told her that she would be able to go to college.
(5)Cara was able to go to college because she had a chance to do a good act.

B 次の16. ~20. の文の空所に入る最もふさわしいものを選びなさい。

16. This story (　　) five years ago.
(1)has been written　(2)has written　(3)is written　(4)was writing
(5)was written

17. "Which do you like (　　), baseball or basketball?" "Basketball."
(1)better　(2)best　(3)much　(4)sports　(5)the most

18. (　　) studying abroad.
(1)One of my friends are　(2)One of my friend is
(3)One of my friends is　(4)One of my friend are
(5)One of my friend be

19. We must hurry. There is (　　) time.
(1)little　(2)few　(3)a little　(4)a few　(5)much

20. There (　　) several earthquakes around here since yesterday.
(1)have been　(2)were　(3)are　(4)will be　(5)has been

C 次の21. ~25. の選択肢の語（句）を正しい語順に並べかえたとき，(1)及び(2)に入る語（句）の組み合わせとして最もふさわしいものを選びなさい。ただし，文頭の語も小文字になっており，不要な語（句）が1つある。なお，25. には日本語は付記していない。

21. 一時間ほどで雨は止むと思いますよ。
(　)(　)(　1　)(　)(　)(　)(　)(　2　)(　)(　)(　).
(ア)should　(イ)hour　(ウ)rain　(エ)stop　(オ)in
(カ)an　(キ)think　(ク)about　(ケ)raining　(コ)I　(サ)it
(1)(ウ) と (イ)　(2)(ウ) と (カ)　(3)(エ) と (イ)
(4)(オ) と (ウ)　(5)(サ) と (オ)

22. 五人のうち三人の少女が最終的に試験に合格した。
(　)(　1　)(　)(　)(　)(　)(　2　)(　) the exam.
(ア)of　(イ)finally　(ウ)three　(エ)passed　(オ)girls
(カ)without　(キ)out　(ク)five
(1)(ウ) と (イ)　(2)(カ) と (イ)　(3)(カ) と (キ)
(4)(キ) と (イ)　(5)(キ) と (エ)

23. 品川駅に行くにはどのバスに乗ればよいのかを教えていただけますか。
( )( )(1)( )( )(2)( )( )( ) Shinagawa Station?
(ア)bus (イ)me (ウ)to take (エ)to get (オ)could
(カ)tell (キ)you (ク)which (ケ)to (コ)say
⑴(カ) と (ア) ⑵(カ) と (ウ) ⑶(カ) と (ク)
⑷(コ) と (エ) ⑸(コ) と (ク)

24. 人間がコンピュータに依存するのは危険でしょうか。
( )( )( )(1)( )( )( )(2)( )?
(ア)on (イ)dangerous (ウ)it (エ)depend (オ)by
(カ)is (キ)humans (ク)computers (ケ)for (コ)to
⑴(オ) と (カ) ⑵(オ) と (キ) ⑶(ケ) と (ア)
⑷(ケ) と (ク) ⑸(コ) と (ク)

25. At Meijigakuin High School, students read many English books. Today I read a book about a famous scientist. I ( )( )(1)( )(2) ( ) worked hard for many years to make a new medicine. It has saved a lot of people.
(ア)he (イ)learn (ウ)surprised (エ)at (オ)that
(カ)to (キ)was
⑴(エ) と (ア) ⑵(エ) と (イ) ⑶(オ) と (イ)
⑷(カ) と (ア) ⑸(カ) と (オ)

D 次の26.～30.の２つの空所に共通して入る最もふさわしいものを選びなさい。

26. The Tone River is the ( ) longest river in Japan.
Could you wait a ( )?
⑴first ⑵last ⑶one ⑷second ⑸two

27. Please ( ) the baby on the sofa.
He ( ) on the sofa after I went back home.
⑴laid ⑵lain ⑶lay ⑷lie ⑸lied

28. Never put ( ) till tomorrow what you can do today.
Take ( ) your hat when you are in this room.
⑴back ⑵behind ⑶in ⑷of ⑸off

29. I think he was right ( ) all.
My sister was looking ( ) our brother.
⑴after ⑵for ⑶into ⑷of ⑸to

30. The bread was sold ( ) when I got to the store.
Look ( ) of the window so that you can see the snow.
⑴around ⑵at ⑶on ⑷out ⑸to

E 次の会話文Ⅰ．Ⅱ．の空所31．～35．に入るものとして最もふさわしいものを選びなさい。

Ⅰ．

Taro is talking to his friend Jiro.

Taro: I got an email from Mary, my friend in Canada, yesterday. It says that she's coming to Japan this summer with her sister!

Jiro: Wow! I want to see them and show them many places around Tokyo.

Taro: Do you have any good ideas so that both of them can enjoy their stay?

Jiro: Let's see... Why don't we go to an amusement park together?

Taro: Umm, it sounds good, but she says that (31) because they are still students and their parents will pay for their stay.

Jiro: Well, then, what about going to see fireworks? Japanese fireworks are very famous in the world, and more and more tourists from abroad are visiting Japan to see them.

Taro: Sounds great! They can save money and I think they'll like Japanese fireworks. They are so beautiful.

Jiro: Also, my sister has several *yukatas*, so Mary and her sister can try wearing them.

Taro: Nice! I'll write about our plans to Mary tonight. (32)

Jiro: I'm sure about that! I can't wait for this summer vacation!

31. (1)they cannot make money at amusement parks in Japan
(2)they cannot play catch in a park together
(3)they'd like to get much more money to visit Japan
(4)they'd like to spend as little money as they can
(5)they'd like to visit the biggest amusement park

32. (1)I don't think she'll agree to our plan.
(2)I hope she'll like it.
(3)I'm thinking of changing my mind.
(4)I want you to get a nice *yukata* for your sister.
(5)I wish you good luck.

Ⅱ．

Ken is a student from Japan. He's talking to his friend John at school in the US.

Ken: It's so hot today and I'm very thirsty! I want to have an orange soda.

John: Me too, but don't you know that we can't buy any drinks with sugar in our school?

Ken: Really!? Why?

John: Well, in the US, many schools stopped selling drinks with sugar for health reasons. Maybe our school sold such drinks before, but when I came to this school, I couldn't find any.

Ken: For health reasons? (33) I think it's not a problem!

John: Actually, many people don't think so. You know, so many people in the US have health problems and one of the reasons for it is eating too much sugar. Many doctors also say that (34).

Ken: Well, I see. Then, I should give up buying soda at school, right?

John: Yes, but I have an idea. (35) If you use soda, fresh oranges and don't add any sugar, that would be very good for your health!

Ken: No sugar? Well, can I add just a little bit ...?

33. (1)I understand the situation of many schools.
    (2)Making drinks with sugar costs too much money.
    (3)Then, I'll stop drinking any soda.
    (4)We're still young and do exercise a lot at school.
    (5)Why didn't you find any drinks with sugar?

34. (1)having no drinks with sugar will make students angry at school
    (2)it's almost impossible to stop selling drinks with sugar at school
    (3)schools shouldn't sell drinks without sugar any more
    (4)we should have enough sugar for our body and mind to be healthy
    (5)young people need to reduce the sugar that they eat

35. (1)Do you want me to buy an orange soda?
    (2)I'll bring you an orange soda every day.
    (3)Let's drink an orange soda right now!
    (4)Why don't you make an orange soda at home?
    (5)You can buy an orange soda at a supermarket.

B　せっぱつまって、何か買わなければと反射的に答えてしまったから。

C　あこがれのロクタル管を手にし、興奮でうわの空だったから。

D　手持ちのお金で買えるかどうかとっさに目算を立てていたから。

問21　傍線部⑷はどういうことを譬えているのか。次のなかからもっとも適当なものを選べ。

A　自分の主張が聞き入れられる自信がない重苦しい気分。

B　足を踏み入れるのが憚られるほどの怪しげな気配。

C　よく確かめもせず衝動買いした物を返品することへの強いためらい。

D　関係者以外は場違いだと思わせるよそよそしいふんいき。

問丙　二重傍線部のカタカナを漢字に改めよ。

問22　空欄3に入れるのにもっとも適当なものを、次のなかから選べ。

A　すごすご　　B　おめおめと

C　うかうかと　　D　ぬけぬけと

問丁　空欄4に入れるのに適当な漢字一字を記せ。

問23　傍線部⑸のように感じた理由としてもっとも適当なものを、次のなかから選べ。

A　「ぼく」を少しでも元気づけようとする思いやりが伝わってきたから。

B　ひょっとしたら本当に使えるかもしれないと一縷の望みを抱いたから。

C　感情を抑えていたがゆえ、「若者」の言動は威圧感がなかったから。

D　ありえないことですら慰みに感じられるほど、無機的な口調だったから。

問24　傍線部⑹はどういうことか。次のなかからもっとも適当なものを選べ。

A　「ぼく」を引き止めてやまなかったロクタル管の魅力も、身の危険を感じ逃げだしたい衝動には及ばなかったということ。

B　「若者」の一言によって、売買を解消し全額返してもらうことへの執着に見切りがついたということ。

C　「ぼく」の粘り強い談判をもってしても無表情で埒があかない相手に、ほとほと愛想が尽きたということ。

D　「若者」の一言を機に、怖じ気づいて身動きもままならなかった状況から解放されたということ。

問25　この文章を説明したものとしてもっとも適当なものを、次のなかから選べ。

A　戦後の混乱が続く街のようすを少年の目を通してつぶさに描いている。

B　ラジオマニアの少年の苦い経験と心の動きをありありと語っている。

C　少年に対しても容赦のない裏社会の実態をあぶり出している。

D　世間知らずの少年の軽率な行動と後悔の念に焦点を当てている。

「これだけ返してやるから、帰んな。」

帰んな、と言われなくたって、逃げだしたいのはやまやまだ。だが、ここまで引き返しておいて、そう［　3　］戻れよか。ぼくは必死の思いで、亀裂の責任はぼくになく、そのことは［　4　］を見るより明らかであり、したがって全額返却するのが至当なのだと、なおも論じつづけた。若者はふりむいて、肩越しにちょっと店の奥を見やったが、べつに何を言うでもなく、またこちらを向くと無表情に言った。

「だから、球もやるって言ってるんだ。ちょっとぐれえ割れ目がはいったって使えるかもしれねえ。」

感情のまったくないそのことばの後半は、⑸ほとんどやさしくさえひびいた。だが一度亀裂のはいった真空管が使えるわけがあろうか。と、ぼくはなおも食いさがろうとした。が、ひょっと見あげたとき見えた若者の目。その目には遠くからみたとき感じた鋭さはまったくなく、反対にそこにあるのはまわりの白目との境がどんよりととけだした、生気のない、くさったような茶色の虹彩、それを包んでいる、充血し、にごった白目、目のまわりの黒ずんだ皮膚、それらすべてがもつ、生の欠如を思わせるあの異様なふんいき、この路地の異様さそのもの、であった。ぼくはいいようもない恐怖にとらわれ、言いかけたことばも口にねばりついてしまった。ぼくは、ようようからだをガラスケースから少し引き離したが、それ以上は動きもならず立ちすくんだ。若者はもう一度、まったく無表情にくり返した。

「いいから、それで帰んな。」

⑹そのことばで、今までねばっこくぼくのまわりにまつわりふさがっていた異様な空気が一瞬さけた。ぼくはそのとたんにケースの上の百円札と7N7をつかむと、あとも見ずに路地から駆けのがれた。

（柴田翔『ロクタル管の話』より）

＊一間…約一・八メートル。

＊メタル管やGT管…いずれも真空管の種類。

＊7N7…ロクタル管の性能を示した型式名。

問16・問17　傍線部⑴・⑵の語句の意味としてもっとも適当なものを、次のなかから選べ。

⑴の解答は問16を、⑵の解答は問17をマークすること。

⑴　「申しわけばかりの」

A　かろうじて体裁を繕える程度の

B　客の要望には応えられないような

C　できる限りの誠意を見せようとした

D　取るに足らないほどわずかな

⑵　「うさんくさげに」

A　何となく疑わしそうに　　B　いかにも面倒くさそうに

C　それとなく用心深そうに　　D　さも気の毒そうに

問18　空欄1に入れるのにもっとも適当な語は次のうちどれか。

A　はずませた　　B　ひそめた　　C　のんだ　　D　きらした

問19　空欄2に入れるのにもっとも適当な語句を、次のなかから選べ。

A　虎の威を借りた狐（きつね）　　B　鳶（とんび）が生んだ鷹（たか）

C　ヘビに見すくめられたカエル　　D　羊の皮をかぶった狼（おおかみ）

問20　傍線部⑶「『形式的に』～うなず」いた理由としてもっとも適当なものを、次のなかから選べ。

A　自分にはとうてい手が届かない値段だと思い込んでいたから。

間、たった今うわの空で聞き過ごした若者の低い声が、とつぜん意識のなかへ戻った。「二百円。」

「えっ。」

とぼくはこわさも忘れて聞き返した。

「二百円？」

「ああ。」

と若者は無表情に答えた。とたんにぼくはこわさもぶきみさもふっとばして、勢いこんで言った。

「買うよ。」

> 念願のロクタル管を手に入れた「ぼく」は、幸福感で胸がいっぱいだったが、都電の停留所でロクタル管に見とれているうちに、かすかな亀裂があることに気づく。「ぼく」は絶望のあまりやけを起こしかけたが、ふと、もしかしたら返金してもらえるかもしれないと思い直す。

どこをどう通ったのか、気がついてみれば、ぼくはふたたびあの狭い暗い店の前にあった。

あの、ぼくをそもそもこの路地にさそいこんだ異様なふんいきはすでにぼくのまわりにあり、身にねばりこくまつわりつき、ぼくは首をまわすにも自由でなかった。わずかに店の奥をうかがえば、暗さに定かとはわからぬが、先ほどとは事変わり、椅子に腰かけた、三十がらみのひとりの男が、立った、背の高い、日本人離れして肩幅のがっしりした男と、低い声でささやき合い、いまひとりの先刻の変に鋭い目つきの若い男は、椅子に横ずわりのまま、じっと外をうかがうようすと見えた。そして、ぼくが(4)重い粘液の抵抗を押しわけるようにガラスケースの前へ進むと、若者は自分のからだでぼくの視野をさえぎらんとするごとく、ぼくの前に立ちふさがるではないか。だが、それがなんであろう。この店の奥で起こることは、ぼくにはなんのかかわりもないことだ。ぼくの願うのは、ただぼくのロクタル管に関する言い分が正当に理解され、受け入れられ、二百円返してもらう、ただそれだけのことなのだ。ぼくはその若者の前で、たどたどしくも論理正しく、いかにして貴店で買い求めたロクタル管に亀裂を発見するにいたったか、貴店から発見の地点までのあいだでは新たに亀裂を生ずべき理由がいかにありえないか、したがってそれらの事実から推論の結果、亀裂は貴店の手から買い手の手にわたる以前にすでにできていたとみなすことがいかに正当かを述べ、売買を解消して、トウガイ真空管とひきかえに二百円を返還されんことを希望するむねを表明したのであった。ぼくの前の陰気な若者は、ぼくの話しているあいだじゅう、だまって自分の手に受け取ったロクタル管の頭部の曲面を見つめていたが、ぼくが話し終わると、はじめて球をさかさにし、亀裂のはいっている足の部分を無表情にながめた。が、すぐ、むっつりとおしだまりつづけたまま、少し猫背の背をぼくに向けて奥の椅子の腰かけた男の前へ行き、ぼそぼそとなにごとかを話すようすであった。腰かけた男は若者の脇から鋭い一瞥（いちべつ）をこちらに向けたが、すぐまた若者に向かい、ひとことふたこと、命令するように言った。若者はひとくちも口をきかずにそれを聞き終わると、またむっつりとしたまま、のろのろとこちらへやってきて、かたわらの箱から百円札を一枚取り出し、ロクタル管といっしょにほこりっぽいガラスケースの上にぬっと置いた。そして、それから、はじめて口をひらいて、言うのだ。

ら、交換が頻繁に行われるようになった。

D　言語も文化も全く異なる他の部族の人間と等価なものを交換し、互いに満足し合うやりとりができたことによって生まれた達成感こそが、交易を促した「最初の一撃」である。

問題三　次の文章を読んで、あとの問いに答えよ。

ラジオマニアの「ぼく」は以前から、真空管の一種で、電気回路の純粋性を具現化したかのように美しいロクタル管が欲しくてたまらなかった。朝鮮戦争が始まり、出征前の米兵たちが遊興費稼ぎに真空管を横流ししているといううわさを耳にした「ぼく」は、掘り出し物目当てに、神田の露店街から、米兵と露天商との仲介所があるという神田駅近くまで足をのばした。

ぼくは路地の片隅の小さなラジオ屋の前に立ちどまっていた。その店の間口は＊一間（いっけん）ばかり、しかし奥行は三間ほどもあった。入り口は客を奥のほうへは入れないために、ようやくひとりがからだを横にしてはいれるすきまを残して、古ぼけた、ぼくの胸ぐらいの高さのガラスケースでさえぎられ、そこには、(1)申しわけばかりのとぼしい部品がわびしげに並んでいた。が、見よ！　そのケースの上にはむぞうさに二十本あまりの＊メタル管やGT管が並んでいるのだが、はっとぼくが息を［　1　］ことには、それらにまじって、ただ一本、ロクタル管がきらきらと輝いているではないか。ぼくは思わずガラスケースに近づき、それを手に取った。もしかしたら、ここが例の仲介所で、このロクタル管もあるいはすごく安いのかもしれない。そう胸をときめかしながら、あらためてその球（たま）を見なおしたぼくの期待は、それが＊7N7であることを知って、失望と変わってしまった。なにしろ7N7はひどく高価な球なのだ。新品なら九百円することだってある。普通で七百五十円、ここがいくら安いにしたって、五百円以下ということはあるわけがない。ところがぼくの金はポケットの底を全部はたいたところで二百五十円ばかり、それがあとにも先にも中学生のぼくの全財産だ。ぼくはしぶしぶあきらめ、7N7を手から下に置こうと思って、ふと奥を見ると、たてに奇妙に細長い店のうすぐらい奥では三人ばかりの若者が何かいわくありげに集まって、カードでもてあそんでいるようすと見てとれたが、そのなかのひとりが変に鋭いまなざしで、(2)うさんくさげにこちらを見ているのだ。はっと気がつき、ぞっと背筋が寒くなったぼくは、とっさにロクタル管を置いて逃げだそうと思いはしたのだが、その目で見られてはもう動くにも動けず、ロクタル管を手に持ったまま［　2　］ように立ちすくんでしまった。すると、その男はやおら腰を上げ、こちらへやって来て、きくのだ。

「なんの用だい。」

ぼくは今となってはなおさら逃げだしもならず、ただ相手のことばに何か答えねばならぬと必死の思いで、自分が何を言っているのかも知らずに言ってしまった。

「この7N7、いくら。」

「二百円。」

むりにドスをきかせたような太い声で若者がそう答え終わると、ぼくはただ(3)形式的に、「そう。」とうなずき、「じゃ、やめだ。」というように、手に持ったロクタル管をもとへ戻し、早々にその店先から離れようとした。が、ぼくはロクタル管をはなさなかった。はなそうとした瞬

A　それぞれが海産物と山菜を求めたという事実はあるが、交換されたものの栄養価が対等だったかまでは分からないということ。

B　ものごとの起こりまでさかのぼって考えることをせず、後に発展した学問や知識で都合の良い解釈をしてしまっているということ。

C　当時の人々の実態を想像することに加え、現在の学問の成果も踏まえなければ、不完全な説明しかできないということ。

D　当時の人々はなぜ海産物と山菜を交換するのか理解していなかったが、現在では栄養学的に解明されたということ。

問乙　二重傍線部Ⅰのカタカナを漢字に直せ。

問11　傍線部③とあるがなぜか。適当なものを次の中から選べ。

A　価値のわからないものを交換することで、互いの異なる価値観が混ざり合い、文化が発展するから。

B　価値のわからないものを交換することで、価値がわかっているものを交換するよりも互いに利益が生じるから。

C　価値のわからないものを交換することで、互いに警戒心が生じ、より慎重な交易をするようになるから。

D　価値のわからないものを交換することで、互いが相手の価値の判断基準に興味を持ち、交易が続いていくから。

問12　空欄④に入るものとして適当なものを次の中から選べ。

A　「交渉を断ち切りたい」

B　「交渉を引き延ばしたい」

C　「交渉を繰り返したい」

D　「交渉を考え直したい」

問13　傍線部⑤の三字熟語と同じ成り立ちのものを、次の中から選べ。

A　未解決　　B　共通語　　C　衣食住　　D　新世界

問14　傍線部⑥とあるが、その商品のどのようなところを指して「魔術性」と言っているのか。適当なものを次の中から選べ。

A　価格設定の根拠がはっきりしていない商品はその商品価値も不確かであるのに、なぜか設定された価格を消費者に安いと勘違いさせるところ。

B　常識的には理解できない価格設定がかえって人々を惹（ひ）きつけ、不思議とその商品を手に入れたいという気持ちをかき立てるところ。

C　明確な基準がなく常識はずれな価格設定でも、その商品を求めている人にとっては不思議と納得できる価格に見えるところ。

D　根拠のない価格設定がかえって人々の目に魅力的にうつり、きっと良質な商品であるに違いないと思い込ませて、売れ行きが伸びるところ。

問15　本文の内容と合致しないものを次の中から選べ。

A　「沈黙交易」とは、価値観を異にする集団と顔を合わせることなく、何に使うかわからないものをやりとりすることを指し、これが交換の起源的な形であると考えられる。

B　消費者による商品の購入が繰り返されるためには、適正価格に則（のっと）った価格設定ではなく、消費者の購買意欲を刺激するための価格設定にかかわる「謎」が必要である。

C　交換で入手した何かわからないものをめぐってあれこれ知恵を絞ることも含めて、交換という行為そのものが面白かったことかとは沈黙交易と同じです。「さらに交易を続けて、あちらが持ち込んでくる商品の価値がどういう基準で設定されているのか、とにかくそれを解明する他ない」という結論に達するわけです。そして、魅入られたように、近場のユニクロに毎日通い、何かを購入するようになる。

交易というのは、そういうものなんですよ。みなさん。

みなさんは、まだお若いからビジネスというものの経験がないでしょうけれど、この機会によく覚えておいて下さいね（私は実はむかし友人たちと会社を経営していたことがあるのです。学者になるために引退しちゃいましたけれど）。

その経験から申し上げますが、ビジネスというのは、良質の商品を、積算根拠の明快な、適正な価格設定で市場に送り出したら必ず「売れる」というものではありません。

いや、一回目は売れるかも知れませんが、繰り返し同系列の商品が売れ続けるということは起こりません。

交易が継続するためには、この代価でこの商品を購入したことに対する割り切れなさが残る必要があるのです。＊クライアントを「リピーター」にするためには、「よい品をどんどん安く」だけではダメなんです。「もう一度あの場所に行き、もう一度交換をしてみたい」という消費者の欲望に点火する、価格設定にかかわる「謎」が必須なんです。

ふつうに考えると、相手の姿が見え、相手のことばが理解できて、相手と価値観が共有できる人間と、その意味や価値が熟知されている財を交換することが「交易」であるということになります。

しかし、おそらく話は逆なのです。ここでも人間は原因と結果を取り違えています。

姿が見えず、ことばがわからず、価値観が違う人間（だかなんだかわからないもの）とも、何かをやりとりすることができたということの達成感が、交易を促した「最初の一撃」です。それによって得られた快感を求めて、もうなんでもいいからじゃんじゃん交換しようということで、その「結果」として、財としての使用価値のわかっているものも交換されるようになったというのが、ことの順序ではないかと私は思います。

知らない部族から贈られてきた、その意味も価値も「わからないもの」を取り囲んで、ああでもないこうでもないとわいわい騒ぐことそれ自体がなんだか愉（たの）しくて、五万年前のクロマニヨン人たちは交換を始めたのです。だって、想像すると、いかにも愉しそうでしょ？

交換をするのは、交換によって有用な財が手に入るからではなく、交換することそれ自体が愉しいからである。これが私の考えです。

（内田樹『先生はえらい』より）

＊度量衡…長さと容積と重さのこと。また、これらをはかるための道具。

＊クライアント…顧客のこと。

問9 傍線部①とあるが、この場合の「特産品」とはどのような意味で使われているか。適当なものを次の中から選べ。

A　その価値がよく知られていて、皆が欲しがるもの。

B　他の土地では生産することができないもの。

C　産地の外の人間には使用価値がよくわからないもの。

D　他で生産されたものと比較して、品質が高いもの。

問10 傍線部②とあるがどういうことか。適当なものを次の中から選べ。

たとえば、私たちがいちばんその価値や意味がわかっているものというと「自分が今しゃべったことば」ですね。

よく子どもたちが相手を怒らせようとして相手のことばをそのまま繰り返しますね。

「うるせんだよ。」

「うるせんだよ。」

「オレのことば、繰り返すなよ。」

「オレのことば、繰り返すなよ。」

「おい、ふざけるとぶん殴るぞ、ンナロ。」

「おい、ふざけるとぶん殴るぞ、ンナロ。」(このへんで、だいたい手が出ますね。)

つまり、価値のわかりきったものを交換するというのは、［④］という意思表示なわけです。完全な等価交換というのは、交換の無意味性、あるいは交換の拒絶を意味します。

ということは、「なんだか等価みたいな気もするんだけれど、なんだか⑤不等価であるような気もするし……ああ、よくわかんない」という状態が交換を継続するためのベストな条件だということになりますね。

実は、市場における商品の価値というのは、この「商品価値がよくわからない」という条件にかなりの程度まで依存しているんです。ですから、「どうしてこんな値段なの?」という商品というのは、ある種の⑥「魔術性」を帯びてくるのです。

三〇〇万円のロレックスの時計って、「どうして?」と思うような価格設定ですよね。計時機能だけに限って言えば、一万円のスウォッチでも「時間を計る」ということについてはまったくオッケーなわけです。

じゃあ、あとの二九九万円は「何の値段」でしょう?

それが「わからない」んですね。

ロレックス社もその価格設定に至った積算根拠というものを絶対に公開しません。

だって、このような高価な材料を使い、このように熟練した職人を雇用し、このような高度なスペックを達成し、このような充実したアフターサービスが完備しております……というようなことを顧客に明らかにしたら……お客さん、どう思うでしょう?

「なるほど、これだけ手をかけているのか。さすがロレックスだな。これなら三〇〇万円でも少しも高くない。」

そう思いますよね。

そうなると、もう誰もロレックス買わないですよ。

だって「高くない」んだから。

みなさんがロレックスを買うのは「どうしてこんなに高いのかわかんない」ものを所有することによって、周りの人々が「おお、めちゃ高いロレックスじゃん。すげえ」と言ってくれることを期待してのことです。

「おお、お値段リーズナブルなロレックスじゃん。賢い買い物したね」と言われたって、うれしくも何ともないです。

何年か前にユニクロのフリースが二〇〇〇万着売れたことがありましたね。どうしてだと思います?

どうしてこういう価格設定だか理解できなかったからですね、安すぎて。

どう考えても、この値段で買えるはずのない商品が買える。

「どうしてこんなものが……?」と消費者は考えます。そうなると、あの制度の「起源」に立ち返るということです。最初の最初はどうだったのかを考えることです。

沈黙交易の最初のとき、人間たちはそれにいかなる価値があるのかわからないものを交換し合った。

ここが話のかんどころです。

社会科の教科書には、ときどき「山の人は海産物を求め、海辺の人は山菜を求めて、特産物を交換しました。これが交易の始まりです」というような記述がありますけれど、こういうことを簡単に信じてはダメですよ。②「山の方の人はタンパク質が足りず、海の方の人は繊維質が足りなかったので、特産物を交換しあった」なんていう栄養学的説明は後世の人間の「あと知恵」です。魚を食べたことがない人が「魚で不足がちのタンパク質をIホキュウしなきゃね」なんて思うはずがありません。

いかなる価値があるのかわからないものを交換しあうというのが沈黙交易の（言い換えると、起源的形態における交換の）本質です。私はそうじゃないかと思います。

クロマニヨン人たち（沈黙交易を始めたのは、彼らです。今からざっと五万年ほど前の話です）は、おそらく交換がしたかっただけなんです。だから、交換するものはなんでもよかった。

というよりむしろ、③交換相手にとってできるだけ「なんだかわからないもの」を選択的に交換の場に残してきたんじゃないかと私は思いますよ。

だって、交換相手がその価値をよく知っているものや、すでに所有しているものだと、「なんだ、あれか……」ということで、それっきり沈黙交易が終わってしまう可能性がありますからね。

私が五万年前の史上最初の沈黙交易の当事者であったとしたら、ぜったいに、「それがなんだか相手に簡単には見破られないもの」を交換のために選びますね。

それに対して、相手も負けずに「なんだかわからないもの」を置いてゆく。

それを囲んで、私たちはみんなで考える。「なんだろう、これは？」

当然、向こうでも、こちらの置いていった特産品を囲んで、こちらと同じことをやっています。

「どうして『あいつら』はこんなものに価値があると思って財貨として扱っているんだろう？　どうもよくわからない」ということになると、「じゃ、ま、次行ってみようか」ということになりますね。

つまり、沈黙交易においては、価値のあるものを贈られたので、それにちゃんとお応えしようとして、等価物を選んで贈り返すわけではないんです。

価値がよくわからないものを贈られたので、困ってしまったんですね、これが。

困ってしまった。しかし、この窮状を打開するためには、さらに交易を続けて、あちらが持ち込んでくる「商品」の価値がどういう基準で設定されているのか、とにかくそれを解明する他ない……ということになります。

当然そうなります。

私たちは相手が贈ってきたものがどういう価値のものかまるまる全部わかってしまう場合には、それ以上その人と取引する意欲が減退してしまうからです。

問8 本文の内容として適切なものを選べ。

A　雑草の種子と野菜や花の種子を比べてみると、雑草の種子のほうが発芽してから出芽するまで時間がかかり、育てるのに手間がかかる。

B　雑草の種子がいつ発芽するのか予測しにくい原因は複雑な休眠の仕組みにあったが、近年雑草の種子についての研究が進み、解明されつつある。

C　二次休眠と環境休眠は、発芽に適した環境が整っているか否かという点で異なり、どちらの休眠でも種子は目を覚ましている状態である。

D　野菜や花の発芽のタイミングはほぼ同じであるが、雑草の発芽のタイミングは種子ごとにさまざまであり、その多様性によって雑草は生き残ることができている。

問題二

次の文章を読んで、あとの問いに答えよ。

「沈黙交易」ってご存じですか？

「沈黙交易」というのは、言語も通じないし、文化や社会組織も違う異部族間で、それぞれの特産品を無言のうちに交換する風習のことです。

例えば、双方の部族のどちらにも属さない中間地帯のようなところに、岩とか木の切り株とか、そういう目立つ場所があるとしますね。そこに一方の部族の人が何か彼らのところの特産品を置いてきます。そして、彼が立ち去った後に、交易相手の部族の人がやってきて、それを持ち帰り、代わりに彼の方の特産品をそこに残してゆく。そういうふうにして、顔を合わせることなしに行う交易のことを「沈黙交易」と言うのです。

これがたぶん交換というものの起源的な形態ではないかと私は思います。

どこが「起源的」かと言いますと、「言語も通じないし、文化や社会組織も違う」もの同士のあいだで「特産品」をやりとりする、という点です。

言語も社会組織も違う集団というのは、言い換えると価値観が違う集団ということですよね。あるいは、ものの価値を計るときに使う＊度量衡を共有していない集団と言い換えてもいいです。

そのような集団がそれぞれの「特産品」を取り替える。

①<u>「特産品」というのも、たいせつな条件ですね。</u>

両方の部族がどちらも所有していて、その使用価値がわかっている品物を交換するわけではないんです。「特産品」というのは、みなさんも旅行先でお土産店なんかで見たことがあるでしょうけれど、しばしば何に使うのかわからないものですね。「すりこぎ」だと思ったら、ゆでて食べるものであったり、食べものだと思ったら、入浴剤だったり。そういうことがありますね。

「特産品」というのは、本来はその集団外の人間には、その使用価値がわからないもののことです。何度も同じものを受け取っているうちに、「ああ、これはこうやって使うのか」と誰かが気づいたでしょうけれど、少なくとも、いちばんはじめに沈黙交易が行われた、一回目の交換のときには、その価値の知られないものだった。

ものごとを根源的に考えるときは、ここのところがかんじんです。そても大切なのである。

しかし、雑草の種子は、できるだけ「そろわない」ことを大切にしている。

もし、野菜や花の種子のように一斉に出芽してきたとしたら、どうだろう。人間に草取りをされてしまえば、それで全滅してしまう。そのため、わざとそろわないようにして、出芽のタイミングをずらし、次から次へと「不斉一発生（ふせいいつはっせい）」するようになっているのである。

バラバラであるという性質は、人間の世界では「個性」と呼ばれるものかも知れない。雑草の世界では個性がとても重要なのだ。

（稲垣栄洋『雑草はなぜそこに生えているのか』より）

問1 傍線部1「酔狂な人」とは、ここではどのような人を指すのか。適切なものを選べ。

A 酒に酔ってとりみだす人
B 人目にふれるような派手な行動をする人
C 洗練された趣味をもち、することもしゃれている人
D 好奇心から人とは異なる行動をとる人

問2 空欄 2 にはいる語として適切なものを選べ。

A 栄養素　B 湿度　C 温度　D 光

問甲 波線部①「トクサク」を漢字で記せ。

問3 傍線部3「春に芽が出る種子は、『春』という季節を感じて芽を出す」とあるが、その仕組みを説明したものとして適切なものを選べ。

A 春に芽が出る種子の多くは低温に弱く、冬の厳しい寒さをのりこえられるたくましい種子だけが芽を出す。
B 春に芽が出る種子は、たんに気温の変化によって芽を出しているのではなく、長期間にわたって寒さにさらされたうえで暖かくなったときに芽を出す。
C 春に芽が出る種子は固い種皮に覆われていて、翌年の春にちょうど芽が出るよう時間をかけて皮がやわらかくなっていく。
D 他の季節に芽を出す種子とくらべると、春に芽を出す種子は冬の厳しい寒さに耐えるための成分を多く含んでいる。

問4 傍線部4「ぬか喜び」とは、どのような喜びを指す言葉か。適切なものを選べ。

A 半信半疑のまま、周囲の状況に合わせて表面的に見せるうわべだけの喜び
B これ以上はあるまいというほどの大きな喜び
C あてがはずれて、のちにがっかりするようなつかの間の喜び
D 希望がかなえられ、満たされた気持ちからわきあがってくる喜び

問5 傍線部5「何だか」がかかる文節を次の中から選べ。

A 人生にも　B 示唆的な　C 種子の　D 戦略である

問6 空欄 6 にはいる語として適切なものを選べ。

A とうとうと　B きちんと
C もたもたと　D だらだらと

問7 傍線部7について、「発芽勢」という言葉を使った説明として適切なものを選べ。

A 野菜や花の種子の発芽勢は高く、雑草の種子の発芽勢も高い。
B 野菜や花の種子の発芽勢は低く、雑草の種子の発芽勢は高い。
C 野菜や花の種子の発芽勢は高く、雑草の種子の発芽勢は低い。
D 野菜や花の種子の発芽勢は低く、雑草の種子の発芽勢も低い。

るように冬になっても、春のように暖かな日はある。種子はどのようにして、春であることを知るのだろう。

植物の種子が春を感じる条件は、「冬の寒さ」である。冬の低温を経験した種子のみが、春の暖かさを感じて芽を出すのである。

見せかけの暖かさは、やがて訪れる冬の寒さの前触れに過ぎない。長く寒い冬の後にだけ本当の春がやってくる。だから種子は見せかけの暖かさに[4]ぬか喜びすることなく、じっと冬の寒さを待っているのである。冬の寒さ、すなわち低温を経験しないと発芽しない性質は「低温要求性」と呼ばれている。低温に耐えるのでなく、低温を必要とし要求しているのである。

「冬が来なければ本当の春は来ない」

[5]何だか人生にも示唆的な、種子の戦略である。

このように、時間が経った種子は休眠から覚めて芽を出そうとする。

しかし、雑草の種子は春だからといって芽を出せばよいという単純なものでもない。弱く小さな雑草の芽生えにとっては、いつ芽を出すかが生死を分ける。そのため、環境を複雑に読み取って、発芽のタイミングを計るのである。芽を出そうとしても、発芽には適さないかも知れない。そんなとき、雑草の種子は再び休眠状態になる。これは「二次休眠（誘導休眠）」と呼ばれている。

人間でいえば、一度、目を覚ましたものの時計を見るとまだ早かったので二度寝してしまうような感じだろうか。その後、私たちがふとんの中で寝たり目が覚めたりを繰り返すように、雑草種子は、覚醒と二次休眠を繰り返しながら、発芽のチャンスを窺（うかが）っていくのである。

一方、覚醒して発芽できる状態になっても、発芽に必要な、水や酸素や［2］がなければ種子は発芽しない。この状態を「環境休眠（強制休眠）」と言う場合がある。ただし、これは目を覚ましている状態であるため、本来の休眠ではない。

雑草の仕組みは極めて複雑であると言われている。

雑草は季節に従って規則正しく芽を出せば良いというものではない。雑草の生える環境には予測不能な変化が起こる。春になったからといって発芽のチャンスだとは限らないし、いつ劇的なチャンスが訪れるかもわからない。そのため、雑草は一般的な野生の植物よりも、より複雑な休眠の仕組みを持っているのである。

雑草を育てることの難しさは、芽が出ないことだけではない。たとえ、結果的に芽が出たとしても、芽が出るタイミングがバラバラなのだ。

休眠は、雑草にとっては重要な性質である。しかし、雑草のやっかいなところは、同じ種であっても一粒一粒の休眠に差があることである。休眠したり、覚醒したりというタイミングがまちまちで、ある種子が覚醒していても、別の種子は休眠していたりするのだ。

ちなみに、種子から根や芽が出ることを「発芽」と言い、地面の上に芽が出ることを「出芽」と言う。発芽のタイミングがバラバラだから、地面の上に出芽してくるのも一斉ではない。次から次へと［6］出芽してくるのである。

野菜や花の種子は、種を播けば一斉に芽が出てくる。どれだけの種子が発芽したかは「発芽率」で表されるのに対して、どれくらいそろって発芽したかは「[7]発芽勢（はつがぜい）」という言葉で表現される。野菜や花の種子の発芽のタイミングがそろわないと、その後の成長もそろわなくなってしまう。そのため、栽培する植物にとっては、「そろう」ということがと

【国　語】（五〇分）〈満点：一〇〇点〉

問題一　次の文章を読んで、あとの問いに答えよ。

皆さんは雑草を育てたことがあるだろうか。

雑草とは、勝手に生えてくるものであって、わざわざ雑草の種を播(ま)いて育てる[1]酔狂な人は少ないだろう。

私は雑草の研究をしているので、雑草を育てる。ところが、雑草というのは、いざ育てようと思うと、なかなか簡単ではない。

まず、種子を播いても芽が出ないのだ。

野菜や花の種子であれば、土に播いて水をかけてやれば、数日のうちには芽が出てくる。ところが、雑草の場合は土に播いて水を掛けてもなかなか芽が出てこない。そうこうしているうちに、播いてもいない雑草の方が芽を出してきてしまったりするから、難しい。

植物の発芽に必要な三つの要素は何だろうか？

教科書には、「水、酸素、［2］」と書いてある。

そのため、暖かい時期に、土を耕して空気が入りやすいようにしてから種子を播き、水を掛けてやれば、水と酸素と［2］の三つが揃(そろ)って芽が出てくるのである。

ところが、雑草はこの三つの要素が揃っても芽を出さない。

それは、雑草が「休眠」という性質を持つからなのである。

「休眠」というと休眠会社や、休眠口座など、働いていないという良くないイメージがある。何しろ、「休眠」は「休む」「眠る」と書くのだ。

たくましい雑草の戦略が、「休む」「眠る」というのは、情けないような気もするが、そうではない。「休眠」は雑草にとって、もっとも重要な戦略の一つなのである。

休眠は、すぐには芽を出さないという戦略である。

野菜や花の種子は、播けばすぐに芽が出てくる。野菜や花の種子は人間が適期(てっき)を見定めて播いてくれる。そのため、すぐに芽を出すことが①トクサクなのである。芽を出す時期は、人間が決めているのだ。

しかし、雑草の種子は発芽のタイミングを自分で決める必要がある。

雑草の種子が熟して地面に落ちたとしても、それが発芽に適しているタイミングとは限らない。たとえば、秋に落ちた種子が、そのまま芽を出してしまうと、やがてやってくる厳しい冬の寒さで枯れてしまう。また、まわりの植物がうっそうと茂っていれば、芽を出しても光が当たらずに枯れてしまう。

いつ芽を出すかという発芽の時期は、雑草にとっては死活問題なのである。

もっとも、種子が落ちた時期と発芽に適した時期が異なるということは、雑草以外の野生植物にとっても重要な問題である。そのため、雑草を含む野生の植物は、種子が熟してもすぐには芽を出さない仕組みを持っている。この仕組みは「一次休眠（内生休眠(ないせいきゅうみん)）」と呼ばれている。

一次休眠は発芽に適する時期を待つための休眠である。たとえば、種皮が固くて水分や酸素を通さないようになっており、時間が経つと皮がやわらかくなって酸素が通って芽を出すような「硬実種子(こうじつしゅし)」と呼ばれる種子もある。アサガオの種子に、やすりやナイフで傷をつけると芽が出やすくなるのは、アサガオが硬実種子だからである。

また、[3]春に芽が出る種子は、「春」という季節を感じて芽を出す。種子が熟した秋も春と気温はよく似ている。小春日和という言葉があ

大切なことはメモしておこうネ！

T.G

2020年度

解　答　と　解　説

《2020年度の配点は解答欄に掲載してあります。》

＜数学解答＞ 《学校からの正答の発表はありません。》

1 (1) 10　(2) $\frac{-2x+11y}{6}$　(3) 4　(4) $2(x+2)(x-6)$　(5) 2

(6) N＝6　(7) 49　(8) ① 60°　② 30°　(9) 45：4

2 (1) $\frac{1}{12}$　(2) $\frac{1}{6}$

3 (1) 64　(2) $2\sqrt{17}$cm

4 (1) $\frac{\sqrt{2}}{2}a$　(2) $\frac{1}{6}a^3$　(3) $\sqrt{3}a^2$

5 (1) $\frac{1}{2}$　(2) $y=-2x+6$　(3) $-2\pm\sqrt{6}$

○推定配点○

各5点×20　計100点

＜数学解説＞

1 (正負の数，式の計算，数の性質，因数分解，方程式の利用，角度，平面図形)

(1) $-4^2-\square\div(3-5)\times(-3)^2-5^2=4$　$-16-\square\div(-2)\times9-25=4$　$\square\times\frac{9}{2}=4+16+25$

$\square=45\times\frac{2}{9}=10$

基本 (2) $\frac{2x+3y}{2}-\frac{x+2y}{3}-x+y=\frac{3(2x+3y)-2(x+2y)-6x+6y}{6}=\frac{6x+9y-2x-4y-6x+6y}{6}=$
$\frac{-2x+11y}{6}$

基本 (3) $(0.5)^2=0.25$，$\sqrt{2^2}=2$，$\sqrt{144}=12$，$\sqrt{0.25}=0.5$より，整数は，$\sqrt{2^2}$，0，-3，$\sqrt{144}$の4個

基本 (4) $2(x-2)^2-32=2\{(x-2)^2-16\}=2(x-2+4)(x-2-4)=2(x+2)(x-6)$

(5) $\frac{5}{7}=0.714285714285\cdots$　$2020\div6=336$あまり4　よって，小数第2020位の数は2

(6) $\mathrm{N}\leqq\sqrt{x}\leqq\mathrm{N}+1$より，$\mathrm{N}^2\leqq x\leqq(\mathrm{N}+1)^2$　よって，$x=\mathrm{N}^2$，N^2+1，…，$\mathrm{N}^2+2\mathrm{N}+1$だから，$2\mathrm{N}+1+1=14$　$2\mathrm{N}=12$　$\mathrm{N}=6$

(7) もとの2桁の自然数を$10x+y$とおくと，$y=2x+1$…①　$10y+x=2(10x+y)-4$より，$19x-8y=4$…②　①を②に代入して，$19x-8(2x+1)=4$　$3x=12$　$x=4$　これを①に代入して，$y=2\times4+1=9$　よって，もとの2桁の自然数は49

(8) ① AD//BCより，$\angle\mathrm{A}+\angle\mathrm{B}=180°$　$\angle\mathrm{A}:\angle\mathrm{B}=11:4$だから，$\angle\mathrm{B}=\frac{4}{11+4}\times180°=48°$

$\angle\mathrm{B}:\angle\mathrm{CPD}=4:5$だから，$\angle\mathrm{CPD}=48°\times\frac{5}{4}=60°$

基本 ② ACとBDとの交点をO，ACとPDとの交点をQとする。三角形の内角と外角の関係より，$\angle\mathrm{CPD}+\angle\mathrm{ACP}=\angle\mathrm{DQO}$　$\angle\mathrm{AOD}=90°$だから，$\angle\mathrm{DQO}+\angle\mathrm{BDP}+90°=180°$　よって，$60°+$

$\angle ACP + \angle BDP + 90° = 180°$　　$\angle ACP + \angle BDP = 30°$

重要 (9)　平行線と比の定理より，DE：BC＝AD：AB＝2：(2＋1)＝2：3　　また，EF：FB＝DE：BC＝2：3　　△DEFの面積を2Sとすると，△DEF：△DEB＝EF：EB＝2：(2＋3)＝2：5より，△DEB＝5S　　△ADE：△DEB＝AD：AB＝2：1より，△ADE＝2△DEB＝10S　　ここで，△ADE∽△ABCだから，△ADE：△ABC＝2^2：$(2+1)^2$＝4：9　　よって，△ABC＝$\frac{9}{4}$△ADE＝$\frac{45}{2}$S　　したがって，△ABC：△DEF＝$\frac{45}{2}$S：2S＝45：4

2 (確率)

(1)　さいころの目の出方の総数は，6×6＝36(通り)　　このうち，題意を満たすのは，$\frac{b}{a}=2$のときで，このようなa，bの値の組は，$(a, b)=(1, 2)$，$(2, 4)$，$(3, 6)$の3通りだから，求める確率は，$\frac{3}{36}=\frac{1}{12}$

(2)　$1 \leqq ab \leqq 36$より，題意を満たすのは，$ab=3$，$3\times2^2=12$，$3\times3^2=27$となるが，このようなa，bの値の組は，$(a, b)=(1, 3)$，$(2, 6)$，$(3, 1)$，$(3, 4)$，$(4, 3)$，$(6, 2)$の6通りだから，求める確率は，$\frac{6}{36}=\frac{1}{6}$

重要 3 (点の移動と面積)

(1)　点Pは4秒後に点Bに達しているから，AB＝2×4＝8　　このとき，台形の高さを$h$cmとすると，△ABDについて，$\frac{1}{2}\times8\times h=32$　　$h=8$　　また，9秒後に点Cに，17秒後に点Dにそれぞれ達しているから，CD＝2×(17－9)＝16　　よって，△ACD＝$\frac{1}{2}\times16\times8=64$　　したがって，$a=64$

(2)　BからCDにひいた垂線をBEとすると，BC＝2×(9－4)＝10より，CE＝$\sqrt{BC^2-BE^2}=\sqrt{10^2-8^2}=6$　　AからCDにひいた垂線をAFとすると，FE＝AB＝8より，DF＝16－6－8＝2　　よって，AD＝$\sqrt{AF^2+DF^2}=\sqrt{8^2+2^2}=\sqrt{68}=2\sqrt{17}$(cm)

4 (空間図形の計量)

基本 (1)　正八面体の対角線の長さはaであるから，1辺の長さは，$\frac{a}{\sqrt{2}}=\frac{\sqrt{2}}{2}a$

重要 (2)　正八面体の体積は，1辺の長さが$\frac{\sqrt{2}}{2}a$の正方形を底面とし，高さが$\frac{a}{2}$の正四角錐の体積の2倍に等しいから，$\frac{1}{3}\times\left(\frac{\sqrt{2}}{2}a\right)^2\times\frac{a}{2}\times2=\frac{1}{6}a^3$

重要 (3)　1辺の長さがbの正三角形の高さは$\frac{\sqrt{3}}{2}b$と表されるから，正八面体の表面積は，$\frac{1}{2}\times\frac{\sqrt{2}}{2}a\times\left(\frac{\sqrt{3}}{2}\times\frac{\sqrt{2}}{2}a\right)\times8=\sqrt{3}a^2$

5 (図形と関数・グラフの融合問題)

基本 (1)　$y=-\frac{1}{18}x^2$に$x=-6$を代入して，$y=-\frac{1}{18}\times(-6)^2=-2$　　よって，A$(-6, -2)$　　AB＝20より，点Bのy座標は，$-2+20=18$　　よって，B$(-6, 18)$　　$y=ax^2$は点Bを通るから，$18=a\times(-6)^2$　　$a=\frac{1}{2}$

基本 (2)　$y=\frac{1}{2}x^2$に$x=2$を代入して，$y=\frac{1}{2}\times2^2=2$　　よって，C$(2, 2)$　　直線BCの式を$y=bx+c$と

おくと，2点B，Cを通るから，$18=-6b+c$，$2=2b+c$　この連立方程式を解いて，$b=-2$，$c=6$　よって，$y=-2x+6$

重要 (3) 線分AB上にAQ：QB＝3：1となる点Qをとると，△ABC：△QBC＝AB：QB＝(3＋1)：1＝4：1　よって，点Qを通り直線BCに平行な直線と$y=\frac{1}{2}x^2$との交点をPとすれば，△PBC＝△QBCより，△ABC：△PBC＝4：1となる。$BQ=\frac{1}{4}AB=5$より，点Qのy座標は$18-5=13$　よって，Q$(-6, 13)$　直線PQの式を$y=-2x+d$とおくと，点Qを通るから，$13=-2\times(-6)+d$　$d=1$　よって，$y=-2x+1$　$y=\frac{1}{2}x^2$と$y=-2x+1$からyを消去して，$\frac{1}{2}x^2=-2x+1$　$x^2+4x=2$　$(x+2)^2=2+4$　$x+2=\pm\sqrt{6}$　したがって，$p=-2\pm\sqrt{6}$

★ワンポイントアドバイス★

あらゆる分野から標準レベルの問題がバランスよく出題されている。基礎を固めたら，過去の出題例を研究しよう。

<英語解答>　《学校からの正答の発表はありません。》

A　1. (4)　2. (4)　3. (2)　4. (4)　5. (3)　6. (2)　7. (2)　8. (4)　9. (5)　10. (2)　11. (3)　12. (4)　13. (1)　14. (3)　15. (2)

B　16. (5)　17. (1)　18. (3)　19. (1)　20. (1)

C　21. (5)　22. (4)　23. (1)　24. (3)　25. (5)

D　26. (4)　27. (3)　28. (5)　29. (1)　30. (4)

E　31. (4)　32. (2)　33. (4)　34. (5)　35. (4)

○推定配点○

A 各3点×15　B 各3点×5　C 各3点×5　D 各2点×5　E 各3点×5　計100点

<英語解説>

A (長文読解・物語文：内容吟味，語句補充，指示語)

(全訳)　これはカーラと名づけられた少女についての物語である。

私の妹の誕生日のために，母が私にケーキの素といくつかの卵を買うように頼んだ，と思い出したとき，私はもう学校から家への途中だった。私は通学するのに2つの異なった市バスに乗らなくてはならず，しばしば片道にほとんど1時間かかる。私は視覚問題がある子どもたちのための市の特別な学校へ通う。私は網膜色素変性症で，私は見ることができるが，私の視界は限られていて，夜には良く見えなかった。

だから，私は見知らぬ地区で最初のバスを降りて，スーパーマーケットへ行くのに緊張した。しかし，私の妹はがっかりし，私の母は怒るだろうから，1私はそれをしなければならなかった。スーパーマーケットが見えると，私はその角で降りた。2それほど遅くはなかった。私の買い物をし，それから，バス停へ戻るのに長くかからないと良いと思った。

3私は私が必要なものを見つけた後，良い衣服を着ているご婦人の後ろで列に並んで立っていた。

彼女は，彼女の財布の中の何かを見つけようとしていた。それから，彼女は支払い，ドアへ向かって歩いた。私が前へ進んだとき，あ何かを踏んだ。私は下を見て，私の靴の下に美しい金とダイヤモンドの腕時計を見つけた。それは私の前にいたご婦人から落ちたのかもしれない。彼女が出てくためにちょうど扉を開けているところだ，と私にはわかり，私は彼女を追いかけた。「すみません，あなたはいこれを落としましたよ」彼女は見回して，私の手の中の彼女の腕時計を見たとき，「あら。留め金が壊れていた，と私は知っていたのよ。どうもありがとう。4これが私にとってどれくらい意味があるか，あなたは知らないのよ。あなたに感謝するためにあなたに小さな贈り物を差し上げてもよろしいですか」

私は彼女に断った。うそれは美しい腕時計で，ご婦人は良い贈り物を私にくれうる，と私は確信したが，え何かを受け取ることが正しいとは感じなかった。私は，おそれを見つけてただうれしかった，彼女に良い1日を送ってほしい，と彼女に言った。彼女は私に私の名前を尋ねた。私は彼女に言い，彼女は私と握手して，また私に感謝した。

夕食後に私たちは私たちのケーキを食べながら，私の母と妹に話すための素晴らしい話が私にはあった。5そして，それはそれでおしまいだった。いや，私はそう思った。

2年後，私は高校を卒業するところだった。私の視力は悪くならなかったが，まだ限られていた。教師になることがいつも私の夢で，市の教員養成大学へ行きたかった。もしかしたら，私は私のような，視力の低い子供たちの手助けをすることができるかもしれない。私の母は妹と私を支えるために一生懸命に働いたが，大学のためのお金は全くなかった。6私には尋ねる必要さえなかった。

私は優れた生徒だったが，学校で最も優れてはいなかった。私がどんな奨学金ももらえそうもない，と私は知っていた。私の学校には，視覚問題を持ってもいて，私が一生懸命に勉強したとしても，私よりもずっと良い成績をとったたくさんの子どもたちがいた。

だから，私に7私は大学へ行くことになっている，ということを言うために，学年の終わりの直前のある日，私の進路指導担当の先生が彼女の事務室に私を招いたとき，私はただ驚いただけではなく，私は衝撃を受けた。それは学校からの奨学金ではなかった。私が教員養成大学に通うことができるように，全ての物に個人的に8誰かが支払いたがったのだ。

「カーラ，私はあなたにあなたの大学に支払う予定の人に会ってほしいの」と私の進路指導担当の先生は言った。彼女は私に見栄えの良い若い男性を紹介した。彼は市のいくつかの建物の所有者だ，と私の進路指導担当の先生は説明し，彼女が話すにつれて，この男性の写真を新聞で見た，と私は気付いた。彼は毎年，たくさんのお金を慈善活動に送った。

それから，彼は言った。「2年前，スーパーマーケットで，あなたは私の母が落とした腕時計を返しました。私はその腕時計を彼女の誕生日に彼女にあげて，彼女はそれが大好きでした。彼女が私に修理するように頼んだとき，スーパーマーケットでそれが落ちた後，カーラと名づけられたこの良い若いご婦人が，彼女にそれをどのように返したのか，私に言いました。あなたには視覚問題がある，と彼女は言い，あなたを見つけるためにいろいろ聞いて回りました。ここ2年間，私たちはあなたの手助けをしたくて，今，私たちはあなたの親切と誠実さに対して9あなたにお返しをすることができます」

私は信じられなかった。私はその日，スーパーマーケットに滞在しなければならなかった。私は見知らぬ地域でバスを降りなくてはならず，私はあのご婦人の腕時計を返すことができた。そして今，私は10簡単な良いことをしたために，大学へ行くのだった。

私は，それは本当だと思う。11-1 1つの良い行いは11-2 別の良い行いをもたらすが，時には神様はあなたが良い行いをすることができる場所にあなたを置くように仕向ける。その全ては偶然に起こり，暗くなる前に私は家へ帰り，私の妹はバースデーケーキを手に入れるように，神様が手配したのだ。

1. (1) 「私は間違ったバス停で降りないように気をつけなければならなかった」(×) (2) 「私は私の母のために誕生日プレゼントを買わなければならなかった」(×) (3) 「私は見知らぬ地域でケーキを1切れ買わなければならなかった」(×) (4) 「私はバスを降りてスーパーマーケットへ行かなければならなかった」(○) 下線部1の直前の1文参照。 (5) 「私は特別な学校へ行くために市バスに乗らなければならなかった」(×)
2. 「彼女はなぜ早く店へ行きたかったのか」 (1) 「彼女の母が彼女に怒ったから」(×) (2) 「彼女の母がパーティに遅れただろうから」(×) (3) 「彼女の妹が彼女に失望したから」(×) (4) 「もし暗くなると，彼女は困っただろうから」(○) 第1段落最終文参照。 (5) 「店は人でいっぱいだったから」(×)。
3. (1) 「私が私の妹と母と一緒に誕生日プレゼントを買った後で」(×) (2) 「母が私に買うように頼んだ食べ物を選び終わった後で」(○) 「母が私にケーキの素といくつかの卵を買うように頼んだ」(第1段落第1文)から，「スーパーマーケットへ行」った(第2段落第1文)のである。 (3) 「スーパーマーケットで列に並んで立っているご婦人を私が見つけた後で」(×) (4) 「私が見知らぬ町でスーパーマーケットの近くのバス停を見た後で」(×) (5) 「私が私の妹の誕生日のための腕時計を見つけようとした後で」(×)
4. (1) 「この腕時計は私には高価過ぎて買えない」(×) (2) 「この腕時計は私には重すぎてつけられない」(×) (3) 「この腕時計は私にはとても有用だ」(×) (4) 「この腕時計は私にはとても大切だ」(○) 拾ってくれたことに「感謝するために」「小さな贈り物を」したい(下線部4の直後の1文)ほどなのだから，大切なのである。 (5) 「この腕時計は私のものととても似ている」(×)
5. (1) 「カーラは全く見ることができなかったが，彼女はスーパーマーケットでご婦人の腕時計を見つけることができた」(×) (2) 「カーラは彼女が必要とした全てを手に入れ，最後には彼女の家族にはご婦人のための誕生日ケーキがあった」(×) (3) 「カーラはスーパーマーケットでご婦人を助け，彼女の母と彼女の妹とその話を共有した」(○) that は先行する文(の一部)の内容を指している。ここでは直前の1文の内容である。 (4) 「カーラはスーパーマーケットでご婦人の腕時計を探し，それを見つけたが，彼女はどんな贈り物も受け取らなかった」(×) (5) 「カーラは彼女は彼女の母と彼女の妹に素晴らしい話をし終わったと思った」
6. (1) 「私は私の母に，なぜわたしの視覚は悪くなりつつあるのか尋ねた」(×) (2) 「私たちには十分なお金がなかったので，私の母に私の夢について言うことができなかった」(○) 下線部6の直前の1文参照。 (3) 「私は高校を卒業した後，私の家族のために働くように頼まなかった」(×) (4) 「私が学校から得られるお金について，私には尋ねる機会がなかった」(×) (5) 「私が優れた生徒だ，と私の母に言う機会が私にはなかった」(×)
7. (1) 「私は学校へ行くのをやめなければならない，ということ」(×) (2) 「私は大学へ行くことになっている，ということ」(○) 空欄7の直後の2文参照。 (3) 「私は学校で最も優れた生徒だ，ということ」(×) (4) 「特別な学校での仕事を得ること」(×) (5) 「私の家族のために一生懸命に働くこと」(×)
8. (1) 「彼の母に時計をあげた人」 (2) 「慈善事業にたくさんのお金を送るのに十分に裕福な人」 (3) 「2年間カーラを見つけようとした人」 (4) 「カーラが以前にスーパーマーケットで会った人」 スーパーマーケットで会ったのは，下線部8の人物の母親である。 (5) 「カーラが以前に新聞でその写真を見た人」
9. (1) 「あなたに同意する」(×) (2) 「あなたを連れ戻す」(×) (3) 「あなたに電話をかけ直す」(×) (4) 「あなたとうまくやっていく」(×) (5) 「あなたにお返しをする」(○) 「親

切と誠実さに対して」(空欄9の直後部)「あなたの手助けをした」い(下線部9の直前部)，ということである。

10. (1)「それは，カーラがご婦人の腕時計を見つけるために，見知らぬ地域でバスを降りた，ということ」(×) (2)「それは，カーラがどんな贈り物も受け取ることなく，腕時計を拾ってご婦人にそれを返した，ということ」(○) 下線部10の直前の1文参照。 (3)「それは，カーラが市にいくつかの建物を持つご婦人からどんな贈り物も受け取るのを断った，ということ」(×) (4)「それは，カーラは彼女の学校で最も優れた生徒ではなかったにしても，とても一生懸命に勉強した，ということ」(×) (5)「それは，カーラが彼女の妹の誕生日のために見知らぬ地域のスーパーマーケットへ行った，ということ」(×)

11. one「(3つ以上あるうちの)1つ」と another「(3つ以上あるうちの)別の1つ」を対応させて使っている。ここでの「1つの良い行い」とは，カーラがご婦人の時計を拾って返し，何のお礼も受け取らなかったこと,「別の良い行い」とは，カーラの行いのお礼として，ご婦人の息子がカーラの学費を負担する，ということである。

12. え「何か」 下線部えのみが，ご婦人からカーラへの贈り物を指し，他はご婦人が落とした腕時計を指している。

13. (1)「カーラは2本の異なったバスに乗り，彼女は学校へ行くのにしばしばほとんど1時間かかった」(○) 第1段落第2文参照。 (2)「カーラは彼女の前のご婦人から腕時計が落とされたのを見た」(×) (3)「カーラは，彼女がご婦人に腕時計を返した後，スーパーマーケットの近くの角で降りた」(×) (4)「カーラには視覚問題があったので，彼女の視力は少しずつ悪くなった」(×) (5)「カーラは彼女の学校で視覚問題のある唯一の生徒だった」(×)

14. (1)「ご婦人がスーパーマーケットから出たとき，カーラはご婦人が彼女の腕時計をなくした，と気づいた」(×) (2)「カーラが家へ帰ったとき，彼女は誕生日ケーキのためのものを買わなければならなかった」(×) (3)「男性は，彼が市にいくつかの建物を持つくらい十分に裕福なので，カーラを支援することができた」(○) 下線部8の直後の4文参照。 (4)「カーラの妹はとても幼いので，カーラは彼女の放課後にいつも彼女の世話をしなければならなかった」(×) (5)「神様はいつも誰が良い行いをするかを決める，とカーラと彼女の母は最後に理解した」(×)

15. (1)「カーラは彼女のように視覚問題を持つ子どもたちを支援するために教師になりたかった」 第6段落第3文参照。 (2)「カーラは彼女の母を手伝う必要があったので，彼女は彼女の特別な学校で働くことを決めた」カーラが母を手伝う，という記述はない。 (3)「より良い成績をとった生徒がいたので，カーラは彼女が奨学金を得ると期待しなかった」 第7段落第2文・第3文参照。 (4)「カーラは，彼女の進路指導担当の先生が彼女に，大学へ行くことができる，と言ったとき，衝撃を受けた」 第8段落参照。 (5)「カーラは，彼女が良い行いをする機会を得たので，大学へ行くことができた」 下線部10の1文参照。

B (語句補充：受動態，比較，文型，現在完了)

16. 「物語」は「書かれる」のだから「～される」という意味の受動態にする。受動態は〈be動詞＋動詞の過去分詞形〉の形。「5年前に」だから，時制は過去である。

重要 17. which を使った比較の文では，2者を比べるときは比較級を，3者以上を比べるときは最上級を使う。better は much の比較級。

18. 〈one of(＋ the など)＋複数名詞〉は「～の1つ[1人]」の意味なので単数扱い。

基本 19. little「ほとんどない」と a little「少しの」，much「たくさんの」は数えられない名詞につく。few「ほとんどない」と a few「少しの」は数えられる名詞につく。ここでは，「私たちは急がなくてはならない」のだから，時間が「ほとんどない」のだと考えるのが適切。time「時間」は数えられない名詞。

20. since「～以来」を用いた，「ずっと～している」の意味の現在完了の継続用法の文。〈have [has]＋動詞の過去分詞形〉の形をとる。主語が不特定なもので「…が～にある」という意味を表す場合，〈There ＋be動詞＋数量[a／an]＋名詞～〉の形にする。この文の主語は名詞なのでbe動詞は続く名詞と時制で決まる。文の時制は現在完了で，several earthquakes は複数形の名詞だから現在完了では have を使う。

C （語句整序：接続詞，助動詞，動名詞，前置詞，文型，不定詞，語い）

21. I think it should stop raining in about an hour(.) 天候・寒暖・時間などを示す場合に，日本語には訳さない主語として it を使う。think の後に「～ということ」の意味の that が省略されている。助動詞 should は「～するはずだ」の意味。助動詞がある英文では主語に関係なく動詞は原形になる。stop —ing で「～するのをやめる」の意味。rain は「雨が降る」という意味の動詞。〈in ＋期間〉で「～のうちに」の意味。rain が不要。

やや難 22. Three out of five girls finally passed (the exam.) out of ～ で「(ある数)の中から」の意味。動詞を修飾する副詞は一般に動詞の直前に置く。without が不要。

23. Could you tell me which bus to take to get to (Shinagawa Station?) 〈Could you ＋動詞の原形？〉の形で「～していただけますか」という丁寧な依頼・要請を表す。〈which(＋名詞)＋ to ＋動詞の原形〉「どちら(の…)を～する(べき)か」 tell は〈動詞＋人＋物〉という文型を作る。ここでは「物」にあたる部分が〈which(＋名詞)＋ to ＋動詞の原形～〉になっている。〈to ＋動詞の原形〉の形をとる不定詞はここでは「～するために」という意味の副詞的用法で用いられている。say が不要。

24. Is it dangerous for humans to depend on computers(?) 〈It is ～ for A to ….〉で「Aにとって[Aが]…するのは～だ」という意味。不定詞を使った表現なので to の後は動詞の原形が続く。depend on ～ で「～に依存する」という意味。by が不要。

25. (I) was surprised to learn that he (worked hard for many years ～.) 〈be surprised to ＋動詞の原形〉で「～して驚く」。〈to ＋動詞の原形〉は不定詞の形。接続詞 that は「～ということ」という意味。that でくくられた意味のかたまりは1組の主語－述語を含む。at が不要。

D （同音異義語）

26. second は「2番目の」の意味の序数。〈the ＋序数＋最上級〉で「～番目に…な」の意味。a second「ちょっとの間」

27. lay は「横たえる」の意味の原形，lie「横たわる」の意味の過去形。

28. put off は「延期する」，take off ～ は「～を脱ぐ」の意味。

29. after all は「結局」，look after ～ は「～の世話をする」の意味。

30. sell out は「売り切れる」，look out は「外を見る」の意味。

E （会話文：語句補充）

Ⅰ．(全訳) タロウは彼の友達のジロウと話している。

タロウ：僕は昨日，カナダにいる僕の友達のメアリーからeメールを受け取ったんだ。それには，彼女がこの夏に，彼女の姉妹と一緒に日本へ来る予定だと書いてあるよ。

ジロウ：うわあ。僕は彼女たちに会って，東京中のたくさんの場所を彼女たちに見せたいな。

タロウ：彼女たちの両方が彼女たちの滞在を楽しむことができるように，君には何か良い考えがあるかい。

ジロウ：そうだね…僕たちは一緒に遊園地へ行くのはどうだい。

タロウ：ううん，それは良さそうだけれど，彼女たちはまだ学生で，彼女たちの両親が彼らの滞在の費用を支払う予定だから，31彼女たちはできるだけ少ないお金を使いたい，と彼女は言うんだ。

ジロウ：そうね，それじゃ，花火を見に行くのはどうだい。日本の花火は世界でとても有名だし，海外からのますます多くの旅行者がそれらを見るために日本を訪れているよ。

タロウ：素晴らしそうだね。彼女たちはお金を節約することができるし，彼女たちは日本の花火を気に入るだろう，と僕は思うよ。それらはとても美しいよ。

ジロウ：それから，私の姉妹はいくつかの浴衣を持っているから，メアリーと彼女の姉妹はそれらを着てみることができるよ。

タロウ：良いね。僕は今夜，メアリーに僕たちの計画について書くよ。32彼女がそれを気に入ると良いな。

ジロウ：きっとそうだよ。僕は今度の夏休みが待ちきれないな。

31. (1)「彼女たちは日本の遊園地でお金を稼ぐことができない」(×)　(2)「彼女たちは公園で一緒にキャッチボールをすることができない」(×)　(3)「彼女たちは日本を訪れるためにずっと多くのお金を得たい」(×)　(4)「彼女たちはできるだけ少ないお金を使いたい」(○)　(5)「彼女たちは最も大きな遊園地を訪れたい」(×)

32. (1)「彼女が僕たちの計画に同意するだろう，とは私には思えない」(×)　(2)「彼女がそれを気に入ると良いな」(○)　(3)「僕は僕の意思を変えることを考えているよ」(×)　(4)「僕は君の姉妹のために良い浴衣を手に入れたい」(×)　(5)「僕は君の幸運を祈るよ」(×)

Ⅱ．(全訳)　ケンは日本出身の生徒である。彼は合衆国の学校で彼の友達のジョンと話している。

ケン　：今日はとても暑くて，僕はとてものどが渇いているよ。僕はオレンジソーダを飲みたいな。

ジョン：僕もだけれど，僕らの学校ではどんな砂糖入りの飲み物も僕らは買うことができない，と君は知らないのかい。

ケン　：本当に。なぜ。

ジョン：ええと，合衆国の多くの学校では，健康の理由から，砂糖入りの飲み物を売るのをやめたんだ。僕らの学校ではひょっとしたら以前はそのような飲み物を売ったかもしれないけれど，僕がこの学校へ来たときには，全く見つけることができなかったよ。

ケン　：健康の理由で。33僕たちはまだ若いし，学校でたくさん運動をするんだよ。問題ない，と僕は思うな。

ジョン：実際には，多くの人々がそうは考えないんだ。何しろ合衆国ではとても多くの人々が健康問題を抱えていて，その理由の1つは砂糖の摂り過ぎなんだ。多くの医師が，34若者は彼らが摂る砂糖を減らす必要がある，と言ってもいるよ。

ケン　：そうか，わかった。それじゃ，僕は学校でソーダを買うのをあきらめるべきなんだね。

ジョン：うん，でも僕には考えがある。35家でオレンジソーダを作るのはどうだい。もし君がソーダと新鮮なオレンジを使って，全く砂糖を加えなければ，それは君の健康にとってとても良いかもしれないよ。

ケン　：砂糖なし。ねえ，僕は少しだけ入れてもいいかい…。

33. (1)「僕はたくさんの学校の状況を理解するよ」(×)　(2)「砂糖入りの飲み物を作るにはとても多くの経費がかかる」(×)　(3)「それじゃ，僕はどんなソーダも飲むのをやめよう」(×)　(4)「僕たちはまだ若いし，学校でたくさん運動をするんだよ」(○)　(5)「何か砂糖入りの飲み物を見つけるのはどうだい」(×)

34. (1) 「砂糖入りの飲み物がないことは，学校で生徒たちを怒らせるだろう」(×) (2) 「学校で砂糖入りの飲み物を売ることをやめることはほとんど不可能だろう」(×) (3) 「学校はもう砂糖なしの飲み物を売るべきではない」(×) (4) 「僕たちは僕たちの心が健康であるために，十分な砂糖を摂るべきだ」(×) (5) 「若者は彼らが摂る砂糖を減らす必要がある」(○)
35. (1) 「君は僕にオレンジソーダを買ってほしいかい」(×) (2) 「毎日，僕が君にオレンジソーダを持ってこよう」(×) (3) 「今すぐにオレンジソーダを飲もう」(×) (4) 「家でオレンジソーダを作るのはどうだい」(○) (5) 「君はスーパーマーケットでオレンジソーダを買うことができるよ」(×)

★ワンポイントアドバイス★

語句整序問題は，1語目から並べていくことにこだわらず，構文や熟語，不定詞などの文法事項や文型に注目し，小さいまとまりを作っていくことから始めるとよい。

＜国語解答＞ 《学校からの正答の発表はありません。》

問題一 問1 D　問2 C　問甲 得策　問3 B　問4 C　問5 B　問6 D
問7 C　問8 D

問題二 問9 C　問10 B　問乙 補給　問11 D　問12 A　問13 A
問14 B　問15 D

問題三 問16 (1) A　問17 (2) A　問18 C　問19 C　問20 A　問21 B
問丙 当該　問22 B　問丁 火　問23 C　問24 D　問25 B

○推定配点○

問題一　問甲・問5　各2点×2　他　各4点×7
問題二　問乙・問13　各2点×2　他　各4点×6
問題三　問16・問17・問丙・問丁　各2点×4　他　各4点×8　計100点

＜国語解説＞

問題一 (説明文—大意・要旨，内容吟味，脱文・脱語補充，漢字の読み書き，語句の意味，文と文節)

問1 「すいきょう(な人)」と読む。勝手に生えてくる雑草の種をわざわざ播いて育てる人を指している。

問2 一つ目の［2］の直後の文「そのため，暖かい時期に，土を耕して空気が入りやすいようにしてから種子を播き，水を掛けてやれば」に着目する。「暖かい時期に」に相当する要素が入る。

問甲 「得」になる方「策」のこと。

問3 一つ後の段落で「植物の種子が春を感じる条件は，『冬の寒さ』である。冬の低温を経験した種子のみが，春の暖かさを感じて芽を出すのである」と仕組みを説明している。

基本 問4 直前の「見せかけの暖かさ」に喜んで冬の前に発芽すると枯れてしまうことから考える。

問5 「何だか」は物事がはっきりしない様子を表すので，物事の様子を述べている部分を探す。それとなく知らせるようなという意味の「示唆的な」にかかっている。

問6 直前の「発芽のタイミングがバラバラだから……出芽してくるのも一斉ではない。次から次へと」という出芽の様子から，状態が長く続く様子を表す語が入る。

問7 「発芽勢」について，直前で「どれくらいそろって発芽したか」と説明している。「野菜や花の種子」の「発芽勢」について，直前の文で「種を播けば一斉に芽が出てくる」と述べている。一方，「雑草の種子」の「発芽勢」については，直後の段落で「できるだけ『そろわない』ことを大切にしている」と述べている。そろって出芽することを「高い」，そろわないで出芽することを「低い」と言い換えている。

重要 問8 「もし」で始まる段落で，雑草の種子について「野菜や花の種子のように一斉に出芽してきたとしたら……人間に草取りをされてしまえば，それで全滅してしまう」と述べている。「そのため，わざとそろわないようにして，出芽のタイミングをずら」すという内容に適切なのはD。

問題二 （論説文―大意・要旨，内容吟味，文脈把握，脱文・脱語補充，漢字の読み書き，熟語）

問9 一つ後の段落で「『特産品』というのは，本来はその集団外の人間には，その使用価値がわからないもののこと」と意味を説明している。

やや難 問10 「あと知恵」は，物事が終わってから出てくる知恵のこと。「ものごとを」で始まる段落で「ものごとを根源的に考えるときは，ここのところがかんじんです。その制度の『起源』に立ち返るということです」と筆者の考えを述べ，傍線部②の直後の段落以降で「沈黙交易」の起源について説明していることから判断する。

問乙 足りなくなった分を補うという意味の「補給」に直す。「補」の訓読みは「おぎな(う)」。

問11 少し後の「『どうして『あいつら』はこんなものに価値があると思って財貨として扱っているんだろう？どうもよくわからない』ということになると，『じゃ，ま，次行ってみようか』ということになります」から，「なんだかわからないもの」を交換の場に残した理由を読み取る。

問12 前の「価値のわかりきったものを交換する」を，後で「完全な等価交換」と言い換えている。ここから，「交換の無意味性」「交換の拒絶」と同じ意味を表すものが入る。

基本 問13 「不等価」は，「等価」という熟語に否定の意味を表す接頭語「不」がついたもので，同じ成り立ちのものはAの「未解決」。Dは「新しい世界」となり，上が下の熟語を修飾している。

問14 直後の段落以降で「三〇〇万円のロレックスの時計」の例を挙げ，「『どうして？』と思うような価格設定」で，「価格設定に至った積算根拠」を明らかにしたら「もう誰もロレックスを買わない」と述べている。さらに「何年か前にユニクロの」で始まる段落以降で「ユニクロのフリース」の例を挙げ，「どうしてこういう価格設定だか理解できなかったからですね，安すぎて。どう考えても，この値段で買えるはずのない商品が買える」と述べている。この「三〇〇万円のロレックスの時計」と「ユニクロのフリース」の例から，常識的には理解できない価格設定がかえって人々を惹きつけることを指して「魔術性」と言っていることが読み取れる。

重要 問15 「姿が見えず」で始まる段落の「最初の一撃」の内容と，Dは合致しない。

問題三 （小説―主題・表題，情景・心情，内容吟味，文脈把握，脱文・脱語補充，漢字の読み書き，語句の意味，ことわざ・慣用句，表現技法）

問16・17 (1) 「申し訳」には，言い訳という意味の他に，なんとか体裁を整えるだけの様子という意味がある。 (2) 「うさんくさい」は，様子や態度が疑わしい様子を言う。

問18 欲しくてたまらなかったロクタル管を，見つけたときの「ぼく」の様子である。「息を［ 1 ］」で，驚きなどで一瞬息を止めたという意味になる語を入れる。

基本 問19 同じ文の「その目で見られてはもう動くにも動けず」に着目する。恐ろしい相手の前で身動きできなくなる様子を意味する語句を入れる。Aは権力のある人の力をかさにいばる，Bは平凡な親がすぐれた子を生む，Dは善人のようにふるまっているが内心は悪事を企んでいること。

やや難 問20 「ただ相手のことばに何か答えねばならぬと必死の思いで，自分が何を言っているのかも知らずに言ってしまった。『この7N7，いくら。』」とあるように，何かいわくありげな若者たちのひとりに声をかけられ，「ぼく」はとっさにロクタル管の値段を聞いたのである。「『二百円。』むりにドスをきかせたような太い声」の答えを聞き，形式的に「そう。」と答えた場面である。前に「ぼくの金は……二百五十円ばかり」とあるように，あこがれのロクタル管に手が届く値段であったにも関らず「形式的に」うなずいたのは，「ぼく」が場の状況にのみこまれ，自分にはとうてい手が届かない値段であると思い込んでいたからだと推察できる。後で「たった今うわの空で聞き過ごした若者の低い声が，とつぜん意識のなかへ戻った。『二百円。』」からも，自分に買える値段ではないと思い込んでいたことが読み取れる。

問21　「重い粘液の抵抗」は，同じ段落の「ぼくをそもそもこの路地にさそいこんだ異様なふんいきはすでにぼくのまわりにあり，身にねばりこくまわりつき，ぼくは首をまわすにも自由にできなかった」をふまえた表現である。「ぼくをそもそもこの路地にさそいこんだ異様なふんいき」というのであるから，「狭い暗い店」の怪しげな気配を譬えている。

問丙　今話題になっていることに関係があるものという意味。「該」を使った熟語に「該当」がある。

問22　直後の「戻れよか」は，戻れるだろうか，いや決して戻れないという意味。前の「逃げだしたいのはやまやまだ。だが，ここまで引き返しておいて」に続く部分であることから，恥ずべきことと知りながら，そのままでいる様子という意味のものを入れる。

問丁　「［　4　］を見るより明らか」で，はっきりしていて疑う余地がない様子を表す。

問23　前の「ちょっとぐれえ割れ目がはいったって使えるかもしれねえ。」が，直前の「感情がまったくないそのことばの後半」に相当する。「感情がまったくない」から理由を読み取る。

重要　問24　前の「若者の目」の「生の欠如を思わせるあの異様なふんいき」は，「この路地の異様さそのもの」で，「ぼくはいいようもない恐怖にとらわれ，言いかけたことばも口にねばりついてしまった……動きもならず立ちすくんだ」様子を，傍線部(6)「ねばっこくぼくのまわりにまつわりふさがっていた異様な空気」と表現している。それが「一瞬さけた」というのであるから，若者やその場の異様な状況から解放されたということになる。

問25　本文前や，本文中の注釈が大きなヒントとなる。美しいロクタル管にあこがれていた主人公は路地の奥の怪しげな店でロクタル管を手に入れたが，ロクタル管に亀裂が入っていたことに気づき返金を迫ったが叶わず，手には支払った額の半額の百円と亀裂が入ったロクタル管だけが残ったという内容にふさわしいものを選ぶ。「ぼくのまわりにふさがっていた異様な空気」などの描写で，主人公の心の動きを表現していることが文章の特徴となっている。

★ワンポイントアドバイス★

漢字の書き取りや語句の意味の他に，慣用句や熟語の構成などの基本的な問題を落とさないことが合否を大きく分ける。少し時代をさかのぼった文章や大人向けの小説など，ふだんは手に取らないような種類の文章にも意識を向けておこう。

大切なことはメモしておこうネ！

T.G

2019年度

★★★★★★★★★★★★★★★★★★★★★★★★

入 試 問 題

2019年度

明治学院高等学校入試問題

【数　学】（50分）〈満点：100点〉

1 次の問いに答えよ。

(1) $-\frac{1}{3}\div\left(-\frac{3}{2}\right)^3\times(-3^2)$ を計算せよ。

(2) 方程式 $\frac{2x-3}{4}=\frac{x+2}{3}$ を解け。

(3) y は x に反比例し，$x=4$ のとき，$y=6$ である。$x=\frac{1}{3}$ のとき，y の値を求めよ。

(4) 連立方程式 $\begin{cases} 5x-8y=14 \\ \frac{3}{x}=\frac{1}{y} \end{cases}$ を解け。

(5) $ax+b-a-bx$ を因数分解せよ。

(6) m，n を1桁の自然数とする。$(m+3)(n-2)$ が素数となる $(m,\ n)$ の組はいくつあるか。

(7) 大小2つのさいころを投げて，出た目をそれぞれ a，b とする。$\sqrt{a^b}$ が整数となる確率を求めよ。

(8) $a+b=\sqrt{3}$，$a-b=\sqrt{2}$ のとき，$a^2-a+b-b^2$ の値を求めよ。

(9) 図において，△AFGの面積を求めよ。ただし，DE // BC とする。

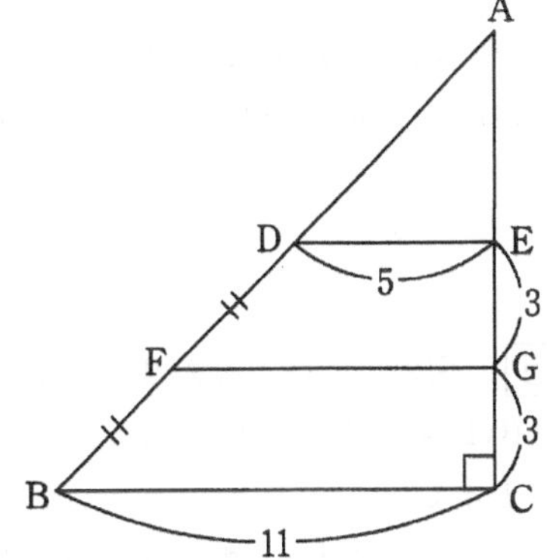

2 あるクラスの生徒40人のうち，欠席者5人を除く35人の通学時間について調査し，右の度数分布表を作った。次の問いに答えよ。

階級(分)	度数(人)	階級値×度数
0 以上 10 未満	9	45
10 ～ 20	a	135
20 ～ 30	□	□
30 ～ 40	5	175
40 ～ 50	4	180
計	35	□

(1) a の値を求めよ。

(2) 35人の通学時間の平均値を求めよ。

(3) 後日，欠席者5人の通学時間を調べたところ，5人とも30分以上50分未満であった。この5人を含めた40人の通学時間を度数分布表にまとめなおしたところ，平均値がちょうど23分になった。この5人のうち，通学時間が40分以上50分未満の生徒の人数を答えよ。

3 図のように，1 辺の長さが 30 の正三角形 ABC に，縦と横の辺の長さの比が $1:\sqrt{3}$ の長方形 DEFG が内側で接している。次の問いに答えよ。

(1) 線分 DE の長さを求めよ。

(2) BG と DE の交点を H とする。△ABH の面積を求めよ。

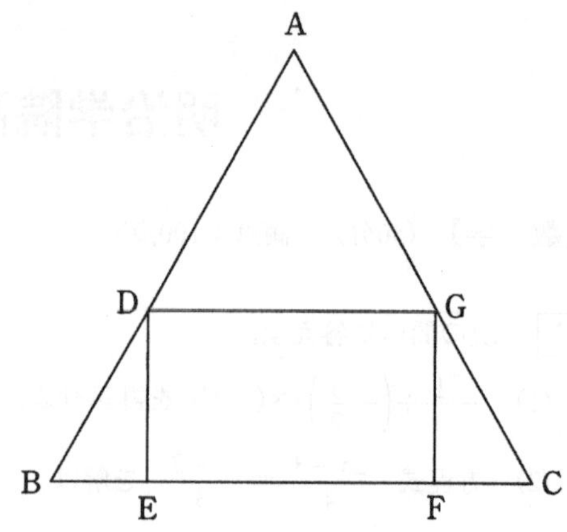

4 図のように，正四角柱と正四角すいを合わせた立体がある。

正四角柱 ABCD−EFGH は，底面となる正方形の 1 辺の長さが 4 で，高さが 2 であり，正四角すい O−ABCD の高さは 4 である。

また，線分 OE，OG と平面 ABCD との交点をそれぞれ点 P，Q とする。次の問いに答えよ。

(1) OP：PE を求めよ。

(2) 線分 PQ の長さを求めよ。

(3) 三角すい BFPQ の体積を求めよ。

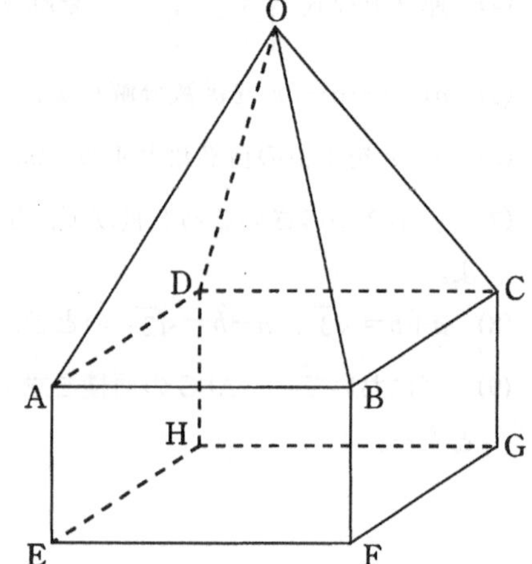

5 図のように，放物線 $y=x^2$ 上に点 A$(-3,\ 9)$，点 B$(2,\ 4)$がある。次の問いに答えよ。ただし，原点を O とする。

(1) 直線 AB と y 軸の交点の座標を求めよ。

(2) 放物線上に x 座標がそれぞれ $p\,(p < -3)$，$q\,(q > 2)$である点 P，点 Q があり，△AOB，△ABP，△ABQ の 3 つの面積がすべて等しい。

① 点 P の座標を求めよ。

② 五角形 OBQPA の面積を求めよ。

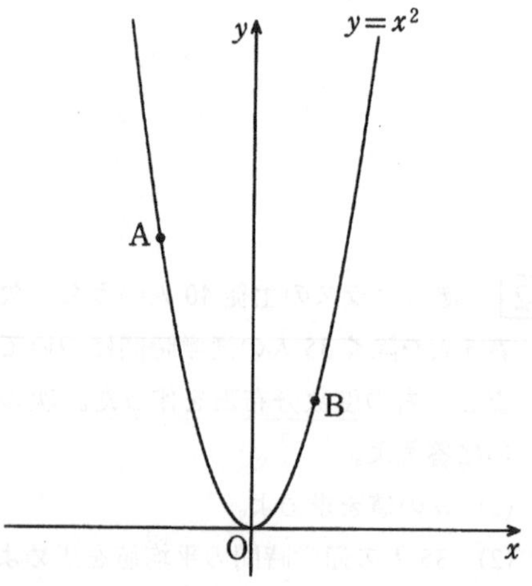

【英　語】（50分）〈満点：100点〉

A　次の英文を読み，1.～15.の設問に答えなさい。

The Mermaid Balloon

"Grandma!" little Desiree looked (1). "It's my daddy's birthday. How can I give him a birthday card?"

Desiree's grandmother looked at Desiree and sighed. 2<u>She couldn't say anything to Desiree</u>. Desiree's father died nine months earlier. Desiree didn't understand. She was only four years old.

"I have an idea," her grandmother said. "Let's write your daddy a letter. We can tie the letter to a balloon and send it up to heaven. What should we write?"

(3), "Happy Birthday, Daddy. I love you and miss you. Please write me on my birthday in January."

Desiree's grandmother wrote Desiree's message and their address on a small piece of paper. Then Desiree, her mother, and her grandmother went to a store (4). Desiree looked quickly at the interesting balloons and said, "That one! The one with the mermaid!"

They bought the mermaid balloon and tied Desiree's letter to it. Then Desiree opened her hands and the balloon went away. 【 1 】 It went higher and higher. Finally, it disappeared. "Did you see that?" Desiree shouted with joy. "Daddy (5) down and took my balloon! Now he's going to write me back!" 【 2 】

Desiree sent her balloon up in California. 【 3 】 The wind caught the balloon and carried it east. Four days later, it came down 3,000 miles away, near a lake in eastern Canada. The name of the lake was Mermaid Lake. It was in a town called Mermaid.

Wade MacKinnon, a Canadian man, was hunting ducks at Mermaid Lake when he found Desiree's balloon and letter. 【 4 】 He took them home to his wife. She decided to send Desiree a birthday present. She also wrote her a letter. The letter said:

Dear Desiree,

Happy Birthday from your daddy. Who are we? We are the MacKinnons. My husband, Wade, went duck hunting, and saw a balloon! A mermaid balloon that you sent your daddy. There are no stores in heaven, so your daddy wanted someone to (6). *I think he picked us because* (7). *I know your daddy loves you very much and will always watch over you.*

Lots of love,
The MacKinnons

When the package from the MacKinnons arrived, 8<u>Desiree was not at all surprised</u>. "Daddy remembered my birthday!" she shouted. She was very happy.

Desiree's mother wrote the MacKinnons to thank them for the present and the letter.

During the next few weeks, she and the MacKinnons often telephoned each other. Then Desiree, her mother, and her grandmother flew to Canada to meet the MacKinnons. The MacKinnons took them to Mermaid Lake and showed them the place that they found the balloon. 【 5 】

Desiree calls the MacKinnons when she wants to talk about her father. After she talks to them, she feels better.

People often say, "It's lucky the mermaid balloon came to Mermaid Lake!" Desiree's mother is not sure it was just a luck. She says, "9I think that my husband picked the MacKinnons. It was his 10way to send his love to Desiree. 9She understands now that (11)."

1. 空所1に入る語として最もふさわしいものを選びなさい。
(1) interesting (2) funny (3) strange (4) surprising (5) excited

2. 下線部2について，次の問いの答えとして最もふさわしいものを選びなさい。
Why couldn't she say anything to Desiree?
(1) It was because it was hard for her to explain to Desiree about her father's death.
(2) It was because it was too early to send a card to Desiree's father for his birthday.
(3) It was because Desiree was shocked to know that her father died on her birthday.
(4) It was because she was surprised to see that Desiree already wrote a birthday card.
(5) It was because she thought Desiree already prepared a birthday card for her father.

3. 空所3に入る語句として最もふさわしいものを選びなさい。
(1) Her grandmother said
(2) Desiree told her grandmother to write
(3) Her grandmother asked Desiree to say
(4) Her grandmother asked Desiree to write
(5) Desiree asked her mother to tell

4. 空所4に入る語句として最もふさわしいものを選びなさい。
(1) to send the message card (2) to buy a balloon
(3) to buy a birthday card (4) to get a birthday present
(5) to get the paper mermaid

5. 空所5に入る語として最もふさわしいものを選びなさい。
(1) fell (2) reached (3) touched (4) wrote

6. 空所6に入る語句として最もふさわしいものを選びなさい。
(1) send him enough money (2) start a toy shop there
(3) do his shopping for him (4) take him to Canada some day
(5) tell you that you can't get any birthday card

7. 空所7に入る語句として最もふさわしいものを選びなさい。
(1) we love duck hunting as our hobby (2) we were friends for a long time
(3) we are good neighbors (4) we like you very much
(5) we live in a town called Mermaid

8. 下線部 8 について，次の問いの答えとして最もふさわしいものを選びなさい。

Why wasn't Desiree surprised at all?

(1) It was because she believed she could receive a letter from her father for her birthday.
(2) It was because she talked with the MacKinnons before and knew that they would send the package to her.
(3) It was because she knew that her father in heaven bought a present for her before his death.
(4) It was because her grandmother told her secretly that she was going to receive a present.
(5) It was because she heard that her mother talked with the MacKinnons about her present.

9. 下線部 9 の I と She は誰を指しますか，最もふさわしい組み合わせを選びなさい。

(1) Ms. MacKinnon と Desiree
(2) Ms. MacKinnon と Desiree's mother
(3) Desiree's mother と Desiree's grandmother
(4) Desiree's grandmother と Desiree
(5) Desiree's mother と Desiree

10. 下線部 10 の本文中の意味とほぼ同じ意味で使われているものを選びなさい。

(1) I took the wrong road and lost my <u>way</u>.
(2) I must buy a paper on the <u>way</u> home.
(3) Which <u>way</u> is your house from here?
(4) I'll do it my <u>way</u>.
(5) By the <u>way</u>, which school are you in?

11. 空所 11 に入る語句として最もふさわしいものを選びなさい。

(1) her father is always with her
(2) her father always buys the thing she wants
(3) her father has known the MacKinnons for a long time
(4) her mother thinks that it was just a luck
(5) her mother asked the MacKinnons to send her the card

12. 次の英文の入る位置として最もふさわしいものを選びなさい。

For an hour, they watched the balloon.

(1) 【 1 】　(2) 【 2 】　(3) 【 3 】　(4) 【 4 】　(5) 【 5 】

13. 本文の内容と<u>一致しない</u>ものを選びなさい。

(1) Desiree went to a store with her mother and her grandmother, and decided which balloon she would buy.
(2) The mermaid balloon flew from California all the way to eastern Canada.
(3) Wade MacKinnon was hunting ducks when he found the mermaid balloon.
(4) Wade MacKinnon found Desiree's letter and wrote back to Desiree by himself.
(5) Desiree's mother believes that her husband chose the MacKinnons to be his messenger.

14. 本文の内容と一致するものを選びなさい。

(1) Desiree's grandmother didn't give any advice when Desiree wanted to send her father a birthday card.
(2) Desiree got a letter from the MacKinnons and also received a birthday present.
(3) The MacKinnons telephoned Desiree's mother before they sent Desiree her present.
(4) When Desiree feels better, she calls the MacKinnons to talk about her father.
(5) Desiree's father called the MacKinnons to send Desiree a present on her birthday.

15. 本文の内容と一致するものを選びなさい。

(1) Desiree's grandmother wrote Desiree's message and their phone number.
(2) Desiree thought her father would find the balloon and write her back.
(3) Desiree, her mother, and her grandmother flew to Canada for four days.
(4) Desiree's mother believed that the mermaid balloon would arrive at Mermaid Lake.
(5) Desiree's father met the MacKinnons and asked to write a letter to his daughter.

B 次の 16.～21.の文の空所に入る最もふさわしいものを選びなさい。

16. We (　　) call 119 when our house was on fire last week.

(1) may　(2) had to　(3) must
(4) need to　(5) should

17. His car is new, but it (　　). It looks like an old one.

(1) doesn't wash　(2) hasn't washed　(3) isn't washed
(4) isn't washing　(5) wasn't washing

18. I have two toys. One is new and (　　) is old.

(1) another　(2) other　(3) the others
(4) the other　(5) the another

19. Ken can run (　　) all.

(1) fastest than　(2) the faster of　(3) the fastest
(4) as faster as　(5) the fastest of

20. I didn't sleep well last night (　　) I felt sleepy during class today.

(1) so　(2) because　(3) that
(4) but　(5) until

21. I must finish this homework (　　).

(1) in Monday　(2) from Sunday　(3) till Saturday
(4) by Wednesday　(5) next Thursday

C 次の 22.～27.の日本語の意味に合うように語(句)を並べた時，不要な語(句)が 1 つある。その語(句)を選びなさい。

22. 彼女はパーティーに来られないだろうと思います。

I ______________________________.

(1) the party　(2) am　(3) think　(4) won't　(5) afraid
(6) she　(7) to　(8) be　(9) able　(10) come to

23. その激しい雨のせいでその川の水はとても汚いままだった。

The ______________________________________.

(1) kept (2) rained (3) rain (4) dirty (5) the water
(6) heavy (7) in (8) very (9) the river

24. お茶を一杯入れましょうか。

______________________________________?

(1) tea (2) cup (3) will (4) I (5) you
(6) shall (7) of (8) a (9) make

25. ラジオでその事故のことは聞きあきた。

______________________________________.

(1) hearing (2) am (3) the radio (4) I (5) tired of
(6) the accident (7) on (8) about (9) heard

26. 父は私を医者にしたいと思っている。

______________________________________.

(1) make (2) wants (3) my father (4) thinks (5) to
(6) a doctor (7) me

27. こんな暑い日に走るのは健康に良くないと思う。

I don't think ______________________________________.

(1) your health (2) a hot day (3) to (4) it's (5) for
(6) so (7) on (8) good (9) run (10) such

D 次の会話文Ⅰ.～Ⅱ.の空所28.～35.に入る最もふさわしいものを選びなさい。また，36.の設問に答えなさい。

Ⅰ.

Eric belongs to the drama club and he is talking with Kate about his performance.

Kate: I heard you're going to play the main character in your performance. Is that right?
Eric: Yeah, I've never played the main character, so I'm a little nervous.
Kate: I'm sure you'll be all right! (28), and they were very good!
Eric: Thanks. Can you come to see my play?
Kate: Yes, of course! What time will the performance start?
Eric: Six p.m., but (29). The hall will be open from five thirty and I think you should come at that time so that you'll be able to get a good seat.
Kate: All right. And, what time will the performance end?
Eric: About nine o'clock. It's not safe around here at night. I think it'll be better for you to come with your friends or family, so (30).
Kate: OK. I'll ask my friend to come with me. Well, I can't wait to see your performance!
Eric: Thanks!

28. (1) I've always done my best on the stage
(2) I've been very worried about your drama club
(3) I've seen your performances many times

(4) You've never played on the stage in front of many people
(5) You've played the main character every time I see your performance

29. (1) you shouldn't arrive before six
(2) you should buy the ticket at that time
(3) you should come earlier
(4) you shouldn't go into the hall alone
(5) you should pay a higher price

30. (1) you can share the food you'll eat
(2) you don't have to pay for the ticket
(3) you must not stay here until nine
(4) you should leave the theater before the drama ends
(5) you won't be alone when you go home

Ⅱ.

Two students are talking during their lunch time.

Ella: Are you (31) after school today?
Tonia: Not today, maybe tomorrow. (32)
Ella: Well, I always wait until the last minute to study for the exams. This year, I want to (33) early. Would you be my study partner?
Tonia: Oh, of course! I like to study with other people. (34)
Ella: No, tomorrow I have a tennis lesson after school. How about Saturday?
Tonia: Sure! I'm free all day, so we can meet (35).
Ella: Great! Let me talk to my parents about what time is best.

31. (1) going for a run (2) going to practice (3) free
(4) going home (5) outside

32. (1) How do you care? (2) When are you leaving? (3) How's it going?
(4) Who are you? (5) Why do you ask?

33. (1) start studying (2) get up (3) go to school
(4) go home (5) start worrying

34. (1) Can I invite other friends? (2) Is tomorrow okay for you?
(3) Is it hard to do? (4) Don't you have a tennis lesson tomorrow?
(5) What day is better for you?

35. (1) at 1 p.m. (2) every Monday (3) for lunch
(4) at any time you want to (5) when I call you

36. Which is true?
(1) Ella is asking Tonia a personal question.
(2) Ella is not sure about the results of the test.
(3) Tonia has no time for Ella.
(4) Ella wants to have better studying habits.
(5) Tonia and Ella are going to meet after school today.

D　叔母や祖父の死は神聖さの欠けた低俗なものだったが、そもそも死は生の延長としての当たり前の現象であり、その点で人並みの死をまっとうしたと言えるのかもしれない。

問27　傍線部⑨とあるが、このことの理由としてもっとも適当なものを次から選べ。

A　向日葵の黄色い炎のような鮮やかさを、人間の死を冒瀆（ぼうとく）する非人間的なものに感じ、発作的に切ってやろうと思ったが、実際に切ってみれば単なる花がそのような大げさなものであるはずもなく、物事をつい誇張して考えてしまう自分の性格にばかばかしさを感じたから。

B　向日葵の黄色い炎のような鮮やかさを、一人の人間の死の重大さを無化してしまう冷酷なものに感じ、発作的に切ってやろうと思ったが、いざ切ってしまうと怒りのやり場もなくなってしまい、さらに向日葵の不在によりその存在がよけいに意識される状況になったから。

C　向日葵の黄色い炎のような鮮やかさを、田淵の死という厳粛な事実とかけはなれた軽薄なものに感じ、発作的に切ってやろうと思ったが、花が視界から消えたことで秋空の澄んだ青さやテニスコートで響く歓声がかえって際立ってしまい、切った意味がなくなったから。

D　向日葵の黄色い炎のような鮮やかさを、個人の消滅という重大事と矛盾する場違いなものに感じ、発作的に切ってやろうと思ったが、向日葵の残酷な美しさは杉の創作にとって実は重要な意味を持つものであり、そのことに気づいたのは花を切ってしまった後だったから。

問28　本文からもっとも強く読み取れるものを次から選べ。

A　世界の不条理さに対するやるせない憤り

B　人間の無力さに対するしみじみとした悲しみ

C　健康的な美に対する嫉妬混じりの羨望

D　死という現象に対する哲学的な興味

を失っている。

C　親交のあった人が急死してしまったことの悲しみに襲われて立ちすくんでいる。

D　人の命が突然奪われるという運命の理不尽さへの怒りによって我を忘れている。

問22　傍線部④のような表現技法を何というか、次から選べ。

A　直喩　　B　隠喩　　C　擬人法　　D　省略法

問23　傍線部⑤とあるが、このことの理由としてもっとも適当なものを次から選べ。

A　妻は若くて健康であり、死を身近に感じている病弱な自分よりもおそらく寿命が長そうだから。

B　田淵氏の急死に衝撃を受けている様子も見られず、いつもと変わらない落ち着いた態度だから。

C　病に深く悩まされている夫の気持ちを理解しようともせずに、一人でのんきに眠っているから。

D　深夜に死の観念に押さえつけられている自分に比べ、若い妻はいかにも心安らかな様子だから。

問24　傍線部⑥とあるが、吉川がこのようにすることの理由としてもっとも適当なものを次から選べ。

A　自分の描きたいものはこの漢字によってしか表現できないと考えているから。

B　世の中の流れに迎合して古い伝統を手放すのはもったいないと考えているから。

C　人の意見によって自分のやり方を変えることはしたくないと考えているから。

D　珍しい漢字を作品内で使うことが自分の作家としての個性だと考えているから。

問25　傍線部⑦とあるが、このときの妻の心情の説明としてもっとも適当なものを次から選べ。

A　趣味の悪い冗談を言ってでも妻の気を引こうとする夫に対して苛立ちと愛おしさを感じている。

B　夫からの残酷な言葉にうまく反論できなかった自分に対して怒りとふがいなさを感じている。

C　冗談であっても妻の愛情を軽んじるようなことを言う夫に対して悔しさと悲しみを感じている。

D　悩んでいる夫の気持ちを理解したいのにできない自分に対して嘲(あざけ)りと情けなさを感じている。

問26　傍線部⑧とあるが、ここから読み取れる杉の考えとしてもっとも適当なものを次から選べ。

A　叔母や祖父の死はあまり美しい思い出とは言えないものの、死とは自分の思い通りにいかないものだという教訓を示す、ある意味では示唆に富むものだったのかもしれない。

B　叔母や祖父の死は潔さや偉大さとは程遠いものだったが、それがかえって故人を懐かしく思うことにつながっているので、決して悪い側面だけではなかったのかもしれない。

C　叔母や祖父の死は不快な印象も残したものの、人間である以上生理的なことや通俗的なことが付随するのはむしろ当然であり、忌避するようなことではないのかもしれない。

祖父の臨終はこれとは少し違った光景だった。実業家だった杉の祖父は仕事をやめてから伊豆に隠居をしていたのだが、自分の死期をちゃんと予感していたらしい。身の周りの整理もきちんと片付け、友人や身内にも死後のあれこれについて手配した手紙まで書いていたからである。脳溢血(のういっけつ)で倒れた祖父の臨終に東京にいた杉の家族は間に合わなかった。そのころ中学生だった杉は母と共に電話を受けると大急ぎで伊豆に駆けつけたのだが、既に遺骸をおいた十畳の座敷には黒いモーニング*をきた人々が膝に両手をおいて坐(すわ)っており、祖父の顔にも白い布がかぶせられていた。杉がこの時おぼえているのは十畳のむこうにみえる松の樹立に西陽(にしび)が暑くるしく当っていたのと、滝のように鳴いているカナカナの声だった。それは中学生の杉にさえも月並みな芝居の一場面を思い起させた。

叔母の死体の臭いや祖父の幾分、俗っぽい死の風景は現在の杉にある程度の嫌悪感を催させるが⑧それは人間の死らしい自然さをもっているような気がする。今の彼に耐えられないのはこうした死の姿勢ではなく、田淵氏の場合のように、その人が消滅したあとも、秋ちかい高原の空が青く静かに澄みわたり、すすきの穂が白く光り、テニスコートからはボールを打つ音や歓声がまるで何事もなかったように続いているという残酷な事実だった。⑨向日葵の花は妻の手で杉の命令通り切りとられてしまったが、花がなくなるとかえってそれが彼の心をいらいらとさせた。

(遠藤周作『あまりに碧い空』より)

*鎧戸…日光の当たり具合や通風を加減することのできる、幅の狭い薄い板を何枚も斜めにすえて並べた構造の戸のこと。

*効験あらたか…効果が際立ってあること。

*昵懇…親しく付き合って遠慮がない様子。

*モーニング…男子が着る礼服のこと。

問丙　傍線部㋐・㋑について、㋐は漢字に直し、㋑は読み方を書け。

問19　傍線部①とあるが、ここでの杉の心情の説明としてもっとも適当なものを次から選べ。

A　ゴルフなど退屈だと見下してしまう自分と対照的な、屈託なく物事を楽しめる田淵氏の度量を羨んでいる。

B　仕事が捗らずに悶々(もんもん)とする自分に対して、娯楽のためにここに来ている田淵氏の気楽な立場を羨んでいる。

C　胃腸病をわずらっている自分とは違う、麦酒を豪快に飲みほす田淵氏の健康的なたくましさを羨んでいる。

D　家に閉じこもって執筆する自分と異なり、文壇の作家たちと盛んに交流する田淵氏の社交性を羨んでいる。

問20　傍線部②「田淵氏」について、ここまでのところから読み取れる人物像としてもっとも適当なものを次から選べ。

A　やや傲慢(ごうまん)だが誠実な人物

B　邪気のない快活な人物

C　豪快な親分肌の人物

D　狡猾(こうかつ)で世渡り上手な人物

問21　傍線部③とあるが、ここでの杉の状態の説明としてもっとも適当なものを次から選べ。

A　健康な人が病であっけなく死んでしまうことの恐怖で震えを抑えられずにいる。

B　会ったばかりの人が突然亡くなったという驚きによって落ち着き

に」

「いや、目ざわりだよ」

本当は残酷だと言いかけて彼はその言葉を咽喉(のど)にのみこんだ。今日もテニスコートからラケットに球のぶつかる音がきこえてきた。杉があの若い男女に嫌悪感を感じる気持は、どうやら一人の人間の死にもかかわらず空が美しく澄み、向日葵が炎のように咲きつづけているという冷酷な事実につながりがあるようだった。

別に田淵氏の死によって刺激されたわけではない。彼もこの一年前ぐらいから深夜、眼をさましてふと死ぬ日のことやその瞬間の姿勢をぼんやり想像するようになっていた。いつかは自分が死なねばならぬことを彼は真暗な闇の中で鳥のように眼を大きく見ひらきながら考えることがあった。そんな時、杉は⑤隣のベッドでかるい寝息をたてて眠っている妻にかすかな憎しみを感じるのである。二十代の妻はまだ死ぬことを考えもしないと彼に言っていた。そう言われて杉自身もふりかえってみると十年前、二十代の頃は自分の死ぬことや死ぬ時の姿を心に想像するようなことはなかった。こんなことを考えるようになったのはやはり三十を幾年かすぎてからである。

杉はこの頃、よく原稿用紙の端に「軀(からだ)」という字を書いてそれをじっと眺めることがあった。杉の友人の吉川はこの「軀」という文字を「体」や「躰(からだ)」のかわりに⑥かたくなまでにその作品の中で使っている。実際、吉川の小説を読んでいると男女の軀のさまざまな機能、つまり「軀」を形づくっている三つの口の字と万華鏡のように複雑な心理の翳(かげ)や情熱の陰影との関係が心憎いほど描かれているのである。だが三十数歳をすぎた杉はこの「軀」の文字をみると、死の黒い口がそこに三つ、洞穴のようにぽっかりと開いているような気がしてくるのだった。

自分が死ぬ時、どういう息の引きとりかたをするのか勿論、杉には想像もつかない。彼にはただ思い出の中から自分の祖父や叔母の臨終の光景を引き伸ばしたり重ねあわせるより仕方がない。叔母が死んだのは夏の暑い日だったが、ひろい樹木の多い庭に面した病室には彼女が死ぬ五、六時間前から一種、生臭い匂いがまだ子供だった杉の胸に息ぐるしいほどこもっていた。この匂いは病室の窓ちかくにならべられている花瓶にさした百合(ゆり)の香りにちがいなかった。病人が百合の好きなことを知人や親類はひろく知っていたから、次々と訪れてきては廊下でそっと辞去していく見舞客までがみなこの匂いのつよい花をたずさえてくる。その匂いに包まれてベッドに仰むけになった叔母の胸はさきほどから小きざみに縮んだり膨らんだりしている。祖母が夏布団からはみ出た彼女の腕を握っていたが、その手を離すと、病人の白い腕の肉に指の痕(あと)の凹(へこ)みがそのまま残ったのである。杉はこの時はじめて人間が死ぬ時は軀がむくむことを知った。そして今まで山百合の香りだとばかり思っていた部屋の生臭い臭気が、叔母の体から発散する死臭の前ぶれであるとやっと気がついたのだった。

(自分も死ぬ時はあのような臭いを発散するのだろう)

この想像は杉に嫌悪感を㋑催させたので彼はそれを追い払うためにも妻に無神経な冗談さえ言わねばならなかった。

「俺が死んだら、君、再婚しろよ。再婚しても時々は僕の墓に線香ぐらいあげてくれるだろうな」

⑦もちろん妻は自尊心を傷つけられたように黙ってうつむいた。そのうつむいたことがまた杉の神経を傷つけた。

すぜ。胃腸病なんか、すぐ治る」

杉は笑いながらゴルフマニアは新興宗教の布教員に似ていると思った。その効験あらたかな所を病気の治癒に結びつけて宣伝するところまでそっくりである。

それにしても田淵氏はゴルフをやっているためか、ひどく健康そうだった。まぶしい陽のあたる庭に白い歯を見せて笑っている。その背後には向日葵（ひまわり）が炎のような黄色い大きな花をこちらにむけて咲いていた。

「田淵さんは木の根のような腕をしているなあ」杉は客の陽にやけた腕を指さしながら訊（たず）ねた。「やはりゴルフのおかげですか」

「いや、ぼくあ学生時代、ボートの選手だったからね」

麦酒を一息にうまそうに飲みほしながら田淵氏は嬉しそうに自慢した。①麦酒を飲む時、太い彼の咽喉（のど）がごくごくと動くのを杉が羨（うらや）ましそうに眺めていると、

「ジャーナリストはまず体力ですからね」

「でもこの間こんな話をききましたよ。勿論（もちろん）、冗談でしょうが、焼場の死体のなかで……」

焼場に運ばれた死体のなかでジャーナリストや新聞記者の頭蓋骨（ずがいこつ）はすぐわかるという。他の人の頭の骨とちがって、これらの職業の人の頭蓋骨は少し叩くとポロリと崩れるのだそうだ。脳みそは勿論のこと骨まで削りとるほど頭を使い尽した半生のため、彼等の頭蓋骨はひどくもろく薄くなっているのだと杉はきいた。

「陰惨な話だな」②田淵氏は童顔を少し曇らせながら肯（うなず）いた。「でも実感がこもっていますよ」

「でしょう……」

杉はふたたび庭の炎のように黄色く赫（かがや）いている向日葵の花に眼をむけた。テニスコートからは相変らず、球を打つ音や歓声がきこえてきた。

それから五日のちに、杉は東京からの電話で田淵氏が急死したことを知らされた。

「冗談でしょう。この間、元気そのものでぼくの所に寄られたんだ」③受話器をもった彼の声は上ずっていた。だがこの知らせは本当だった。前日まで田淵氏の同僚も部下も、氏自身さえも明日、彼が倒れるということを夢にも想像していなかったのである。

当日めずらしく早目に帰宅した田淵氏は家族と共にテレビをみているうち、眼が突然みえなくなったという。頭痛を我慢しながら壁をつたって寝室に戻る途中、④朽木のように倒れた。倒れてからは一昼夜息を引きとるまで昏睡（こんすい）状態だったそうだ。

その日から杉は仕事をしながら時々、庭をみた。秋ちかい高原の空はあくまでも澄みわたり、銀色の羽を光らせながら赤トンボが右左に飛びまわっていた。向日葵は相変らず、黄色い炎のような花をこちらにむけて咲いていた。透明な空やもう眩（まぶ）しくはない空気をみていると田淵氏の死んだという事実がふいに胸を突き上げてくる。杉と田淵氏は特に昵懇（じっこん）な間柄ではなかったから彼の心には故人を偲（しの）ぶという感慨よりは、五日前この陽のあたる羊歯の庭で、健康そうな真白な歯をみせていた人がもう死んでいるという衝撃と、その死にかかわらず秋の空が残酷にも澄みわたっていることにたいする苛立ちの方が強かった。

「おおい」杉は妻を大声でよんだ。「あの向日葵を切ってくれよ」

「どうしたの」花模様のついたエプロンで手をふきながら杉の若い妻は驚いたように顔をあげた。「勿体（もったい）ないわ。こんなに綺麗（きれい）に咲いているの

と対等な立場に立とうとしている点で同じであるということ。

B　筆者の友人の話と、「イクメン」という言葉の背景にある価値観とは、男性が女性を気遣うことで、かえって男性が負担を強いられていることを示している点で同じであるということ。

C　筆者の友人の話と、「イクメン」という言葉の背景にある価値観とは、男性が特別なことをしていると周囲から認められるべきだ、という認識が根底にあるという点で同じであるということ。

D　筆者の友人の話と、「イクメン」という言葉の背景にある価値観とは、男性が取り組みやすい家事や育児などを分担することで、性別分業のバランスをとろうとしている点で同じであるということ。

問18　筆者の主張に合致するものを次から選べ。

A　男女の実質的な平等を実現するためには、男性支配的な現在の社会を考え直し、つくりかえるという方向を目指していくことが重要である。

B　多様な男女協働の社会を作りあげるために、積極的に家事や育児を行っている男性を評価し、他の男性の意識も変えていかなければならない。

C　女性が今以上に社会で活躍できるように、伝統的で因習的な慣習をなくしていき、女性支配的な社会を築きあげる必要がある。

D　形式的な分担を推し進めることで男女が互いに配慮できるようにし、最終的に性別分業のバランスがとれるようにすべきである。

問題三　次の文章を読んで、あとの問いに答えよ。

杉が今年の夏かりた小さな家はテニスコートのすぐ近くにあった。別荘地の中心部からあまり遠からぬそのテニスコートでは夕方、暗くなるまで白いスポーツ服をきた青年や娘がラケットをふりまわしている。㋐イセイよく叩きつける球の音やわきあがる歓声などが杉の部屋にきこえ、彼の仕事をさまたげた。このコートは昨年、皇太子のロマンスなどで有名になったためか今年はひときわ集まる者も多いという話だった。

「いい気なもんだぜ」

*鎧戸(よろいど)をしめて杉は書きためた原稿用紙の枚数を数えながら苛立(いらだ)たしそうに舌打ちをした。真実のところ彼は自分より十歳も年下のこれら若い青年や娘をひそかに嫌っていた。この嫌悪は自らの仕事があの連中に妨げられているからではなくもっと別の理由からきているようだった。

仕事はなかなか捗(はかど)らなかった。そんなある日、彼の家に、ある出版社の出版部長の田淵(たぶち)氏がひょっこり遊びにきた。

「別に用事じゃないんですよ」羊歯(しだ)のはびこった庭をポロシャツの田淵氏は陽(ひ)にやけた童顔をほころばせながらドサドサと歩いてきた。「明後日、恒例のゴルフ大会があるでしょう。だから昨日、こちらに来ましてね」

そういえばこの別荘地に住む文壇の先輩たちがちかいうちにゴルフの試合をすることを杉も耳にしている。

「へえ、田淵さん、ゴルフやられるんですか。どちらにお泊りです」

「社の寮がちかくにありましてね。……ああ、奥さん、わざわざお構いなさらんでください」

田淵氏は庭に面した廊下ともベランダともつかぬ場所に麦酒(ビール)を運んできた杉の妻にも愛想よく挨拶をして、

「杉さん、あんたもゴルフやったらどうです。その体も随分良くなりまン」と呼ぶのはあまりにも安直だから。

B 「イクメン」という言葉がもつ軽やかさによって、育児の大変さや奥深さが見えなくなってしまうから。

C 「イクメン」と呼ぶことによって、育児をする男性のことを特別視しているように感じられるから。

D 「イクメン」という言葉によって、雑誌で紹介されるような男性が増えてしまう可能性があるから。

問12 傍線③の説明としてもっとも適切なものを次から選べ。

A 「イクメン」という言葉が今以上に多用される日常。

B 「イクメン」という言葉の意味がわからなくなる日常。

C 「イクメン」という言葉が別の言葉に取って代わられる日常。

D 「イクメン」という言葉をわざわざ用いなくてもよい日常。

問13 傍線④の理由としてもっとも適切なものを次から選べ。

A 女性が育児をすることは当然という認識が世間にあり、男性のように特別扱いする言葉を作る必要がないから。

B 育児をする男性を指す言葉は語呂合わせでできたが、女性を指す言葉は語呂合わせでは作れないから。

C 育児をする女性を指す言葉を作ると、男性が特別扱いされなくなり、男性が育児をしなくなってしまうから。

D 女性が育児をすることにも特別な呼び名を与えると、男性が育児をすることの価値が薄れるから。

問14 傍線⑤「空ソ」の「ソ」と同じ字を含む熟語を次から選べ。

A ソアクな製品を買ってしまう。

B 友人とソエンになる。

C 音楽家のソシツがある。

D 新政権のソカクが行われた。

問乙 次の空欄ア・イに漢字一字を入れ、傍線⑥の一例となる四字熟語を完成させよ。

良［ア］賢［イ］

問15 傍線⑦の説明としてもっとも適切なものを次から選べ。

A 女性を取り巻く問題の根底には男性支配的な社会状況があり、女性が率先して声をあげることで男性が社会の問題点に気づかされるということ。

B 女性を取り巻く問題の根底には男女ともに負担の大きい性分業のありかたがあるため、男性も女性同様に苦しめられているということ。

C 女性を取り巻く問題の根底には男性支配的な社会状況があり、そのことはむしろ男性が考えていくべき問題であるということ。

D 女性を取り巻く問題の根底には女性にとって負担の大きい性分業のありかたがあるため、男性がもっと女性のことを手助けする必要があるということ。

問16 傍線⑧とあるが、「気色ばむ」とはどのような様子を指すか。次から選べ。

A 怒った様子　　B 戸惑った様子

C 慌てた様子　　D 落ち着いた様子

問17 傍線⑨の説明としてもっとも適切なものを次から選べ。

A 筆者の友人の話と、「イクメン」という言葉の背景にある価値観とは、男性が女性に理解を示し、家事や育児を分担することで女性るべき作業であり、男性が進めるからこそ価値がある作業だと。女性の生き方や家族のあり方を研究する社会学の世界では「常識」となっているのですが、⑦女性問題とは男性問題なのです。男性が変わらないかぎり、女性も変われないし、私たちの日常も、より豊かな「らしさ」を創造し、実践できるようには、変わっていかないのです。

では、男性支配的な性別分業のあり方を日常の暮らしの次元から考え直そうとするとき、よく言われるように「男女平等に」でいいのでしょうか。

若い頃、私は同じ社会学研究者の友人からよくこうした言葉を聞きました。「私は女性問題も理解しているし、妻の苦労もよくわかる。だからこそ私は妻ときちんと平等に家事を分担しているんだ」と。こう語る友だちは、自分のしていることをどこか誇らしげに語っているようにも見えました。

実は私は、眉に唾をつけながら、友人の話を聞いていたのです。ふーん、平等に家事を分担ねぇ、今の世の中、男女が平等に暮らせるようにできていないのだから、家事だけを平等に分担すれば、それであなたと奥さんの関係は対等なのかねぇ、と。でもそのことを言えば、相手は⑧気色ばんで反論してきそうな感じなので、「そうですか、家事分担は男女関係を考える重要なきっかけだし、それはいいですね。でも家事分担だけ平等にしても、仕方ないしね」と、相手の努力は認めながら、ちょっとばかりからかっていたのです。

なぜからかってみたくなったのでしょうか。友人の言葉には家事分担をめぐる「形式的平等」と家事分担という「いいこと」をしている自分を評価してほしいという、いわば自分の姿への承認欲求がにじみ出ていたからです。考えてみれば、これも先にお話しした「イクメン」と⑨根っこは同じなのです。

家事や育児、教育、介護など「ひと」をつくり「ひと」を世話する重要な労働をパートナーと分担することは必須です。でも「私はこれをするから、あなたはこれをして」という分担や「それぞれの生活時間のうち同じ時間だけ家事にあてよう」という形式的な分担だけでは、お互いがどのように一人の人間として働き、生きていきたいのかを考え、互いに配慮し、共に模索し、協働していくという「実質的な平等」、「対等な関係」をめざす暮らしは実現できないからです。

（好井裕明『「今、ここ」から考える社会学』より）

＊バギー……ベビーカーのこと。

＊誘蛾灯……夜間、蛾やその他の害虫をおびき寄せ、水におぼれさせる装置のあかり。

＊扶養家族……主に収入における生活面で助けてもらう必要のある家族のこと。

問9　傍線①が指す内容としてもっとも適切なものを次から選べ。

A　「イクメン」のような言葉がさらに作り出されること。
B　育児に関わる男性のことを軽やかに評価していくこと。
C　「イクメン」という言葉がメディアで広められていくこと。
D　これまでの性別分業のありかたが改まっていくこと。

問10　空欄Xに入る動詞の終止形としてもっとも適切なものを次から選べ。

A　描く　B　画す　C　越える　D　退く

問11　傍線②の理由としてもっとも適切なものを次から選べ。

A　「イケメン」の語呂合わせで、育児をする男性のことを「イクメの男性は、特別な評価を得るためにも、育児に参加すべきではないか、といったニュアンスが感じ取れるからなのです。

もちろん、現在においてもまだまだ、育児や子育て、子どもの教育に対する男性の参加、協働は不十分だと言えます。だからこそ、「イクメン」という言葉はうまく使えば、一人でも多くの男性を「育児という深い世界」に誘い込む*誘蛾灯(ゆうがとう)の役割を果たせるかもしれません。でも本当は、男性の育児参加、育児分担は、ことさら特別に呼ぶ必要もなく、「あたりまえ」のことになり、③こうした言葉が意味をもたなくなる日常になってこそ、性別分業がもつ両性にとってバランスが取れた本来の意味が、男性にも腑(ふ)に落ちていくのではないでしょうか。残念ながら、まだ性別分業のバランスは達成されていません。その証拠に、④育児をする女性を誰もことさら「イクジョ」とは呼ばないのですから。

では、性別をめぐり、豊かなわたし「らしさ」が生きる日常を創造するにはどうしたらいいでしょうか。その方向性は、はっきりとしています。いまの男性支配的な性別分業のあり方を根底から考え直し、つくりかえるという方向です。性差別や性支配の社会や日常を批判し女性の解放をめざしたフェミニズム運動や諸々(もろもろ)の理論の影響を受けた社会学や家族問題研究など、すでに数多くの研究成果がこの方向性を何度も確認しているし、この方向で社会を変えていく意義を主張し続けてきています。

まず世の中を具体的に変えていくためには、世の中のかたちを規制し、統御するための装置である法律を変える必要があるでしょう。たとえば一定額の年収を超えれば、パートナーの*扶養家族に入れないという法律が存在しています。そのため妻が夫の扶養からはずれて働くとしても、被扶養者としての税金をめぐる優遇措置はなくなり、新たな社会保険料の負担など経済的な負担が増大するため、家計は一気に苦しくなります。そうした事態を避けるには、結果として妻は、制限内の年収で収まるようなパート労働を選択せざるをえないのです。女性はパートナーや子どもとともに暮らしながら、自分が思うように働きたいと願っても、簡単には実現できないように、まださまざまな形で法律が縛りをかけているのです。

「女性が輝く社会」、「一億総活躍社会」など、いまの政権（二〇一六年当時）は、心地よく響くが中身のない⑤空ソなスローガンばかり語っています。しかし本当に女性が「輝き」、誰もが自分が暮らしたいという場で「活躍」できる社会を実現したいと思うのであれば、たとえば女性が自由に働けない「縛り」となっている法律を一つずつ洗い出し、その是非を論じ、不要な法律はなくし、必要な新たな法律をつくっていくべきでしょう。そうした政治を積極的に進めようともしないいまの政権が大事にしたいのは、やはり⑥伝統的で因習的な「らしさ」が息づいている社会ではないだろうかと思います。（中略）法律に限らず、周到で抗(あらが)いがたいさまざまな日常的な性別をめぐる「縛り」がかかったままで、真に女性は輝くことができるのでしょうか。

さらに法律という「縛り」を変えるためには、より日常的で私たちが広汎に捉えられている性別をめぐる「あたりまえ」つまり女らしさ・男らしさをめぐる「常識」を変えていく必要があります。この「常識」の見直し、変革という営みは、実は私たち一人一人が自らの暮らしを点検するなかで進めていける重要なものなのです。そうは言いつつも私は、こう考えています。

男性支配的な性別のあり方を考え直すのは、他でもない男性自身がや

Ｃ　鳥の脳内回路や配線、遺伝子や化学物質などはヒトと似ている部分も多くあるため、鳥について理解を深めることは人間がどのように学習や記憶、自己の位置づけを行っているかを明らかにすることにつながる。

Ｄ　鳥がさえずりを学ぶときの脳内の働きを研究し、同じ脳活動パターンを持つ人間の言語習得の謎を追求していくことは、将来的に様々な生き物の睡眠のメカニズムを解き明かすきっかけになると考えられている。

問題二　次の文章を読んで、あとの問いに答えよ。

「イクメン」という言葉があります。育児を積極的に分担する男性のことをあらわす言葉として、新聞雑誌などメディアでよく見かけます。実は、私は、この言葉に違和感を覚えています。パートナーに全部まかせっきりにせず、できるだけ自分も育児にかかわる男性は、最近増えてきているし、そうした男性を評価しつつ、軽やかに、かっこよく呼ぶ言葉として「イクメン」が考え出されたのでしょう。

かっこよくイケてる男性のことを「イケメン」と呼び、その語呂合わせで「育児をする男たち」＝「イクメン」となったのでしょう。もちろん、私はこうした呼称がどんどん増殖し、結果的に、伝統的で因習的な性別分業イメージが壊れ、より多様で多彩な男女協働のありかたが実現していけば、①それにこしたことはないだろうと思います。

しかし他方で男性が育児に参加すること、積極的に育児作業を分担することは、そんなに軽やかでかっこいいことなのだろうか、とも思うのです。赤ちゃんがうんちをすれば、場所など気にしないで、できるだけ迅速におむつを換えないといけません。尿がたまったゴワゴワの紙おむつも放置などできず、気づけばすぐに新しいものに換えなければなりません。母乳で育てていれば、父親は、冷蔵庫に一回分に小分けし冷凍された母乳を取り出し、時間になれば解凍して乳をあげなければならないし、夜中、数時間ごとに起きて泣く赤ちゃんに自分も起きて対応しなければなりません。「イクメン」を紹介する雑誌グラビアのように、バギー*に赤ちゃんを乗せて公園をかっこよく散歩しているだけでは、男性が子育てに参加していることになど決してならないのです。

もちろん、実際に育児を実践している男性のほとんどは、それまで女性しか実感しえなかった育児の大変さや育児の奥深さを体験することになるし、だからこそ子育てをパートナーと共にしていく重要さを実感できていると思うのです。さらに言えば、そうした男性であれば、自分のことを「イクメン」だとことさら呼ぶ必要もないし、そうした世の中からの評価とは一線を［Ｘ］たところで、いかに上手に効率よく、かつ丁寧に子育てを実践していけばいいかを常に自分で考え工夫しているでしょう。

つまり、育児に本気でかかわっている男性にとっては、育児は「特別なできごと」などではなく、まさに自分が会社での仕事やほかの出来事とかかわっていくのと同じくらい「あたりまえ」な日常のワンシーンだと言えるのです。

②「イクメン」という言葉から覚える違和感。それは、この「あたりまえ」のこととしての育児と「イクメン」という言葉が発するニュアンスの落差から来ているのです。この言葉からは、育児に参加する男性は、それだけで何か特別ですばらしいことをしているのだ、だからこそ多く

感覚・記憶など、脳の高次機能をつかさどる。

＊ニューロン…生物の脳を構成する神経細胞。

＊マキャベリ的…自分の利益を優先し、強引に目的を完遂するさま。

＊鳴禽（めいきん）…小型でよくさえずる鳥。

＊ユークリッド幾何学…ユークリッドによって集大成された図形や空間の性質を研究する数学の一部門。

問1　傍線部①「やたら」と同じ品詞のものを本文中の傍線部A～Dの中から選べ。

問2　空欄Xに当てはまる言葉として、最も適切なものを次の中から選べ。

A　恐れて　B　忍んで　C　避けて　D　拒んで

問3　傍線部②「過去の話」とされていることの内容として最も適切なものを次から選べ。

A　鳥の中には、不覚にも絶滅に追い込まれた種がいたこと。

B　鳥に対する偏見が、人間の使う言い回しに表れていたこと。

C　鳥の性質から落ち着きのない人を指す言葉が生まれたこと。

D　鳥は脳が小さく思考しない愚かな生き物と考えられていたこと。

問甲　傍線部Ⅰ「ナグサ」は漢字に直し、Ⅱ「悼」はその読みを答えよ。

問4　傍線部③「鳥の脳」についての説明として最も適切なものを次から選べ。

A　空を飛ぶために軽く小さくなった分、認知能力は低い。

B　ヒトと同じように、「賢さ」をつかさどる大脳皮質を持っている。

C　古い細胞と新しい細胞を入れ替える機能を備えている。

D　体に対する脳の比率が小さい分、ニューロンの数が多い。

問5　傍線部④から読み取れる筆者の心情の説明として、最も適切なものを次から選べ。

A　美しいさえずりを伝承してきた鳴禽に対し、数千万年前の霊長類は二足歩行にすら至っていないことへの落胆。

B　まったく違う生き物であるはずの鳴禽と霊長類が「さえずり」と「歩行」という点で比較されることへの違和感。

C　霊長類が四足歩行から二足歩行への進化を遂げるはるか前から、さえずりを継承し続ける鳴禽への驚き。

D　数千万年の間に二足歩行を成し遂げただけでなく、様々な文化的伝統を作り出し進化を続ける霊長類への賞賛。

問6　空欄Yに当てはまる言葉として最も適切なものを次から選べ。

A　断片的　B　空間的　C　相対的　D　対照的

問7　傍線部⑤「示唆する」の意味として最も適切なものを次から選べ。

A　はっきりと示す　B　それとなく示す

C　段階的に示す　D　具体的に示す

問8　本文の内容に合致しているものを次から選べ。

A　鳥は昔から愚かな生き物と考えられてきたが、近年の研究では人間に匹敵する思考力を有する種がいることが分かり、ユークリッド幾何学や物理の法則については霊長類を超える理解力を持つと言われるようになった。

B　鳥は重力に逆らい空を飛び、言語ではなくさえずりを習得するといったヒトとは異なる生活の中で、ニューロンやシナプスが発達せず必然的に脳が小さくなり、本能のままに生きるようになっていった。

になる。また、霊長類に匹敵する数のニューロンを高密度で重要な部位に持ち、それらをつなぐ配線がヒトに似た脳を持つ鳥もいる。このことは、高度な認知能力を有する鳥がいることの証し（あか）になるかもしれない。

ヒトと同じく、鳥の脳も左右の「半球」に分かれ、各半球が異なる種類の情報を処理する。鳥は、必要に応じて古い脳細胞を新しい脳細胞と入れ替える能力も備えている。鳥の脳はヒトのそれとは構造が完璧に異なっているが、両者は似通った遺伝子や神経回路を共有していて、鳥もきわめて非凡な心的能力を持つ。たとえば、カササギは鏡に映る自分を認識する。過去には、「自己」という概念はヒト、大型類人猿、ゾウ、イルカにかぎられ、高度な社会的理解の上に成り立っていると考えられていた。アメリカカケスは餌を仲間から隠すが、そうするのは自分が相手から餌を盗んだ場合だけという、*マキャベリ的なずる賢い一面も持つ。これらの鳥には、相手が「なにを考えているか」を知り、そしておそらくは相手の視点をも理解するという基本的な能力があるらしい。どんな餌をいつ、どこに隠したかも覚えていて、腐ってしまう前に回収する。あるできごとにかかわる「なに」「どこ」「いつ」を覚える能力はエピソード記憶と呼ばれ、科学者の中には、アメリカカケスが頭の中で過去に戻ることができると考える人もいる。この能力は、かつて人間にだけあると考えられていたメンタルタイムトラベル能力の根幹をなす。

美しい声を持つ*鳴禽（めいきん）は、人間が言葉を覚えるようにさえずり（歌）を習得し、習得したさえずりを数千万年前から継承されてきた豊かな文化的伝統として子孫に伝える。④数千万年前と言えば、私たちの祖先の霊長類はまだ四足歩行していた。

生まれながらに*ユークリッド幾何学を理解する鳥もいる。これらの鳥は幾何学的な手がかりや目印を使って三次元空間内での自分の位置や姿勢を把握し、未知の土地の上空を飛び、隠してある餌を見つける。数をかぞえる鳥もいる。２０１５年、生まれたばかりのヒナも、たいていのヒトと同じように、数字を【　Ｙ　】に左から右へ「位置づける」（左側に行くほど小さく、右側に行くほど大きい）ことが解明された。このことは鳥も左から右へという並びの方向、すなわちヒトが持つ高等数学の基礎である認知能力を持つことを⑤示唆する。ヒナも比を理解し、並べられた物の順序（３番目、８番目、９番目）にもとづいて対象物を選ぶことを学べる。足し算や引き算といった簡単な計算もできる。（中略）

こうした理由から、鳥はすばらしいモデル動物になりつつある。私たちの脳はどのように学習し記憶するか、どのように言語を創造するか、問題解決能力の基盤となる心的過程はなにか、空間や社会グループ内でどう自分を位置づけるかを理解するモデルになってくれるのだ。社会行動を制御する鳥の脳内回路は私たちのそれと似通っていて、どちらも同じような遺伝子や化学物質によって機能している。つまり、鳥の社会的特性を神経科学的に調べれば、私たちについて学ぶことができるのだ。同じように、鳥がさえずりを学ぶときに脳内でなにが起きているかを突き止めれば、私たちがどう言語を学習するか、成長するにつれて新しい言語を習得するのが難しくなるのはなぜか、そもそも言語はどのように進化したのかさえ知ることができるかもしれない。大幅に異なる２種の動物が睡眠中に同じ脳活動パターンを見せる理由を探り出すことができれば、自然の大きな謎の一つである睡眠の目的に迫ることもできるだろう。

（ジェニファー・アッカーマン著　鍛原多恵子訳『鳥！　驚異の知能』より）

＊大脳皮質…大脳半球を覆う灰白質の層。神経細胞が集まり、言語・随意運動・

【国　語】〈五〇分〉〈満点：一〇〇点〉

問題一 次の文章を読んで、あとの問いに答えよ。

鳥は昔から愚かな生き物と考えられてきた。「目はガラス玉で、脳はクルミほど」「爬(は)虫類に翼が生えただけ」「ハト頭」「間抜けなシチメンチョウ」。散々な言われようだ。たしかに窓ガラスにぶつかるし、自分の影をつつく。電線にぶつかるし、不覚にも絶滅に追い込まれる。

こうした偏見は日常の言い回しにも表れている。役立たずで、つまらないものを「**for the birds**（鳥のもの）」、無能な政治家を「**lame duck**（足の不自由なアヒル）」、失敗することを「**lay an egg**（卵を産む）」と言う。「**henpecked**（雌鶏につつかれた）」は女房の尻に敷かれること、「**eating crow**（カラスを食べる）」は恥を【　X　】自分の非を認めることを指す。愚かな人、間抜けな人、落ち着きのない人を指す「鳥頭(とりあたま)」（**bird brain**）という言葉が生まれたのは1920年代だった。鳥はただあたりを飛び回り、①やたらなんでもつつき、脳が小さいので思考しないと考えられていた。

しかし、それも②過去の話だ。この20年ほどで、鳥が霊長類に匹敵する思考力を持つという報告が、世界中の野外調査や実験室からなされた。彩り豊かなベリー、ガラス片、花々でメスの気を引く鳥がいるかと思えば、約100平方キロメートルの土地に最大で3万3000粒もの種子を別々の場所に隠し、数ヵ月たってもその場所を覚えている鳥もいる。5歳児とほぼ同じ速度でジグソーパズルを解く鳥、錠前をあけるのがAうまい鳥までいる。数をかぞえる、簡単な計算をする、道具をつくる、音楽に合わせて体を動かす、基本的な物理の法則を理解する、過去を覚えていて未来の計画を立てる。鳥類には、こんなさまざまな能力を持つ種がいる。

これまでに、いろいろな動物がヒトに近い能力を持つと言われて注目を集めてきた。チンパンジーは棒を使って小さな霊長類をつかまえ、イルカはホイッスル音とクリック音を複雑に組み合わせて連絡し合っている。大型類人猿は悲しそうな仲間をⅠナグサめるし、ゾウは仲間の死をⅡ悼む。

鳥もやっと彼らの仲間入りをさせてもらえたのだ。大量の新たな研究結果によって既成概念が覆され、鳥が思っていたよりはるかに賢く、爬虫類より霊長類に近い部分もあることを、私たちはBようやく受け入れつつある。（中略）

鳥頭。この蔑称は、鳥は脳があまりに小さいので本能のままに生きているという誤解にもとづいている。③鳥の脳には私たちのような大脳皮質*はないが、Cこの皮質に「賢さ」が宿っていると従来は受け止められていた。Dそして脳が小さいなら、それなりの理由があると考えられていた。それは空を飛ぶためであり、重力に逆らうためであり、空を舞い、片足で立ち、水中にもぐり、何日も大空高く飛び、何百キロも渡り、狭い場所を通り抜けるためなのだ。空中での動きを可能にするために、鳥は低い認知能力で満足するしかないのだ、と。

だがよく調べてみるとちがっていた。たしかに鳥は私たちと大きく異なった脳を持ち、それにはもっともな理由もある。3億年以上前にさかのぼる共通祖先からの分岐後、ヒトと鳥は異なる進化の道のりを長く歩んできた。しかし、鳥のなかにはヒトと同じように体に対する脳の比率が比較的大きい種もいる。それに知力にかんするかぎり、脳の大きさよりニューロン*の数、その位置、それらをつなぐ配線（シナプス）が問題

大切なことはメモしておこうネ！

T.G

2019年度

解　答　と　解　説

《2019年度の配点は解答欄に掲載してあります。》

＜数学解答＞

《学校からの正答の発表はありません。》

1 (1) $-\frac{8}{9}$ (2) $x=\frac{17}{2}$ (3) 72 (4) $x=6$, $y=2$ (5) $(a-b)(x-1)$

(6) 3組 (7) $\frac{2}{3}$ (8) $\sqrt{6}-\sqrt{2}$ (9) 32

2 (1) $a=9$ (2) 21分 (3) 1人

3 (1) $6\sqrt{3}$ (2) $\frac{135\sqrt{3}}{4}$

4 (1) 2：1 (2) $\frac{8\sqrt{2}}{3}$ (3) $\frac{32}{9}$

5 (1) (0, 6) (2) ① (−4, 16) ② 51

○推定配点○

各5点×20　　計100点

＜数学解説＞

1 (正負の数，1次方程式，反比例，連立方程式，因数分解，数の性質，確率，式の値，平面図形)

基本 (1) $-\frac{1}{3}\div\left(-\frac{3}{2}\right)^3\times(-3^2)=-\frac{1}{3}\times\frac{8}{27}\times9=-\frac{8}{9}$

基本 (2) $\frac{2x-3}{4}=\frac{x+2}{3}$　$3(2x-3)=4(x+2)$　$6x-9=4x+8$　$2x=17$　$x=\frac{17}{2}$

基本 (3) $y=\frac{a}{x}$に$x=4$，$y=6$を代入して，$a=4\times6=24$　$y=\frac{24}{x}$に$x=\frac{1}{3}$を代入して，$y=72$

基本 (4) $5x-8y=14$…①，$\frac{3}{x}=\frac{1}{y}$より，$x=3y$…②　②を①に代入して，$5\times3y-8y=14$　$7y=14$　$y=2$　これを②に代入して，$x=6$

基本 (5) $ax+b-a-bx=(a-b)x-(a-b)=(a-b)(x-1)$

(6) $X=(m+3)(n-2)$とおく。m，nは1桁の自然数だから，$4\leqq m+3\leqq12$，$-1\leqq n-2\leqq7$　Xは素数だから，因数$n-2=1$より，$n=3$　因数$m+3$は素数であるから，$m+3=5$，7，11　よって，$(m, n)=(2, 3)$，$(4, 3)$，$(8, 3)$の3組である。

(7) さいころの目の出方の総数は，$6\times6=36$(通り)題意を満たすa，bの値の組は，$(a, b)=(1, 1)$，(1, 2)，(1, 3)，(1, 4)，(1, 5)，(1, 6)，(2, 2)，(2, 4)，(2, 6)，(3, 2)，(3, 4)，(3, 6)，(4, 1)，(4, 2)，(4, 3)，(4, 4)，(4, 5)，(4, 6)，(5, 2)，(5, 4)，(5, 6)，(6, 2)，(6, 4)，(6, 6)の24通りだから，求める確率は，$\frac{24}{36}=\frac{2}{3}$

(8) $a^2-a+b-b^2=(a+b)(a-b)-(a-b)=\sqrt{3}\times\sqrt{2}-\sqrt{2}=\sqrt{6}-\sqrt{2}$

(9) DからBCにひいた垂線をDHとすると，$BH=11-5=6$，$DH=3+3=6$だから，△DBHは直角二等辺三角形である。△ABC∽△DBHより，$AC=BC=11$だから，$AG=11-3=8$　また，FG//BC

より，△AFG∽△ABC　よって，FG＝AG＝8　したがって，$\triangle AFG=\frac{1}{2}\times 8^2=32$

2 （資料の整理）

基本 (1) 10分以上20分未満の階級の階級値は，$\frac{10+20}{2}=15$(分)だから，$15\times a=135$　$a=9$

基本 (2) 20分以上30分未満の階級の度数は，$35-(9+9+5+4)=8$だから，階級値×度数＝$25\times 8=200$　よって，平均値は，$(45+135+200+175+180)\div 35=\frac{735}{35}=21$(分)

(3) 30分以上40分未満の階級の度数をx人，40分以上50分未満の階級の度数をy人とすると，$x+y=5$…①　$735+35x+45y=23\times 40$より，$7x+9y=37$…②　②－①×7より，$2y=2$　$y=1$(人)

重要 ## 3 （平面図形の計量）

(1) DE＝xとおくと，DG＝$\sqrt{3}x$　△DBEは内角が30°，60°，90°の直角三角形だから，DB：DE＝$2:\sqrt{3}$　よって，$DB=\frac{2}{\sqrt{3}}DE=\frac{2\sqrt{3}}{3}x$　DG//BCより，△ADGは正三角形だから，AD＝DG＝$\sqrt{3}x$　したがって，ABについて，$\sqrt{3}x+\frac{2\sqrt{3}}{3}x=30$　$5\sqrt{3}x=90$　$x=\frac{90}{5\sqrt{3}}=6\sqrt{3}$

(2) AG：GC＝AD：DB＝$\sqrt{3}x:\frac{2\sqrt{3}}{3}x=3:2$　$BE=\frac{1}{\sqrt{3}}DE=6$　平行線と比の定理より，BH：HG＝BE：DG＝$6:(\sqrt{3}\times 6\sqrt{3})=1:3$　よって，△ABH：△ABG＝BH：BG＝$1:(1+3)=1:4$　△ABG：△ABC＝AG：AC＝$3:(3+2)=3:5$　したがって，$\triangle ABH=\frac{1}{4}\triangle ABG=\frac{1}{4}\times\frac{3}{5}\triangle ABC=\frac{3}{20}\triangle ABC$　1辺aの正三角形の面積は$\frac{\sqrt{3}}{4}a^2$で表されるから，$\triangle ABC=\frac{\sqrt{3}}{4}\times 30^2=225\sqrt{3}$　よって，$\triangle ABH=\frac{3}{20}\times 225\sqrt{3}=\frac{135\sqrt{3}}{4}$

重要 ## 4 （空間図形の計量）

(1) 正四角すいO－ABCDの高さをOIとすると，Iは線分ACとBDとの交点である。5点O，A，E，G，Cは同一平面上にあるから，2点P，Qも線分AC上にある。OI//AEより，OP：PE＝OI：AE＝4：2＝2：1

(2) IP：PA＝OI：AE＝2：1　同様にして，IQ：QC＝2：1　よって，PQ：AC＝$(2+2):(1+2+2+1)=2:3$　ACは1辺の長さが4の正方形の対角線だから，$PQ=\frac{2}{3}AC=\frac{2}{3}\times 4\sqrt{2}=\frac{8\sqrt{2}}{3}$

(3) 三角すい$BFPQ=\frac{1}{3}\times\triangle BPQ\times BF$　ここで，△BPQ：△BAC＝PQ：AC＝2：3　よって，$\triangle BPQ=\frac{2}{3}\triangle BAC=\frac{2}{3}\times\frac{1}{2}\times 4^2=\frac{16}{3}$　したがって，三角すいBFPQの体積は，$\frac{1}{3}\times\frac{16}{3}\times 2=\frac{32}{9}$

5 （図形と関数・グラフの融合問題）

基本 (1) 直線ABの式を$y=ax+b$とおくと，点A$(-3,\ 9)$を通るから，$9=-3a+b$　点B$(2,\ 4)$を通るから，$4=2a+b$　これらの連立方程式を解いて，$a=-1$，$b=6$　よって，直線ABの式は$y=-x+6$となり，y軸との交点の座標は，(0，6)

重要 (2) △ABP＝△ABQより，PQ//AB　C(0，6)とおき，OC＝CDとなる点Dをy軸上の点Cに関して点Oと反対側にとると，D(0，12)　このとき，△OAB＝△DAB　また，△OAB＝△ABPだから，点Dは直線PQとy軸との交点である。

① 直線PQの式は$y=-x+12$　$y=x^2$と$y=-x+12$からyを消去して，$x^2=-x+12$　x^2+x-

12＝0　$(x-3)(x+4)=0$　$x=3,\ -4$　よって，P(－4，16)

② 五角形OBQPA＝△OAB＋△ABQ＋△APQ＝2△OAB＋△CPQ　ここで，△OAB＝△OAC＋△OBC＝$\frac{1}{2}\times6\times3+\frac{1}{2}\times6\times2=15$　△CPQ＝△CPD＋△CQD＝$\frac{1}{2}\times6\times4+\frac{1}{2}\times6\times3=21$

よって，五角形OBQPAの面積は，2×15＋21＝51

★ワンポイントアドバイス★

例年通り，大問5題，小問数20題の構成である。時間配分を考えながら，できるところからミスのないように解いていこう。

＜英語解答＞ 《学校からの正答の発表はありません。》

A　1. (5)　2. (1)　3. (2)　4. (2)　5. (2)　6. (3)　7. (5)　8. (1)
9. (5)　10. (4)　11. (1)　12. (1)　13. (4)　14. (2)　15. (2)

B　16. (2)　17. (3)　18. (4)　19. (5)　20. (1)　21. (4)

C　22. (3)　23. (2)　24. (3)　25. (9)　26. (4)　27. (6)

D　28. (3)　29. (3)　30. (5)　31. (3)　32. (5)　33. (1)　34. (2)
35. (4)　36. (4)

○推定配点○

A　9・10　各2点×2　他　各3点×13　B　各3点×6

C　各2点×6　D　各3点×9　計100点

＜英語解説＞

A　**(長文読解・物語文：語句補充，英問英答，内容吟味，指示語，語句解釈，脱文補充)**

(全訳)　人魚(マーメイド)のゴム風船

「おばあちゃん」小さいデズリーは1興奮したように見えた。「私のお父さんの誕生日よ。私はどのように彼に誕生日カードを送るの」

デズリーの祖母はデズリーを見てため息をついた。2彼女はデズリーに何も言えなかった。デズリーの父は9か月前に亡くなった。デズリーは理解していなかった。彼女はたった4歳だった。

「私に考えがある」と彼女の祖母は言った。「あなたのお父さんに手紙を書きましょう。私達はその手紙をゴム風船に結び付けて，それを天国まで送ることができる。私達は何を書くべきかしら」

3デズリーは彼女の祖母に書くように言った。「お誕生日おめでとう，お父さん。私はあなたが大好きで，いないのを寂しく思います。1月の私の誕生日に私に手紙を書いてね」

デズリーの祖母はデズリーの伝言と彼らの住所を小さな1枚の紙に書いた。それからデズリーと彼女の母，彼女の祖母は4ゴム風船を買うために店に行った。デズリーはすぐに面白いゴム風船を見て言った。「あれ。人魚のついたそれ」

彼女らは人魚のゴム風船を買い，それにデズリーの手紙を結びつけた。それからデズリーは彼女の手を開き，そのゴム風船は飛び去った。[1]1時間，彼らはそのゴム風船を見守った。それはだんだん高く上った。ついに，それは見えなくなった。「あなた方はあれを見た」デズリーは叫んだ。「お父さんは5手をのばして私のゴム風船をとったの。さあ彼は私に返事を書くわ」

デズリーはカリフォルニアで彼女のゴム風船を上げた。風はそのゴム風船を受け止め，それを東へ運んだ。4日後，それは3000マイル離れた，カナダ東部の湖の近くへ落ちた。その湖の名前はマーメイド湖だった。それはマーメイドと呼ばれる町にあった。

カナダ人男性のウェイド・マッキノンはデズリーのゴム風船と手紙を見つけたとき，マーメイド湖でアヒルを狩っていた。彼はそれらを家の彼の妻へ持って行った。彼女はデズリーに誕生日プレゼントを送ることにした。彼女はさらに彼女に手紙を書いた。手紙には書いてあった

デズリー様，

あなたのお父さんからの誕生日のお祝いです。私達は誰でしょう。私たちはマッキノン夫妻です。私の夫，ウェイドはアヒルを狩りに行き，ゴム風船に気づきました。あなたがあなたのお父さんに送った人魚のゴム風船です。天国には店がないので，あなたのお父さんは誰かに$_6$彼のために彼の買い物をしてほしかったのです。$_7$私たちがマーメイドと呼ばれる町に住んでいるので，彼が私達を選んだのだと私は思います。あなたのお父さんがあなたをとても愛していて，あなたの上でいつも見守っていると私は知っています。

たくさんの愛をこめて，

マッキノン夫妻より

マッキノン夫妻からの小包が着いたとき，$_8$デズリーは少しも驚かなかった。「お父さんは私の誕生日を覚えていたのね」と彼女は叫んだ。彼女はとても幸せだった。

デズリーの母は，そのプレゼントと手紙に対し彼らに礼を言うために，マッキノン夫妻に手紙を書いた。次の数週間，彼女とマッキノン夫妻はお互いにしばしば電話をかけた。それから，デズリーと彼女の母，彼女の祖母はマッキノン夫妻に会うために飛行機でカナダへ行った。マッキノン夫妻は彼らをマーメイド湖へ連れて行き，彼らがゴム風船を見つけた場所を見せた。

デズリーは彼女の父について話したいとき，彼女はマッキノン夫妻に電話をする。彼女は彼らと話した後，彼女は気分が良くなるのだ。

人々はしばしば「人魚のゴム風船がマーメイド湖に来たのは幸運だ」と言う。デズリーの母はそれがただの幸運であるのかがわからない。彼女は「私の夫はマッキノン夫妻を選んだのだと$_9$私は思う。それはデズリーへの彼の愛を送るための彼の$_{10}$やり方だった。$_{11}$彼女の父はいつも彼女と一緒にいるということを，$_9$彼女は今では理解している」と言った。

1. (1)「面白がっている」(×) (2)「こっけいに」(×) (3)「奇妙に」(×) (4)「驚いているように」(×) (5)「興奮したように」(○) 空所1の直後のデズリーの発言参照。父に誕生日のカードを送る計画に興奮していたのである。
2. 「彼女はなぜデズリーに何も言えなかったのか」 (1)「デズリーに彼女の父の死について説明することは彼女にとってつらかったから」(○) 下線部2の直後の1文目～3文目参照。 (2)「彼女の父に彼の誕生日のカードを送るには早すぎたから」(×) (3)「デズリーは彼女の誕生日に父が亡くなったと知ってショックを受けたから」(×) (4)「デズリーが既に誕生日カードを書いたのを見て彼女は驚いたから」(×) (5)「デズリーがすでに彼女の父のための誕生日カードを準備したと彼女は思ったから」(×)
3. (1)「彼女の祖母は言った」(×) (2)「デズリーは彼女の祖母に書くように言った」(○) 空所4の直後の1文参照。 (3)「彼女の祖母はデズリーに言うように頼んだ」(×) (4)「彼女の祖母はデズリーに書くように頼んだ」(×) (5)「デズリーは彼女の母に言うように頼んだ」(×)
4. (1)「メッセージカードを送るために」(×) (2)「ゴム風船を買うために」(○) 空所4の直後部参照。 (3)「誕生日カードを買うために」(×) (4)「誕生日プレゼントを手に入れる

ために」(×)　(5)「紙の人魚を手に入れるために」(×)

5. (1)「落下し」(×)　(2)「手をのばし」(○)　空所5の直後参照。ゴム風船をとるために手をのばしたのである。　(3)「触り」(×)　(4)「書き」(×)

6. (1)「彼に十分な金を送る」(×)　(2)「そこでおもちゃ屋を始める」(×)　(3)「彼のために彼の買い物をする」(○)「天国には店がない」(空所6の前半部)から，マッキノン夫妻がデズリーの父の代わりに「誕生日プレゼントを送ることにした」(手紙の直前の3文目)のである。(4)「いつの日か彼をカナダへ連れていく」(×)　(5)「あなたは誕生日カードを受け取ることはできないとあなたに言う」(×)

7. (1)「私たちは私たちの趣味としてアヒル狩りが大好きだ」(×)　(2)「私たちは長い間友達だった」(×)　(3)「私たちは良い隣人だ」(×)　(4)「私たちはあなたが大好きだ」(×)　(5)「私たちがマーメイドと呼ばれる町に住んでいる」(○)　空所4の段落・【3】の段落最後から2文目・最終文参照。

8. 「なぜデズリーは全く驚かなかったのか」(1)「デズリーは彼女の誕生日のために彼女の父から手紙を受け取ることができる，と彼女は信じていたから」(○)　空所5を含むデズリーの発言参照。　(2)「彼女はマッキノン夫妻と以前話し，彼らが彼女に小包を送ると知っていたから」(×)　(3)「天国の彼女の父が，彼の死の前に彼女のためのプレゼントを買った，と彼女は知っていたから」(×)　(4)「彼女の祖母がこっそりと彼女に，彼女はプレゼントを受け取るだろう，と言ったから」(×)　(5)「彼女の母が彼女のプレゼントについてマッキノン夫妻と話した，と彼女は聞いたから」(×)

9. 下線部9を含む発言をしたのは，発言の直前にある she であり，この she は直前に出てくる「デズリーの母」であるから，下線部9の I は「デズリーの母」である。下線部9の she はこの直前に出てくる「デズリー」のことである。

10. (1)「私は間違った道をとって進み，<u>道</u>に迷った」(×)　(2)「私は家への<u>通り道</u>で新聞を買わなければならない」(×)　(3)「ここからあなたの家へはどの<u>方向</u>ですか」(×)　(4)「私は私の<u>やり方</u>でそれをするつもりだ」(○)　(5)「ところで，あなたはどの学校にいるのですか」(×)　by the way「ところで」

11. (1)「彼女の父はいつも彼女と一緒にいる」(○)　手紙の最終文参照。　(2)「彼女の父はいつも彼女が欲しいものを買う」(×)　(3)「彼女の父は長い間，マッキノン夫妻を知っている」(×)　(4)「彼女の母はそれは幸運に過ぎないと思う」(×)　(5)「彼女の母はマッキノン夫妻に彼女にカードを送るように頼んだ」(×)

12. 「1時間，彼らはそのゴム風船を見守った」【1】の直後の1文目・2文目参照。ゴム風船が「だんだん高く上」り，「ついに，それは見えなくなった」のを見守る1時間だったのである。

13. (1)「デズリーは彼女の母と彼女の祖母と一緒に店へ行き，どのゴム風船を買ったらよいか決めた」　空所4の1文直後の1文目参照。　(2)「人魚のゴム風船はカリフォルニアからはるばるカナダ東部へ飛んだ」【3】の直前の1文目～直後の2文目参照。　(3)「ウェイド・マッキノンは人魚のゴム風船を見つけたとき，アヒルを狩っていた」【4】の直前の1文目参照。　(4)「ウェイド・マッキノンは1人でデズリーの手紙を見つけ，デズリーに返事を書いた」【4】の直後の3文目参照。デズリーに返事を書いたのはウェイドの妻である。　(5)「デズリーの母は，彼女の夫が使者となるためにマッキノン夫妻を選んだ，と信じる」　最終段落最後から3文目参照。

14. (1)「デズリーが彼女の父に誕生日のカードを送りたがったとき，デズリーの祖母は何の助言も与えなかった」(×)　空所3のデズリーの祖母の発言参照。手紙を書くように助言したのである。　(2)「デズリーはマッキノン夫妻からの手紙をもらい，誕生日プレゼントを受け取りもした」(○)【4】の直後の2文目～下線部8の1文参照。(3)「マッキノン夫妻はデズリーに彼女のプレゼントを送る前に，デズリーの母に電話した」(×)【5】の段落第1文・第2文参照。プレゼントを受け取った後にお互いに電話したのである。(4)「デズリーは気分が良いと，彼女の父について話すためにマッキノン夫妻に電話する」(×)【5】の直後の段落参照。電話した後，気分が良くなるのである。(5)「デズリーの父は，彼女の誕生日にデズリーにプレゼントを送るようにマッキノン夫妻に電話した」(×) そのような記述はない。

15. (1)「デズリーの祖母はデズリーの伝言と彼らの電話番号を書いた」(×) 空所4の段落第1文参照。伝言と住所を書いたのである。(2)「デズリーは，彼女の父がゴム風船を見つけ，彼女に返事を書くと思った」(○) 空所5を含むデズリーの発言参照。(3)「デズリーと彼女の母，彼女の祖母は4日間カナダへ飛行機で行った」(×) 4日間という記述はない。(4)「デズリーの母は，人魚のゴム風船がマーメイド湖に着くだろうと信じた」(×) そのような記述はない。(5)「デズリーの父はマッキノン夫妻に会い，彼の娘に手紙を書くように頼んだ」(×) そのような記述はない。

B (語句補充：接続詞，助動詞，受動態，比較，前置詞)

16. 接続詞 when を使った文は〈主語A(＋助動詞)＋動詞B＋ when ＋主語C(＋助動詞)＋動詞D〉で「CがDのときAがB」という意味なので動詞Bと動詞Dの時制は一致させる。ここでは動詞Dが過去形 was なのでBの助動詞も過去形 had to にするのが適切。

17. it は his car を指す。「車」は「洗われる」のだから「～される」という意味の受動態にする。受動態は〈be動詞＋動詞の過去分詞形〉の形。

重要 18. 「(2つあるうちの)1つは～残りの1つは…」を表すときには one ～ the other … を用いる。

基本 19. 通常，最上級を使った文では，後に名詞の単数形が来る比較の範囲を言う場合 in を，後に all などの名詞の複数形が来る比較の相手を言う場合 of を使う。〈(the)＋形容詞[副詞]の最上級＋in [of]～〉の形で「～の中で一番…だ」という意味の最上級の文。

20. because も so も因果関係を示す接続詞で，because は〈結果＋ because ＋原因〉の形となり，so は〈原因＋ , so ＋結果〉の形となる。ここでは so を使うのが適切。

21. till は「～までずっと」という継続の期限を表し，by は「～までには」という完了の期限を表す。ここでは by を使うのが適切。

C (語句整序：接続詞，助動詞，文型，前置詞，動名詞，不定詞)

22. (I) am afraid she won't be able to come to the party(.) 〈I am afraid (that)＋主語＋動詞～〉で「～ではないかと心配する」の意味。ここでは that が省略されている。won't ＝ will not の短縮形。be able to ～ で「～できる」の意味。「～できるだろう」と未来の内容にするときは〈will be able to ＋動詞の原形〉を使う。think が不要。

やや難 23. (The) heavy rain kept the water in the river very dirty(.) 〈keep ＋A＋B〉「AをBにしておく」の意味。ここでの rain は「雨」という意味の名詞。rained が不要。

24. Shall I make you a cup of tea(?) 〈Shall I ＋動詞の原形～？〉で「～してあげましょうか」の意味。〈make ＋A＋B〉で「AにBを作る」という意味。a cup of ～ で「カップ1杯の～」の意味になる。will が不要。

25. I am tired of hearing about the accident on the radio(.) be tired of ～ で「～にあきる」の意味。of は前置詞。前置詞の目的語に動詞が来る場合，その動詞は原則として動名詞〈動詞の原形＋ ing〉となる。heard が不要。

26. My father wants to make me a doctor(.) want to ～ で「～したい」の意味。〈make ＋A＋B〉で「AをBにする」という意味。thinks が不要。

27. (I don't think) it's good for your health to run on such a hot day(.) 〈It is ～ for A to …〉で「Aにとって[Aが]…するのは～だ」という意味。such と冠詞(a・an・the)を共に用いるときは〈such ＋冠詞＋形容詞＋名詞〉の順になる。so が不要。

D (会話文：語句補充)

Ⅰ. (全訳) エリックは演劇部に所属していて，彼はケイトと彼の上演について話している。

ケイト　：あなたの上演であなたが主人公を演じる予定だと私は聞いたわ。そうなの。

エリック：うん，僕は今まで主人公を演じたことがないから，少し緊張しているよ。

ケイト　：あなたはきっと大丈夫よ。28私は何度もあなたの上演を見たことがある，そしてそれらはとても良かったわ。

エリック：ありがとう。君は僕の芝居を見に来られるかい。

ケイト　：ええ，もちろん。上演は何時に始まるの。

エリック：午後6時だけれど，29君はもっと早く来るべきだよ。会館は5時30分から開く予定で，良い席をとることができるように，君はその時間に来るべきだと僕は思うよ。

ケイト　：わかった。それで，上演は何時に終わる予定なの。

エリック：9時頃だよ。夜にはこの辺りは安全ではない。30君は家へ帰るときに1人にならないだろうから，君が君の友達や家族と来るとより良いだろう，と僕は思うよ。

ケイト　：わかった。私は私の友達に私と一緒に来るように頼むつもりよ。ああ，私はあなたの上演を見るが待ち遠しいわ。

エリック：ありがとう。

28. (1) 「私はいつも舞台で私の最善を尽くしている」(×) (2) 「私はあなたの演劇部をいつも心配している」(×) (3) 「私は何度もあなたの上演を見たことがある」(○) (4) 「あなたはたくさんの人々の前の舞台で演じたことがない」(×) (5) 「あなたは私があなたの上演を見るたびに主役を演じている」(×)

29. (1) 「君は6時前に到着するべきではないよ」(×) (2) 「君はその時間に券を買うべきだよ」(×) (3) 「君はもっと早く来るべきだよ」(○) (4) 「君は1人で会館に入るべきではないよ」(×) (5) 「君はもっと高い価格を支払うべきだよ」(×)

30. (1) 「君は君が食べるつもりの食べ物を分け合える」(×) (2) 「君は券にお金を支払わなくても良い」(×) (3) 「君は9時までここにいてはいけない」(×) (4) 「君は演劇が終わる前に劇場を去るべきだ」(×) (5) 「君は家へ帰るときに1人にならないだろう」(○)

Ⅱ. (全訳) 2人の生徒が彼らの昼休みの間に話している。

エラ　：あなたは今日の放課後は31あいているの。

トニア：今日ではなくて，たぶん明日なら。32あなたはなぜ尋ねるの。

エラ　：ええと，私はいつもテストのための勉強をするのをぎりぎりまで延ばすのよ。今年は，私は早く33勉強し始めたいの。私の勉強仲間にならない。

トニア：あら，もちろんよ。私は他の人と勉強するのが好きなの。34明日，あなたは大丈夫なの。

エラ　：いいえ，明日は私には放課後にテニスの練習があるの。土曜日はどう。

トニア：もちろんよ。私は1日中あいているから，私たちは35あなたが望むいつでも会うことができる。

エラ　：いいわ。何時が最もよいかについて，私の両親と話させてね。

31. (1) 「走りに行く」(×) (2) 「練習しに行く」(×) (3) 「あいている」(○) (4) 「家に帰る」(×) (5) 「外にいる」(×)

32. (1) 「なぜあなたは気にかけるの」(×) (2) 「いつあなたは出発するの」(×) (3) 「調子

はどうなの」(×)　(4)「あなたは誰なの」(×)　(5)「あなたはなぜ尋ねるの」(○)

33. (1)「勉強し始め」(○)　(2)「起き」(×)　(3)「学校へ行き」(×)　(4)「家へ帰り」(×)　(5)「心配し始め」(×)

34. (1)「他の友達を招待しても良いの」(×)　(2)「明日，あなたは大丈夫なの」(○)　(3)「それはするのが難しいの」(×)　(4)「明日はあなたにはテニスの練習があるの」(×)　(5)「あなたのより都合の良い日はいつなの」(×)

35. (1)「午後1時に」(×)　(2)「毎週月曜日に」(×)　(3)「昼食に」(×)　(4)「あなたが望むいつでも」(○)　(5)「私があなたに電話するとき」(×)

36. 「どれが一致しているか」(1)「エラはトニアに個人的な質問をしている」(×)　エラの2番目の発言最終文参照。一緒に勉強する日時の都合を尋ねているのである。　(2)「エラはテストの結果について自信がない」(×)　そのような記述はない。　(3)「トニアにはエラのための時間がない」(×)　エラの3番目の発言最終文・トニアの最後の発言参照。土曜日なら時間があるのである。　(4)「エラはより良い勉強習慣をつけたい」(○)　エラの2番目の発言第1文・第2文参照。　(5)「トニアとエラは今日の放課後に会うつもりだ」(×)　エラの3番目の発言最終文・トニアの最後の発言参照。土曜日に会うのである。

★ワンポイントアドバイス★

日本語訳のついた語句整序問題では，日本語訳をしっかりと活用しよう。主語・述語の関係や，動詞の語形などにも注目しよう。

＜国語解答＞《学校からの正答の発表はありません。》

問題一　問1　B　問2　B　問3　D　問甲　Ⅰ　慰　Ⅱ　いた　問4　C　問5　C　問6　B　問7　B　問8　C

問題二　問9　D　問10　B　問11　C　問12　D　問13　A　問14　B　問乙　ア　妻　イ　母　問15　C　問16　A　問17　C　問18　A

問題三　問丙　㋐　威勢　㋑　もよお　問19　C　問20　B　問21　B　問22　A　問23　D　問24　A　問25　C　問26　C　問27　B　問28　A

○推定配点○

問題一　問1～問3・問甲・問6・問7　各2点×7　他　各4点×3

問題二　問9・問10・問14・問乙(完答)・問16　各2点×5　他　各4点×6

問題三　問丙・問19・問22　各2点×4　他　各4点×8　計100点

＜国語解説＞

問題一　(論説文―大意・要旨，情景・心情，内容吟味，脱文・脱語補充，漢字の読み書き，語句の意味，品詞・用法)

問1　「やたら」は自立語で活用がなく，用言を修飾するので副詞。同じ品詞のものはB。Aは形容詞，Cは連体詞，Dは接続詞。

問2　「恥(はじ)を忍(しの)ぶ」は，恥ずかしく思うのをがまんするという意味になる。

問3　直前の「それ」が指す内容をとらえる。直前の文の「鳥はただあたりを飛び回り，やたら何でもつつき，脳が小さいので思考しないと考えられていた」ことを指している。

問甲　Ⅰ　音読みは「イ」で，「慰労」「慰安」などの熟語がある。　Ⅱ 「悼む」は，人の死を悲しむこと。音読みは「トウ」で，「追悼」「哀悼」などの熟語がある。

基本　問4 「鳥の脳」について，「ヒトと同じく」で始まる段落で「鳥は，必要に応じて古い脳細胞を新しい脳細胞と入れ替える能力も備えている」と説明している。同じ内容を述べているCが適切。

問5　直前の文「美しい声を持つ鳴禽は，人間が言葉を覚えるようにさえずり(歌)を習得し，習得したさえずりを数千万年前から継承されてきた豊かな文化的伝統として子孫に伝える」ことに対して筆者は驚嘆し，その驚きを傍線部④の霊長類の進化と比較して述べている。

やや難　問6　空欄Yの直後に「左から右へ『位置づける』(左側に行くほど小さく，右側に行くほど大きい)」とある。上下・前後・左右などの広がりを意味する言葉が当てはまる。

問7 「しさ(する)」と読む。「生まれたばかりのヒナ」が「ヒトと同じように」数字を位置づけることは，鳥もヒトが持つ認知能力を持つことを示している，という文脈からも判断できる。

重要　問8　最終段落の，鳥は私たちの「すばらしいモデル動物」になるという内容にCが合致している。

問題二 (論説文―大意・要旨，内容吟味，文脈把握，指示語の問題，漢字の読み書き，熟語，ことわざ・慣用句)

問9　直前の「伝統的で因習的な性別分業イメージが壊れ，より多様で多彩な男女協働のありかたが実現」することを指している。筆者は，これまでの「性別分業」のありかたが改まることを望んでいる。

問10 「一線(いっせん)を画(かく)す」は，はっきりと区別することという意味。

問11　同じ段落に「この言葉からは，育児に参加する男性は，それだけで何か特別ですばらしいことをしているのだ……といったニュアンスが感じ取れるから」と，筆者が「イクメン」という言葉に「違和感」を覚える理由が書かれている。

問12　直前の「男性の育児参加，育児分担は，ことさら特別に呼ぶ必要もなく，『あたりまえ』のことになり」に注目する。男性が育児をするのが「あたりまえ」になると，「イクメン」という言葉をわざわざ用いる必要はなくなると筆者は述べている。

問13　直前に「その証拠に」とあるので，傍線部④は，前の「性別分業のバランスは達成されてい」ないとする証拠にあたる。女性が育児をすることは当然という認識が世間にあり，その証拠に「イクジョ」とわざわざ特別扱いをする言葉がない，という文脈をとらえる。

問14　⑤　空<u>疎</u>　　A　<u>粗</u>悪　　B　<u>疎</u>遠　　C　<u>素</u>質　　D　<u>組</u>閣

問乙　夫にとっては良い妻，子どもにとっては賢い母である女性の意味を表す「りょうさいけんぼ」と読む四字熟語になる。

やや難　問15　同じ段落の「男性支配的な性別のあり方を考え直すのは，他でもない男性自身がやるべき作業であり，男性が進めるからこそ価値がある作業だと。女性の生き方や家族のあり方を研究する社会学の世界では『常識』となっている」や，「男性が変わらないかぎり，女性も変われない」などの説明に合うものを選ぶ。

問16 「けしき(ばむ)」と読む。顔色を変える様子からできた慣用句であることから意味を推察する。

重要　問17 「妻ときちんと平等に家事を分担している」という友人の言葉から，筆者は「『いいこと』をしている自分を評価してほしいという，いわば自分の姿への承認欲求がにじみ出ていた」と感じ，「イクメン」と「根っこは同じ」ととらえている。「イクメン」について「『イクメン』という言葉」で始まる段落に，「育児に参加する男性は，それだけで何か特別ですばらしいことをしている」とあり，ここからも男性が特別なことをしていると周囲から認められるべきだという意識がかいまみえる。筆者はこの点を「根っこは同じ」としている。

問18 「では，性別を」で始まる段落の内容とAが合致する。

問題三 （小説－主題・表題，情景・心情，内容吟味，文脈把握，漢字の読み書き，表現技法）

問丙 ㋐ 動作に活気があること。「威」を使った熟語には，他に「脅威」「威厳」などがある。
㋑ 音読みは「サイ」で，「催促」「開催」などの熟語がある。

問19 「杉さん，あんたも」で始まる田淵氏の会話から，杉は胃腸病を患っていることが読み取れる。さらに，「それにしても田淵氏は……ひどく健康そうだった。まぶしい陽のあたる庭に白い歯を見せて笑っている」「『田淵さんは木の根のような腕をしているなあ』杉は客の陽にやけた腕を指さしながら」などから，杉は田淵の健康的なたくましさを羨んでいるとわかる。

問20 「仕事はなかなか」で始まる段落以降の，「田淵氏」の言動に注目する。「ひょっこり遊びにきた」「陽にやけた童顔をほころばせながらドサドサと歩いてきた」「『ああ，奥さん，わざわざお構いなさらんでください』……妻にも愛想よく挨拶をして」「麦酒を一息にうまそうに飲みほしながら田淵氏は嬉しそうに自慢した」などの様子から，「田淵氏」の邪気のない快活さが読み取れる。

問21 傍線部③は，五日前に会ったばかりの田淵氏が急死したことを聞いた杉の状態である。「声が上(うわ)ずる」は，声の調子が乱れて高くなるという意味で，杉の動揺がうかがえる。

基本 問22 「朽木」の読みは「くちき」で，腐った木の意味。田淵氏が倒れる様子を「ように」という語を用いてたとえているので，「直喩」。

やや難 問23 傍線部⑤の直前に「そんな時」とあるので，前に注目すると「彼もこの一年前ぐらいから深夜，眼をさまして……いつかは自分が死なねばならぬことを彼は真暗な闇の中で鳥のように眼を大きく見ひらきながら考えることがあった」とある。傍線部⑤の直後の文に「二十代の妻はまだ死ぬことを考えもしないと彼に言っていた」とあるように，深夜に死を考える自分に比べ「死ぬことを考えもしない」若い妻に対して，杉は「かすかな憎しみを感じる」と述べている。

問24 直後の文「実際，吉川の小説を読んでいると……『軀』を形づくっている三つの口の字と万華鏡のように複雑な心理の翳や情熱の陰影との関係が心憎いほど描かれている」に着目する。吉川は，自分の描きたいものは「軀」という文字でないと表現できないと考えているとわかる。

やや難 問25 直前の「俺が死んだら，君，再婚しろよ。再婚しても……線香ぐらいはあげてくれるだろうな」という杉の言葉は，妻の愛情を軽んじるものである。また，傍線部⑦の「自尊心を傷つけられたように黙ってうつむいた」から感じ取れるのは，妻の悲しさと悔しさである。

問26 傍線部⑧の「人間の死らしい自然さをもっている」からは，叔母の死体の臭いという生理的なことや，祖父の葬式の俗っぽさという通俗的なことに対して，杉は「人間の死らしい」と肯定していることが読み取れる。

重要 問27 杉が妻に向日葵を切ってくれと頼んだ場面に注目する。「勿体ないわ」という妻に対し，杉は「『いや，目ざわりだよ』本当は残酷だと言いかけて」とある。さらに，その後で「今日もテニスコートから……あの若い男女に嫌悪感を感じる気持は，どうやら一人の人間の死にもかかわらず空が美しく澄み，向日葵が炎のように咲きつづけているという冷酷な事実につながりがあるよう」と，そのとき心情を述べている。向日葵が切られた後も，傍線部⑨の直前に「その人が消滅したあとも……テニスコートからはボールを打つ音や歓声がまるで何事もなかったように続いているという残酷な事実」とあるように，杉は，一人の人間が死んでも何事もなかったように続いている残酷な現実が，花がなくなることでかえって意識され「いらいらと」しているのである。「残酷」を「冷酷」とおきかえているBを選ぶ。

重要 問28 最終段落の「その人が消滅したあとも，秋ちかい高原の空が青く静かに澄みわたり，すすきの穂が白く光り，テニスコートからはボールを打つ音や歓声がまるで何事もなかったように続いているという残酷な事実だった……彼の心をいらいらとさせた」に着目する。ここから強く読み取れるのは，元気だった人間が突然死んでしまうという世の不条理さに対する憤りである。

★ワンポイントアドバイス★

論説文は現代社会で話題になっているもの，小説もさまざまな時代のものが採用されている。教科書や現代小説だけではなく，新聞や新書など幅広く読書に読み慣れておくことを意識しよう。

大切なことはメモしておこうネ！

解答用紙集

◆ご利用のみなさまへ

＊解答用紙の公表を行っていない学校につきましては、弊社の責任において、解答用紙を制作いたしました。

＊編集上の理由により一部縮小掲載した解答用紙がございます。

＊編集上の理由により一部実物と異なる形式の解答用紙がございます。

人間の最も偉大な力とは、その一番の弱点を克服したところから生まれてくるものである。——カール・ヒルティ——

東京学参株式会社

明治学院高等学校　2024年度

◇数学◇

※ 154％に拡大していただくと，解答欄は実物大になります。

1

(1)		(2)		(3)	
(4)		(5)		(6)	
(7)		(8)		(9)	
(10)					

2

(1)		(2)	

3

(1)		(2)		(3)	

4

(1)		(2)	

5

(1)		(2)		(3)	

明治学院高等学校　2024年度

◇英語◇

※解答欄は実物大になります。

問	解答記入欄 1～20
1	① ② ③ ④ ⑤ ⑥ ⑦ ⑧ ⑨ ⑩
2	① ② ③ ④ ⑤ ⑥ ⑦ ⑧ ⑨ ⑩
3	① ② ③ ④ ⑤ ⑥ ⑦ ⑧ ⑨ ⑩
4	① ② ③ ④ ⑤ ⑥ ⑦ ⑧ ⑨ ⑩
5	① ② ③ ④ ⑤ ⑥ ⑦ ⑧ ⑨ ⑩
6	① ② ③ ④ ⑤ ⑥ ⑦ ⑧ ⑨ ⑩
7	① ② ③ ④ ⑤ ⑥ ⑦ ⑧ ⑨ ⑩
8	① ② ③ ④ ⑤ ⑥ ⑦ ⑧ ⑨ ⑩
9	① ② ③ ④ ⑤ ⑥ ⑦ ⑧ ⑨ ⑩
10	① ② ③ ④ ⑤ ⑥ ⑦ ⑧ ⑨ ⑩
11	① ② ③ ④ ⑤ ⑥ ⑦ ⑧ ⑨ ⑩
12	① ② ③ ④ ⑤ ⑥ ⑦ ⑧ ⑨ ⑩
13	① ② ③ ④ ⑤ ⑥ ⑦ ⑧ ⑨ ⑩
14	① ② ③ ④ ⑤ ⑥ ⑦ ⑧ ⑨ ⑩
15	① ② ③ ④ ⑤ ⑥ ⑦ ⑧ ⑨ ⑩
16	① ② ③ ④ ⑤ ⑥ ⑦ ⑧ ⑨ ⑩
17	① ② ③ ④ ⑤ ⑥ ⑦ ⑧ ⑨ ⑩
18	① ② ③ ④ ⑤ ⑥ ⑦ ⑧ ⑨ ⑩
19	① ② ③ ④ ⑤ ⑥ ⑦ ⑧ ⑨ ⑩
20	① ② ③ ④ ⑤ ⑥ ⑦ ⑧ ⑨ ⑩

問	解答記入欄 21～40
21	① ② ③ ④ ⑤ ⑥ ⑦ ⑧ ⑨ ⑩
22	① ② ③ ④ ⑤ ⑥ ⑦ ⑧ ⑨ ⑩
23	① ② ③ ④ ⑤ ⑥ ⑦ ⑧ ⑨ ⑩
24	① ② ③ ④ ⑤ ⑥ ⑦ ⑧ ⑨ ⑩
25	① ② ③ ④ ⑤ ⑥ ⑦ ⑧ ⑨ ⑩
26	① ② ③ ④ ⑤ ⑥ ⑦ ⑧ ⑨ ⑩
27	① ② ③ ④ ⑤ ⑥ ⑦ ⑧ ⑨ ⑩
28	① ② ③ ④ ⑤ ⑥ ⑦ ⑧ ⑨ ⑩
29	① ② ③ ④ ⑤ ⑥ ⑦ ⑧ ⑨ ⑩
30	① ② ③ ④ ⑤ ⑥ ⑦ ⑧ ⑨ ⑩
31	① ② ③ ④ ⑤ ⑥ ⑦ ⑧ ⑨ ⑩
32	① ② ③ ④ ⑤ ⑥ ⑦ ⑧ ⑨ ⑩
33	① ② ③ ④ ⑤ ⑥ ⑦ ⑧ ⑨ ⑩
34	① ② ③ ④ ⑤ ⑥ ⑦ ⑧ ⑨ ⑩
35	① ② ③ ④ ⑤ ⑥ ⑦ ⑧ ⑨ ⑩
36	① ② ③ ④ ⑤ ⑥ ⑦ ⑧ ⑨ ⑩
37	① ② ③ ④ ⑤ ⑥ ⑦ ⑧ ⑨ ⑩
38	① ② ③ ④ ⑤ ⑥ ⑦ ⑧ ⑨ ⑩
39	① ② ③ ④ ⑤ ⑥ ⑦ ⑧ ⑨ ⑩
40	① ② ③ ④ ⑤ ⑥ ⑦ ⑧ ⑨ ⑩

明治学院高等学校　2024年度

◇国語◇

※解答欄は実物大になります。

問	解答記入欄 1～20
1	Ⓐ Ⓑ Ⓒ Ⓓ Ⓔ Ⓕ Ⓖ Ⓗ Ⓘ Ⓙ
2	Ⓐ Ⓑ Ⓒ Ⓓ Ⓔ Ⓕ Ⓖ Ⓗ Ⓘ Ⓙ
3	Ⓐ Ⓑ Ⓒ Ⓓ Ⓔ Ⓕ Ⓖ Ⓗ Ⓘ Ⓙ
4	Ⓐ Ⓑ Ⓒ Ⓓ Ⓔ Ⓕ Ⓖ Ⓗ Ⓘ Ⓙ
5	Ⓐ Ⓑ Ⓒ Ⓓ Ⓔ Ⓕ Ⓖ Ⓗ Ⓘ Ⓙ
6	Ⓐ Ⓑ Ⓒ Ⓓ Ⓔ Ⓕ Ⓖ Ⓗ Ⓘ Ⓙ
7	Ⓐ Ⓑ Ⓒ Ⓓ Ⓔ Ⓕ Ⓖ Ⓗ Ⓘ Ⓙ
8	Ⓐ Ⓑ Ⓒ Ⓓ Ⓔ Ⓕ Ⓖ Ⓗ Ⓘ Ⓙ
9	Ⓐ Ⓑ Ⓒ Ⓓ Ⓔ Ⓕ Ⓖ Ⓗ Ⓘ Ⓙ
10	Ⓐ Ⓑ Ⓒ Ⓓ Ⓔ Ⓕ Ⓖ Ⓗ Ⓘ Ⓙ
11	Ⓐ Ⓑ Ⓒ Ⓓ Ⓔ Ⓕ Ⓖ Ⓗ Ⓘ Ⓙ
12	Ⓐ Ⓑ Ⓒ Ⓓ Ⓔ Ⓕ Ⓖ Ⓗ Ⓘ Ⓙ
13	Ⓐ Ⓑ Ⓒ Ⓓ Ⓔ Ⓕ Ⓖ Ⓗ Ⓘ Ⓙ
14	Ⓐ Ⓑ Ⓒ Ⓓ Ⓔ Ⓕ Ⓖ Ⓗ Ⓘ Ⓙ
15	Ⓐ Ⓑ Ⓒ Ⓓ Ⓔ Ⓕ Ⓖ Ⓗ Ⓘ Ⓙ
16	Ⓐ Ⓑ Ⓒ Ⓓ Ⓔ Ⓕ Ⓖ Ⓗ Ⓘ Ⓙ
17	Ⓐ Ⓑ Ⓒ Ⓓ Ⓔ Ⓕ Ⓖ Ⓗ Ⓘ Ⓙ
18	Ⓐ Ⓑ Ⓒ Ⓓ Ⓔ Ⓕ Ⓖ Ⓗ Ⓘ Ⓙ
19	Ⓐ Ⓑ Ⓒ Ⓓ Ⓔ Ⓕ Ⓖ Ⓗ Ⓘ Ⓙ
20	Ⓐ Ⓑ Ⓒ Ⓓ Ⓔ Ⓕ Ⓖ Ⓗ Ⓘ Ⓙ

問	解答記入欄 21～40
21	Ⓐ Ⓑ Ⓒ Ⓓ Ⓔ Ⓕ Ⓖ Ⓗ Ⓘ Ⓙ
22	Ⓐ Ⓑ Ⓒ Ⓓ Ⓔ Ⓕ Ⓖ Ⓗ Ⓘ Ⓙ
23	Ⓐ Ⓑ Ⓒ Ⓓ Ⓔ Ⓕ Ⓖ Ⓗ Ⓘ Ⓙ
24	Ⓐ Ⓑ Ⓒ Ⓓ Ⓔ Ⓕ Ⓖ Ⓗ Ⓘ Ⓙ
25	Ⓐ Ⓑ Ⓒ Ⓓ Ⓔ Ⓕ Ⓖ Ⓗ Ⓘ Ⓙ
26	Ⓐ Ⓑ Ⓒ Ⓓ Ⓔ Ⓕ Ⓖ Ⓗ Ⓘ Ⓙ
27	Ⓐ Ⓑ Ⓒ Ⓓ Ⓔ Ⓕ Ⓖ Ⓗ Ⓘ Ⓙ
28	Ⓐ Ⓑ Ⓒ Ⓓ Ⓔ Ⓕ Ⓖ Ⓗ Ⓘ Ⓙ
29	Ⓐ Ⓑ Ⓒ Ⓓ Ⓔ Ⓕ Ⓖ Ⓗ Ⓘ Ⓙ
30	Ⓐ Ⓑ Ⓒ Ⓓ Ⓔ Ⓕ Ⓖ Ⓗ Ⓘ Ⓙ
31	Ⓐ Ⓑ Ⓒ Ⓓ Ⓔ Ⓕ Ⓖ Ⓗ Ⓘ Ⓙ
32	Ⓐ Ⓑ Ⓒ Ⓓ Ⓔ Ⓕ Ⓖ Ⓗ Ⓘ Ⓙ
33	Ⓐ Ⓑ Ⓒ Ⓓ Ⓔ Ⓕ Ⓖ Ⓗ Ⓘ Ⓙ
34	Ⓐ Ⓑ Ⓒ Ⓓ Ⓔ Ⓕ Ⓖ Ⓗ Ⓘ Ⓙ
35	Ⓐ Ⓑ Ⓒ Ⓓ Ⓔ Ⓕ Ⓖ Ⓗ Ⓘ Ⓙ
36	Ⓐ Ⓑ Ⓒ Ⓓ Ⓔ Ⓕ Ⓖ Ⓗ Ⓘ Ⓙ
37	Ⓐ Ⓑ Ⓒ Ⓓ Ⓔ Ⓕ Ⓖ Ⓗ Ⓘ Ⓙ
38	Ⓐ Ⓑ Ⓒ Ⓓ Ⓔ Ⓕ Ⓖ Ⓗ Ⓘ Ⓙ
39	Ⓐ Ⓑ Ⓒ Ⓓ Ⓔ Ⓕ Ⓖ Ⓗ Ⓘ Ⓙ
40	Ⓐ Ⓑ Ⓒ Ⓓ Ⓔ Ⓕ Ⓖ Ⓗ Ⓘ Ⓙ

問題一

問甲 □方□方

問乙 Ⅱ □ Ⅲ □

問題二

問丙 □を変え□を変え

問題三

問丁 ③ □ ⑦ □

明治学院高等学校　2023年度

◇数学◇

※ 154%に拡大していただくと，解答欄は実物大になります。

1

(1)		(2)		(3)	
(4)		(5)		(6)	
(7)		(8)		(9)	

2

(1)		(2)	

3

(1)		(2)		(3)	

4

(1)		(2)		(3)	

5

(1)		(2)		(3)	

明治学院高等学校　2023年度

◇英語◇

※解答欄は実物大になります。

問	解答記入欄 1～20
1	① ② ③ ④ ⑤ ⑥ ⑦ ⑧ ⑨ ⑩
2	① ② ③ ④ ⑤ ⑥ ⑦ ⑧ ⑨ ⑩
3	① ② ③ ④ ⑤ ⑥ ⑦ ⑧ ⑨ ⑩
4	① ② ③ ④ ⑤ ⑥ ⑦ ⑧ ⑨ ⑩
5	① ② ③ ④ ⑤ ⑥ ⑦ ⑧ ⑨ ⑩
6	① ② ③ ④ ⑤ ⑥ ⑦ ⑧ ⑨ ⑩
7	① ② ③ ④ ⑤ ⑥ ⑦ ⑧ ⑨ ⑩
8	① ② ③ ④ ⑤ ⑥ ⑦ ⑧ ⑨ ⑩
9	① ② ③ ④ ⑤ ⑥ ⑦ ⑧ ⑨ ⑩
10	① ② ③ ④ ⑤ ⑥ ⑦ ⑧ ⑨ ⑩
11	① ② ③ ④ ⑤ ⑥ ⑦ ⑧ ⑨ ⑩
12	① ② ③ ④ ⑤ ⑥ ⑦ ⑧ ⑨ ⑩
13	① ② ③ ④ ⑤ ⑥ ⑦ ⑧ ⑨ ⑩
14	① ② ③ ④ ⑤ ⑥ ⑦ ⑧ ⑨ ⑩
15	① ② ③ ④ ⑤ ⑥ ⑦ ⑧ ⑨ ⑩
16	① ② ③ ④ ⑤ ⑥ ⑦ ⑧ ⑨ ⑩
17	① ② ③ ④ ⑤ ⑥ ⑦ ⑧ ⑨ ⑩
18	① ② ③ ④ ⑤ ⑥ ⑦ ⑧ ⑨ ⑩
19	① ② ③ ④ ⑤ ⑥ ⑦ ⑧ ⑨ ⑩
20	① ② ③ ④ ⑤ ⑥ ⑦ ⑧ ⑨ ⑩

問	解答記入欄 21～40
21	① ② ③ ④ ⑤ ⑥ ⑦ ⑧ ⑨ ⑩
22	① ② ③ ④ ⑤ ⑥ ⑦ ⑧ ⑨ ⑩
23	① ② ③ ④ ⑤ ⑥ ⑦ ⑧ ⑨ ⑩
24	① ② ③ ④ ⑤ ⑥ ⑦ ⑧ ⑨ ⑩
25	① ② ③ ④ ⑤ ⑥ ⑦ ⑧ ⑨ ⑩
26	① ② ③ ④ ⑤ ⑥ ⑦ ⑧ ⑨ ⑩
27	① ② ③ ④ ⑤ ⑥ ⑦ ⑧ ⑨ ⑩
28	① ② ③ ④ ⑤ ⑥ ⑦ ⑧ ⑨ ⑩
29	① ② ③ ④ ⑤ ⑥ ⑦ ⑧ ⑨ ⑩
30	① ② ③ ④ ⑤ ⑥ ⑦ ⑧ ⑨ ⑩
31	① ② ③ ④ ⑤ ⑥ ⑦ ⑧ ⑨ ⑩
32	① ② ③ ④ ⑤ ⑥ ⑦ ⑧ ⑨ ⑩
33	① ② ③ ④ ⑤ ⑥ ⑦ ⑧ ⑨ ⑩
34	① ② ③ ④ ⑤ ⑥ ⑦ ⑧ ⑨ ⑩
35	① ② ③ ④ ⑤ ⑥ ⑦ ⑧ ⑨ ⑩
36	① ② ③ ④ ⑤ ⑥ ⑦ ⑧ ⑨ ⑩
37	① ② ③ ④ ⑤ ⑥ ⑦ ⑧ ⑨ ⑩
38	① ② ③ ④ ⑤ ⑥ ⑦ ⑧ ⑨ ⑩
39	① ② ③ ④ ⑤ ⑥ ⑦ ⑧ ⑨ ⑩
40	① ② ③ ④ ⑤ ⑥ ⑦ ⑧ ⑨ ⑩

明治学院高等学校　2023年度

◇国語◇

※解答欄は実物大になります。

問	解答記入欄 1～20
1	Ⓐ Ⓑ Ⓒ Ⓓ Ⓔ Ⓕ Ⓖ Ⓗ Ⓘ Ⓙ
2	Ⓐ Ⓑ Ⓒ Ⓓ Ⓔ Ⓕ Ⓖ Ⓗ Ⓘ Ⓙ
3	Ⓐ Ⓑ Ⓒ Ⓓ Ⓔ Ⓕ Ⓖ Ⓗ Ⓘ Ⓙ
4	Ⓐ Ⓑ Ⓒ Ⓓ Ⓔ Ⓕ Ⓖ Ⓗ Ⓘ Ⓙ
5	Ⓐ Ⓑ Ⓒ Ⓓ Ⓔ Ⓕ Ⓖ Ⓗ Ⓘ Ⓙ
6	Ⓐ Ⓑ Ⓒ Ⓓ Ⓔ Ⓕ Ⓖ Ⓗ Ⓘ Ⓙ
7	Ⓐ Ⓑ Ⓒ Ⓓ Ⓔ Ⓕ Ⓖ Ⓗ Ⓘ Ⓙ
8	Ⓐ Ⓑ Ⓒ Ⓓ Ⓔ Ⓕ Ⓖ Ⓗ Ⓘ Ⓙ
9	Ⓐ Ⓑ Ⓒ Ⓓ Ⓔ Ⓕ Ⓖ Ⓗ Ⓘ Ⓙ
10	Ⓐ Ⓑ Ⓒ Ⓓ Ⓔ Ⓕ Ⓖ Ⓗ Ⓘ Ⓙ
11	Ⓐ Ⓑ Ⓒ Ⓓ Ⓔ Ⓕ Ⓖ Ⓗ Ⓘ Ⓙ
12	Ⓐ Ⓑ Ⓒ Ⓓ Ⓔ Ⓕ Ⓖ Ⓗ Ⓘ Ⓙ
13	Ⓐ Ⓑ Ⓒ Ⓓ Ⓔ Ⓕ Ⓖ Ⓗ Ⓘ Ⓙ
14	Ⓐ Ⓑ Ⓒ Ⓓ Ⓔ Ⓕ Ⓖ Ⓗ Ⓘ Ⓙ
15	Ⓐ Ⓑ Ⓒ Ⓓ Ⓔ Ⓕ Ⓖ Ⓗ Ⓘ Ⓙ
16	Ⓐ Ⓑ Ⓒ Ⓓ Ⓔ Ⓕ Ⓖ Ⓗ Ⓘ Ⓙ
17	Ⓐ Ⓑ Ⓒ Ⓓ Ⓔ Ⓕ Ⓖ Ⓗ Ⓘ Ⓙ
18	Ⓐ Ⓑ Ⓒ Ⓓ Ⓔ Ⓕ Ⓖ Ⓗ Ⓘ Ⓙ
19	Ⓐ Ⓑ Ⓒ Ⓓ Ⓔ Ⓕ Ⓖ Ⓗ Ⓘ Ⓙ
20	Ⓐ Ⓑ Ⓒ Ⓓ Ⓔ Ⓕ Ⓖ Ⓗ Ⓘ Ⓙ

問	解答記入欄 21～40
21	Ⓐ Ⓑ Ⓒ Ⓓ Ⓔ Ⓕ Ⓖ Ⓗ Ⓘ Ⓙ
22	Ⓐ Ⓑ Ⓒ Ⓓ Ⓔ Ⓕ Ⓖ Ⓗ Ⓘ Ⓙ
23	Ⓐ Ⓑ Ⓒ Ⓓ Ⓔ Ⓕ Ⓖ Ⓗ Ⓘ Ⓙ
24	Ⓐ Ⓑ Ⓒ Ⓓ Ⓔ Ⓕ Ⓖ Ⓗ Ⓘ Ⓙ
25	Ⓐ Ⓑ Ⓒ Ⓓ Ⓔ Ⓕ Ⓖ Ⓗ Ⓘ Ⓙ
26	Ⓐ Ⓑ Ⓒ Ⓓ Ⓔ Ⓕ Ⓖ Ⓗ Ⓘ Ⓙ
27	Ⓐ Ⓑ Ⓒ Ⓓ Ⓔ Ⓕ Ⓖ Ⓗ Ⓘ Ⓙ
28	Ⓐ Ⓑ Ⓒ Ⓓ Ⓔ Ⓕ Ⓖ Ⓗ Ⓘ Ⓙ
29	Ⓐ Ⓑ Ⓒ Ⓓ Ⓔ Ⓕ Ⓖ Ⓗ Ⓘ Ⓙ
30	Ⓐ Ⓑ Ⓒ Ⓓ Ⓔ Ⓕ Ⓖ Ⓗ Ⓘ Ⓙ
31	Ⓐ Ⓑ Ⓒ Ⓓ Ⓔ Ⓕ Ⓖ Ⓗ Ⓘ Ⓙ
32	Ⓐ Ⓑ Ⓒ Ⓓ Ⓔ Ⓕ Ⓖ Ⓗ Ⓘ Ⓙ
33	Ⓐ Ⓑ Ⓒ Ⓓ Ⓔ Ⓕ Ⓖ Ⓗ Ⓘ Ⓙ
34	Ⓐ Ⓑ Ⓒ Ⓓ Ⓔ Ⓕ Ⓖ Ⓗ Ⓘ Ⓙ
35	Ⓐ Ⓑ Ⓒ Ⓓ Ⓔ Ⓕ Ⓖ Ⓗ Ⓘ Ⓙ
36	Ⓐ Ⓑ Ⓒ Ⓓ Ⓔ Ⓕ Ⓖ Ⓗ Ⓘ Ⓙ
37	Ⓐ Ⓑ Ⓒ Ⓓ Ⓔ Ⓕ Ⓖ Ⓗ Ⓘ Ⓙ
38	Ⓐ Ⓑ Ⓒ Ⓓ Ⓔ Ⓕ Ⓖ Ⓗ Ⓘ Ⓙ
39	Ⓐ Ⓑ Ⓒ Ⓓ Ⓔ Ⓕ Ⓖ Ⓗ Ⓘ Ⓙ
40	Ⓐ Ⓑ Ⓒ Ⓓ Ⓔ Ⓕ Ⓖ Ⓗ Ⓘ Ⓙ

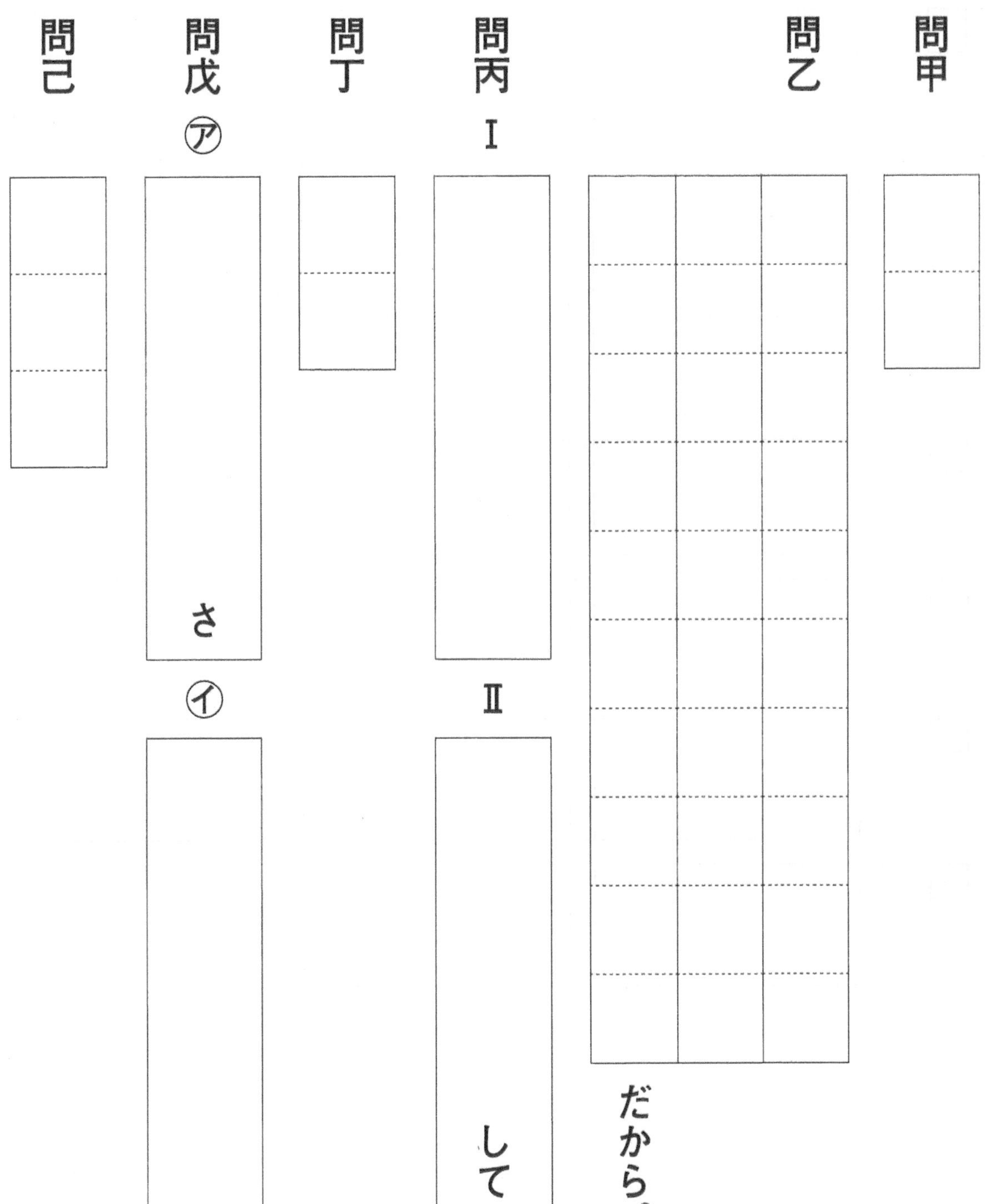
問甲
問乙
だから。
問丙
I
II
して
問丁
問戊
㋐
さ
㋑
問己

明治学院高等学校　2022年度

◇数学◇

※ 154％に拡大していただくと，解答欄は実物大になります。

1

(1)		(2)		(3)	
(4)		(5)		(6)	
(7)		(8)		(9)	
(10)					

2

(1)		(2)	

3

(1)		(2)		(3)	

4

(1)		(2)	①		②	

5

(1)		(2)	

※解答欄は実物大になります。

問	解答記入欄 1～20
1	① ② ③ ④ ⑤ ⑥ ⑦ ⑧ ⑨ ⑩
2	① ② ③ ④ ⑤ ⑥ ⑦ ⑧ ⑨ ⑩
3	① ② ③ ④ ⑤ ⑥ ⑦ ⑧ ⑨ ⑩
4	① ② ③ ④ ⑤ ⑥ ⑦ ⑧ ⑨ ⑩
5	① ② ③ ④ ⑤ ⑥ ⑦ ⑧ ⑨ ⑩
6	① ② ③ ④ ⑤ ⑥ ⑦ ⑧ ⑨ ⑩
7	① ② ③ ④ ⑤ ⑥ ⑦ ⑧ ⑨ ⑩
8	① ② ③ ④ ⑤ ⑥ ⑦ ⑧ ⑨ ⑩
9	① ② ③ ④ ⑤ ⑥ ⑦ ⑧ ⑨ ⑩
10	① ② ③ ④ ⑤ ⑥ ⑦ ⑧ ⑨ ⑩
11	① ② ③ ④ ⑤ ⑥ ⑦ ⑧ ⑨ ⑩
12	① ② ③ ④ ⑤ ⑥ ⑦ ⑧ ⑨ ⑩
13	① ② ③ ④ ⑤ ⑥ ⑦ ⑧ ⑨ ⑩
14	① ② ③ ④ ⑤ ⑥ ⑦ ⑧ ⑨ ⑩
15	① ② ③ ④ ⑤ ⑥ ⑦ ⑧ ⑨ ⑩
16	① ② ③ ④ ⑤ ⑥ ⑦ ⑧ ⑨ ⑩
17	① ② ③ ④ ⑤ ⑥ ⑦ ⑧ ⑨ ⑩
18	① ② ③ ④ ⑤ ⑥ ⑦ ⑧ ⑨ ⑩
19	① ② ③ ④ ⑤ ⑥ ⑦ ⑧ ⑨ ⑩
20	① ② ③ ④ ⑤ ⑥ ⑦ ⑧ ⑨ ⑩

問	解答記入欄 21～40
21	① ② ③ ④ ⑤ ⑥ ⑦ ⑧ ⑨ ⑩
22	① ② ③ ④ ⑤ ⑥ ⑦ ⑧ ⑨ ⑩
23	① ② ③ ④ ⑤ ⑥ ⑦ ⑧ ⑨ ⑩
24	① ② ③ ④ ⑤ ⑥ ⑦ ⑧ ⑨ ⑩
25	① ② ③ ④ ⑤ ⑥ ⑦ ⑧ ⑨ ⑩
26	① ② ③ ④ ⑤ ⑥ ⑦ ⑧ ⑨ ⑩
27	① ② ③ ④ ⑤ ⑥ ⑦ ⑧ ⑨ ⑩
28	① ② ③ ④ ⑤ ⑥ ⑦ ⑧ ⑨ ⑩
29	① ② ③ ④ ⑤ ⑥ ⑦ ⑧ ⑨ ⑩
30	① ② ③ ④ ⑤ ⑥ ⑦ ⑧ ⑨ ⑩
31	① ② ③ ④ ⑤ ⑥ ⑦ ⑧ ⑨ ⑩
32	① ② ③ ④ ⑤ ⑥ ⑦ ⑧ ⑨ ⑩
33	① ② ③ ④ ⑤ ⑥ ⑦ ⑧ ⑨ ⑩
34	① ② ③ ④ ⑤ ⑥ ⑦ ⑧ ⑨ ⑩
35	① ② ③ ④ ⑤ ⑥ ⑦ ⑧ ⑨ ⑩
36	① ② ③ ④ ⑤ ⑥ ⑦ ⑧ ⑨ ⑩
37	① ② ③ ④ ⑤ ⑥ ⑦ ⑧ ⑨ ⑩
38	① ② ③ ④ ⑤ ⑥ ⑦ ⑧ ⑨ ⑩
39	① ② ③ ④ ⑤ ⑥ ⑦ ⑧ ⑨ ⑩
40	① ② ③ ④ ⑤ ⑥ ⑦ ⑧ ⑨ ⑩

※解答欄は実物大になります。

問	解答記入欄 1～20
1	Ⓐ Ⓑ Ⓒ Ⓓ Ⓔ Ⓕ Ⓖ Ⓗ Ⓘ Ⓙ
2	Ⓐ Ⓑ Ⓒ Ⓓ Ⓔ Ⓕ Ⓖ Ⓗ Ⓘ Ⓙ
3	Ⓐ Ⓑ Ⓒ Ⓓ Ⓔ Ⓕ Ⓖ Ⓗ Ⓘ Ⓙ
4	Ⓐ Ⓑ Ⓒ Ⓓ Ⓔ Ⓕ Ⓖ Ⓗ Ⓘ Ⓙ
5	Ⓐ Ⓑ Ⓒ Ⓓ Ⓔ Ⓕ Ⓖ Ⓗ Ⓘ Ⓙ
6	Ⓐ Ⓑ Ⓒ Ⓓ Ⓔ Ⓕ Ⓖ Ⓗ Ⓘ Ⓙ
7	Ⓐ Ⓑ Ⓒ Ⓓ Ⓔ Ⓕ Ⓖ Ⓗ Ⓘ Ⓙ
8	Ⓐ Ⓑ Ⓒ Ⓓ Ⓔ Ⓕ Ⓖ Ⓗ Ⓘ Ⓙ
9	Ⓐ Ⓑ Ⓒ Ⓓ Ⓔ Ⓕ Ⓖ Ⓗ Ⓘ Ⓙ
10	Ⓐ Ⓑ Ⓒ Ⓓ Ⓔ Ⓕ Ⓖ Ⓗ Ⓘ Ⓙ
11	Ⓐ Ⓑ Ⓒ Ⓓ Ⓔ Ⓕ Ⓖ Ⓗ Ⓘ Ⓙ
12	Ⓐ Ⓑ Ⓒ Ⓓ Ⓔ Ⓕ Ⓖ Ⓗ Ⓘ Ⓙ
13	Ⓐ Ⓑ Ⓒ Ⓓ Ⓔ Ⓕ Ⓖ Ⓗ Ⓘ Ⓙ
14	Ⓐ Ⓑ Ⓒ Ⓓ Ⓔ Ⓕ Ⓖ Ⓗ Ⓘ Ⓙ
15	Ⓐ Ⓑ Ⓒ Ⓓ Ⓔ Ⓕ Ⓖ Ⓗ Ⓘ Ⓙ
16	Ⓐ Ⓑ Ⓒ Ⓓ Ⓔ Ⓕ Ⓖ Ⓗ Ⓘ Ⓙ
17	Ⓐ Ⓑ Ⓒ Ⓓ Ⓔ Ⓕ Ⓖ Ⓗ Ⓘ Ⓙ
18	Ⓐ Ⓑ Ⓒ Ⓓ Ⓔ Ⓕ Ⓖ Ⓗ Ⓘ Ⓙ
19	Ⓐ Ⓑ Ⓒ Ⓓ Ⓔ Ⓕ Ⓖ Ⓗ Ⓘ Ⓙ
20	Ⓐ Ⓑ Ⓒ Ⓓ Ⓔ Ⓕ Ⓖ Ⓗ Ⓘ Ⓙ

問	解答記入欄 21～40
21	Ⓐ Ⓑ Ⓒ Ⓓ Ⓔ Ⓕ Ⓖ Ⓗ Ⓘ Ⓙ
22	Ⓐ Ⓑ Ⓒ Ⓓ Ⓔ Ⓕ Ⓖ Ⓗ Ⓘ Ⓙ
23	Ⓐ Ⓑ Ⓒ Ⓓ Ⓔ Ⓕ Ⓖ Ⓗ Ⓘ Ⓙ
24	Ⓐ Ⓑ Ⓒ Ⓓ Ⓔ Ⓕ Ⓖ Ⓗ Ⓘ Ⓙ
25	Ⓐ Ⓑ Ⓒ Ⓓ Ⓔ Ⓕ Ⓖ Ⓗ Ⓘ Ⓙ
26	Ⓐ Ⓑ Ⓒ Ⓓ Ⓔ Ⓕ Ⓖ Ⓗ Ⓘ Ⓙ
27	Ⓐ Ⓑ Ⓒ Ⓓ Ⓔ Ⓕ Ⓖ Ⓗ Ⓘ Ⓙ
28	Ⓐ Ⓑ Ⓒ Ⓓ Ⓔ Ⓕ Ⓖ Ⓗ Ⓘ Ⓙ
29	Ⓐ Ⓑ Ⓒ Ⓓ Ⓔ Ⓕ Ⓖ Ⓗ Ⓘ Ⓙ
30	Ⓐ Ⓑ Ⓒ Ⓓ Ⓔ Ⓕ Ⓖ Ⓗ Ⓘ Ⓙ
31	Ⓐ Ⓑ Ⓒ Ⓓ Ⓔ Ⓕ Ⓖ Ⓗ Ⓘ Ⓙ
32	Ⓐ Ⓑ Ⓒ Ⓓ Ⓔ Ⓕ Ⓖ Ⓗ Ⓘ Ⓙ
33	Ⓐ Ⓑ Ⓒ Ⓓ Ⓔ Ⓕ Ⓖ Ⓗ Ⓘ Ⓙ
34	Ⓐ Ⓑ Ⓒ Ⓓ Ⓔ Ⓕ Ⓖ Ⓗ Ⓘ Ⓙ
35	Ⓐ Ⓑ Ⓒ Ⓓ Ⓔ Ⓕ Ⓖ Ⓗ Ⓘ Ⓙ
36	Ⓐ Ⓑ Ⓒ Ⓓ Ⓔ Ⓕ Ⓖ Ⓗ Ⓘ Ⓙ
37	Ⓐ Ⓑ Ⓒ Ⓓ Ⓔ Ⓕ Ⓖ Ⓗ Ⓘ Ⓙ
38	Ⓐ Ⓑ Ⓒ Ⓓ Ⓔ Ⓕ Ⓖ Ⓗ Ⓘ Ⓙ
39	Ⓐ Ⓑ Ⓒ Ⓓ Ⓔ Ⓕ Ⓖ Ⓗ Ⓘ Ⓙ
40	Ⓐ Ⓑ Ⓒ Ⓓ Ⓔ Ⓕ Ⓖ Ⓗ Ⓘ Ⓙ

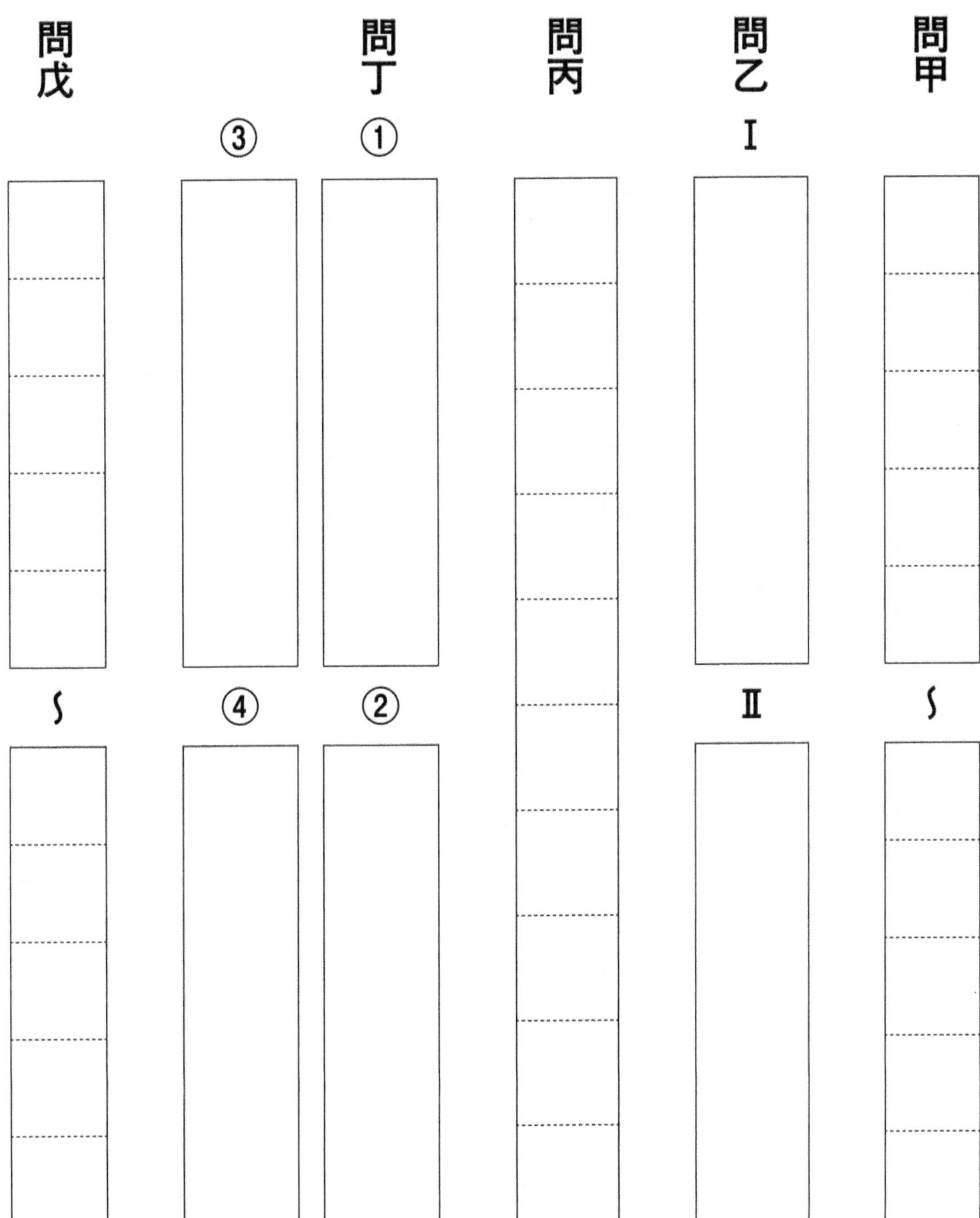
問甲
∫
問乙
I
II
問丙
問丁
①
②
③
④
問戊
∫

明治学院高等学校　　2021年度

◇数学◇

※155%に拡大していただくと，解答欄は実物大になります。

1

(1)		(2)		(3)	
(4)		(5)		(6)	
(7)		(8)		(9)	
(10)					

2

(1)		(2)	

3

(1)		(2)		(3)	

4

(1)		(2)	

5

(1)		(2)		(3)	

問	解答記入欄 1～20
1	① ② ③ ④ ⑤ ⑥ ⑦ ⑧ ⑨ ⑩
2	① ② ③ ④ ⑤ ⑥ ⑦ ⑧ ⑨ ⑩
3	① ② ③ ④ ⑤ ⑥ ⑦ ⑧ ⑨ ⑩
4	① ② ③ ④ ⑤ ⑥ ⑦ ⑧ ⑨ ⑩
5	① ② ③ ④ ⑤ ⑥ ⑦ ⑧ ⑨ ⑩
6	① ② ③ ④ ⑤ ⑥ ⑦ ⑧ ⑨ ⑩
7	① ② ③ ④ ⑤ ⑥ ⑦ ⑧ ⑨ ⑩
8	① ② ③ ④ ⑤ ⑥ ⑦ ⑧ ⑨ ⑩
9	① ② ③ ④ ⑤ ⑥ ⑦ ⑧ ⑨ ⑩
10	① ② ③ ④ ⑤ ⑥ ⑦ ⑧ ⑨ ⑩
11	① ② ③ ④ ⑤ ⑥ ⑦ ⑧ ⑨ ⑩
12	① ② ③ ④ ⑤ ⑥ ⑦ ⑧ ⑨ ⑩
13	① ② ③ ④ ⑤ ⑥ ⑦ ⑧ ⑨ ⑩
14	① ② ③ ④ ⑤ ⑥ ⑦ ⑧ ⑨ ⑩
15	① ② ③ ④ ⑤ ⑥ ⑦ ⑧ ⑨ ⑩
16	① ② ③ ④ ⑤ ⑥ ⑦ ⑧ ⑨ ⑩
17	① ② ③ ④ ⑤ ⑥ ⑦ ⑧ ⑨ ⑩
18	① ② ③ ④ ⑤ ⑥ ⑦ ⑧ ⑨ ⑩
19	① ② ③ ④ ⑤ ⑥ ⑦ ⑧ ⑨ ⑩
20	① ② ③ ④ ⑤ ⑥ ⑦ ⑧ ⑨ ⑩

問	解答記入欄 21～40
21	① ② ③ ④ ⑤ ⑥ ⑦ ⑧ ⑨ ⑩
22	① ② ③ ④ ⑤ ⑥ ⑦ ⑧ ⑨ ⑩
23	① ② ③ ④ ⑤ ⑥ ⑦ ⑧ ⑨ ⑩
24	① ② ③ ④ ⑤ ⑥ ⑦ ⑧ ⑨ ⑩
25	① ② ③ ④ ⑤ ⑥ ⑦ ⑧ ⑨ ⑩
26	① ② ③ ④ ⑤ ⑥ ⑦ ⑧ ⑨ ⑩
27	① ② ③ ④ ⑤ ⑥ ⑦ ⑧ ⑨ ⑩
28	① ② ③ ④ ⑤ ⑥ ⑦ ⑧ ⑨ ⑩
29	① ② ③ ④ ⑤ ⑥ ⑦ ⑧ ⑨ ⑩
30	① ② ③ ④ ⑤ ⑥ ⑦ ⑧ ⑨ ⑩
31	① ② ③ ④ ⑤ ⑥ ⑦ ⑧ ⑨ ⑩
32	① ② ③ ④ ⑤ ⑥ ⑦ ⑧ ⑨ ⑩
33	① ② ③ ④ ⑤ ⑥ ⑦ ⑧ ⑨ ⑩
34	① ② ③ ④ ⑤ ⑥ ⑦ ⑧ ⑨ ⑩
35	① ② ③ ④ ⑤ ⑥ ⑦ ⑧ ⑨ ⑩
36	① ② ③ ④ ⑤ ⑥ ⑦ ⑧ ⑨ ⑩
37	① ② ③ ④ ⑤ ⑥ ⑦ ⑧ ⑨ ⑩
38	① ② ③ ④ ⑤ ⑥ ⑦ ⑧ ⑨ ⑩
39	① ② ③ ④ ⑤ ⑥ ⑦ ⑧ ⑨ ⑩
40	① ② ③ ④ ⑤ ⑥ ⑦ ⑧ ⑨ ⑩

問	解答記入欄 1～20
1	Ⓐ Ⓑ Ⓒ Ⓓ Ⓔ Ⓕ Ⓖ Ⓗ Ⓘ Ⓙ
2	Ⓐ Ⓑ Ⓒ Ⓓ Ⓔ Ⓕ Ⓖ Ⓗ Ⓘ Ⓙ
3	Ⓐ Ⓑ Ⓒ Ⓓ Ⓔ Ⓕ Ⓖ Ⓗ Ⓘ Ⓙ
4	Ⓐ Ⓑ Ⓒ Ⓓ Ⓔ Ⓕ Ⓖ Ⓗ Ⓘ Ⓙ
5	Ⓐ Ⓑ Ⓒ Ⓓ Ⓔ Ⓕ Ⓖ Ⓗ Ⓘ Ⓙ
6	Ⓐ Ⓑ Ⓒ Ⓓ Ⓔ Ⓕ Ⓖ Ⓗ Ⓘ Ⓙ
7	Ⓐ Ⓑ Ⓒ Ⓓ Ⓔ Ⓕ Ⓖ Ⓗ Ⓘ Ⓙ
8	Ⓐ Ⓑ Ⓒ Ⓓ Ⓔ Ⓕ Ⓖ Ⓗ Ⓘ Ⓙ
9	Ⓐ Ⓑ Ⓒ Ⓓ Ⓔ Ⓕ Ⓖ Ⓗ Ⓘ Ⓙ
10	Ⓐ Ⓑ Ⓒ Ⓓ Ⓔ Ⓕ Ⓖ Ⓗ Ⓘ Ⓙ
11	Ⓐ Ⓑ Ⓒ Ⓓ Ⓔ Ⓕ Ⓖ Ⓗ Ⓘ Ⓙ
12	Ⓐ Ⓑ Ⓒ Ⓓ Ⓔ Ⓕ Ⓖ Ⓗ Ⓘ Ⓙ
13	Ⓐ Ⓑ Ⓒ Ⓓ Ⓔ Ⓕ Ⓖ Ⓗ Ⓘ Ⓙ
14	Ⓐ Ⓑ Ⓒ Ⓓ Ⓔ Ⓕ Ⓖ Ⓗ Ⓘ Ⓙ
15	Ⓐ Ⓑ Ⓒ Ⓓ Ⓔ Ⓕ Ⓖ Ⓗ Ⓘ Ⓙ
16	Ⓐ Ⓑ Ⓒ Ⓓ Ⓔ Ⓕ Ⓖ Ⓗ Ⓘ Ⓙ
17	Ⓐ Ⓑ Ⓒ Ⓓ Ⓔ Ⓕ Ⓖ Ⓗ Ⓘ Ⓙ
18	Ⓐ Ⓑ Ⓒ Ⓓ Ⓔ Ⓕ Ⓖ Ⓗ Ⓘ Ⓙ
19	Ⓐ Ⓑ Ⓒ Ⓓ Ⓔ Ⓕ Ⓖ Ⓗ Ⓘ Ⓙ
20	Ⓐ Ⓑ Ⓒ Ⓓ Ⓔ Ⓕ Ⓖ Ⓗ Ⓘ Ⓙ

問	解答記入欄 21～40
21	Ⓐ Ⓑ Ⓒ Ⓓ Ⓔ Ⓕ Ⓖ Ⓗ Ⓘ Ⓙ
22	Ⓐ Ⓑ Ⓒ Ⓓ Ⓔ Ⓕ Ⓖ Ⓗ Ⓘ Ⓙ
23	Ⓐ Ⓑ Ⓒ Ⓓ Ⓔ Ⓕ Ⓖ Ⓗ Ⓘ Ⓙ
24	Ⓐ Ⓑ Ⓒ Ⓓ Ⓔ Ⓕ Ⓖ Ⓗ Ⓘ Ⓙ
25	Ⓐ Ⓑ Ⓒ Ⓓ Ⓔ Ⓕ Ⓖ Ⓗ Ⓘ Ⓙ
26	Ⓐ Ⓑ Ⓒ Ⓓ Ⓔ Ⓕ Ⓖ Ⓗ Ⓘ Ⓙ
27	Ⓐ Ⓑ Ⓒ Ⓓ Ⓔ Ⓕ Ⓖ Ⓗ Ⓘ Ⓙ
28	Ⓐ Ⓑ Ⓒ Ⓓ Ⓔ Ⓕ Ⓖ Ⓗ Ⓘ Ⓙ
29	Ⓐ Ⓑ Ⓒ Ⓓ Ⓔ Ⓕ Ⓖ Ⓗ Ⓘ Ⓙ
30	Ⓐ Ⓑ Ⓒ Ⓓ Ⓔ Ⓕ Ⓖ Ⓗ Ⓘ Ⓙ
31	Ⓐ Ⓑ Ⓒ Ⓓ Ⓔ Ⓕ Ⓖ Ⓗ Ⓘ Ⓙ
32	Ⓐ Ⓑ Ⓒ Ⓓ Ⓔ Ⓕ Ⓖ Ⓗ Ⓘ Ⓙ
33	Ⓐ Ⓑ Ⓒ Ⓓ Ⓔ Ⓕ Ⓖ Ⓗ Ⓘ Ⓙ
34	Ⓐ Ⓑ Ⓒ Ⓓ Ⓔ Ⓕ Ⓖ Ⓗ Ⓘ Ⓙ
35	Ⓐ Ⓑ Ⓒ Ⓓ Ⓔ Ⓕ Ⓖ Ⓗ Ⓘ Ⓙ
36	Ⓐ Ⓑ Ⓒ Ⓓ Ⓔ Ⓕ Ⓖ Ⓗ Ⓘ Ⓙ
37	Ⓐ Ⓑ Ⓒ Ⓓ Ⓔ Ⓕ Ⓖ Ⓗ Ⓘ Ⓙ
38	Ⓐ Ⓑ Ⓒ Ⓓ Ⓔ Ⓕ Ⓖ Ⓗ Ⓘ Ⓙ
39	Ⓐ Ⓑ Ⓒ Ⓓ Ⓔ Ⓕ Ⓖ Ⓗ Ⓘ Ⓙ
40	Ⓐ Ⓑ Ⓒ Ⓓ Ⓔ Ⓕ Ⓖ Ⓗ Ⓘ Ⓙ

問甲

X

Y

問乙

⌠

問丙

問丁

I

II

明治学院高等学校　2020年度

◇数学◇

※155%に拡大していただくと，解答欄は実物大になります。

1

(1)		(2)		(3)	
(4)		(5)		(6)	$N=$
(7)		(8) ①		②	
(9)	(△ABCの面積) : (△DEFの面積)＝ :				

2

(1)		(2)	

3

(1)		(2)	cm

4

(1)		(2)		(3)	

5

(1)		(2)		(3)	

問	解答記入欄 1～20
1	① ② ③ ④ ⑤ ⑥ ⑦ ⑧ ⑨ ⑩
2	① ② ③ ④ ⑤ ⑥ ⑦ ⑧ ⑨ ⑩
3	① ② ③ ④ ⑤ ⑥ ⑦ ⑧ ⑨ ⑩
4	① ② ③ ④ ⑤ ⑥ ⑦ ⑧ ⑨ ⑩
5	① ② ③ ④ ⑤ ⑥ ⑦ ⑧ ⑨ ⑩
6	① ② ③ ④ ⑤ ⑥ ⑦ ⑧ ⑨ ⑩
7	① ② ③ ④ ⑤ ⑥ ⑦ ⑧ ⑨ ⑩
8	① ② ③ ④ ⑤ ⑥ ⑦ ⑧ ⑨ ⑩
9	① ② ③ ④ ⑤ ⑥ ⑦ ⑧ ⑨ ⑩
10	① ② ③ ④ ⑤ ⑥ ⑦ ⑧ ⑨ ⑩
11	① ② ③ ④ ⑤ ⑥ ⑦ ⑧ ⑨ ⑩
12	① ② ③ ④ ⑤ ⑥ ⑦ ⑧ ⑨ ⑩
13	① ② ③ ④ ⑤ ⑥ ⑦ ⑧ ⑨ ⑩
14	① ② ③ ④ ⑤ ⑥ ⑦ ⑧ ⑨ ⑩
15	① ② ③ ④ ⑤ ⑥ ⑦ ⑧ ⑨ ⑩
16	① ② ③ ④ ⑤ ⑥ ⑦ ⑧ ⑨ ⑩
17	① ② ③ ④ ⑤ ⑥ ⑦ ⑧ ⑨ ⑩
18	① ② ③ ④ ⑤ ⑥ ⑦ ⑧ ⑨ ⑩
19	① ② ③ ④ ⑤ ⑥ ⑦ ⑧ ⑨ ⑩
20	① ② ③ ④ ⑤ ⑥ ⑦ ⑧ ⑨ ⑩

問	解答記入欄 21～40
21	① ② ③ ④ ⑤ ⑥ ⑦ ⑧ ⑨ ⑩
22	① ② ③ ④ ⑤ ⑥ ⑦ ⑧ ⑨ ⑩
23	① ② ③ ④ ⑤ ⑥ ⑦ ⑧ ⑨ ⑩
24	① ② ③ ④ ⑤ ⑥ ⑦ ⑧ ⑨ ⑩
25	① ② ③ ④ ⑤ ⑥ ⑦ ⑧ ⑨ ⑩
26	① ② ③ ④ ⑤ ⑥ ⑦ ⑧ ⑨ ⑩
27	① ② ③ ④ ⑤ ⑥ ⑦ ⑧ ⑨ ⑩
28	① ② ③ ④ ⑤ ⑥ ⑦ ⑧ ⑨ ⑩
29	① ② ③ ④ ⑤ ⑥ ⑦ ⑧ ⑨ ⑩
30	① ② ③ ④ ⑤ ⑥ ⑦ ⑧ ⑨ ⑩
31	① ② ③ ④ ⑤ ⑥ ⑦ ⑧ ⑨ ⑩
32	① ② ③ ④ ⑤ ⑥ ⑦ ⑧ ⑨ ⑩
33	① ② ③ ④ ⑤ ⑥ ⑦ ⑧ ⑨ ⑩
34	① ② ③ ④ ⑤ ⑥ ⑦ ⑧ ⑨ ⑩
35	① ② ③ ④ ⑤ ⑥ ⑦ ⑧ ⑨ ⑩
36	① ② ③ ④ ⑤ ⑥ ⑦ ⑧ ⑨ ⑩
37	① ② ③ ④ ⑤ ⑥ ⑦ ⑧ ⑨ ⑩
38	① ② ③ ④ ⑤ ⑥ ⑦ ⑧ ⑨ ⑩
39	① ② ③ ④ ⑤ ⑥ ⑦ ⑧ ⑨ ⑩
40	① ② ③ ④ ⑤ ⑥ ⑦ ⑧ ⑨ ⑩

問	解答記入欄 1～20
1	Ⓐ Ⓑ Ⓒ Ⓓ Ⓔ Ⓕ Ⓖ Ⓗ Ⓘ Ⓙ
2	Ⓐ Ⓑ Ⓒ Ⓓ Ⓔ Ⓕ Ⓖ Ⓗ Ⓘ Ⓙ
3	Ⓐ Ⓑ Ⓒ Ⓓ Ⓔ Ⓕ Ⓖ Ⓗ Ⓘ Ⓙ
4	Ⓐ Ⓑ Ⓒ Ⓓ Ⓔ Ⓕ Ⓖ Ⓗ Ⓘ Ⓙ
5	Ⓐ Ⓑ Ⓒ Ⓓ Ⓔ Ⓕ Ⓖ Ⓗ Ⓘ Ⓙ
6	Ⓐ Ⓑ Ⓒ Ⓓ Ⓔ Ⓕ Ⓖ Ⓗ Ⓘ Ⓙ
7	Ⓐ Ⓑ Ⓒ Ⓓ Ⓔ Ⓕ Ⓖ Ⓗ Ⓘ Ⓙ
8	Ⓐ Ⓑ Ⓒ Ⓓ Ⓔ Ⓕ Ⓖ Ⓗ Ⓘ Ⓙ
9	Ⓐ Ⓑ Ⓒ Ⓓ Ⓔ Ⓕ Ⓖ Ⓗ Ⓘ Ⓙ
10	Ⓐ Ⓑ Ⓒ Ⓓ Ⓔ Ⓕ Ⓖ Ⓗ Ⓘ Ⓙ
11	Ⓐ Ⓑ Ⓒ Ⓓ Ⓔ Ⓕ Ⓖ Ⓗ Ⓘ Ⓙ
12	Ⓐ Ⓑ Ⓒ Ⓓ Ⓔ Ⓕ Ⓖ Ⓗ Ⓘ Ⓙ
13	Ⓐ Ⓑ Ⓒ Ⓓ Ⓔ Ⓕ Ⓖ Ⓗ Ⓘ Ⓙ
14	Ⓐ Ⓑ Ⓒ Ⓓ Ⓔ Ⓕ Ⓖ Ⓗ Ⓘ Ⓙ
15	Ⓐ Ⓑ Ⓒ Ⓓ Ⓔ Ⓕ Ⓖ Ⓗ Ⓘ Ⓙ
16	Ⓐ Ⓑ Ⓒ Ⓓ Ⓔ Ⓕ Ⓖ Ⓗ Ⓘ Ⓙ
17	Ⓐ Ⓑ Ⓒ Ⓓ Ⓔ Ⓕ Ⓖ Ⓗ Ⓘ Ⓙ
18	Ⓐ Ⓑ Ⓒ Ⓓ Ⓔ Ⓕ Ⓖ Ⓗ Ⓘ Ⓙ
19	Ⓐ Ⓑ Ⓒ Ⓓ Ⓔ Ⓕ Ⓖ Ⓗ Ⓘ Ⓙ
20	Ⓐ Ⓑ Ⓒ Ⓓ Ⓔ Ⓕ Ⓖ Ⓗ Ⓘ Ⓙ

問	解答記入欄 21～40
21	Ⓐ Ⓑ Ⓒ Ⓓ Ⓔ Ⓕ Ⓖ Ⓗ Ⓘ Ⓙ
22	Ⓐ Ⓑ Ⓒ Ⓓ Ⓔ Ⓕ Ⓖ Ⓗ Ⓘ Ⓙ
23	Ⓐ Ⓑ Ⓒ Ⓓ Ⓔ Ⓕ Ⓖ Ⓗ Ⓘ Ⓙ
24	Ⓐ Ⓑ Ⓒ Ⓓ Ⓔ Ⓕ Ⓖ Ⓗ Ⓘ Ⓙ
25	Ⓐ Ⓑ Ⓒ Ⓓ Ⓔ Ⓕ Ⓖ Ⓗ Ⓘ Ⓙ
26	Ⓐ Ⓑ Ⓒ Ⓓ Ⓔ Ⓕ Ⓖ Ⓗ Ⓘ Ⓙ
27	Ⓐ Ⓑ Ⓒ Ⓓ Ⓔ Ⓕ Ⓖ Ⓗ Ⓘ Ⓙ
28	Ⓐ Ⓑ Ⓒ Ⓓ Ⓔ Ⓕ Ⓖ Ⓗ Ⓘ Ⓙ
29	Ⓐ Ⓑ Ⓒ Ⓓ Ⓔ Ⓕ Ⓖ Ⓗ Ⓘ Ⓙ
30	Ⓐ Ⓑ Ⓒ Ⓓ Ⓔ Ⓕ Ⓖ Ⓗ Ⓘ Ⓙ
31	Ⓐ Ⓑ Ⓒ Ⓓ Ⓔ Ⓕ Ⓖ Ⓗ Ⓘ Ⓙ
32	Ⓐ Ⓑ Ⓒ Ⓓ Ⓔ Ⓕ Ⓖ Ⓗ Ⓘ Ⓙ
33	Ⓐ Ⓑ Ⓒ Ⓓ Ⓔ Ⓕ Ⓖ Ⓗ Ⓘ Ⓙ
34	Ⓐ Ⓑ Ⓒ Ⓓ Ⓔ Ⓕ Ⓖ Ⓗ Ⓘ Ⓙ
35	Ⓐ Ⓑ Ⓒ Ⓓ Ⓔ Ⓕ Ⓖ Ⓗ Ⓘ Ⓙ
36	Ⓐ Ⓑ Ⓒ Ⓓ Ⓔ Ⓕ Ⓖ Ⓗ Ⓘ Ⓙ
37	Ⓐ Ⓑ Ⓒ Ⓓ Ⓔ Ⓕ Ⓖ Ⓗ Ⓘ Ⓙ
38	Ⓐ Ⓑ Ⓒ Ⓓ Ⓔ Ⓕ Ⓖ Ⓗ Ⓘ Ⓙ
39	Ⓐ Ⓑ Ⓒ Ⓓ Ⓔ Ⓕ Ⓖ Ⓗ Ⓘ Ⓙ
40	Ⓐ Ⓑ Ⓒ Ⓓ Ⓔ Ⓕ Ⓖ Ⓗ Ⓘ Ⓙ

問甲 ①

問乙 Ⅰ

問丙

問丁

明治学院高等学校　2019年度　◇数学◇

※この解答用紙は164%に拡大していただくと，実物大になります。

1

(1)		(2)		(3)	
(4)	$x=$　　，$y=$	(5)			
(6)		(7)			
(8)		(9)			

2

(1)		(2)	
(3)			

3

(1)		(2)	

4

(1)		(2)	
(3)			

5

(1)	（　　，　　）		
(2)	①（　　，　　）	②	

明治学院高等学校　2019年度

◇英語◇

※この解答用紙は実物大になります。

問	解答記入欄 １～２０
1	① ② ③ ④ ⑤ ⑥ ⑦ ⑧ ⑨ ⑩
2	① ② ③ ④ ⑤ ⑥ ⑦ ⑧ ⑨ ⑩
3	① ② ③ ④ ⑤ ⑥ ⑦ ⑧ ⑨ ⑩
4	① ② ③ ④ ⑤ ⑥ ⑦ ⑧ ⑨ ⑩
5	① ② ③ ④ ⑤ ⑥ ⑦ ⑧ ⑨ ⑩
6	① ② ③ ④ ⑤ ⑥ ⑦ ⑧ ⑨ ⑩
7	① ② ③ ④ ⑤ ⑥ ⑦ ⑧ ⑨ ⑩
8	① ② ③ ④ ⑤ ⑥ ⑦ ⑧ ⑨ ⑩
9	① ② ③ ④ ⑤ ⑥ ⑦ ⑧ ⑨ ⑩
10	① ② ③ ④ ⑤ ⑥ ⑦ ⑧ ⑨ ⑩
11	① ② ③ ④ ⑤ ⑥ ⑦ ⑧ ⑨ ⑩
12	① ② ③ ④ ⑤ ⑥ ⑦ ⑧ ⑨ ⑩
13	① ② ③ ④ ⑤ ⑥ ⑦ ⑧ ⑨ ⑩
14	① ② ③ ④ ⑤ ⑥ ⑦ ⑧ ⑨ ⑩
15	① ② ③ ④ ⑤ ⑥ ⑦ ⑧ ⑨ ⑩
16	① ② ③ ④ ⑤ ⑥ ⑦ ⑧ ⑨ ⑩
17	① ② ③ ④ ⑤ ⑥ ⑦ ⑧ ⑨ ⑩
18	① ② ③ ④ ⑤ ⑥ ⑦ ⑧ ⑨ ⑩
19	① ② ③ ④ ⑤ ⑥ ⑦ ⑧ ⑨ ⑩
20	① ② ③ ④ ⑤ ⑥ ⑦ ⑧ ⑨ ⑩

問	解答記入欄 ２１～４０
21	① ② ③ ④ ⑤ ⑥ ⑦ ⑧ ⑨ ⑩
22	① ② ③ ④ ⑤ ⑥ ⑦ ⑧ ⑨ ⑩
23	① ② ③ ④ ⑤ ⑥ ⑦ ⑧ ⑨ ⑩
24	① ② ③ ④ ⑤ ⑥ ⑦ ⑧ ⑨ ⑩
25	① ② ③ ④ ⑤ ⑥ ⑦ ⑧ ⑨ ⑩
26	① ② ③ ④ ⑤ ⑥ ⑦ ⑧ ⑨ ⑩
27	① ② ③ ④ ⑤ ⑥ ⑦ ⑧ ⑨ ⑩
28	① ② ③ ④ ⑤ ⑥ ⑦ ⑧ ⑨ ⑩
29	① ② ③ ④ ⑤ ⑥ ⑦ ⑧ ⑨ ⑩
30	① ② ③ ④ ⑤ ⑥ ⑦ ⑧ ⑨ ⑩
31	① ② ③ ④ ⑤ ⑥ ⑦ ⑧ ⑨ ⑩
32	① ② ③ ④ ⑤ ⑥ ⑦ ⑧ ⑨ ⑩
33	① ② ③ ④ ⑤ ⑥ ⑦ ⑧ ⑨ ⑩
34	① ② ③ ④ ⑤ ⑥ ⑦ ⑧ ⑨ ⑩
35	① ② ③ ④ ⑤ ⑥ ⑦ ⑧ ⑨ ⑩
36	① ② ③ ④ ⑤ ⑥ ⑦ ⑧ ⑨ ⑩
37	① ② ③ ④ ⑤ ⑥ ⑦ ⑧ ⑨ ⑩
38	① ② ③ ④ ⑤ ⑥ ⑦ ⑧ ⑨ ⑩
39	① ② ③ ④ ⑤ ⑥ ⑦ ⑧ ⑨ ⑩
40	① ② ③ ④ ⑤ ⑥ ⑦ ⑧ ⑨ ⑩

良い例	●
悪い例	⊘ ⊙ ○▌

記入方法
・記入は、必ずHBの黒鉛筆で、○の中を正確に、ぬりつぶしてください。
・訂正は、プラスチック製消しゴムできれいに消してください。
・解答用紙を、折り曲げたり、汚さないでください。

問甲

Ⅰ

Ⅱ

問乙

ア

イ

問丙

㋐

㋑

明治学院高等学校　2019年度

◇国語◇

※この解答用紙は実物大になります。

問	解答記入欄 1～20
1	A B C D E F G H I J
2	A B C D E F G H I J
3	A B C D E F G H I J
4	A B C D E F G H I J
5	A B C D E F G H I J
6	A B C D E F G H I J
7	A B C D E F G H I J
8	A B C D E F G H I J
9	A B C D E F G H I J
10	A B C D E F G H I J
11	A B C D E F G H I J
12	A B C D E F G H I J
13	A B C D E F G H I J
14	A B C D E F G H I J
15	A B C D E F G H I J
16	A B C D E F G H I J
17	A B C D E F G H I J
18	A B C D E F G H I J
19	A B C D E F G H I J
20	A B C D E F G H I J

問	解答記入欄 21～40
21	A B C D E F G H I J
22	A B C D E F G H I J
23	A B C D E F G H I J
24	A B C D E F G H I J
25	A B C D E F G H I J
26	A B C D E F G H I J
27	A B C D E F G H I J
28	A B C D E F G H I J
29	A B C D E F G H I J
30	A B C D E F G H I J
31	A B C D E F G H I J
32	A B C D E F G H I J
33	A B C D E F G H I J
34	A B C D E F G H I J
35	A B C D E F G H I J
36	A B C D E F G H I J
37	A B C D E F G H I J
38	A B C D E F G H I J
39	A B C D E F G H I J
40	A B C D E F G H I J

良い例	●
悪い例	⌀ ⊙ 0▌

記入方法
・記入は、必ずHBの黒鉛筆で、()の中を正確に、ぬりつぶしてください。
・訂正は、プラスチック製消しゴムできれいに消してください。
・解答用紙を、折り曲げたり、汚さないでください。

MEMO

大切なことはメモしておこうネ！

T.G

〈ダウンロードコンテンツについて〉

本問題集のダウンロードコンテンツ、弊社ホームページで配信しております。現在ご利用いただけるのは「2025年度受験用」に対応したもので、**2025年3月末日**までダウンロード可能です。弊社ホームページにアクセスの上、ご利用ください。
※配信期間が終了いたしますと、ご利用いただけませんのでご了承ください。

高校別入試過去問題シリーズ
明治学院高等学校　2025年度
ISBN978-4-8141-2930-0

[発行所] 東京学参株式会社
〒153-0043　東京都目黒区東山2-6-4

書籍の内容についてのお問い合わせは右のQRコードから　⇒ 

※書籍の内容についてのお電話でのお問い合わせ、本書の内容を超えたご質問には対応できませんのでご了承ください。

2024年5月13日　初版